传奇楚商

李本忠

肖波◎编著

长江出版社
ChangJiang Press

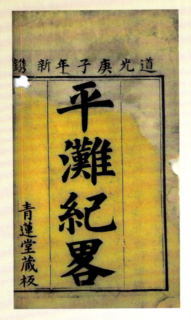

《平滩纪略》封面

《平滩纪略·序》首页

《蜀江指掌·叙》首页

峡江纤夫组图

峡江纤道、纤夫　　　　　修建在绝壁上的纤道

峡江行船图

乾隆五十九年（公元1794年），李本忠撰青花瓷板墓志铭。

墓志铭尺寸：高39厘米、宽30厘米。铭文见正文"碑文选录"。
（图片来源：盛世收藏网）

白果背纤道竣工碑
（碑文见正文"碑文选录"）

白果背纤道晓瑜碑
（碑文见正文"碑文选录"）

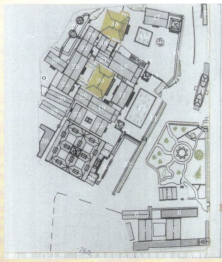

前区建筑物名录	
1 新三门	26 禅堂(般若堂)
2 门房	27 藏制
3 卫生间	28 班首寮
4 翠微缘	29 翠微峰
5 三祖塔院	30 普同塔
6 服务中心	31 消防义士碑
7 云集斋	32 南院禅书碑廊
8 老三门	33 报本堂
9 敕赐古碑亭	34 罗汉堂照壁
10 华藏玄门	35 地藏殿
11 中院古碑廊	36 天王殿
12 放生池	37 罗汉堂
13 不二法门	38 库房
14 萨婆若海	39 云水堂
15 钟楼	40 卫生间
16 鼓楼	41 北院古碑廊
17 韦驮殿	42 吉祥钟亭
18 斋堂	43 大寮
19 客堂	44 翠微古泉亭
20 大雄宝殿	45 台海观音
21 东戒堂	46 翠微古池
22 祖堂	47 念佛堂
23 副寺寮	48 藏经阁
24 书记寮	49 大士阁
25 法堂(方丈)	

汉阳归元寺五百罗汉堂建筑田字形布局图
（截图自《归元禅寺志》）

嘉庆十八年（公元1813年）张志德斥革追帖案选录：重庆府巴县详文。选自四川省档案馆馆藏"巴县档案"。

档案编号：全宗—清6、目录—03、案卷号—00325。

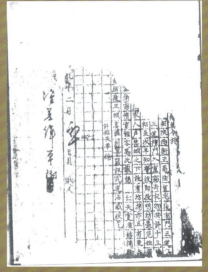

嘉庆十九年（公元1814年），李本忠重庆陕西街住宅失窃案案卷选录：报案禀状及失物清单。选自四川省档案馆馆藏"巴县档案"。档案编号：全宗—清6、目录—06、案卷—06469。

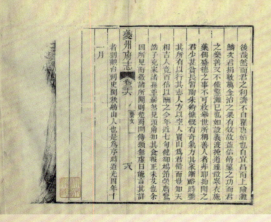

道光七年《夔州府志·艺文志》选录奉节县令万承荫撰《赠李君修凿瞿唐险滩序》

关于楚商李本忠与川江航道整治

（代序）

　　大约是 1999 年，肖波同志担任《武汉春秋》文字编辑。有一天，他到我家来取稿子，在交谈中，他说他一直在搜集清朝汉口富商李本忠的资料，曾在《长江日报》发表过李本忠治理川江航道的文章，请我提供一些相关史料线索，并给予指点。我说：李本忠是我们武汉本土一位非常难得的、不平凡的人物，其商号"李祥兴"是汉正街的老字号。在他身上，还有不少问题没有弄清楚。遗憾的是，从武汉到全国，很少有人专题研究他，所以长时期以来仍默默无闻。如果有兴趣，不妨在这个课题上下一点力气，像这样旷古少有的武汉传奇人物，是应该大力介绍和宣传的。

　　肖波请我谈具体一点。我说：我对李本忠的了解也很少，只是在 20 世纪 40 年代听长辈谈过他。《夏口县志》曾经为他立传，文字似嫌简略。其中介绍李本忠整治川江航道之后，"来往者棹歌竞发"，"行路者皆拜德焉"，可见其平险治滩之举造福人民。由"居平赈贫乏，恤孤寡，施棺木，掩暴露，善行不一端，然皆故常之举，不更表之，独表其巨者"，我们可以联想到，一个人偶尔做一件好事并不难，难的是像李本忠这样，终生如一日地乐善好施。尤其是他用毕生精力，所有资财，投入到楚蜀峡江平险滩、修纤道，以利行旅。在一般人眼里，这是'苕人做苕事'，然而从另一个角度看，这不就是百分之百的毫不利己、专门利人吗？李本忠到了晚年，疾病缠身，只好回汉，闭门著述，整理、编撰了《平滩纪略》（附《蜀江指掌》）一书，为后代留下了川江航道航行、整治的可贵史料。直至临终前，还念念不忘还有两处险滩没有治理。我建议，研究李本忠，最重要的是要搜集更多的史料，当掌握了大量的史料，对李本忠有了比较多的了解，就可以写文章了。

后来在武汉图书馆，我向肖波介绍了清代学者洪良品写的《湖北通志志余》和叶调元的《汉口竹枝词》，以及1920年刊行的《夏口县志》。同时我还向他转述了传闻中李氏曾经向宝通寺、归元寺等丛林捐献巨款的事，让他去查证。同时我还提醒，要想在武汉地区搜集更多李本忠资料非常困难，因为保存的相关史料有限。最好是扩大搜寻范围，沿着李本忠的经商和平滩治险的足迹，溯江而上，到有关城市的档案馆、图书馆、博物馆和地方志等单位搜集，像沙里淘金那样，或许会有收获。这是一件既费力、费时间，又花钱的事，结果如何，还难以预料。

肖波当时表态，可以试试看。自从他离开《武汉春秋》后，我俩暂时失去了联系。接下来的若干年，我参加武汉市的学术活动时，至少见过肖波三次。每次他都带来好消息：在哪里查到什么档案，在何处发现有关碑文，在哪本清人笔记里发现了李本忠的记述……在今年七月份的一次学术活动现场，我又见到肖波同志。听说他编纂的李本忠史料和故事集《传奇楚商李本忠》已经完成初稿，争取年内出版，我听了为他高兴，并希望早日读到这本书。

几天前，肖波同志来到我家，带来一包书稿要我审阅，并请我为该书写一篇序。我当即表示，这是给我出的难题。一是我对李本忠了解太少，二则等我把这一大包书稿看完并且消化以后，至少得半个月时间，这样很可能就会影响出书计划。最多我只能写一篇短文，说明你编这本书的缘起，以及经历的艰辛过程，或者谈谈这本书的大致内容。

这两天，我把这部书稿匆匆浏览了一遍，所得印象是"体大思精，巨细不遗，堪称洋洋大观"。拿搜集的资料来说，就多达好几十种，有一些资料不但是我见所未见，甚至闻所未闻，因此有一种大开眼界的喜悦，使我对李本忠这位清代汉口汉正街的富商，有了更多、更直观的了解。不过我也发现，有几则史料与本书的主题关系不大，似可删去。其次，编者在抄录和引用古代文献时，间或出现错别字和断句不当之处。不过，瑕不掩瑜，这点问题不会影响本书的整体价值。

我比肖波同志年纪大，我知道李本忠其人比较早，我也到过宜昌与三峡沿线的城市，以及重庆等地，然而我从未想过去搜集李本忠的史料。当年我说过，要想研究李本忠，就应该追寻他当年的行踪，去踏勘遗迹、网罗散失文献。当时我不过是随口一说，而肖波同志则是不辞艰辛，为此付出了难以计算的时间、精力与金钱。专门为这件事跋山涉水，到宜昌、秭归、巫山、奉节、重庆与成都等地，刻意寻找李本忠的史料。如果早些年多有几位像肖波这样的同志，李本忠其人其事就不至于至今都晦而不彰了。

清人李岳瑞的《悔逸斋笔乘·纪李本忠事》在记述了李本忠费时三十六年、平险滩四十有八，费金五十余万两之后，不胜感慨地说："呜呼！使此事在欧美，则铜像之铸，传记之纪载，馨香百祀，宁有已时？而吾国则湮没无传，能言其事者，殆于万不得一。"这和目前李本忠在武汉、在全国，仍然默默无闻的状况何其相似。

从嘉庆初年，到新中国成立以前的这150多年间，武汉三镇著名的商人不在少数。这些"大款"中，也有不少人间或捐资行善，但像李本忠这样终生乐善不倦者，再无二人。许多富商甚至连生意也很少做到外埠去，而是株守家园，小富即安。对照李本忠惊天动地的伟业，越发显得李本忠的难能可贵，更加感到介绍和宣传李本忠，是我们义不容辞的责任。

武汉要发展成国内一流现代都市，不仅要向前发展，也需要向历史寻"根"，根深才能叶茂。没有历史人物的城市，称不上历史名城；没有著名商家的城市，称不上商业重镇。一个有历史传承的商业城市，不仅要有相关的建筑、文物、史籍、故事，更重要的要有代表人物。有了代表人物，才有故事可讲，历史才会有血有肉地鲜活起来。明清以来，汉口成为全国四大商业重镇之一，当然不能缺少代表人物。要讲好武汉故事，首先要发掘武汉名人故事。"源"的问题没有解决，我们的文化传承什么？我们要发掘武汉的胡雪岩、武汉的乔致庸，李本忠是有名有姓的武汉历史人物，有传承有序的文物可考，有数地的府县志等史料可证。李本忠是清代一位不求名利、一心向善的汉口绅商，在封建社会就有这样高的思想觉悟，尤其难得。李本忠的事迹就是放在当今，也应该是当仁不让的"感动中国"人物。李本忠是后代武汉人应该永远牢记的城市英雄，值得为他立传、塑像、立碑，永远传颂。

尽管有关李本忠的信史资料欠缺，特别是尚未找到李氏族谱和后人，但通过本书收集的史料，足可弥补一二。而且可以依此纠正此前新志和相关文章中的部分谬误。通过《归元禅寺志》中收录的一份水田买卖地契，可以确认李本忠于道光二十二年（公元 1842 年）初夏尚且健在，至少寿至 83 岁。通过《平滩纪略》李正心所做的序文，可以确定归元寺罗汉堂早于道光二十年（公元 1840 年）已经建成。黄冈洪良品基本上可算作是李本忠同时代的人，其在《湖北通志志余》中对李祥兴的记述，可信程度较高，给出了一个李家发家肇始的传说。特别是肖波在四川省档案馆馆藏巴县档案中，找到数件涉及李本忠、渝号李祥兴的案卷，是一次重要的发现，可以弥补李本忠经商史料的不足。他寻找李本忠史迹时，在重庆巫山大溪口镇找到两件有关李本忠平滩治险的石碑，是迄今可确认的，少有的两件涉及李本忠的历史文物。

《传奇楚商李本忠》这本书出版后，不论史学界对其评价如何，那是学术问题。但从精神层面来讲，我认为应该为肖波同志点赞。古人有十年磨一剑的说法，他以一己之力，搜罗、考证李本忠史料，并自费结集出版，为这本书坚持不懈地准备、琢磨了 20 多年，虽然他的本职工作不是搞文史研究，但是他做了专业文史工作者应该做的事，应该得到鼓励和赞赏。

零零碎碎说了以上一些话，就算是我对肖波同志大作的结集出版，表示衷心祝贺吧。

徐明庭

2017 年 9 月

目 录
contents

第一编　李本忠其人其事

目
录

第二编　李本忠部分史料汇编

附录　李本忠资料

第一编　李本忠其人其事

一、楚商李本忠

李本忠，字凌汉，号尽已。籍隶湖北省汉阳府汉阳县汉口镇大智坊。生于乾隆二十四年（公元 1759 年），卒于道光二十二年（公元 1842 年），享年 83 岁。

自李本忠祖父李武一辈起，李家开始经商，设"李祥兴"粮食商号于汉正街。主要在四川重庆府巴县（今重庆）至湖北汉阳县汉口镇，以及长江下游一带，进行粮食等购销、贩贸。故李本忠又被称为"李祥兴""李凌汉"，称其"米商""盐商"者，兼而有之。

祖父李武一次从巴县购粮，押粮船返汉过境归州（今秭归），在峡江中遇滩险不幸覆舟溺水，人货两亡，尸首打捞无着。此后不久，父亲李之义又因购粮自渝返汉途经峡江，在归州城下险滩覆舟落水。消息传至汉口家中，李本忠母亲李朱氏乍闻噩耗，悲痛万分，情急之下，服毒自尽殉节。哪知李之义顺江漂流百余里，在三陡铺（今三斗坪）附近获救。

李本忠年幼之时经历了两位至亲的惨痛离别，"因先人之惨，立志除害"，在那时就立下了"凿川江险滩，永杜后患"的宏愿。困于家境，少年李本忠被迫放弃了攻书之路，先随父亲上川下楚，不久正式接手"李祥兴"商号，走上经商的道路。李本忠自述，其时"尚负父债数千，室如悬磬"。他"出披星、归戴月"，不畏艰难困苦，经过数十年苦心经营，"家事渐顺""稍有衣食"，生意上了正轨，积攒下一笔不菲的资财，还在巴县开设了分号"渝号李祥兴"。时人称其为楚之"富商""巨商"，后有"富甲两湖"之誉。

为了实现少年时立下的宏愿，嘉庆九年（公元 1804 年）始，李本忠和同乡好友周步洲，先后呈禀归州和宜昌府，请求自费治理峡江滩险。第二年获准后，他倾其"所有独立乐输之财"，亲自组织施工队伍，精心挑选管理人员，系统地、大规模地平滩治险，凿滩石、修纤路，自费治理峡江航道。

遇险滩顽石,先施以炭火煅烧,后淬以食醋,摧其刚坚,再钎锥碎之;数年反复打凿,以达根除实效。整修纤路,刊木开道。石嘴坚壁,凿而开之;曲者直之,狭者阔之。治理活动自嘉庆十年(公元1805年)开始,至道光二十年(公元1840年)止。李本忠与其三孙李贤佐接力治滩,期间妻子季氏、长子李良政、三孙李贤佐先后去世,仍未动摇李本忠治滩决心。先后整治了上至四川夔州府奉节县境瞿塘峡内的石板峡、黑石滩,下至宜昌府东湖县境(现宜昌市夷陵区)西陵峡内的渣波滩、红石梁等大小险滩;培修了白果背、泄滩、青鱼背等多处纤路,"计险滩四十八处,计年三十六载"。按记载,仅用于平险治滩的人工、煤炭两项直接费用支出,累计已达巨资银18万余两。平滩治险期间,李本忠为根治滩险,购买山林入官封禁,开环保移民之先声;其捐资助学,扶危济贫,施棺木,掩暴露,善行惠及峡江沿岸。

其时,川、楚两省受惠州府多次将李氏祖孙平滩事迹,上报各自省督、抚、藩等,为李本忠祖孙提请议叙,请朝廷予以旌表。林则徐督楚期间,曾数次为李本忠平滩治险一事做出批示。后来,李本忠次子李良宪、长孙李贤俊,同获授从四品盐运司运同职衔;道光皇帝钦定"乐善好施"四字,由汉阳县拨银,为李贤佐建树牌坊;道光十六年(公元1836年)八月,李本忠获授正四品候补道员职衔。

道光二十年(公元1840年),李本忠"自顾精力衰朽,疾病频加",不得不停下平滩治险的事业返回家乡汉口。此时他已是81岁高龄了,仍念念不忘峡江航行的安危,"恐桑榆暮景,未能久留于世",所以将历年凿滩原案始末,抄录整理,编撰成《平滩纪略》一书。此前于道光十四年(公元1834年),李本忠总结自己几十年上川下楚的航行经验,以及峡江航道整治后的地理、水文变化情况,撰写了《蜀江指掌》一书,免费赠送上下川江的驾长、船家。二书于道光二十年(公元1840年)合并刊行,共六册,为后人留下峡江滩险整治、航道水文变化等宝贵资料。

李本忠一生尊崇儒、释、道三教,无善不为。相关史料记录了他在家乡汉阳的种种善举:捐修汉阳归元寺"罗汉堂甲子殿阔大坚牢",出资聘请黄陂艺人首塑五百罗汉;出资整修汉阳玄妙观,其善行被后人写入唱本四处传唱;叶氏《汉口竹枝词》记录了他独出心裁、出资整修龙王庙码头的事迹;

他为家乡多个善堂捐资，参与各种慈善活动；他积极为家乡的学子造福，捐资"修理黉宫，精致巩固"；联名上书，吁请广增汉阳学额。道光十一年（公元 1831 年）汉口大水，灾后四乡灾民集聚三镇。李本忠不仅捐资铜钱 3000 串赈灾，还亲赴巴县"渝号李祥兴"，督促接连发运粮船至汉口，一组粮船就运米、豆等 50 余万斤，一时活人无数。至于搭棚施粥、舍棺施药、扶危济困等种种善行，更是不一而足。

李本忠平滩治险、乐善好施事迹，在清末、民初就已"感动中国"。其平滩治险的善举，被受惠商民士绅刻碑传扬，被诗人骚客写入诗文四处传唱，峡江地区民众一代代口碑相传。清道光以降，峡江沿线川、楚两省数地的府、州、县志，收录了李本忠治滩及乐善好施事迹。在其故乡，同治七年（公元 1868 年）《汉阳县志》、光绪十年（公元 1884 年）《汉阳县识》（《续辑汉阳县志》）、民国九年（1920 年）《夏口县志》、民国十年（1921 年）《湖北通志》等，收录有李本忠小传或事迹。新版《武汉市志》（1998 年）、《湖北省志》（2000 年）等，均收录有李本忠小传。

李本忠历乾隆、嘉庆、道光三朝，正值清王朝由鼎盛走向衰败的转折时期。他亲眼见证了白莲教大起义、林则徐武汉禁烟等重要历史事件。他一生经历坎坷：少年丧母，中年丧妻，老年丧子丧孙；也经历了"李祥兴"商号的大起大落。李本忠毅力超群、意志坚定，苦心经营"李祥兴"数十年，"由困而亨，乐善不倦"；他尊师重道，忠孝传家，急公好义，造福桑梓。李本忠自幼跟随父辈经商，是一位精明的商人。他精于谋划，知人善任，善始善终，追求完美；他不沽名钓誉，求实不求名，敢为天下先，是清代中叶楚商的杰出代表。

（一）沟通川楚的汉口富商

1. 楚商·汉口正街

"楚商"源出于楚国，楚国始封于西周。楚之先祖"筚路蓝缕，以启山林"，创基立业，开疆拓土。至春秋战国时期，楚国已是"地方五千里，带甲百万、车千乘、骑万匹，粟支十年"（《战国策》）的强盛大国，跻身"春秋五霸""战国七雄"之列。楚国历代核心区域，基本位于今湖北、河南、湖南一带。鼎盛时期，其疆域东临东海，西及今四川、陕西、北及山东、河北，南及广东、云南、贵州，覆盖了中国中部、东部及南部的大部分地区，甚至一度拥有"纵成则楚王，横成则秦帝"，一统中国的历史机遇。楚国不仅有老聃、庄周、屈原、楚辞，对中国哲学、文学作出了重要贡献；在天文、历法、音乐、建筑，及青铜器、漆器、丝织品制作等方面亦独树一帜，创造了灿若星辰的楚文化。通览中国商业发展史，楚国同样也占有重要篇章。

春秋战国时期，农业、手工业得到较快的发展，社会分工日益细分，生产力不断提高，有了更多的富余产品进行交换。那种"日中为市，致天下之民，聚天下之货，交易而退，各得其所"（《易·系辞》）的原始产品交换，已逐步发展成为商品贸易，衍生出专门从事商品贸易的专职人员，在"农工士商"中独占一席，甚至有了行商、坐贾之分（今之商，涵盖商、贾）。在各诸侯国之中，已经出现了部分巨商富贾。

楚国地处中国中南部，物产丰饶。《战国策》记："荆有云梦，犀、兕、麋、鹿盈之"，珍禽异兽，"羽毛齿革"，为各国所求。其湖泽众多，多是鱼米之乡。楚地富产金、银、铜、锡等金属矿产，"荆南之地，丽水之中生金"。湖北大冶铜绿山、湖南麻阳九曲湾两处大型古铜矿遗址，是当时南方的冶铜中心。铜是当时制作兵器、礼器及生活器具的重要物资，在各诸侯国无不具有巨大的需求。有学者认为，"春秋战国时代，百分之九十以上的青铜产于楚国"（徐中舒《论巴蜀文化》）。楚国的漆器、丝织品、竹木、水果等土特产品，亦为各国所喜爱。楚怀王曾自得地对张仪说："黄金、珠、玑、犀、象出于楚，寡人无求于晋国。"丰富的物产，是楚国商贾进行国际间商贸活动的重要基础。

商品交易离不开城市，这一时期各国已有不少超越周制的"千丈之城，万家之邑"（《战国策》）。城邑中设"市"，即农副产品、手工产品的交易市场。战国后期，楚国本土及灭国归属城邑合计已达二百六十余座（张正明《楚文化志》），城邑数量无可争议地在各国之中排名第一，星罗棋布的大中小城市，促进了楚国商业的空前繁荣。有学者考证，与中原诸国比较，楚人最早创立了市关之税，市关税收成为楚国财政收入的主要来源之一。楚国城邑设置"市令"一职，专司管理市场、收取税金。楚国商业发达的城市众多，郢都是当时楚国的商业中心。恒谭《新论》是这样描写其市面繁华景象："楚之郢都，车毂击、民肩摩，市路相排突。号为朝衣鲜而暮衣弊。"日益增多的国内各城市、各诸侯国之间的贸易，必然催生众多楚商、楚贾，谓楚国为当时第一商贸大国毫不为过。

楚国长期实行重商、尊商政策。商业贸易促进了楚国城与城之间、楚国与他国之间物资的互通有无，不仅给楚国商人及他国商人带来牟利的机会，市关税还带来大量的税收，成为支撑强大楚国的重要支柱。

中国典籍中，"楚商"身影并不鲜见。《管子·轻重戊篇》记："桓公即为百里之城，使人之楚买生鹿""管子告楚之贾人曰：子为我致生鹿二十，赐子金百斤，什至而金千斤也"。这是齐、楚两国之间的贸易记录。成语"买珠还椟"，出自《韩非子·外储说左上》："楚人有卖其珠于郑者，为木兰之柜，熏以桂椒，缀以珠玉，饰以玫瑰，辑以翡翠。郑人买其椟而还其珠。此可谓善卖椟矣，未可谓善鬻珠也。"这个卖珠宝的楚人，就是楚商。如果从正面看这个典故，说明当时楚国的珠宝商人重视商品的包装，用华美的包装装饰提升珠宝的价值。在销售珠宝的同时，还连带将楚国珍贵木材雕制的盒子、珠玉、玫瑰、翡翠及香料一并推销了出去。

陶朱公范蠡，在中国被尊为文财神，也被商界尊称为"商圣"，几乎是家喻户晓。范蠡是地道的楚国人，出生在楚国宛地，即今河南南阳。宛当时在楚长城方城之内，属于楚国的核心区域。"宛亦一都会也，俗杂好事，业多贾"（《史记·货殖列传》），宛人有经商为业的传统。范蠡在帮助越王勾践成功复国后，一叶扁舟，泛浮江湖，来到齐国的陶地，即今山东定陶。利用"陶天下之中，诸侯四通，货物所交易也"的地理位置优势和市场优势，贩贸逐利，"十九年间三致千金"，又三次将千金散发给穷人。太史公赞曰："此所谓富好行其德也。"由此可知，楚商的乐善好施、行侠仗义，实有渊源。

出土的春秋战国文物中，也能找到楚国商人进行商贸活动的证据。山东临淄，齐国故都，曾出土带有铭文的陶器，上有"楚贾购□□里豆"字样，显系楚国商人在齐国订购的陶器。（吕振羽《殷周时代的中国社会》）

1957年在安徽省寿县出土的"鄂君启节"，是战国中期楚器，青铜制成，形似剖开的竹节，又称"金节"，是当时楚怀王发给受封在今湖北鄂城的鄂君启的免税通行符节。其中"鄂"为地名，"启"是鄂君之名，鄂君启是典型的贵族官商。符节分为舟节和车节，舟节用于水路货物运输通行；车节用于陆路货物运输通行。符节上铭文有"得其金节则勿征""不得其金节则征"，即有金节不征关税，没有金节就要征收关税。符节铭文上还详细规定了鄂君启水路、陆路交通运输的路线、车船大小与数量、运载额、运输货物的种类、禁运货物和纳税及免税情况等。节文上规定：鄂君的商队，陆路可带车五十乘，水路可带船一百五十艘，可见商贸规模之大。节文上涉及楚国城市或地名数十，可知贸易范围遍及江、汉水系以及湘江、沅水等流域，佐证了楚国商业之发达。

商品交换发展到一定的阶段出现了货币。据考证，楚国早期货币是天然海贝。在先秦各国中，楚国最早以金为通货。至春秋战国时期，楚国已是唯一同时使用金、银、铜三种材质制作货币，且贝、布、刀、圜四种货币形态俱全的国家。大量使用且行用时间最长的楚国铜贝币，是各国中唯一保留原始货币海贝形态的仿贝金属货币。宋代以后称其为"蚁鼻钱""鬼脸钱"。楚国独有的称量货币金版（郢爰、陈爰等），等量货币布币"殊布当釿"（背"十货"）、"四布当釿"、蚁鼻钱等，构成了完备的、具有楚国特色的货币体系。

公元前 223 年楚灭国后，历史又推进了 2000 余年。至少在唐代，商业行会已经出现，宋代则有了较大发展。至明代中叶，商业行会组织逐渐发展为具有同乡会性质的"会馆"，会馆内又按行业分成不同的商业行帮。清代商业会馆、行帮组织更为普遍，出现了"公所"。行帮是组织，会馆、公所是机构，都带有强烈的地域性。这一时期，由于地方土特产品资源，或区域商业特性，各地商业行帮往往独占一种行业，其会馆、公所名称，往往带有地域色彩。如楚商在全国各地设立的会馆、公所，多以"禹王宫""湖广会馆"等名之。

不管是改朝换代、裂土分封，还是区域重划、设省置郡，原楚国疆域核心地区的商贾，仍继以"楚商"之名。仅从《巴县档案》案卷目录中就可以看到，至清朝中、晚期，川渝地区对湖广客商，仍以"楚帮""楚商"相称："楚帮高万盛、匡寅初等禀状"（嘉庆十六年）；"楚商李义顺等上控渝厘局加抽盐税案"（光绪四年）；"楚商大生厚具禀包洪发船支装运花盐在巴县青严子滩失事恩勘移报卷"（宣统一年）；"楚商王广生具禀雇船户彭双兴"（宣统一年）；"楚商永兴祥具禀雇船户张清荣运盐船在巴县蟆子背滩失事恩勘移报卷"（宣统一年）。楚商在湖北地区，在武昌、汉阳，往往以"本帮"相称。当时汉口商人专称"汉帮"，在汉口汉正街附近的万年街，还设有汉帮公所。

明、清时期，湖北汉阳县汉口镇已与河南朱仙镇、江西景德镇、广东佛山镇并称全国四大名镇。除了汉口镇，其他三个古镇都有千年以上的历史，均为历史上的商贸重镇，且都有当地特色产业支撑：河南朱仙镇的版画、年画，江西景德镇的瓷器，广东佛山镇的铁器、陶器，均为畅销全国的传统名品。刘献廷《广阳杂记》云："天下有四聚，北则京师，南则佛山，东则苏州，西则汉口。""四聚"之地均以工商业发达而著称，汉口镇亦赫然在列。京师为天子脚下，八方百物汇集，自不必说；苏州为富庶江南的商贸中心，且系皇家丝织贡品出产地；佛山是岭南商贸大都会；汉口因"九省通衢"的便利、发达的商贸而得以比肩。

汉口镇与这些历史名城、名镇相比，最为"年轻"，成镇时间最晚。约明成化三年（公元1467年），汉水（又称襄河、小河）改道，自大别山（龟山）北麓注入长江，将原本与汉阳古城、大别山毗连的大多为芦苇滩地的北部地区分隔出来，形成南、北两岸，最初两岸均称为"汉口"。嗣后汉水入江口两岸陆续有商民修建房屋，人烟逐渐聚集，小肆、市场开始出现。据旧志载，至嘉靖四年（公元1525年），北岸已有张天爵等居民630户、房基1035间。随商船停泊日渐增多，至嘉靖七年（公元1528年），汉水北岸渡口集舟为市，河街市场初具雏形。汉口北岸居民区依汉水上游往下的顺序，被划分为居仁坊、由义坊、循礼坊、大智坊。最迟至嘉靖二十一年（公元1542年），四坊的主要街市连成了一线，始名"正街"，意为"汉口之正街"（以下称汉正街）。嘉靖二十四年（公元1545年），汉阳府正式设置汉口巡检司，全面管理汉口镇的政务、商务。是年统计，汉口镇居民已达1395户、约7000人。清康熙元年（公元1662年），汉口巡检司由汉水南岸的崇信坊移驻北岸的正街，由此汉正街又被称为"官街"。自此汉口成为北岸的专称，南岸仍称汉阳。雍正五年（公元1727年），汉口分设仁义、礼智两个巡检分司。据乾隆三十七年（公元1772年）的统计，汉口居民已达33209户、93381人。如果将往来客商、船户等流动人口计算在内，数量至少还要增加数万人。

明末、清初诗人吴淇在诗中这样描写清中叶汉口万商云集、江汉朝宗的盛景："十里帆樯依市立，万家灯火彻宵明。"所指就是汉正街、河街等市场，这里是汉口镇的商业精华所在。

据旧志记载，当时汉口镇商业有所谓上八行（商业行栈），下八坊（手工业作坊）之分，最著名者俗称八大行，即盐行、茶行、药材行、什货行、油行、粮行、棉花行、牛皮行。其主要的商号、行栈，大多沿汉水分布。汉正街市场西段经营粮、油、棉、什业的商号居多；东段以经营药材、参燕、钱庄票号、典当为主；中段多为经营百货、布匹、山珍、海味、纸张等大小商铺。

最初的汉正街不过是几百米长的土路，商铺、货栈分列于土路两旁。随商贸的不断繁荣，助推了市场及街道的拓展。乾隆四年（公元1739年），汉正街上铺设了条石路面，并建成汉口第一条长达数里的排水暗沟。依托汉正街，又建成纵横相连的众多街巷。平行汉水的为"街"，垂直汉水的为"巷"，形成沿汉水商业区。据清道光年间统计，此时汉正街已有街32条、巷64条。

汉口镇、汉正街因商而立、因商而兴。追根溯源，正如《汉口丛谈》所记："汉口之盛，由于小河也。"汉水改道后形成的水运便利优势，是影响汉口镇成为商贸重镇的重要因素之一。当时条件下，能够大量装载货物、且经济的运输工具就是舟船。汉水发源于陕西，流经荆襄等地，沿途各地的粮食、棉花等土特产品沿汉水船载而下，汉水船只并不适合在长江航行，汉口就成为其货物最好的目的地。即使是航行于长江的商船，承受风浪能力也很有限，汉水就成为得天独厚的避风良港。原本在汉阳城及武昌城江岸停泊、交易的商船，也渐次转移停靠汉口。

汉口市镇的形成，停靠船舶大量增加，货物吞吐量日益增多，促使沿汉水码头的修建、扩建。自明万历年间起，沿汉水从上（西）至下（东），就修建起宗三庙、杨家河、武圣庙、老官庙和集家嘴等众多码头。清道光年间，叶调元《汉口竹枝词》写道："廿里长街八码头，陆多车轿水多舟。"叶氏注释八码头："一云艾家嘴、关圣祠、武圣庙、老官庙、接驾嘴、大码头、四官殿、花楼为八码头。"其实当时沿汉水已经修建的码头远远不止八个，至少还有宗三庙、杨家河、沈家庙、新码头、流通巷、鲍家巷、中码头、龙王庙等码头，还有为数不少的小码头、渡口码头。众多的码头反过来又吸引更多的商船前来停靠、交易。随汉口周边乡镇及本省、全国各地客商云集、人口迁入，沿汉水、汉正街又修建起众多的会馆、公所、书院、寺庙等建筑。清汉阳人徐远志《汉口竹枝词》写道："石镇街道土填坡，八码头临一带河；瓦屋竹楼千万户，本乡人少异乡多。"这是当时汉口镇、汉正街的真实写照。

　　成就汉口的繁荣，还有几个重要因素。明万历元年（公元 1573 年），明朝政府将湖北、湖南两省应纳漕粮的交兑地点，由湖南城陵矶改为汉口镇。入清后，清政府沿用明制，仍以汉口为湖广省（含湖北、湖南两省）漕粮交兑地。清初额定每年漕粮 400 万石，随漕正耗每石二斗五升至四斗不等，除此之外，每石还要附加漕项、陋规等数石。应纳漕粮省份有山东、河南、江苏、安徽、江西、浙江、湖南、湖北八省。每年仅两湖漕运大米总量就高达数十万石，需漕运大船数百艘。漕船额定十艘一帮，每艘定漕丁、漕夫共十人。加上两湖、四川、陕西等地粮食流入汉口，江浙一带口粮多依赖楚米，仅每年进出汉口的运粮船只就累千逾万。明万历四十五年（公元 1617 年），明朝政府推行淮盐转输制度，盐商按规定限额和指定口岸运销食盐，定汉口为楚地食盐（含湖北、湖南）行销总口岸，然后分销两湖各地，设淮盐公所于正街，今尚留淮盐巷之名。入清后，清政府仍以汉口为楚岸引盐分销地，每年行销淮盐约 90 万引，每引重 400 斤。道光初年湖广总督陈若霖："湖北、湖南两省岁销淮盐七十七万九千九百三十四引。"（《历史档案》）汉口水面每年停泊运盐大船数以百计，分运小船更不可计数。不管是粮船或是盐船，也不管是大船还是小船，进出汉口交易时，总有一趟放空，需要配载其他货物。这样就促进了诸如棉、布、茶、油、纸、药材、洋广货、皮货、手工制品等多种商品的转运贸易。明清时京师鼓铸，全部依赖滇铜。每年在汉口过境、停泊的，不仅有大宗的漕铜运输船只，就是江苏、江西、浙江、陕西、广东等省的鼓铸用铜，也依赖汉口转运。乾隆以后，每年运往北京及各省的滇铜，已达 700 万斤。每年过境锡、铅船，也以百万斤计。繁忙的船运，以致汉口水面常年泊船2万余艘，呈现商船鳞集、十里樯帆的景象。清乾隆《大清一统志》描述汉口为："居民填溢，商贾辐辏，为楚中第一繁盛处。"

汉口又称"汉皋"，即汉水边的高地。但北面后湖夏水泛涨之时，常对汉口形成浸漫，严重制约了汉口城镇发展和商业贸易。明崇祯八年（公元1635年），时任汉阳通判袁焻，为阻隔湖水，主持在正街北面修建了一条长堤。长堤上起硚口，下至堤口，全长约11里，因掘土筑堤，沿长堤外便挖成了一条深沟，宽约2丈，汉水从上游硚口注入，至堤口入江，名玉带河。后此堤被称为袁公堤，其位置和走向，即今之长堤街。袁公堤的修建，从根本上解决了后湖方向的洪水威胁，为汉口镇、汉正街的发展作出重要贡献。

在汉口开埠前，汉正街八大行中，粮食交易量历来排名第一。一则每年两湖漕米在汉口交兑，仅部分需要就近采购，数量本就不少。再则汉阳府（县）城、汉口镇常驻人口及往来客商日益增多，人人离不开粮食，均需采买自汉口粮市（武昌城上首、鲇鱼套水次，原有粮食市场码头）。三则汉口的粮食交易许多是转口贸易，在全国各地区间进行粮食调济，吞吐量颇大。陕西汉中等地的粮食，省内荆门、天门、襄樊等地粮食，也多装船沿汉水而下，运至汉口交易。相关史料记载，输入汉口的货物中，四川以大米、豆类为大宗；湖南以大米为大宗；河南以小麦、黄豆为大宗。在汉口输出的货物中，销往江西、山东的以大米为大宗；销往广东、宁波的以杂粮、黄豆为大宗。还有一个原因，清政府在全国各地设立常平仓，收贮仓谷，以备灾荒之年，用于平抑粮价、赈济灾民。湖北省额设常平仓谷120余万石，主要储存在武昌、汉阳两府。遇到灾荒，粜、赈兼施，缺额仓谷常达数10万石，亦需就近采买，或依靠捐纳谷物进行补仓。

汉正街上的米市和杂粮市场是分处设立的，据日本水野幸在《汉口》（1908）一书中记载，米市场在沈家庙一带，杂粮市场在杨家河一带。叶氏《汉口竹枝词》写到："米市都居米厂台，砌成白石尘无埃；坛场数亩排茶座，顽雀人来坐一回。"还特别注明："米市乃米行聚集之所。"相关史料记：宝庆码头附近有曹祥泰、坤记、申记等几家大米店。永宁巷、五彩巷、石码头"坡上有永丰、顺丰、玉隆、义大、祥昌八大粮行"。民初《夏口县志》记：汉口"粮食行凡四十家，年贸易额约三千六七百万两"，在所有货物品类中，交易金额最大。由此可见粮食交易在汉正街市场中的重要地位。

在这些史料记载中，其实还遗漏了当时汉正街上的一个大粮行、大粮商——"李祥兴"。

2. 信义渡子的奇遇

汉正街从来不缺发家致富的传奇故事。汪玉霞"九江桐油闯关"，胡赓堂"三张盐票起家"，沈元喜"收荒货捡漏"等传说，俯仰皆是。据清光绪黄冈洪良品编撰的《湖北通志志余》记，李本忠的祖父李武创设了汉阳"李祥兴"粮食商号，其掘得第一桶金的故事，颇具传奇色彩。

大约在雍正末年或乾隆初年，李本忠的祖父李武还是一个在长江上依靠操舟摆渡为业的"渡子"。早在西周时期，汉江流域就有了以操舟为业的"船人"，《水经注·沔水中》记："昔周昭王南征，船人胶舟以进之。"汉口镇与汉阳府（县）城隔襄河比邻，与省城武昌隔长江相望。武昌城既是湖北省城，又是首府（武昌府）、首县（江夏县）官署所在地。三地官民士商往来频繁，完全依靠舟楫摆渡。不算以货运为业的船家、水手，仅三镇依靠划船、摆渡为生的渡子，就数以千计。

一个微风和煦的冬末上午，汉正街上熙熙攘攘的行人冬衣未解，尚是"江朝汉汛到冬干"的季节。李武的渡船停在汉口襄河边的一个渡口，招呼去武昌的乘客上船，客满收艒，解缆启航。船驶出襄河口，虽然是逆流而上，但春汛未到，江面不宽，水流不疾，渡船不多时已到武昌，停靠在黄鹤楼下、汉阳门外的矶头码头。待乘客全部起坡后，李武开始整理船具，这时发现船舱一角有一个包裹，拎起来沉甸甸的，打开一看，全是10两、5两一锭的银子。李武赶紧收好包裹，站在船头，一边婉拒要上渡船的乘客，一边焦急地仰看着直通汉阳门的青石阶梯尽头。不一会儿，就看见一位刚才下船的乘客，手里还拎着东西，急匆匆地朝渡船疾步赶来，下阶梯时还差一点踏空。来到船边，他焦急地问李武是否在船上看到一个遗留的包裹。经仔细询问，李武得知原来这是一位来汉经商的江浙客商，今天过江拜客，因下船时光忙着拎礼盒、土特产等物品了，一时疏忽，遗落了装银子的包裹。李武马上将包裹交还，请这位客商清点银两。浙江客商接过包裹，非常感动，随手从包裹里摸出一锭银子，坚持要送给李武做为答谢。李武一再推辞，还对客商说了这样一句话："这么多的银子我都没有要，我还会收你这一锭银子吗？"

要知道，当时三镇渡船众多，收取的渡资是非常低廉的。据史料记载，自清康熙至光绪年间，汉阳、武昌之间，渡江、渡河的渡资水平几乎是稳定的。过大江，每位乘客只收取铜钱五文；襄河摆渡，每人只收取铜钱两文，就是要单独包一条小船过河，也用不了几个铜钱。叶氏《汉口竹枝词》曰："五文便许大江过，两个青钱即渡河。去浆来帆纷似蚁，此间第一渡船多。"所以刘献廷在《广阳杂记》里记载了这样一条谚语："行遍天下路，唯有武昌好过渡。"王葆心《再续汉口丛谈》记："光绪辛卯年（1891），予初入鄂，其时渡江附官渡者，每人给钱二文，满五十人足佰而开。划船亦略同。"私人渡船不比官船，一般不大，只能装载数人。在没有大风浪的天气，摆渡一天的收入也不过二三百个铜钱。雍正年间，一两银子与制钱的兑换比例基本保持在 1000 枚左右，一锭银子，少说也要顶李武数月的渡资收入。李武的坚辞，更加让江浙客商感动，只得收起银锭。然后，他将从家乡带来的原本准备送人的土特产——一只金华火腿，执意送给李武。李武推辞不过，只得收下。江浙客商感谢再三，因为要去拜客，这才不舍离去。

旧时各行各业都有祖师爷，不仅逢年过节要供奉，每逢朔望之日（初一、十五），也要祭拜，求祖师爷保佑生意兴隆，出入平安。据传行船业的祖师爷是孟公孟姥，又有《船神记》云，船神名冯耳。不知当时江汉一带的船家供奉的是哪尊神仙？

恰巧第二天就是初一日，李武在自己的船头摆好供桌，点上香，将几样供品摆在上面，江浙客商赠送的火腿也在其中。李武正在跪拜之时，忽然有一只鹰俯冲下来，将火腿掠走。由于火腿太重，这只鹰飞不太快，也飞不太远，只是沿着江岸附近盘旋，要下不下，又不远离。火腿在当时比较贵重，李武舍不得就这样失掉，连忙划着船沿着老鹰飞去的方向追赶。一路来到一处芦苇丛生的江边沙洲，老鹰到底坚持不住了，火腿从其口中落了下来，掉进芦苇丛中。因为有人追赶，老鹰只得飞走，一下子不见了踪影。李武刚将船靠上沙洲，就发现沙洲边沿有一崩塌处，露出了一条木船的轮廓。走过去用手一摸，朽木纷纷散落，再仔细查看，在一个船木已腐败的船舱里，发现一大堆银铤状的黑疙瘩，捡出一个擦拭一下，竟是货真价实的银子！原来这是一艘古代的沉舟，日久天长，被江底沉沙所掩埋。后形成沙洲，因水流变化，冬季水涸、水流冲刷而显露了出来。

古代三镇傍依大江，并不比现今有坚堤护岸、水道通畅，江边及江中的沙洲此消彼长，自古有之。古鹦鹉洲本是武昌城外一荒洲，因东汉祢衡曾在洲上作《鹦鹉赋》而得名。"洲聚于沙，而沙转于水"，明成化年间，鹦鹉洲逐渐沉入江底。300年后的清乾隆年间（公元1736—1795年），武昌的白沙洲为水所没，而汉阳城南纪门外的江边，又渐淤出一个新的沙洲。武昌白沙洲民吴某等禀官，请求以新淤洲地断给他们，以补白沙洲应缴课税，遂名"补课洲""补得洲"。汉阳县民以鹦鹉洲久为汉阳古迹，淤出新沙洲近在南纪门外，不应远隶武昌，双方争讼于官府。嘉庆年间（公元1796—1820年），经时任汉阳县令裘行恕三次具禀力争，新沙洲始确定归隶汉阳，并恢复鹦鹉洲名。今遂有武昌鹦鹉洲与汉阳鹦鹉洲之说。历史上武昌、汉阳江段的潜洲、金沙洲、刘公洲、天兴洲等，均是江洲沉浮的实例。因此江边荒洲中发现古沉船，并非不可能。甚至有可能就是因为沉舟阻沙，渐淤积成新的沙洲，亦未可知。

李武将这些银子装载回家，转天仍继续来到渡口候客。这时，先前那位江浙客商专程来到渡口码头寻找李武。他对李武说，自己准备拿出一大笔本钱做粮食生意，邀约李武一同到四川购买大米，贩运至江浙一带售卖。因为通过拾金不昧这件事，江浙客商对李武诚实、信义、不贪财的品格甚为嘉许。而且李武多年在大江与汉水交汇、水流复杂之处摆渡，具有丰富的驾船技术、航行经验和体力，识得水性，善辨风向，是一个值得信任的、恰当的合作伙伴。还有一个重要原因，江浙客商看中汉口是一个长江大码头和粮食集散大市场，位居四川、浙江之间，李武是本地人，在汉口设店，自然有许多便利。李武答应，回家与父亲李昌明、母亲赖氏等家人商议后，再做回复。考虑到从四川贩米确是一个赚钱的长久生意，李武又有多年长江行船经验，面对这样一个利用特长改变家庭经济条件和命运的机会，最后全家统一了意见。李武遂将在沙洲沉船中捡得的银子拿出，附在江浙客商的巨资中入股，开始做起贩运川米的生意。商铺林立的汉正街上，又多了一家"李祥兴"粮食商号。

生意逐渐走上正轨，不久，自四川至江浙的 5000 里长江水路上，已经有了来往不断的"李祥兴"商号的粮船。经李家几代人数十年的努力，"李祥兴"商号不仅经销川米和长江沿线土特产，而且借道光十二年（公元 1832 年）陶澍主持废除纲盐法、推行票盐法之机，开始经销淮盐，并已在川、楚等地开有多家分号，渐成为"富甲两湖"的汉皋巨商。

农工士商，清代政府以农为本，以商为末，重农轻商。清代商贾人物事迹，往往依靠野史、传奇故事得以流传。《湖北通志志余》编撰者洪良品，湖北黄冈人，同治七年进士，授翰林院编修、国史馆纂修，曾任山西乡试正考官、顺天府乡试监考官，历任江西、云南道监察御史，兵部给事中，户部掌印给事中等职。曾主持编撰多地的方志，著述颇多。李本忠去世之年，洪良品已15 岁。咸丰初年太平军破武昌城，查抄"李祥兴"巨额现银之时，洪良品 25 岁。黄冈距离省城武昌、汉阳可谓近在咫尺，洪良品做为一个同地、同时代的人，熟悉李本忠及"李祥兴"事迹，了解李家发家史，或听到过传闻，再正常不过。虽然李武的传奇故事有宣传因果报应及演绎成分，但基于洪良品的背景，似有几分可信。"汉阳李祥兴，鹾商也，嘉庆中叶富甲两湖"的记述，是目前为止，已发现的唯一论及"李祥兴"经营盐业的史料。其时，清湖广省总督督掌湖北、湖南两省，故谓"李祥兴"为两湖首富。

3. 叠遭厄运，少年立志

李本忠出生于乾隆二十四年（公元 1759 年），正值史称的"乾嘉盛世"。籍隶汉阳县汉镇大智坊（今属武汉市江汉区）。

自明代起，汉阳地方政府依照"仁、义、礼、智、信"设置五坊，对汉口的民政、市场等进行分区管理。"坊"大致相当于今日之"街道"。其中居仁坊、由义坊、循礼坊、大智坊在汉水北岸，崇信坊在南岸。雍正五年（公元 1727 年），汉阳县在汉口分设仁义、礼智两个巡检分司，"金庭店上属仁义，以下都归礼智司"，以金庭公店划界。查旧志地图，金庭公店在广福巷与汉正街之间；礼智司署设在花布街与万年街街口附近（今统一街万寿巷）。按叶氏《汉口竹枝词》记：礼智司管理片区自金庭公店至茶庵。清代武汉地区沿江、沿河有四个税关，分别以"江汉朝宗"起名：武昌白沙洲为"江关"，

15

汉口下茶庵为"汉关",汉阳鹦鹉洲为"朝关",汉西上茶庵为"宗关"。依此来看,叶氏所指茶庵即"下茶庵",在今大智路一带。因毗邻土垱,所设关隘又称"土垱关"。如果礼智司署所设地点为循礼坊、大智坊交界处,按其位置向汉水方向划线,大概划在鲍家巷至打扣巷一带。再以下茶庵为界,向长江方向划线,大致划在张美之巷位置,也就是今之民生路。那么可以以此推定,当年大智坊(包括黄陂街)基本上在今江汉区辖区范围内。公元1864年由汉阳知府钟谦钧主持修建的汉口城堡城门之一大智门,就是因临近大智坊而得名。

"此地从来无土著,九分商贾一分民"。当时汉口的人口组成,大多为湖北省内各地及外省来此做生意的商民人等。汉阳府原辖汉阳、汉川两县,是湖北最小的府。雍正七年(公元1729年),原德安府孝感县及黄州府黄陂县划归汉阳府,始辖四县,这就为黄孝、麻城一带农民、手工业者来汉口谋生提供了方便。大智坊黄陂街一带,是黄孝籍入迁人口最为集中的地方,以致形成了"黄孝帮"。李本忠祖辈极有可能也是由汉阳周边府县迁入,因未找到李氏家谱,其迁入的府县、具体年代等,暂无可考。但最终李氏家族落籍在汉阳府汉阳县汉口镇,成为为数不多的、地地道道的汉口"土著"。而"李祥兴"商号,也极有可能设在大智坊辖区的汉正街下段,米厂附近。

当时的"李祥兴"商号主要由李本忠的祖父李武主持大局。李武经常要西上四川、东下江浙贩卖川米,或在汉水流域贩贸粮食。李之义负责打理汉正街上"李祥兴"商号的日常经营事务。朱氏在家中操持家务。李本忠出生在一个商贾之家,幼年的生活相对优渥。每次祖父出外经商回到汉口,总会给李本忠带回一些沿江各地的吃食、玩具,亲爱有加。祖父还给他讲在外面遇到的新奇事物,讲三峡风光的壮美,讲川江行船的凶险,讲沿江集镇的风土人情。每一次祖父出门,李本忠都会有所期待;每一次祖父回家,李本忠都像过节一样地欢喜。到了开蒙之年,李本忠拜塾师、入私塾,诵读"三百千千",稍长再习《四书》《五经》,应该是顺理成章的事情。

祖父李武来往于楚蜀之间经商,唯一的运输方式是依托长江水道的便利采用船运。贩贸的利益,往往与风险相随相伴。每次上蜀下楚,必须经过"滩如竹节稠"、每年覆舟亡人无数的川江三峡险段。大约在李本忠七八岁前后,祖父李武一次贩运川米下峡江时，押运的粮船在归州境内险滩触礁，覆舟溺水。水急滩险，人货两亡，连尸首都打捞无着。

噩耗传回汉口，李家顿时陷入一片悲哀。虽然李武尸首不存，但丧礼依制举行。李家只得在墓地立一衣冠冢，以寄哀思。丧期里李家的气氛充满哀痛和压抑，再加上沉没的一船粮食损失了数千两白银，"李祥兴"商号的资金一时周转不开，家庭生活也受到了影响。李本忠小小的年纪，对夺去祖父性命的峡江滩险，就有了莫名的仇视和恨意。

父亲李之义接过"李祥兴"商号，凑集了资本，也踏上了上蜀下浙的贩贸之路。汉正街上的"李祥兴"商号，交由亲戚和店伙打理、照应。当时在汉正街开店设栈的商家，往往是前店后厂，或前店后栈，临街开门经营，屋后或楼上就是住家。李家也不例外，李本忠课余居家，在"李祥兴"的店门进出，在店内玩耍，耳濡目染，渐渐学会了辨别粮食的品种、成色、水分，了解了如何使用戥子、看银两成色，如何交易，学算盘、练笔头，熟悉了南来北往客商的官话及各地方言。

不料祸不单行，仅隔数年，李家再遭厄运。父亲李之义在一次押运粮船由四川返回汉口的途中，又在水流湍急、险滩密布的峡江归州江段遇险落水，同样是船损货沉，李之义与驾长等人瞬间就被激流冲走，抛入波涛之中，眨眼就不知所踪。

噩耗再次传到汉口李家，从四川返汉口的人，带回李之义沉船溺死的讯息。这一次对李家来说，犹如塌了天！母亲朱氏乍闻噩耗，呼天抢地，悲痛之情无以复加。四邻也因李家两代掌门人遭遇同样的结局而叹息不已。恰恰在此前数天，10岁左右的李本忠突发痘症，高烧不退，几天几夜昏迷不醒。遍寻郎中，针砭汤药，仍无起色，眼看不治。此时朱氏六神无主、绝望至极。当时娘家舅舅石英在汉口家里关照李本忠母子，朱氏就借口家中老鼠太多，让石英去街上购买信石，也就是砒霜。石英已经老迈，竟然没有过多考虑就出门从穿街走巷的小贩手里买回了砒霜。公公、丈夫已死，独子也因医治无效即将不治，彻底绝望的朱氏趁家人没注意，服砒霜而死。李家亲戚、店伙张罗着搭起灵堂，摆上了李之义、李朱氏的两个牌位，供亲友吊唁。

哪知李之义落水被激流卷走后，抓住了一块碎船板，顺江漂流了百余里，

17

才在三斗铺（今三峡大坝三斗坪）一带获救，竟然大难不死。不知是不是母亲在天之灵的保佑，数日后李本忠高热退去，已能进食，竟渐渐痊愈。李之义本来还在庆幸舍财免灾，保住了性命，搭乘顺风船回到汉口，上岸朝家里走，一路就看到邻居们的诧异眼光和窃窃私语。还没有进家门，就看到门上的丧幛，他还以为是家人在为自己办理后事。他一边往下扯丧幛，一边进门大喊我回来啦。亲戚、店伙等人一时愕然，不知所措。看到灵堂中的两口棺木、两个灵牌，李之义得知朱氏已服药尽节，大恸不已。遇险之夫尚存，守家之妻殉节。李本忠拖着刚刚病愈的身体，穿戴着孝袍，与父亲抱头痛哭。其悲惨之状、悲痛之情，难以描述。

短短数年，皆因峡江滩险，让李本忠一失祖父，再失母亲，李家两度摆设灵堂。这一切对尚在童年的李本忠来说，足够刻骨铭心。也就是在这时，李本忠已在心里暗暗发誓，立志除害，许下了"凿川江险滩，永杜后患"的宏愿。而且此誓言伴随李本忠成长的全过程，成为其终生的奋斗目标。数十年后，李本忠在《平滩纪略·后记》中写到："余幼年时，遭祖、父川江覆溺之苦，矢志稍有衣食，曾许力凿险滩，以偿前愿。"

"李祥兴"商号因几次川江遇险，船货俱失，损失巨大，资金周转陷入困境，李家也因此家道中落。为了生计，李之义强打精神，凭借"李祥兴"商号的商誉，筹借了部分资金，又重操旧业，上川下楚，奔波于波涛浪尖、滩险濆漩之中讨生活。不久，李之义娶了汤氏做续弦。

家里继续供李本忠攻书，私塾同窗中有一位名易澄心，年纪比李本忠大不少，参加过多次科试，次次名落孙山，仍不放弃求取功名。两人交好，除共同受教于曹夫子外，还经常互相到对方家中走动。乾隆三十九年（公元1774年），15岁的李本忠与40余岁的易澄心一道，参加了乾隆甲午年科试，当年两人都未考取生员资格。

困于家境，李本忠参加甲午年科试后不久，虽尚在少年，就被迫放弃了攻书之路，投身于"李祥兴"商号的经营，并数次随父亲上川渝、下江浙历练，了解购销渠道，学习经营之道。李本忠开始对峡江滩险有了切身的认识。

不数年，李之义因劳累和疾病，郁郁而终，李本忠正式接手"李祥兴"商号。李本忠自述，其时"尚负父债数千，室如悬磬"。李本忠"出披星、归戴月"，吃苦耐劳，不畏艰险，善抓商机。经过数十年苦心经营，"家事渐顺""稍有衣食"，生意有了规模，还在重庆巴县等地设了分号、置有房产。不仅早已连本带利偿还了父亲留下的债务，还积攒下了一笔不菲的资财。但少年时立下的志愿，李本忠仍念念不忘，时刻萦绕在心。他要找一个践行"凿川江险滩，永杜后患"的时机，以此告慰因滩险丧生的两位长辈，以此为逝去的长辈尽孝。

4. 巴县东水坊陕西街李祥兴

巴县是长江上游一个古老县城，位于今重庆主城区渝中区。保定元年（公元561年）始称巴县，其名称一直延续至民国。后历经迁址、更名，1995年撤县建区，巴县改为重庆市巴南区，巴县之名延续了1430余年。古重庆范围涵盖巴县，重庆历史上曾名楚州、渝州、恭州。南宋赵惇在此被封"恭王"，淳熙十六年（公元1189年）赵惇继皇位后，以封王、即皇位为"双重喜庆"，遂升恭州为"重庆府"，自此始有"重庆"一称，至今只有820余年历史。历史上州、府衙门，均驻署巴县县城。即先有巴县，后有重庆。最终"重庆"之名"鸠占鹊巢"，"巴县"反倒消失了。清政府延续明建置，仍在此设四川省重庆府、巴县，巴县为重庆府附郭首县，川东道署也设在巴县县城。今重庆渝中区解放东路附近，有一个社区叫"巴县衙门"社区，其辖区有一条古街叫"巴县衙门街"，这条街的26号，就是巴县衙门旧址。由旧志附图可见，巴县县衙由20余间房子围成三个四合院。一般是大堂审案、二堂会客，三堂由县太爷一家居住。

巴县位处长江、嘉陵江交汇之处，上连云南、贵州、西藏、陕西等处，下通楚、吴及全国各地，是数省粮食等各类土特产的主要集散地，也是运京铜铅船出嘉陵江后的换船组队锚地，历来政务、商务、民事繁忙。清自雍正始，以冲、繁、疲、难四类，分定全国各道、府、厅、州、县级别，以便选用官吏及确定分发养廉银多少。交通要道、来往频繁曰冲；行政业务、迎来送往多曰繁；税、粮难收，滞纳过多曰疲；辖域风俗不纯，民风彪悍，犯罪事件多曰难。字数越多，等第越高；反之字数越少。一字甚至无字为"简缺"；两字为"中缺"；三字以上为"要缺"；四字为"最要缺"或"要缺"。清代有三级官署驻署巴县：分巡川东兵备道，辖重庆、绥定、夔州三府，系冲、繁、难三字要缺。重庆府清初因明制，辖三州、十七县，后屡有变动，改巴县江北镇为江北厅，系冲、繁、难三字要缺。巴县也系冲、繁、难三字要缺，每年地丁银一万七百余两，杂税银三百一十一两，契税盈余六七万两。巴县知县每年养廉银一千两（《蜀海丛谈》）。

嘉庆十九年（公元1814年）二月初十日，55岁的李本忠出现在巴县县衙大堂，当堂呈递了一纸禀状。原来李本忠在巴县的住宅于二月初七日的夜间遭入户偷窃，前来报案，请求县令饬令捕差缉捕窃贼。

禀状称：东水坊商民李祥兴，历年在巴县陕西街正昌开店经营、居住，屋后有门三道。二月初七日夜，遭小贼撬开后门入室，偷窃走大袄、领褂、皮袍、单袍、长衫、棉裤、汗褂、套裤、风帽等衣物共计13件。次日一早家人和店伙发觉失窃后，立即向东水坊范姓等几位坊捕报告，要求立即缉拿窃贼。但坊捕根本不上心，两天来没有任何结果。接着李本忠质疑道：陕西街周边客商、住户密集，在县城晚上关闭城门宵禁情况下，且在官署周边，不但设有坊捕，还有巡夜的更夫，竟然发生偷窃行为，而且几天查不到线索，这种情况实在不应该发生。为此恳请县官大老爷发出票签，命令县衙捕快出差缉拿，以求抓到真正的窃贼，追回赃物，并予以严讯，按律惩办。禀状后还附有一纸详细的失物清单。

清制，府、州、县正堂必须亲自上堂审案、判案，农忙则停讼，每年四月初一至七月三十日期间，除命盗重案外，其余民间纠纷等案一律不予受理。例定封印休假期间，亦不理刑名。州、县官为表示"为民"，每月设放告日，届时悬挂放告牌于州、县衙门外，可在大堂直接受理各类案件。遇有命案，州、县官还要亲临现场勘验。

时任巴县正堂姓董，董县令看过李本忠呈递的禀状及失物清单，仔细询问了一番，当堂在禀状上批了三个字：准差缉。批准差遣县衙捕快缉捕贼人破案。隔了两日，县衙刑名师爷才拟好了票签稿。其内容大意为：东水坊李祥兴呈报失窃一案，理应饬差缉捕。现差拨捕快高洪、朱贵、莫荣等三人，领取此票签后前去调查、破案，务必在重庆城内坊、外厢，严密查拿窃贼正身，以起获真赃实物。在限定时间内，必须将窃贼捉拿归案，押送到县，以凭县令讯问案情、追查赃物，并予依法惩治。同时严令、警告三差役：不得凭借出票办差之机，勒索商民，滋事扰民，延误办案。如有违反，必将追究，从重处罚。接到此票后，要速速办理。董令仔细看过票签稿内容，随即在其后用朱笔写了一个大大的"行"字，并钤盖正方形巴县官印和自己的私章，以示正式批准出票，时间为二月十三日。

清代实行的坊厢、里甲制度，源起宋代城市的区划制度——坊厢制。坊、厢、乡、里、甲是政府的最基层政权组织，承担着维持城镇、乡村社会最基础的管理职能，诸如钱粮、赋税、徭役等催征，调查、调解邻里纠纷等。城内曰"坊"，附城郭之外曰"厢"；编户于郊外者曰"乡"，乡有"里"，里下有"甲"。康熙四十六年（公元1707年），巴县扩编为十二里，每里十甲，正式建立起里甲制度，巴县有"九开八闭"十七道城门（据传为顺应风水，讲求生克，应"九宫""八卦"之像而构筑），县城城墙内外，则由八坊二厢，扩编为二十九坊二十一厢。李本忠禀状中所指东水坊坊捕，即为负责东水坊治安的专职人员。因案发两日仍未找到破案线索，因此具禀巴县，请求县令派出县衙捕快出手缉拿窃贼。董令当即签票，命高、朱、莫三捕快，在县城内坊、外厢仔细寻访缉拿。

董令为什么要严词警告三捕快不得"籍票需索，滋事迟延"？原来清朝有定例，州县衙门书役不准过80名，教官佐杂衙门门斗、弓兵不准过20名。巴县衙门报部备案的额设书役，连同民壮，仅只41名（《清代文书》）。巴县系冲、繁、难之地，又与川东道、重庆府同城，书役等既要承担诸如催征钱粮、承唤讼案、巡缉地方、驻守水卡、县衙值守、解送过道公文等差役，还要应付川东道、重庆府下派的各项事务，迎来送往等，额设书役根本不可能应付，需要募雇大量编外散役。据相关史料记，清代巴县书役高峰总数达数千人。光绪二十七年（1901年）九月，巴县在呈报给重庆府的禀文中报告："统计各房经书共二百廿九名，粮、捕两班散役共六百四十九名，均非报部应设之人，亦无额定之数。"这是经过大幅压缩的数字，已经超过额设数量近20倍。一般情况，各州县都设"皂、壮、快"三班衙役：皂班值堂役，快班司缉捕，壮班做力差。其实也没有截然分开，皂、壮二班共负内勤、站堂、行刑、警卫、呵道等责任；快班又分步快和马快，专管缉捕。还另有民壮、弓兵、粮差、门子、仵作、厨夫、伞扇轿夫等供堂官驱使。因为报部在册之书役，每年仅有数两工食银，不在册的散役连工食银都没有。为散役能够维持生计，一方面各地方政府招募大量散役，造立"卯册"，分班分月点卯应差；或按"清、慎、勤"分设三班，每班应差四个月；或按"春、夏、秋、冬"分四班，每班应差三个月。其余时间各理恒业，不至因支应差使而耽误生计。另一方面这些杂役依靠执行公差，收取民众陋规，甚至直接敲诈勒索。甚至有人花钱挂名，籍此官府衙役身份，免除徭役、杂税，仗势横行乡里。取得县官办差的票签，就可以凭此明目张胆地对办差对象"需索"。董令对此心知肚明，其警告也不过是官样文章，重点在于不得"滋事迟延"，耽误办案。

东水坊因临近东水门得名。建于明代的东水门是巴县县城正东的大门，但城门向北，是至今仅存的老重庆两道古城门之一。清代陕西街（今陕西路）是东水坊一条主要的街道，大致为南北走向，因北边建有陕西会馆而得名。陕西街北起朝天门码头，自北向南，左近有陕西会馆、福建会馆、江西会馆、湖广会馆、广东会馆等，再至白象街一带附近，有川东兵备道署、巴县学署、重庆府署、巴县县署等。陕西街因毗邻朝天门码头的便利，清代中叶已是商铺、货栈、钱庄、票号等店铺林立，商业发达的繁华街区，与汉口汉正街有许多相似之处。至清末民初，陕西街已成为重庆钱庄集中之地。20世纪20年代，渝中这一弹丸之地有150多家金融机构，且多集中在陕西街一带，亦有汇丰银行、麦加利银行等外资银行进驻，当时陕西街被人们称为中国的"华尔街"。至今陕西路一带，仍是重庆重要的商品批发市场。

至李本忠一代，李家已有三代人在川楚之间经商，即在巴县陕西街、汉口汉正街之间苦心经营，在巴县已是商誉卓著，人脉深广，打下了深厚的经济基础，设立了分号"渝号李祥兴"。李家在巴县购房置产，能在商机无限、客流如潮的陕西街上立足，一靠眼光，二要靠实力。李本忠禀状述其在"陕西街正昌住贸"。"正昌"或是货栈、商号名，或为街道名，暂无可考。但仅凭禀状所说"宅后有门三道"，可推断其商栈、住宅的规制不小。

次月即闰二月十一日，东水坊坊捕高洪、朱贵二人，呈禀巴县董令，报告近一个月来查案的情况：自领票调查李祥兴被窃一案，至今未查到窃贼踪迹。经再次向事主李祥兴了解并实地勘查，其住宅一道后门直通后院，后院有住户十家，大多是做小生意的。只有第一户涂三，于失窃案发生后，未经报告就径行将全家搬往泸州去了。李祥兴也反映，贼是由宅后小门入室行窃，而且仍由原路逃逸等。所查实的情况就是如此，不敢隐瞒。现如实汇报，敬请县官大老爷核查，请求给予指示，以便遵照执行。

董令看过差役的禀报后批示："据禀已悉。仰再确查，并严缉赃贼，务获带究，如延责比。"命令高、朱二役继续追查此案，要求贼赃并获。若再拖延结案限期，将加以处罚。

闰二月廿日，李本忠再次来到巴县大堂呈递禀状，这次他要举告三位徇私枉法、玩忽职守的捕快。禀状上写道：上月初七日夜被贼撬开后门窃走的衣物，价值80多两白银。次日一早就已及时报告了坊捕，承蒙县令大人饬令捕快莫荣、朱贵、高洪等三人缉贼追赃。但这三人不感念大人的仁德之心，领到票签后竟然敢藐视王法，压案不办，和窃贼私下交易，放纵窃贼逃逸，借此需索无度。以致案发近两个月，仍然悬着不能结案。小民我去找他们理论，催促尽快缉贼归案，竟反被恶役大声呵斥、命令。去找过他们多次，交涉无果，案子没有任何进展。晚上城门关闭，行人不通，县城之内，不仅设有栅栏，还有坊捕、更夫不间断巡逻。而且头道大门上并没有被刀撬过的痕迹，周边住有十余户人家，屋后又是一条深深的巷子，离小民住处并不远，这么多的衣物，有好大一包，携带、转移不易，并非荒郊野外可比，为什么这么长时间都没有破案？明明是捕快与窃贼勾结、串通，收受好处，私放窃贼。小民实在是心有不甘，只得再次呈禀，恳请青天大老爷为民做主，依法追究恶役的责任，严令期限，捕贼追赃，及时发放被窃衣物。除盗安良，商民才能安居乐业。巴县董令在禀状后面批字："侯饬差勤缉。"待刑名师爷拟稿，再次命令该差役加紧时间缉贼归案。

不知是因为案卷文件遗落、灭失，还是因为四川省档案馆尚未全面完成该案卷的扫描、录入，现已无从知道该案的最后结果。在这一套200年前巴县书吏制作的案卷封面上，由左至右，残留了以下三排文字：嘉庆十九年二月立；东水坊民李祥兴具禀被窃一案（卷宗）；捕差：高洪、朱贵、莫荣。封面残缺字数不详。

5. 巴县档案中的楚商李祥兴

在武汉地方史料中，李本忠家族的经商事迹记录几近空白。只有在巴县档案保存的部分文书残卷中，难得地留存了少量李祥兴商号的相关信息。拼凑这些点滴碎片，可以大致勾勒李本忠商务活动的侧影。

（1）重庆巴县湖广会馆

重庆朝天门地处长江、嘉陵江交汇处，隔长江是南岸，隔嘉陵江是同属重庆府的江北厅。城门墙外，江面樯帆林立，舟楫往来如梭；沿两江江岸码头密布，周边散布的小店铺、小作坊、棚户、吊脚楼，绵延成街市。船靠朝天门码头，抬头就可以看到高高的瓮城门额上"朝天门"三个大字。爬坎起坡，入北向的瓮城门右拐，才是东向的朝天门正门，门额上是"古渝雄关"四个阴文大字。入得朝天门，就是陕西街。一条路向南，两旁街巷纵横，高坡低坎，平院坝子，石梯、坡道随处可见。沿街夹道分布着商铺、民宅、客栈、酒肆、钱庄、票号，还有庙宇、会馆，以及道、府、县各级衙门官署，以青砖瓦房为主，依山坡高低建造，鳞次栉比。以朝天门、陕西街一线为中心的重庆"下半城"，是当时重庆府及巴县的政治经济中心，其地理位置、商贸发达程度，与长江、汉水交汇处"十里帆樯依市立，万家灯火彻宵明"的汉口镇十分相似。

沿长江岸上行至东水门，一组以青石为墙基，白墙青瓦、雕梁画栋的宏伟建筑，依坡就势，在岸边山崖上梯级而建。主体建筑高过城墙，飞檐凌空，俯视大江，与周边的吊脚楼等建筑相比，更显现鹤立鸡群的恢弘气势。踏石级穿过黄角树掩映的东水门上行，来到建筑群的正门，高大、华丽的重檐石牌楼上，刻写"禹王宫"三个大字。乾隆二十六年（公元1761年）《巴县志·寺庙》记载："禹王庙，东水门内，即湖广会馆。"禹王庙又称禹王宫、楚庙、三楚公所等，湖广民俗祭祀大禹，因此当时两湖商人在全国各地的湖广会馆多以"禹王庙""禹王宫"等名之。清代在重庆巴县设立的外省商会有"八省会馆"之称，其中尤以湖广会馆最为著名。在川渝各府、州、县的外省客商会馆中，湖广会馆（包括禹王宫、禹王庙等）的数量位居榜首。据学者蓝勇、黄权生近年研究成果《"湖广填四川"与清代四川社会》中所做的四川移民会馆统计表显示，清代川渝各府、州、县共有外省客商会馆 1401 个，其中湖广会馆有 477 个，占会馆总数的 34.05%。川东地区（含重庆府、巴县）共有外省会馆 156 个，其中湖广会馆有 81 个，占会馆总数的 51.92%。间接显示了两湖籍移民和商贾在四川、重庆地区所占比重，客观反映了其在川渝地区，特别是在重庆巴县至川东一带的重要影响力。散布在川渝各地数量众多的禹王庙、湖广会馆等，成为两湖移民供奉先贤、祭祀团拜、联谊乡情和议事的处所，同时可以为本籍官宦、客商、学子等提供临时居所。据史料记载，重庆巴县湖广会馆（禹王宫）始建于康熙年间，由湖广籍在渝经商的绅商、官宦等捐修。禹王宫右殿主椽上保留的刻字显示，现存湖广会馆建筑群系道光二十六年（公元 1846 年）由"楚省两湖十府绅粮士商捐资重建"。馆内还分设有黄州会馆（齐安公所）、永州公所（濂溪祠）、长沙公所等两湖府、州级会馆。民国《巴县志》载："自晚明献乱，而土著为之一空，外来者什九皆湖广人。"川渝各地禹王庙、湖广会馆数量第一，也就是顺理成章的事情。形成湖广移民一支独大的原因，一是湖广与川渝地域邻近，更主要的是与明代洪武年间就已开始的湖广向四川移民，以及清初开始的大规模"湖广填四川"移民密切相关。

明末清初，因多年连绵不断的大规模战乱，再加上饥荒、瘟疫、虎患，兵连祸结，人自相食，原本丰饶富足的四川人口巨减，丁口几近殆尽。赤野千里，数百里无人烟，"有可耕之田，而无可耕之民"。清初自康熙年间，各级官府发布告示广为招徕，开始了全国十余省向四川的大规模移民。移民历尽千辛来到四川，"插占为业"——在无主地用竹木插地标识土地范围，即可占有以为永业。官府不仅提供农具、种子、牛种，而且数年不开课征纳，鼓励开垦、耕种。康熙二十九年（公元 1690 年）平定三藩之乱后，清政府制定、颁布了《入籍四川例》。在部分四川移民后裔珍藏的族谱中，发现录有康熙二十二年（公元 1683 年）《招民填川诏》、康熙三十三年（公元 1694 年）《招民填属诏》。故填川移民又有"奉旨入蜀""奉旨填川"之说。入川移民尤以"湖广填四川"规模最大、影响最为深远，是中国移民史上的重要事件，以致现今川渝两地相当一部分当地人口，都是这一时期湖广移民的后裔。近年来，就有不少四川和重庆人，持"祖籍湖广麻城孝感乡"的族谱来湖北省麻城市或孝感市"寻根问祖"。其实，此"孝感乡"非今日之孝感市。康熙九年（公元1670年）《麻城县志》记载明朝麻城行政区划情况："初分四乡：曰太平，曰仙居，曰亭川，曰孝感。统一百三十里，里各有图。成化八年（公元1472年），以户口消耗，并为九十四里。复并孝感一乡入仙居，为三乡。嘉靖四十二年（公元1563年），建置黄安县，复析太平、仙居二乡二十里入黄安，止七十四里。国朝因之。"（"里"指里甲，一百一十户为一里，一里分十甲）据此分析，"麻城孝感乡"明嘉靖年间就已分别划归麻城和黄安两地。众多四川移民以"湖广麻城孝感乡"为祖籍，但以麻城孝感乡历史地域人口数量来看，一县一乡之地，不可能输出如此大量的移民人口。有学者认为，元末明初因战乱等原因早期入川的湖广麻城籍移民，已在川渝形成乡帮势力和名气，为求荫自庇，部分非麻城籍移民有冒籍的可能（陈世松《大迁徙：湖广填四川历史解读》）。是否还有一种可能，犹如山西洪洞大槐树，在当年"湖广填四川"大潮中，麻城孝感乡被官方指定为周边区域移民集中地和出发地？不管埋没在历史尘烟中的真相如何，在许多"湖广填四川"移民及其后裔心目中，"湖广麻城孝感乡"就是神圣的故乡和"祖根"，甚至成为图腾符号。

据传，因川渝湖广麻城籍移民思念故乡，经常要选派可靠、守信、办事公道的人员，往来川渝和家乡麻城之间，传递信件、银钱和土特产。后来这种传递成为常态，专司其职人员，被同乡们称为"麻乡约"，就常住重庆巴县湖广会馆。"麻"专指麻城，"乡约"原指被官府承认的，在农村负责乡民教化、调解纠纷，有威望、办事公道的乡绅人员。保甲和乡约制度起源于明朝，乡约的职能重教化，里甲职能主要负责钱粮催征、垫交赋税、维护地方治安等，因此官府文书中常"约保"合称。所以"麻乡约"是一种尊称。至于在清咸丰年间，"麻乡约"衍变成西南最大的客运、货运、寄信、汇兑等民间帮派组织名称："麻乡约货运行""麻乡约民信局"，合称"麻乡约大帮信轿行"，应该是承接了"麻乡约"原有的长途递送功能，以及承办人员的诚信、公道。虽属始料不及，也算麻城籍移民对清末民初大西南"快递业"的额外贡献。

明清时期，各地由同乡会发展而来的会馆，又逐渐发展成本籍同行业商会组织，不仅保留了会馆的原有功能，还增加了制定行规帮规、对外协调、支应官差、调解和裁决本籍商帮纠纷等职能，甚至在获得地方官府许可情况下，还可以代行行业管理职权。会馆负责人的称呼不一，常见有会首、客长、总管、值年等，由会众公推同乡中办事公道、有名望、有威信的绅士商人承担。重庆巴县八省客长由八省会馆各公推一人担任。

得益于川楚两地的长江水路运输之便，以及川渝有大量两湖移民的天然亲缘关系，往来川楚经商的两湖商贾络绎不绝。湖广省各府、州、县商人往往利用本地优势资源，共同经营同一类商品，形成商帮，分别在川渝各地设立行业公所或会馆。例如，附设在重庆巴县湖广会馆里的齐安公所（黄州会馆），就是由黄州府经营棉花的白花客帮出资修建，因黄州供奉帝主，亦称"帝主宫"。在客居地，同乡、同行商人结帮，相互照应，抱团发展，集体应对外帮竞争等，公所、会馆就是纽带和组织形式，并依附于区域内的主体会馆。重庆巴县扼两江出口，出川物资均需汇集于此装船下运，全国各地商贾云集。因此全四川的两湖商人对重庆巴县湖广会馆格外依重，重庆湖广会馆成为两湖商人在川渝的共同家园。

（2）援手老乡，惹官司缠身

至晚在李本忠这一辈，李家已经在巴县设立了"渝号李祥兴"，不仅经营粮食，还同时经营瓷器、桐油等沿江各地的土特产。李本忠十多岁时就接手"李祥兴"，凭借几十年在川楚间的苦心经营，不但拥有了不菲的资产，而且凭借诚实守信的经营和乐善好施、急公好义的为人，在川渝的楚帮商人中树立了口碑。不料却因为一次垫借银两帮助汉阳同乡顶补牙行牙帖，惹上一连串的官司。遗存的巴县档案中，保存了这场官司的部分案卷材料。

清代货物长途贩运，除了沿途经过厘卡、税关要缴纳过境税费，货物落地销售时，未投牙行不允许买卖。牙行是居间经纪性质，其主要职能是评定货物质量及价格，司衡货物数量、重量，为买卖双方说合交易，防止买卖过程中的欺诈，并代扣商税等，也可以代客进行买卖。牙行向买卖双方抽取牙佣，一般是"值百抽一"。要缴纳国课，支应官府差徭、摊派等。各地布政司颁发牙帖有一定限额，牙行营业需要向官府申领牙帖，缴纳帖费。因为开牙行要设货栈，用账房、伙计等，需较多周转资金，申领牙帖要求系身家殷实的良民，而且需要有同行保人。清雍正十一年（公元 1733 年），改行额定牙帖制度，经各省确定全国牙帖总数约 18 万张，并规定以后只能"退帖顶补"（《清朝文献通考》）。

嘉庆十三年（公元 1808 年）九月，巴县一家由楚帮商人经营的王协和磁器牙行，因长期拖欠客户的货款不还，被告到巴县衙门。官府依例予以"革退"、追缴牙帖，并悬牌重新招募顶补。此时有巴县智里三甲"载粮民籍"张志德（又名张国梅）揭榜应募，顶补牙帖。经过繁琐的程序和公文往来，张志德具供结，同行严集义、涂持万具保结，王协和具缴退结等。嘉庆十四年（公元 1809 年）二月十五日，张志德至巴县县衙呈交牙帖具领状，县令徐丰批示：准领。张志德领取了磁器牙行牙帖，依例仍在原地开行经营，每年纳课银一两五钱。实际上，张志德并没有多少资本。

李本忠长期往来川楚及长江中下游之间运销川粮，为了回程货船不空载，路过江西时，往往配载景德镇等窑口磁器至汉口或巴县贩卖，常年与巴县磁器、粮食等牙行打交道。张志德虽系巴县民籍（承担地丁粮），祖籍却是湖广汉阳。由于顶帖及经营资金短缺，张志德求助于"渝号李祥兴"老板李本忠。李本忠时年 50 岁，看在历年与楚帮磁器牙行有生意往来，以及汉阳同乡的份上，同年三月，李本忠凭借在楚帮商人中的影响力和良好商誉，倡议由李本忠、吕嘉会、邓天贵、刘新盛等商号共同垫借银 4100 两，资助张志德，并商定此后四商号运渝磁器投行，以应该交付牙行的佣金陆续抵扣，牙佣减半收取，由张志德承担垫借本银利息，并立下了借约。

讵料开设牙行不过两年，张志德"并不善为经理，将银两任意花销"，以致磁器客商不愿意到他的牙行进行交易，生意惨淡，连年亏空。看到这种情形，担心本银亏折无着，接手邓天贵商号的徐广泰，就屡次要求与张志德结算，退还余银。嘉庆十六年（公元 1811 年）正月二十日，李本忠把徐广泰请到楚帮公所，与管账陈洪照等人一道，与徐广泰核算账目，记录在册，并劝徐广泰不必退银，可以继续以牙佣抵扣本银。徐广泰因为被李本忠劝阻，张志德牙行生意日落，担心不能收回本银，在一帮痞棍挑动下，径直到巴县衙门递状，以"匿据昧骗"为由，状告垫借发起人李本忠。随后刘新盛亦以"匿据昧骗"为由，状告李本忠。此时张志德不仅不念李本忠当年出手相助的好，反而以"蜜套反害"为由，到巴县衙门状告李本忠。李本忠则以"恃棍包揽"为由反控。同年四月十八日，徐广泰再次递状巴县，要求查账、治骗、追银。

眼见事情越闹越大，楚帮公所会首高万盛、匡寅初等四人，于四月三十日联名呈禀巴县，以纷争涉及楚帮商号众多，其账目繁杂一时难以理清，涉案几方又各执一词，请求县令委令八省客长，调取涉案各家账簿查算，理清账目，妥善处理，以免陷入纠缠不休的讼案，甚至殃及楚帮。巴县县令叶丰在联名状上批示，委令八省客长查办此事，并及时报告，待情况查清后再做处理。时任八省客长孙鲁堂接到巴县叶令的批示后，旋即召集各省会首及涉案各方来到湖广会馆，听取各当事人陈述和意见，核对各商号账目，商议处理办法。经过了解情况和对账，李本忠、吕嘉会、徐广泰（即邓天贵）三家商号垫借出的本银已全部抵扣牙佣，张志德尚欠垫借款利息若干以及刘新盛商号本银 850 两，实已无力偿还。最后，八省客长孙鲁堂发表了经八省会首集体商议后的处理意见：尚欠刘新盛商号的 850 两本银由四家商号摊赔；所欠垫借款利息基于同乡情谊予以免收；收回当年的借约当众烧毁，此后各商号到渝磁器可自主选择牙行（在巴县尚有浙帮两个磁器牙行），张志德不得出面干涉。李本忠仁心宅厚，也怕以后留下后患，当即表示，由其商号独自承担这 850 两分摊银两，随后即支付给了刘新盛商号。账清事了，八省客长呈禀巴县，如实做了情况汇报。张志德亲至巴县衙门，出具甘结息诉。

经历了这场风波，李本忠等楚帮商号到渝磁器就不愿再投张志德牙行了，张志德的牙行又勉强维持了近两年。眼见李本忠等商号和其他牙行生意红火，张志德愤懑不过，即于嘉庆十七年（公元 1812 年）六月，以"套笼欺骗"为由，到巴县县衙呈递状子，举告李本忠。巴县开堂审案后，具详文呈报同城的重庆府。重庆知府调阅前卷，经讯问原、被告，查明事实后判定：张志德开设牙行资本系李本忠等商号帮凑，因其任意花销，以致生意淡薄，亏损本金。李本忠代为认还刘新盛 850 两本银，实属有情有义，已尽同乡情分。但张志德不知感恩，反而捏造"套笼欺骗"等情，妄控反噬，"实属逞刁负义，不安本分之徒"。为防止与浙帮两个磁器牙行因争收行用，籍帖滋事，是以将张志德斥革，押发巴县县衙，限期追帖缴销，以息讼端。

　　张志德被巴县羁押后，不仅不躬身自省，缴牙帖结案，反而鼓动妻子张任氏上告，远赴省城成都，到四川省布政使司衙门呈禀告状。嘉庆十八年（公元1813年）三月二十八日，张任氏以"笼络遗害"事，具控李本忠、吕嘉会、邓天贵等人至布政使司衙门。禀状中写到：张志德充顶磁器牙帖不是本意，是李本忠等人下的套，哄骗张志德领帖。而且将领用行帖的费用2900两，虚报为4100两以自肥，还要套取本银利息。李本忠等还要求按货单减半收取牙佣，害得丈夫张志德连年赔垫本银共计2400两。告至巴县、重庆府，府县地方官不仅不为其丈夫追讨垫款，反而将张志德关押在巴县大牢，追帖缴府。因此赴辕泣叩，恭请藩司批准提究，追讨垫资，追还行帖，救张志德脱离牢狱。四川省时任藩司方，批示由重庆府"录案详夺"。原告张任氏在省候讯数月，后被华阳县收押。布政使司方札投到重庆府后，重庆府照单抓药，札示巴县确切查明事实，唤齐涉案两告及一干证人，"捡齐原案卷宗，具文拨差解辕，以凭讯明移覆"。同年八月十四日，时任巴县县令董淳具详重庆府，上报复查意见：张志德"捏情妄控，实属不安本分。应按不应重律，杖八十，折责三十板""应请斥革""原领牙帖追缴贮库"。大半年间，该案公文在巴县、重庆府、川东道及四川省布政使司等官衙之间详去札往。同年九月初，巴县奉上宪札示，派员专赴省城，同时具移文致成都县、华阳县，移解张任氏、任顺两人回川东道候审。（成都、华阳两县同驻四川省城，均属冲、繁、难三字要缺。城内以喇嘛庙、署袜街，绕丁字街划分地界。西北两门属成都县，东南两门属华阳县。一城两县衙，恐独此一例。）两县各派长解差役一人，与巴县来役一同执行押解任务。巴县距离省城成都1020里，沿途亦有各县差役分段护送，最后经永川县、璧山县进入巴县。历经12天，九月十九日到达巴县县衙交差。九月二十二日，巴县县令董淳具移文致成都县王令、华阳县吴令，移覆张任氏、任顺解到。

　　嘉庆十八年十月初六日，川东兵备道范尹，开堂提审民妇张任氏以笼络贻害事，赴藩司具控李本忠一案。经讯明，将被告人证刘新盛等一干人当庭释宁。因张任氏系妇女，又讯明任顺系省城误唤，所以又饬将张任氏、任顺交保释放。将张志德发往巴县饬差管押，听候移咨省城藩司核覆。因管押期间张志德感染重度寒疾，吐泻不止，衙役两次具禀报告巴县县令。十一月十九日，县令董淳批准张志德交保外出调治，病愈不得远离。

十一月二十日，川东道范尹收到四川省布政使司咨文，咨文完整复述川东道移咨所述巴县民妇上控李本忠等一案的基本事实，以及此前本案在巴县、重庆府、川东道的审理情况及判处意见："讯明张志德并无赔垫银两，众供如一。张志德亦供称，伊垫赔银2400两，原无凭据""张志德经县府讯明详结，复支妻张任氏捏词翻控，实属昧良刁健。张志德合依不应重律，杖八十、加枷号一个月，满日折责发落""李本忠等讯无吞骗银两情事，应毋庸议""张任氏系属妇女，未经到案，既已罪坐其夫，应予免议"。最后同意依照川东道范尹的判决意见结案：追缴张志德押帖详销；应如所请，将张志德照不应律，杖八十、加枷号一个月，满日折责发落。"余均如所议完结"。十一月二十一日，川东道范尹札饬巴县官吏：依照布政使司咨文及本札执行。嗣后，张志德免不了一顿皮肉之苦以及一个月的枷号之辱。本案结案，还了李本忠一个清白。

巴县档案显示：嘉庆十九年（公元1814年）五月二十七日、道光二年（公元1822年）二月二十三日，重庆府巴县县衙头门，两次悬挂告示和晓瑜，征募殷实粮民，承顶张志德磁器行牙帖。世事无常，又仿佛是轮回，几乎复制了多年前王协和的故事。

（3）巴县案卷李祥兴

巴县档案相关文档残卷显示，李本忠分别于嘉庆二十一年（公元1816年）和道光十一年（公元1831年），在重庆巴县还经历了两场官司。

嘉庆二十一年六月，一份被禀人为船户宋祖熹、宋仕才，痞棍杜大毛的状子递到了巴县衙门，案由是"奸恶套拿，恳赏封究"。禀状上具禀人署名客民李祥兴，系本城人，住东水坊，年50岁。抱呈。李本忠出生于乾隆二十四年（公元1759年），时年57岁，明显与禀状所写年龄不符，是同一个人吗？原来清朝沿袭明朝的诉讼"抱告"制度，规定获得生员、监生身份者，绅士、老幼、妇女、残废者，在参与诉讼时，不许本人出面，必须由家人、亲属或有关人员代为出面告状或应诉，称为"抱告"。在官府统一印制的状纸后部，均明确载明"违状式条例者不准""生监妇女及老幼残废无抱告者不准"等各种限制。李本忠已于嘉庆十三年（公元1808年）十一月"遵例捐纳监生"，依例由"渝号李祥兴"掌柜或年长稳妥之店伙代为出面具禀。据禀状内容及此后巴县官府的审定结果看，本案系"渝号李祥兴"遭遇了巴县、江北两地地痞的敲诈、勒索。

"渝号李祥兴"在巴县是有名的楚帮购粮大户，常年需要雇佣货船运输粮食下川江到汉口。因路途遥远，又有峡江滩险，还要沿途停泊以及卸货、配货滞留，货船往返一次往往需要数月甚至半年时间。商号雇请的货船，不可能全部固定，临时雇船时而有之，常有船家主动找上门来揽货。这一年的六月，"渝号李祥兴"有一批川米及其他货物需要发运汉口，船户宋祖熹、宋仕才屡次找上门来，要求承运。李本忠和"渝号李祥兴"掌柜对二人不熟悉，几次婉拒，先选定了船户单永祥的货船装货。宋祖熹、宋仕才二人不死心，一方面阻扰其他船户承运，另一方面又说动已装船的单永祥出具担保字据。眼见峡江丰水期将至，货船就可能要长时间在西陵峡口的夔关扎水等待水退，掌柜只好将粮米230余石、桐油6支等，交由二人承运。双方商定，货物在千斯门码头上载，运到汉口镇"李祥兴"商号交卸，水脚银（运费）等共计222两。

重庆巴县千斯门隔嘉陵江与江北老城保定门相对，名字取自《诗经·小雅·甫田》："乃求千斯仓，乃求万斯箱。黍稷稻粱，农夫之庆。"当年来自嘉陵江流域成都平原的粮食和棉花，大多在千斯门一带码头交卸，城门内有贮存粮棉的仓房、堆栈数以千计。

宋祖熹、宋仕才二人按货单装船完毕，一次性将全部水脚银领走后，却将货船停泊在小河边（重庆巴县称长江为大河，嘉陵江为小河），既不开船，且几天都躲着找不到人。眼见就要赶不上泛水期前的峡江通航时间，掌柜派人在小河边日夜守船，终守到二人。不料宋祖熹暗地里串通江北地痞水摸头杜大毛、胡荣等人，借故阻拦，不许货船开行。以扣发货物为要挟，要求"渝号李祥兴"另行支付较大一笔额外费用，并偷卖已装船货物。李本忠在商海滚打数十年，这种"碰瓷"式敲诈勒索屡见不鲜，当然不会答应。僵持之中，已错过最佳开航时间。李本忠当即指派"渝号李祥兴"掌柜到巴县县衙抱告，投递禀状，恳求县令签发差票，委差将货船封固，以免货物继续被偷卖。并将宋祖熹、宋仕才等涉案人员差唤到案，讯明案情，发还原载米粮、桐油。

且依例严厉查处，"除盗安良，以儆刁风"。

水摸是当时川江沿线一个特殊职业，就是今天的潜水打捞员。因为国家鼓铸所必需的铜铅产自云贵，铜铅船队每年分三起，通过川江下运至京都和其他省份。川江滩险水急，途中遇大风浪时，常有铜铅船触礁沉没。清制，铜铅船过境地方官员，有责任配合押运官员打捞沉水铜铅，沿江地方官府都联系有固定的水摸，以备不时之需。但打捞工作只能趁冬春水涸时节，且不是每年都有沉水铜铅可打捞。因此一些水摸平时就靠打捞沉没货船，捞取浮财，或依靠捞偏门维生。其中出现几个痞棍，并非意外。杜大毛既然能够充当江北水摸头，可见在地头上还是有几分势力。江北厅、巴县以小河嘉陵江为界，北岸归江北厅，南岸归巴县，二者互不归属。清制，"厅"的级别低于"府"，高于"州、县"。要传唤杜大毛等，需要江北厅支持。时任巴县刘县令，于同年六月二十五日具关文致江北厅理民府："理候具差具文，申请宪台，俯赐密核。希即添差，协唤杜大毛、胡荣到案。赐文点交来役，押解来县，以凭质讯究结。"

杜大毛等人随即到案，与拘押在巴县大牢的宋祖熹、宋仕才等一起过堂。案子不难理清，但巴县县令的判词残卷不存，只能通过保存的几件具领状、具缴状，推断本案的最终结果。

同年六月廿六日，千厮门甲长张洪礼、刘兴发被差唤至巴县大堂，依照巴县刘令的饬令，当堂具认领状。承诺待"渝号李祥兴"将货物提取后，将宋祖熹的货船拉往所属千厮门码头停靠封固，并负责看守宋祖熹船只、家具等项。"倘有疏忽，蚁等自坐罪。中间不虚，认领是实"。同时谕令小河船帮会首（重庆巴县船帮以朝天门码头划分势力范围，以北属小河船帮，以南属大河船帮。两大船帮又帮中有帮），负责将宋祖熹的螳螂船一只并船上家具，照单一并出卖，收回款项缴还"渝号李祥兴"的水脚银两。

隔月闰六月十五日，拘押在巴县大牢里的涉案钱庄掌柜罗富顺，因钱庄伙计已将50千文钱票送到，被提讯至县衙大堂，遵令当堂具缴状："蚁因出票交祖熹，殊伊转给祥兴。沐讯传蚁，将钱伍十千文缴案，蚁遵如数呈缴。"因当时大额交易用银两，民间平时使用铜钱或小额铜票。当时交付宋祖熹水脚钱是大额银票，必须兑换成铜钱或小额钱票，方能便于使用。罗富顺的钱庄不幸受到牵连。

同一天，"渝号李祥兴"掌柜被差唤至巴县大堂，当堂具领状，并领取罗富顺缴还的50千文铜票："其祖熹预兑民水脚钱五十千文，至罗富顺店内，沐将富顺唤押追缴。今伊将钱五十千，按票如数呈缴，民赴案呈领。其余银两，恳恩将祖熹押追。中间不虚，领状是实。"

至于小河船帮会首什么时间为宋祖熹的螳螂船及家具找到买主，卖出了多少钱缴还"渝号李祥兴"？现已无证可考。但至少有一点，一条旧螳螂船（一种船型名称，行走重庆至三峡江段，还有柏木、五板、麻瓢子、毛泥鳅等船型）的价值，是不足以抵还剩余水脚银和被盗卖的部分货物款项的。加上打官司耗费的钱财，在宋祖熹套拿水脚一案中，"渝号李祥兴"的经济损失是显而易见的。

道光十一年（公元1831年）辛卯，相关史志对这一年有这样的记载：《汉阳县志》："道光十一年辛卯，大水。"《汉阳识略》："辛卯、壬辰大水，灾民麇集大别山麓，支席就赈，蒸为疫疠，枕籍死亡。敦本堂送药施棺，日不暇给。"《汉川县志》："江汉暴涨，京山县吕家潭决。汉川县大水，田禾庐墓，漂溺无数。"《楚北江汉宣防备览》："是年，江汉大水为灾。溃决堤塍七十余处，湖广总督卢坤、湖北巡抚杨怿曾，疏请动借帑银二十九万余两，堵筑溃口堤共三万三千零二丈。"《裕靖节公遗书》："十月，武昌府知府裕谦禀：本年夏间，江河异涨，凡各州县堤岸，多被漫缺。民间庐舍，半入水乡。"叶调元《汉口竹枝词》也提到这一年的水灾："水患曾惊辛卯年，戊申岂料胜于前。"

这一年，李本忠已经是72岁的耄耋老人了。面对家乡遭受的重大水灾，李本忠一方面捐钱3000串救济灾民，另一方面发挥楚帮大粮商的作用，安排重庆巴县"渝号李祥兴"大规模采购粮食，一船一船连续不断地发往汉口。大米一时采购不及，就收买胡豆（蚕豆），只要是粮食，凑够一船就发一船，不断给三镇商民和周边农村涌入的灾民以粮食救济，一时活人无数。巴县档案材料记载，仅在八月初四日一天，"渝号李祥兴"就从重庆巴县同时发出四条粮船，每条粮船载粮400余石。

升、斗、斛、石是我国量器传统名称和计量单位，也是清朝粮食的计量单位。十升为一斗，五斗为一斛，两斛为一石，升以下还有合、勺、撮等等。那每石粮食合多少斤呢？清政府规定：漕粮"白粮以一包为一石，以一百六十斤为一包"（光绪《清会典·卷二五·户部》）。这里说的一石是一仓石。但是四川至长江中游一代，计量单位流行市石、市斗。其换算单位大致是每一市石约等于两仓石。雍正五年（公元1727年）五月，浙江总督李卫在给朝廷的奏折中说："川省市斗，……每石较浙省仓斛合二石三斗有零。"《清代乾嘉道巴县档案选编》中，有一件嘉庆十八年（公元1813年）十二月的认状："今于大老爷台前與承认，预卖重庆三营兵米八百零八石八斗，……每市石价银五两五钱五分照算。"同治《宜昌府志》载："包谷……每市斗价值四十文，较官斗仅值二十文。"据此推算，每市斗等于两官斗。四川《东乡县志》记载光绪时该县社仓存谷情况："共市斗积谷六千二百一十七石五斗六升""合仓斗谷一万五千一百七十七石二斗五升"。大致一市斗合仓斗二斗四升四合。

仅以一市石等于两仓石合320斤计算，"渝号李祥兴"仅八月初四日一天发运的四船粮食，就有50余万斤。可惜这四条救命粮船中，只有三条平安到达汉口，并由此引出了又一场官司。

道光十一年（公元1831年）九月十三日，"渝号李祥兴"陈掌柜以李祥兴名号抱告，以"假手盗吞，扭叩讯究"为由，呈交禀状至巴县衙门，状告归州船帮船户范开科，并直接把范开科扭送到了巴县衙门。禀状中写到：八月由余汝恭担保，归帮船户范开科承揽"渝号李祥兴"胡豆等粮食400余石载汉交卸，议定水脚钱440余串，一次领清。又付"行江钱五串"。范开科将船交由其胞弟范开太押送，八月四日与本号雇请的其它三条运粮船一同启运。范开科又领取本号钱409串，另行购买了一条新货船，装运本号粮米380余石载汉交卸，商定水脚钱420余串，货已装载，尚未开船。不料九月初十日，本号接到上水船水手消息，说八月十七日在宜昌府东湖县属南湖涸水平滩，有船一只翻沉，船货两失，正是范开太押运之船。范开科揽货，早藏祸心，偷盗、转移本号船上的货物，不可能到汉完整交付，所以事先商议好了，故意放炮，以覆舟掩盖偷盗事实，害得本号损失血本银2000多两。幸好后一只已装粮食货船尚未开行，避免了范开科可能下一步的毒吞。现将范开科扭送案下，恳请县令大人作主，判令将已装船货物另找船转运，限定期限，让范开科卖船缴还已领用钱 409 串。

久跑江湖的船户都知道一点偷盗客货的歪门邪道，其中之一就是以沉船掩盖偷盗行为，称之为"放炮"。犹如牙行老板拖欠客商大笔货款，偷偷跑路，乘船走下水回家乡，被称之为"放筏"。因为经过李本忠 20 余年平滩治险，峡江滩险危害大大降低。时至八月中旬，江水渐退，滩害程度更低。加上范开科、范开太本身就是归州船帮，在自己十分熟悉的水域出事，更加显得蹊跷，因此判断沉船事故系范氏兄弟策划，故意放炮。其时粮食运输尚未使用麻包，仅使用苇席、油布、松板等以为苫盖、铺垫，一旦货船倾覆，粮食自然无从救捞。

提讯完毕，巴县高县令在禀状上批示："提载卖船，缴还祥兴。"粮食转运完毕，陈掌柜于九月二十八日再次具禀状，告范开科坐地盗卖。因为将粮食转运过船斗量时，发现粮米少了五石一斗，合 1600 余斤，折银 20 余两。高县令批：候提讯究追。

同年十月初八日，范开科具禀状，开列已领银钱的开支清单，并极力为范开太翻船失货和转运少米五石一斗进行辩解。同意将货船交"渝号李祥兴"处置。

十一月初三日，陈掌柜再次来巴县衙门，以"为录恳提追事"抱告。禀状简述案情，指出："开太将民货运至伊门首河岸，停泊数日始开，至南湖平滩，无故覆舟。民折货本二千余两。民闻情骇，思范开太必盗卖客货，将船放炮掩咎。"前高县令"讯饬提载另装，押开科卖船缴还钱文"。又发现范开科盗卖米五石一斗，为此"录恳宪天，赏提严追，勒限呈缴，以儆后效"。新任巴县区县令批："候提案讯追。"

已发现巴县档案中保存的涉及"渝号李祥兴"及李本忠几件官司的残卷文档，时间跨度自嘉庆十六年（公元 1811 年）至道光十一年（公元 1831 年），计 20 年。通过这几件官司留存的文件，使今人对李本忠的经商活动，略可管窥一二。

首先可确认李本忠是一位身家殷实的大粮商，在重庆巴县的楚帮中有良好商誉和号召力（一个倡议就可筹借银数千两）。李本忠在重庆巴县开设分号"渝号李祥兴"已有数十年，以经营粮食为主，同时兼营川渝等地土特产。"渝号李祥兴"资本雄厚，在道光年间，已具备年收购、储存、贩运川粮10万石以上的能力。粮价、牙佣、水脚、货栈、税课、人工等费用合计，每石川米运载到汉口，成本约需银6两以上，运至下江，成本更高。按每三至四个月周转一次计算，再加上经营其他土特产，仅"渝号李祥兴"的资本，至少在银20万两以上。

"渝号李祥兴"下运汉口的货物当中，不仅有川米，还有胡豆等其他粮食，以及川渝等地的土特产，至少运销桐油有明确的记载。货船从下江一带返渝时，常年捎带磁器至巴县发售。当年李本忠垫借给张志德的顶帖银至少是1000两，按张任氏禀状中所称："单目减半收用"（正常牙佣值百抽一），"伊等各号，每做十万余金"。且按1000两垫付银三年抵扣牙佣完毕推算，"渝号李祥兴"的磁器生意每年也有银4万两左右。对主要运销民用粗磁来说（部分细磁），4万两的年销售额，已经不是小生意了。

李本忠在重庆巴县的黄金地段、临近朝天门码头的东水坊陕西街上，购置有固定店铺和住宅，从"后门三道"可推测其住宅房屋的建置规模。为生意方便起见，李本忠还有可能在千厮门附近购有或租用门面、粮食堆栈和仓房。毕竟东水坊陕西街距离千厮门还有相当一段距离。李本忠不在渝期间，由老诚、可靠的掌柜全面负责打理分号的生意。

至少从巴县档案残存的相关文档中，迄今尚未找到李本忠经营川盐的有关证据。

6. 清军谍报中的富户李祥兴

从李武贩贸川米，至李本忠的孙辈，"李祥兴"粮食商号已经经营了五代人，已是名副其实的汉正街"老字号"。道光十二年（公元1832年）推行票盐法后，盐业经营对民间资本开放，汉口"李祥兴"凭借雄厚的资本、几代人构建的销售网络以及积攒下的良好商誉，购买盐票，开始涉足具有暴利的盐业生意，这是一个精明商人的必然选择。经营盐业更加快了李家的财富积累。伴随汉口镇的发展和繁荣，道光后期，"李祥兴"已渐成"本帮"首屈一指的富商大贾。

　　李家不仅在汉正街设有"李祥兴"商号，还分别在汉口、汉阳府（县）城、武昌省城三地置有房产。一方面因汉口地势低洼，每遇大水，商民深受其害。特别是经历了 1831 年、1849 年两次大水，李家在汉口的住宅、商铺、货栈浸泡在一片汪洋之中的经历，让李本忠及家人心有余悸。叶调元《汉口竹枝词》中，有 22 首记道光二十九年（公元 1849 年）汉口大水，其注解记："闰四月末至五月末，大雨如注，止晴三日""雨久水深，倒墙无算""富户多迁江夏，贫户始则无财，继则无路，待毙而已"。李家在地势较高，且有坚固城墙守护的江南省城武昌，购置了多处房产。其中一处名"刘公馆"，庭院宽大，还带有花园、假山、鱼池。该处庭院原主人姓刘，曾经出任四川省建昌道道尹，后因故落魄，将该处房产转让至"李祥兴"名下。另一方面，武昌城是省、府、县三级官府所在地，督、抚、藩等各级衙门有 40 余处，官员及军民人等粮、盐消耗颇多。武昌城望山门外的鲇鱼套一带，曾是著名的南市，金沙洲上分别设有米码头、油码头。武胜门外的新河口（塘角），已成为停泊盐船的大型避风港。为便于经营粮、盐生意，李家在武昌开设"李祥兴"分号是大概率的事。再者，李本忠及一子一孙有职衔在身，为了生意，免不了要与粮道、盐道等官府衙门打交道。武昌、汉口、汉阳之间，大江阻隔，夜晚闭城，或遇到恶劣天气情况就要封江，有许多不便。在三镇都置有住所，也可免除往来渡江之困和携带官衣的麻烦。

　　李本忠晚年多病，不仅不能再亲临平滩治险的现场，就是"李祥兴"商号的事务，也已全部交给了子孙，专心整理几十年平滩治险积存下来的文书资料。1842 年，第一次鸦片战争结束。依据史料合理推断，这一年，李本忠以 83 岁高寿辞世。10 年后，其子孙与武汉三镇一道，经历了一场兵燹浩劫。甚至可以说，这场浩劫决定了"李祥兴"商号及其后人的命运。

　　鸦片战争前，大清朝已病入膏肓，开始走下坡路。《南京条约》签订之后，清政府为了支付巨额赔款，加紧了对百姓的盘剥，阶级矛盾更加激化。1851 年，洪秀全等领导的金田起义即太平天国运动在广西爆发。随即成燎原之势，从两广地区迅速向长江流域中游的两湖地区发展。1852 年，太平军围困湖南省城长沙长达两个月，未能攻破城池，转向湖北进发。同年 12 月 13 日，太平军攻克岳州，随后水路并进夹击武昌、汉口；12 月 23 日"焚龟山、破汉阳"，知府董振铎及以下800余官兵战死；12月29日，太平军强渡汉江，攻占汉口。随后东王杨秀清"分马步队由东南进"，"以三千众围武昌九门"。1853年1月12日，太平军引爆文昌门下地道中的炸药，轰塌城墙数十米，与事先混入武昌城中的太平军里应外合，一举攻破武昌城。太平军大队经横跨长江的两道浮桥，由汉阳门涌入（其余城门大多用土石封堵）武昌城，几乎没有遇到清军有组织的抵抗。杨秀清传令："官兵不留，百姓勿伤。"一时间，武昌城内杀戮四起，堪谓惨烈，完全是一边倒的追杀和屠戮。陈微言《武昌纪事》：初五日"杀人盈街，太阳惨黯无色。贼三五为群，入人家搜刮财物。加刃如颈，逼索金宝。如是者累日"。《武昌兵燹纪略》："晋豫皖滇黔蜀兵死者十八九；武昌兵匿私宅中，贼巨魁入城皆迎降，以故死者仅十二三。"《贼陷湖北密单》记："武昌城内，尸骨遍野，血流沟渠，房舍荡然无存。衙署印信、文卷、仓谷、钱粮，一无所有。最厉害者，存城军装、火药、炮台，均为贼有""两道以下，正署各官一百余员，一员无存"。直至初六日，东王杨秀清才下达了"止杀"令。

由于湖北巡抚常大淳及提督双福战前的应对失误、消极避战，不仅城破丢命，还累及三镇士商、百姓。初七日，"贼令户有金帛珠玉者悉数以佐军，从则全汝身若家，不汝扰。民出金帛者肩摩踵接"。初八日，"土著痞棍、不良之人，既降贼，以红帕首，日持刀四出，恣意搜刮。视长发贼弥凶而狡，虽穷巷甕牖之家，莫不'囊空餠罄，寸物不遗'，称之为'本地王爷'。因为称长发贼为'王爷'"。汪堃《盾鼻随闻录》卷二《楚难纪略》载："城中富室，俱掘地窖，埋藏金银，并将妇女藏入地室。数日后有本地人赴贼营出首，遂诸家搜取。"

初九日，太平军诸王由汉口迁至武昌：天王洪秀全居抚署（今民主路武警医院附近），东王杨秀清居藩署（司门口），北王韦昌辉居臬署（平湖门附近），翼王石达开居学政署（胭脂路），幼西王萧有和居督署（今解放路武船南门附近）。初十日，太平军设"进贡公所"于长街，公告云："进贡者仍各归本业。"因为进贡后仍可为民，与拜上帝加入太平军不同，"于是，人争趋之。时城中富有者无几，皆捧盘米，上压百钱或千钱。惟典商及素封之家，有贡黄金多至数百两，银铤累置案上，前后使四人舁之者，亦寥寥可得而偻指也"。

"李祥兴"为武昌城中首屈一指的富户，自然是躲不过这场兵燹浩劫。当时清廷留在武昌城内的坐探，搜集破城前后的相关情报，封在蜡丸里，传递到长江上游一带的清军手里。这一份谍报一共有 15 条消息，其中一条意外地记录了破城后"李祥兴"的遭遇。

太平军占领武汉三镇后，实行圣库制度，不仅收缴了各官府的库银，还派兵四处搜罗金银钱财，"三五成群，见高门大户，闯然而入，衣物银钱，器具粮食，席卷一空"。太平军收缴湖北布政司库银 70 余万两、粮储道库银 10 余万两，还收缴盐道、武昌府、江夏县库银若干，合计约 100 万两。

当搜到"李祥兴"家时，太平军破门直入，竟在李家搜到了装满几间库房的现银，总计多达 120 万两。在一个富商家里就搜到比官府库银总和还要多的银子，一下在太平军中引起了轰动，惊讶、兴奋，他们当中没有一个人见过如此巨额的银子。太平军小头目急忙将这件事报告了驻署藩司衙门的东王杨秀清。了解到李本忠家族在峡江的平滩治险事迹，以及一贯乐善好施，杨秀清亦深受感动。虽然太平军入城后"于官吏则杀不纵也"，得知李家人有议叙得来的从四品官衔在身，不仅没有下令杀戮，还传李家人到衙问话，说："念伊久作善事，曾在川江打滩，有功百姓。"（《贼陷湖北密单记》）并派出太平军的将领，到已故李本忠坟墓前拜祭（由此推测，李本忠很有可能安葬于蛇山之上）。对所抄走的 120 万银两，还出具了一纸"借票"，许偌太平天国功成之后予以归还。李家在武昌城内的另一处住宅刘公馆，业已在攻城战中遭到毁坏，藏在刘公馆花园鱼池下秘密银库里清一色的 10 万两夔关银锭被人告密，也全数被太平军抄走。按每两银重约 37 克计算，130 万两白银约折合 48100 公斤（48.1 吨），就算一辆大车装 800 斤，也要拉 100 多车。几十辆大车络绎不绝从李宅往外搬运银两时，沿街都有太平军围观、热议。

当时合武昌城内湖广省、武昌府、江夏县三级官府的全部库银只有 100 万两，仅在李家两处竟抄走 130 万两现银。依据道光二十二年（公元 1842 年）李本忠捐银 1000 两给归元寺购买田地的价格折算（每亩田地约 10 两白银），这笔巨款可以购置武汉周边的田地十二三万亩。战乱中，三镇"李祥兴"商号的粮、盐、货船（一艘粮船需银数百两，一艘盐船需银数千两）等财产损失，亦不是小数。李家尚有巴县等分号的银钱、货物、货栈等经营性资产，再加上在三镇的房产、未被查抄出的隐匿银两，推算此时的"李祥兴"总资产应该在300万两白银左右，足以证明李家的富裕程度，无愧"富甲两湖"的称谓。

李家为什么在武昌城的家中积存这么大一笔现银？为什么没有及时地分散转移出去？究其原因，一是自康熙二十七年（公元1688年）夏逢龙兵变后的160余年间，武汉三镇基本上未经战火波及。嘉庆初年白莲教起义，虽给武汉以极大的震动，但距离最近的也仅是在孝感境内有白莲教零星活动。承平日久，李氏子孙根本没有意识到战争形势的严峻，尚寄希望于武昌城城高墙厚，官军、练勇及外省援兵众多，可以像长沙一样能够守城不破，待援解围。甚至因为汉口几乎不设防，还把汉正街"李祥兴"商号的现银等也转移到了武昌城内。二是李家家大业大，仅现银就多得需要车载斗量，哪怕是有心转移资财，也被官府阻拦。陈微言《武昌纪事》记：（八月）初八至十六日"城中大户挈家远徙者甚众，人心惶惶。巡抚常大淳谕守门兵：'凡出城者许携一隐囊，其辎重捆载而行者，概不许出'"；（九月）初九日"以土石筑九门。城上以长绳系人出入"。以致初十日滇、蜀兵勇2700人来鄂助守，"皆绳系人"。可见自咸丰二年（公元1852年）八月起，李家已无可能大规模转移资财了。

太平军占领武汉，三镇商民的银钱、财物不仅被太平军过筛一样搜寻了一遍，还要承受地痞无赖、降兵及后来入城清兵的反复劫掠和蹂躏，"李祥兴"的高门大宅首当其冲。《武昌纪事》：（十二月）二十四日"潮勇二百余人降贼。潮勇及广西捷勇，极具跋扈。沿途肆扰，抢夺财物，夺人衣履，淫妇女。强占村舍，濒行则焚毁"，"危害与贼相埒"。咸丰三年（公元1853年）正月初二，太平军裹胁三镇民众数十万，"男子从者十之九，女子从者十二三"，号称军民50万，船万艘，水陆并进，夹江而下，千舸阻水、万帆蔽日，浩浩荡荡进兵江宁（南京）。太平军退出武昌时，在城内四处举火，众多官衙、民宅、商铺被付之一炬。此后三年间，武昌城又两次被太平军占领，两次被收复。汉阳、汉口也几番易手。经历数年的拉锯战，三镇商业凋零，民众离散，满目残垣断壁。《楚难纪略》记：咸丰四年（公元 1854 年）八月二十五日，曾国藩率湘勇二次收复武昌省城时，"城中老弱，不满千人"。可见兵燹过后，武昌城内凄惨、凋败之境况。

其时，李本忠次子李良宪 42 岁，长孙李贤俊、次孙（佚名）与李良宪年龄相仿。按李家早年安排李良宪、李贤俊攻书求取功名的情况看，"李祥兴"商号似应由李本忠的次孙主持。李家人如何在乱军中保命守财？三镇数处李宅命运如何？李家人是否被裹胁去了江宁？迄今尚未发现相关史料予以证实。但 130 万两现银及商号货物、住宅财产等损失，无疑已使"李祥兴"受到了致命的重创。

对太平军来说，这 130 万两白银无疑是自金田起义以来，一次性掠取的最大一笔银两，不仅极大地补充了太平军的"圣库"，甚至还可能因为多了这 130 万两现银，以及在三镇搜罗的资财、粮食、军械，影响了太平军主帅对战略发展方向的选择。要知道，当时清军绿营兵丁每人每月也不过只有一两余的饷银，仅这 130 万两白银，足以支撑太平军 1853 年 2 月 9 日自武昌出发，至 1853 年 3 月 19 日攻占江宁的 40 天期间，数十万人的全部粮秣、辎重等支出。如果少了李祥兴这 130 万两银子，不知太平天国运动的进程是否会有所改变？

太平军不久于江宁建都，改江宁为"天京"，至此长达十数年内，淮盐西运入楚水道受阻。不得已，素来食用淮盐的楚岸数省，只得改食川盐，此前川盐（官盐）不过宜昌的格局被打破。这对数代"沟通川楚"，兼营粮、盐的"李祥兴"来说，无疑是一个东山再起的绝佳机遇。

1991 年武汉出版社出版的《长江上游航道史》，是一部航道专业史志。其中记：光绪二十五年（公元 1899 年）川鄂商帮再次集资兴治泄滩；"宣统三年（1911 年）有巨商祥兴号因其货船于此滩多次失事，损失甚巨，遂出资将碎石拣去，并利用碎石在溪口近处筑一拦水坝，以堵溪中冲击石块，使滩险状态得以缓和"。这段资料有确切的宣统年号、"李祥兴"商号名称，其治滩工程与早年李本忠整治泄滩工程内容明显不同。这是已知"李祥兴"商号最晚的信息资料，比咸丰三年（公元 1853 年）清军谍报中的记载推后了近一甲子。该资料如能最后核实（根据该书的提示，笔者曾专程赴四川大学档案馆，惜未能查到该资料出处），则"李祥兴"商号在李本忠后辈手中，至少又传承了三代人，可以排除因咸丰三年（公元1853年）巨资被掠而彻底破产，或被清廷以"助逆"名义清算等推测。"李祥兴"不仅兴起于"乾嘉盛世"，也经历了"嘉道中落"，也见证了清朝的败亡。

咸丰年后，李本忠家族及"李祥兴"商号信息几近阙如，应该与太平军、清军在三镇数次拉锯般的攻防战有极大关系。赫赫有名的江城老字号"李祥兴"一夜之间销声匿迹，至今尚未发现其在民国时期的经商活动史料和后代踪迹，实在是令人不解。时值近现代，也尚未听说"李祥兴"复出。新史料的发现，或有待其后人现身，方能解惑释疑。

（二）长江三峡治滩平险

1. 峡江·险滩

长江西起唐古拉山，东至入海口，总长约6300余公里。其干流各江段又各有其名：沱沱河、通天河、金沙江、川江、荆江、扬子江等。长江流过四川宜宾之后，经重庆江津到湖北宜昌段俗称"川江"，是历史上巴蜀、滇、黔通往中国东部唯一的水上通道。川江下游江水穿越巫山山脉，形成瞿塘峡、巫峡、西陵峡三大峡谷，合称"三峡"。长江流经三峡的江段称"峡江"。峡江历史上亦被称为"蜀江"或"川江"，西起重庆奉节白帝城，东至湖北宜昌南津关，跨奉节、巫山、巴东、秭归、宜昌，全长约200公里。

峡江流域不仅山川壮美、风光绮丽，孕育了大溪文化、巴蜀文化，历史上还诞生了屈原、王昭君等历史名人。楚辞、竹枝词发端于三峡地区。三峡文化、纤夫文化、峡江号子等，充满浓郁地域色彩。历代吟咏三峡的诗文、著作更是汗牛充栋。

水上交通是古代主要的交通形式。据古籍记载，最早自新石器时期，三峡地区的巴蜀先民就剖木为舟，利用竹、木进行短距离的水上运输活动。古代峡江水道的大规模利用主要有三种形式：战争时期运兵通道、官漕及民间商贸通道。

《史记·秦本纪》《华阳国志》等史书记：秦昭王二十七年（公元前280年），秦派司马错率十万大军自蜀攻楚，"大舫船一万艘，米六百斛，浮江伐楚，取商於之地，为黔中郡"。三国时期，长江流域战争频繁。刘备最初即从峡江水道溯江而上，下巴东、入巴郡，诸葛亮、赵云、张飞等分兵降城掠地，最终入主西川，定都成都。222年，著名的吴蜀夷陵之战爆发，吴将陆逊火烧蜀营七百里，刘备溯峡江败走奉节，凭借峡江天险、焚烧铠甲等阻截追兵，以至白帝城托孤。亦可谓此一时彼一时也。嘉熙三年（公元1239年），南宋名将孟珙屯兵峡江泄滩至牛口一带，抗拒从四川包抄下来的数十万元兵，血战数月。1938年，中国全面抗战爆发，国民政府西迁重庆。为保存中国经济实力，有中国"敦刻尔克大撤退"之称的宜昌大撤退，就是将众多机器设备、人员物资等，在宜昌改换吃水浅的机船或木船，通过峡江水道，艰难转运至四川等大后方。

相关研究资料表明，峡江漕道最早源自于夏朝时代的贡道，是历代重要的贡输官漕。四川盆地自古地富物饶，又通过水路连接黔、滇等地及少数民族地区。自两宋时期，峡江水道即成为运输漕粮、税赋的漕道，官方还专门组建了漕粮运输及盐、茶、丝绸、铜等纲运船队。宋金战争时期，重庆设漕粮、军粮转运站，通过川江水道下运江陵转京师，其中军粮占全国的一半；每年下运布帛达百万匹。明清时期，川米经峡江源源不断出川，平均年下运川粮达110万石。四川及三峡地区是盐产地，宋朝时即年产32万余石，全部通过峡江转运、销售。清朝初期，云南铜矿年产铜100万斤。雍正五年（公元1727年）开始滇铜东运北京，以资鼓铸。至乾隆二十九年（公元1764年）达到年运1378万斤的最高纪录。滇铜均经水路汇集泸州，起运至重庆，再经峡江至扬州，通过大运河北上至京。甚至明朝修建故宫时，官府在四川、湖广一带大山里征伐的楠、杉、松之属巨木，也通过峡江、大运河同一线路辗转运抵京城。

峡江还是民间商贸通道和士人迁徙、旅行的交通要道。古代各国、各地区的物资流通离不开行商坐贾，巴蜀地区盛产米、盐、铁、丝、布、茶、麻、漆、牛马、竹木、蜀锦等土特产，官府的漕运、纲运并不能包揽一切商务交流，巴蜀与下游地区的民间贸易趁势而起。自蜀汉时期，民间商务交流开始活跃。特别是川米、川盐、蜀茶、蜀锦等土特产，成为历朝民间贸易下运出川货物的大宗。云、贵的烟草、窖酒、山货、药材等，经川南运至重庆。上运入蜀货物以棉花、广货、磁器、海产品等为主。峡江成为"通西蜀之宝货，传南土之泉谷"，群帆高挂，舳舻相衔的重要水上通道。成都、重庆两大商埠商旅云集，商业勃兴，有"锦江夜市连三鼓"之称。乾隆《巴县志》载：渝州（重庆）"三江总汇，水路冲衢，商贾云集，百物萃聚。或贩自剑南、川西、藏卫之地，或运自滇、黔、秦、楚、吴、越、闽、豫、两粤间，水牵运转，万里贸迁"。咸丰年间，湖北黄冈洪良品有一首《三峡棹歌》，描写峡江及楚蜀间的贸易盛况："赤甲山头云气开，蜀盐川锦截江来。一帆载过夔门去，白锂高过滟滪堆。"部分通过运输转卖的商人，成为富商大贾，富甲一方。汉武帝时期，就有"资货或有值百万者"，以致朝廷采用"告缗令"向他们征收财产税。楚商李本忠一家至少经历了五代人，历尽万险，甚至付出了生命的代价，上重庆、下汉口，沟通楚蜀，渐成一代汉皋巨商。

古代峡江航道完全处于自然状态，两岸时有岩崩、滑坡发生，处处滩险，航行不易。史料记载，东汉永元十二年（公元 100 年），西陵峡山崩形成著名的险滩青滩。南唐时，湖北秭归县令陈起首次对青滩进行了开凿、疏浚，这是峡江航道最早的整治工程，因当时施工技术和施工条件都很原始、简陋，收效甚微，不过为后人治理峡江树立了典范。以后青滩又多次发生巨型岩崩造成断航，最长一次从明嘉靖二十一年（公元 1542 年）起，断航时间竟长达 82 年之久，直到明天启四年（公元 1624 年），湖广按察使乔拱璧和归州知府杨奇珍组织工匠，对青滩进行较大规模整治，峡江才得以通航。

《奉节县志·艺文志》收录宋人《重修三峡堂记》，其中有"天下之险，莫险于峡江"之说。北魏郦道元《水经注》："自三峡七百里中，两岸连山，略无阙处。重岩叠嶂，隐天蔽日。自非亭午夜分，不见曦月。至于夏水襄陵，沿溯阻绝。或王命急宣，有时朝发白帝，暮到江陵，其间千二百里，虽乘奔御风，不以疾也。"不特船快，实为水急也。

陆游《入蜀记》载，宋乾道六年（公元 1170 年），陆游沿长江上行入蜀。十月八日五鼓自宜昌解船，入西陵峡峡口下牢关（即南津关）。十月二十七日抵达夔州。从宜昌到奉节，溯江穿越三峡，他足足用了 20 天时间。

在峡江航行，下水行舟，快如疾飞，常常在激流中失控，因而船只遇险滩触礁沉没导致船沉、货失、人亡的情况屡见不鲜。上水船逆水西进，水流繁乱，跑纤舟退，也往往触礁损船折命。峡江著名险滩数十处，小滩数不胜数，尤其以滟滪堆、青滩、泄滩、崆岭滩最为著名。因为有众多的滩险，白日行舟尚且危险重重，因此途径峡江的船家、驾长，长期信守"三峡千古不夜航"的古训。

刘禹锡《竹枝词》："瞿塘嘈嘈十二滩，人言道路古来难。"李白有"欲问几多愁，高过滟滪堆"之诗句。元代周巽《竹枝歌》："滟滪堆前十二滩，滩声破胆落奔湍。巴人缓步牵江去，楚客齐歌行路难。"瞿塘峡著名险滩就有 12 处。

奉节放船东下，在瞿塘峡夔门前即遇滟滪堆之险。滟滪堆又称燕窝石，是耸立江心的一块巨大礁石，长约 30 米，宽约 20 米，高约 40 米。北宋《太平寰宇记》载："滟滪堆又名犹豫，言舟子取途不决。"每年春秋枯水季节，它远看如牛如马如象，犹如一只出水猛兽，紧锁夔门。每年夏秋洪水汛期，它又潜隐水底，犹如水下蛟龙，江水遇滟滪堆阻挡，激起泡漩千重，回水西流，形成 20~30 米宽的巨大泡漩，像张开的血盆大口，把行船吞噬腹中，夹带着涛声如雷，摄人心魄。船行至此，如箭离弦，如不谙水性，稍有差池，紊乱的泡漩水或回流就会改变行船方向，就有触礁沉船、粉身碎骨的危险。李白、杜甫、白居易、陆游、苏轼、苏辙、范成大等历代文人骚客，多有描写滟滪堆凶险百状之诗文。古歌谣《滟滪歌》曰："滟滪大如马，瞿塘不可下；滟滪大如猴，瞿塘不可游；滟滪大如龟，瞿塘不可回；滟滪大如象，瞿塘不可上。"

自古有"瞿塘雄、巫峡秀、西陵险"之谓，西陵峡险在"寸节皆滩"，步步行难！西陵峡西起秭归香溪口，东至宜昌南津关，全长约 74 公里，跨越归州、东湖两州县。西陵峡以滩多水急闻名，峡内有名险滩数十处。整个峡区由高山峡谷和险滩礁石组成，峡中有峡，大峡套小峡；滩中有滩，大滩含小滩。自西而东依次是兵书宝剑峡、牛肝马肺峡、崆岭峡、灯影峡，以及泄滩、青滩、崆岭滩、腰叉河等险滩。

《归州志》载：州境"一百九十里，著名滩险，稠如竹节，四时枯涨，此伏彼起。盘涡无定，谓之泡漩""疆域如归州，其为水陆最险者""跨大江两岸，分为十八乡""各乡均危崖峻岭，谷涧纵横""归属大江，上自牛口，下至崆舲，寸节皆滩。所有川湖客船，络绎不绝，必雇本处太公、丁夫、掌艄、拉纤，以资挽放"。白居易有"白狗顶黄牛，滩如竹节稠"之描述。

泄滩又名洩滩、业滩、叶滩，位于归州城上游北岸，距离州城约 12.5 公里。滩长 2.5 公里，是三峡中最长的一处险滩。历代诗人词客留下描写泄滩的诗篇颇多。南宋王十朋有"大泄名何壮？孤峰势更威。石门观峡水，东注疾如飞"写泄滩之名句。清湖北学正凌如焕有诗曰："风瑟瑟，树萧萧，泄滩水落青滩高。""北风消，南风作，青滩水平泄滩恶。"将泄滩、青滩一个丰水滩、一个枯水滩，险滩此消彼长的关系描述得通俗易懂。

《归州志·山水》载："江心有石曰泄床，长三十余丈，又有泄枕，逼水成漩，水大至险。"泄滩两岸因山崩崖塌，巨石滚下长江横断江心，形成滩南岸长达 30 余丈的坚硬岩石层，形成蓑衣石。那些裸露的礁石在江面上时隐时现，加上滩北泄滩河又冲来大量石块，淤积成巨大的碛坝——令箭碛。《秭归交通志·航道》："令箭碛伸达江心，其上、下翅分别与南岸蓑衣石、桡拐子石相峙，阻水而成滩。"因此滩险流急，舟楫过往，惊心动魄。到了涨水季节，泄滩江面流速更快，时速高达每秒 6 米。滚滚滩流如同天上来水，汹涌澎湃，惊涛裂岸。放滩的船只如同一支支飞梭，在惊涛中高速穿行，稍不留神便撞上暗礁、石坝而船毁人亡，救生红船亦难施援手。历代在此滩险处沉舟溺人无数，是峡江最著名的四大险滩之一。

青滩又名新滩，古名豪三峡。滩长约 2 公里，由头滩、二滩与三滩（也称上滩、中滩、下滩）组成，位于牛肝马肺峡和兵书宝剑峡之间。范成大《吴船录》记："新滩旧名豪三峡，晋、汉时山再崩塞，故名新滩。"《后汉书·和帝纪》：永元二年（公元 100 年）闰四月"戊辰，秭归山崩"。唐李贤注："《东观记》曰：'秭归山高四百余丈，崩填溪水，压杀百余人'。"《水经注》载："晋太元二年又崩。当崩之日，水逆流百余里，涌起数十丈。"青滩是三峡中最著名的枯水险滩，枯水期水落石出，形成陡坎跌水，落差达数米，江水犹如脱弦之箭，飞泻直下，形成江中瀑布，流速可达每秒 7.1 米。《秭归县交通志·航道》载："枯水季节，水落石出，形成陡坎跌水，落差竟有 3 米多。靠北又有三尖石卧江心阻截中流，还有状如天平的天平石阻截江水正流，航行必走'S'航道才能过滩。"船行至此，每每遇险。稍一不慎，即刻船毁人亡。苏东坡描绘这里"大鱼不能上，鸬鹚不能下"。上滩则像爬瀑布，主要靠人力拉纤。丰水季节，青滩水涨滩平，水势较稳，行船无大碍。

历史上青滩较大规模的滑坡、岩崩，曾导致峡江断航多年。最长两次断航时间：从1030年起，断航21年；从1542年起，断航82年。峡江断航时期，上、下游的船舶以青滩为界，各行一段，互不相通。船到青滩必停泊，客到青滩必上岸，货到青滩必"盘滩"。"盘滩"的"盘"是搬运的意思，古代船上青滩，要靠拉纤上滩。为减少船的负重，船上货物要先卸上岸，靠人力搬运到滩的另一头。等空船被纤夫拉过滩，再将原货物装运上船。有时船只下水放滩有危险，商人往往也选择"盘滩"，确保货物安全。过去船只上滩全靠纤夫拉纤，小船上滩要数十人拉纤，大船上滩要百余人拉纤。上滩拉纤必唱峡江号子，数十人齐声吆喝，气吞山河，甚为壮观。后来有了机械，行船上滩靠"绞滩"。"盘滩"盛行，人货聚集，也促进了青滩镇的发展。

面对惊涛骇浪，滩险水急，古代诗人有不少诗作咏诵新滩。宋苏轼《新滩》惊叹："扁舟转山曲，未至已先惊。白浪横江起，槎牙似雪城。"清凌如唤《新滩泄滩歌》道："风瑟瑟，雨萧萧，泄滩水落新滩高。蜀道青天不可上，横飞白练三千丈。"清何明礼《新滩》吟咏："数里涛声先荡魂，艨艟一叶浪花轻。舻空怕触蛟龙怒，路转还逢虎豹蹲。"何人鹤《竹枝词》说得更是明明白白："巴峡千峰走怒涛，新滩石出利如刀。弄篙的要行家手，未是行家休弄篙。"张问陶《下新滩》诗曰："十丈悬流万堆雪，惊天如看广陵涛。"更有当地民谣曰："打新滩来绞新滩，祈盼水神保平安；血汗累干船打烂，要过新滩难上难。"峡江两岸缓坡处，常见殁于船难的无名冢。青滩北岸有一座"白骨塔"，就是以堆积死难船工、纤夫等尸骨而得名。

从青滩顺流而下不足10公里，进入陡峭的崆岭峡，即可看到峡江最著名险滩——令人毛骨悚然的崆岭滩。峡江地区民谣曰："青滩叶滩不算滩，崆岭才是鬼门关。"崆岭滩的恐怖情形可想而知。

崆岭滩又称空舲滩。舲是小船的意思。滩名意为每逢客货船只通过此滩，必先卸货空载，才能使空船在礁石群中穿行过滩。《舆地纪胜》记：空舲滩"绝崖壁立，湍水迅急，上甚艰难。舱中所载物，必悉下，然后得过，因名"。

崆岭滩位于归州境内西陵峡内长江北岸，是由多个礁石构成的滩险。江心耸立有一块巨石，名大珠，将滩流一劈两半，水道分成南漕、北漕。北漕礁石林立，险相环生，十吨以上的船只根本无法通过；南漕泡漩密布，水流紊乱诡异，连最好的驾长也无法判断江中暗漩的方位。后有人大珠巨石上刻有"对我来"三个大字，提醒下水船只必须驾船先朝"对我来"危石驶去，船到巨石前，掌握好那千钧一发的时机把稳舵，将船导入正确航道（枯水期为南漕，涨水期为北漕）。转向早了，船只会被急流冲向其他礁石，船沉人亡；转向晚了，则船只会撞上大珠，全船顷刻间粉身碎骨。行船若有偏离，概莫能存。崆岭滩除了大珠巨石，还有二珠、三珠等巨石纵卧江心。此滩地段水流紊乱，舟船忌行，尤其是枯水期行船最为危险。《秭归交通志》记载：船过崆岭滩，"驾船航行，首尾难顾，触礁沉没者众"。那些曾经在峡江上下行船多年的老人，每谈起船过崆岭滩，面露悚然之色，莫不怀有敬畏之心。

泄滩、青滩、崆岭滩都在归州境内，加上归州城下的黄魔滩，合称为"归水四险"。黄魔滩本名叱滩，又名人鲊瓮，俗称九龙奔江。北宋黄庭坚有"命轻人鲊瓮头船，日瘦鬼门关外天"的诗句。南宋范成大记："叱滩即人鲊瓮，亦名黄魔滩。长石截然据江三之二，五六月水势喷薄，声若雷霆，为归州最险处。"因船行此处多翻覆，坏船殒命无算，故称人鲊瓮，即腌人的坛子！清张问陶有《归州》诗："楚国波涛险，挈舟怖石林。命危人鲊瓮，魂断女须砧。山骨垂龙脊，滩声荡客心。沙鸥飞不定，何处卜升沉？"黄魔滩的凶险由此可见一斑。

峡江上行客货船只每遇险滩，完全依靠纤夫拉拽上行，纤夫沿江拉纤行走之路即为纤道。纤道是峡江航行的重要辅助设施。在部分江段和泄滩，船发上水，一船所雇纤夫动辄数十人，遇有重载、大型船只过滩，纤夫甚至超过百人。有时下水船只过险滩，亦需要纤夫扯纤降低速度，以保安全。纤夫拉纤时，主要靠数十或超百米的主缆绳系住船只，主缆绳由麻、竹等纤维物质编制而成，两侧可钩挂数十、上百条副缆，副缆另一为头圈状，每一根都横挂在一名纤夫的肩头。弓腰、蹬腿，一步步拉拽船只上行。遇到狭窄的山道、沟坎，纤道甚至可能开在悬崖上，只是一串仅容手抓、脚蹬的石窝窝。纤路弯曲，不利纤夫施力，遇到力不能逮，或纤道不平坦，纤绳不能得力，船只就会被江水冲击倒行，即"打退"。如纤夫丢缆不及，经常被拽滚落崖、落水而伤身、丧命。"五尺白布四两麻，脚蹬石缝嘴啃砂""头滩、二滩、三滩底朝天，上峡、下峡，中间跪到爬""船拉上滩，脑壳碰穿；船放下水，是人是鬼"？这些流传在峡江一带的纤夫歌谣，是对纤夫悲苦拉纤生活的真实写照。

峡江航道除了险滩，亦有水面相对宽阔的江段，水流平稳，泡小漩稀，上行船只无需拉纤，靠帆、浆、桡的动力即可正常航行。因此拉纤又叫拉"截截船"，纤夫分段驻守各滩，各有属地。峡江沿江乡镇民人，多以驾船、掌桡、盘滩（绞滩）、修船、拉纤等与航运有关的行当为生，甚至有人专事打捞失事船只财物。清中期以来，在川江上下从事航运的船帮中有"川楚八帮"，其中的"归帮"主要就是归州籍船户。因为熟悉峡江航道滩险、水情，上至重庆，下至宜昌，特别是在峡江水道，"归帮"驾长以高超的驾船技能而闻名。早在唐朝，杜甫《最能行》一诗形象地形容峡江船家行船："欹帆侧舵入波涛，撇漩捎濆无险阻。"夸赞峡江船夫"瞿塘漫天虎须怒，归州长年最能行"。

峡江航道历来都是重要的漕道，滩险对漕运、纲运，特别是清初以后滇铜东运威胁巨大。地方官负有保证漕道畅通、滇铜东运船只安全过境之责，因此历史上有官府出资，或地方官捐俸银、养廉银凿修峡江滩险的记录，而民间治理峡江滩害极为罕见。

李本忠祖父李武自创立"李祥兴"商号，一直在巴县（重庆）、汉口之间经商。最终因为峡江滩害，造成李本忠两代长辈死于非命。幼年的李本忠就立下志愿，"凿川江险滩，永杜后患"。数十年后，李本忠成为"沟通川楚"的大商，有能力亲自把宏愿变成现实。峡江平滩治险成为了楚商李本忠后半生的事业。

2. 行义尽孝，首凿归州牛口滩

李本忠着手实施他的峡江平滩治险计划，选择从归州境内的牛口滩开始，与其祖、父两代长辈在此江段险滩遇险落水有直接的关系。"因先人之惨，立志除害"，此念一直萦绕李本忠几十年。李本忠以善行义举代替尽孝长辈，"不能尽心于生前，聊可尽心于死后"，在峡江平滩治险，"以解亿万人后世之厄"，以此告慰在天的祖辈之灵。

归州州城坐落长江北岸。北魏郦道元《水经注·江水》载：秭归城"依山即坂，周回二里，高一丈五尺，南临大江"。其地擅形胜，"上控巴蜀，下引荆襄；控楚蜀之交带，当水路之要冲"。《汉书·地理志》载："秭归，归乡，故归国。"

归州州治殷商时代为归国所在地。西周前期为楚熊绎之始国。西周后期至春秋前期为夔子国。战国中期属楚，后期称归乡。秦统一后属南郡，汉置秭归县。唐武德二年（公元 619 年）置归州。宋仍称归州。明洪武九年（公元 1376 年）废归州置秭归县。康熙三年（公元 1664 年）归清，雍正七年（公元 1729 年）置归州直隶州，十三年（公元 1735 年）降为县级州，属宜昌府（《秭归县志》）。

李本忠考虑问题周到，一方面因为还要处理"李祥兴"商号繁杂的商务，不知道申请平滩治险的禀状递到归州官府后是一个什么样的结果，需要多长时间等待！另一方面考虑到商民与官府打交道，有许多的周折和不便，陋规更多，起码大堂之上要跪着回话。李本忠请出身有从九品职衔，年已 62 岁的好友周步洲，赴归州代为呈禀，申请平滩治险。

嘉庆九年（公元 1804 年）十月中旬的一天，周步洲在归州城下江边舍舟登岸，沿百余级青石板石阶上行，穿过刚刚修好的景贤门门洞进入州城，找了一客栈安顿了下来。十四日一早，换了一身石青色官服，帽带阳纹镂花金顶戴的周步洲，坐了一顶抬轿到了归州衙门口，将早已拟好的禀帖和一块碎银，一并交到门子手上，烦请将禀帖投递给州牧。这是《平滩纪略》录入的李本忠平滩治险第一件文书。

因为周步洲有从九职衔，禀帖以"具禀职员周步洲"起首，文内以"职"自称：本年汉阳县同乡、"职伙"李本忠，自重庆载货下楚，在州城上游牛口滩遇险，默祝中许愿，如平安渡过此劫，愿将该船货本全部捐出，以平牛口滩、泄滩两处滩险，禀请州官"怜情给示，赏差监理，俾四方闲杂人人等，毋得格外滋事"。并承诺全部平滩费用由"职伙"李本忠一人承担，不会借治滩名义，敛收过境客商丝毫银钱资助，治理工程也绝不敢半途而废。恳请州牧及时批示，以便"值兹滩水将涸，择日兴工"。峡江夏秋之水和冬春之

水的水位相差数十米，夏秋时形成的江中滩险，只有利用枯水季节才便于整治。

禀文中还提到牛口滩成险原因：乾隆五十三年（公元1788年）夏季，牛口滩上首深溪，"偶发蛟水，冲倒巨石，垒叠高堆，泡漩接连泄滩"，过往"仕宦商贾、行李货物，至此无不胆寒"。文中提到的"蛟水"，是当时峡江流域流行的"蛟文化"，人们认为每发洪水，是居住在水底的"蛟"在兴风作浪。

《归州志》载，时任归州州牧甘立朝，江西奉新县人。嘉庆六年（公元1801年）起，甘立朝监修因白莲教王聪儿部下攻陷归州时遭严重破坏的州城城墙、城门，改砖城为石城，三年始得告竣。

周步洲代李本忠第一次呈禀归州的平滩治险申请，并没有得到知州甘立朝的即时批复，真实原因已无从考证。分析有这样几个可能：一是白莲教起义初平，官府惊魂未定。清廷乾隆三十九年（公元1774年）正月就已颁告，定聚众结社罪，严禁民间结社、聚集，以防生事。平滩治险需要集聚大量人夫，甘立朝尚有戒心。二是外地商人在治内自费平滩治险之事，前所未遇，没有先例。在案例治国的体制下，没有得到宜昌府或省督抚等上宪的指示前，一个知州，根本不敢擅专。三是当年刚刚完成归州石城的修建，尚有许多善后事务及政务处理，无暇顾及。

周步洲回到客栈，静候归州官府的批复，不敢擅离。在焦急中一直等了数月时间，眼见寒风乍起，江水已退，就算禀请获得批准，已经错过当年水涸石露的最佳整治时机了。周步洲只得收拾行装，搭乘下水船只返回汉口。

收录在《平滩纪略》里的第一份禀帖后面，有知州甘立朝的批字："牛口、泄滩泡漩汹涌，尔伙李凌汉既愿捐资检凿，以利舟楫，洵属善举，准即给示可也。"但不知何故，当年这个批示并没有得到执行，也没有张贴告示。因为第二年周步洲呈递到归州的上级宜昌府的禀文中，有"业经禀州，犹未批示"之句。或许是当年知州甘立朝正在忙于州城石城墙的建设，无暇认真处理，批示后，并未太当一回事，随手搁置了下来。也有可能是在第二年收到宜昌府的公文后，再回头找出头年周步洲的禀帖补批。

考虑到上年在归州碰壁，及官府拖沓的办事作风，第二年，周步洲再受李本忠之托,比上年提前了一个月时间,于嘉庆十年(公元1805年)九月中旬,只身来到宜昌。十六日,同样是官衣、官帽,周步洲来到宜昌府署衙门投递了禀帖。

宜昌古称夷陵、彝陵,其地理位置上控巴蜀,下引荆襄,曾是楚之西塞、国之边陲,素有"楚蜀咽喉"之称。汉朝设夷陵县;明洪武十二年(公元1379年)建夷陵城墙;清雍正十三年(公元1735年)设宜昌府;嘉庆、道光时期,宜昌府管辖东湖县、归州、巴东县、兴山县、鹤峰州、长阳县、长乐县等七个州县。与管辖宜昌、荆州、施南三府、二十个州县的宜荆施分巡道道尹公署,同城办公。峡江是川米、川盐、滇铜等大宗货物东下,以及楚蜀商贸往来的唯一水上通道。上水客货船入峡前需要在宜昌延请熟悉水情、滩情的舟师及纤夫,将货物换船过载;闯滩成功的下水船只需要停泊整修、交易,因此宜昌城外江边码头,船帮聚集,帆樯林立。船舶修理场、茶馆、货栈等沿江设立,逐渐形成商贸繁盛的集市,是楚头蜀尾第一大城镇,又被称为"三峡门户"。

时任宜昌府知府姓王。周步洲投递至宜昌府衙门的禀帖内容,与上一年投递给归州衙门的禀帖内容几乎完全一样。王知府经与幕友等研究、商议后,于当月二十四日下发了批示:"据禀。平滩除险、资费承办,并无帮派敛费等情,殊属可嘉。准给牌示,以禁阻扰。倘有地痞、土棍滋事,许即指禀,立究不贷。如果始终匪懈,永克厥工,本署当禀明各宪,以示优奖。慎之、勉之。"毕竟官高一级,王知府的批语为平险治滩开了绿灯。

随即,王知府给归州知州甘立朝下发了一道札示,除将周步洲禀帖及自己的批示全录外,还下达了指示:"合行札饬,札到该州,即便一体出示严禁。毋违。此札。"命令归州知州照札示施行,并同时转发了宜昌府拟发的四道告示。

告示中严禁工匠额外索要工价,严禁地棍滋事。除饬差密访查拿外,要求当地保甲维护工地秩序,如有包庇地棍行为,一经查出,也一并究处,严惩不贷。告示后,亦有王知府批示:"平滩善举,准即会同该州饬差监理。"因为峡江沿途巴东县、东湖县亦属宜昌府管辖,该告示应该也下发至数县。《平滩纪略》收录入摄巴东县正堂宣的批示:"化险为夷,以利舟楫,诚属善举。且独力捐资，犹堪嘉尚。惟功施不易，事鲜克终，宜勉之。本摄县即当给示可也。"对平滩治险善举，勉励有加。

得到获得宜昌府"给牌兴修"的消息后，尚在汉口的李本忠迅速对家事和"李祥兴"商号的事务做了人员分工和安排，然后马上赶到了归州。在不足一个月的时间里，李本忠与周步洲不辞劳苦，亲自勘察、选择施工地点，确定整治项目，招募工匠、力夫，精心挑选管理人员，组织起一支庞大的施工队伍。又亲自指挥在各施工现场搭盖场棚，准备器物，抢在枯水期到来之前，完成开工前期的各项准备工作。

要想在短时间内募集足够的工匠、力夫，在当时人口稀少的峡江沿线地区并不是一件容易的事情。清康熙十一年（公元1672年）归州全州核定有纳税丁口2350丁；光绪六年（公元1880年）统计人口数为108343人（《秭归县志·卷二·人口》）。按平均增长率计算，嘉庆初年，归州全境人口最多不过数万人。好在李本忠有足够的资本，归州修复州城的工程也刚刚竣工，有相当多的修城工匠、力夫尚未散去。时值冬季，附近农夫、山民正处农闲，利用当地的匠头、夫头，在不长的时间里，就招募到了千余人的施工队伍。

嘉庆十年（公元1805年）十月二十日，一项大规模的峡江险滩整治工程，在牛口滩和泄滩两地，江南、江北两岸的四处工地同时开工。估计李本忠当时也没有预计到，峡江险滩整治工程就此会伴随他的整个后半生，成为他的终生事业。这一年，李本忠46岁。

各处整治工程终于抢在当年峡江枯水季节顺利开工了。四处工地主要整治内容分别是：捡凿牛口滩漕道、培修牛口滩南岸纤道、培修泄滩纤道、捡凿莲花滩漕道，以及左近八斗官漕、雷鸣洞、白洞子等滩捡凿漕道、培修纤道等。

牛口、泄滩相距近10公里，李本忠和周步洲合理分工，驻滩经理工程各事项。牛口、泄滩两地，都张贴了宜昌府及归州官府的严禁地棍滋扰，严禁酗酒、赌博、打降的告示，各工地尚无痞棍滋扰。周边居民及乘船过往的商民仕宦，惊奇地看着江滩上忙碌的人群，听着叮叮锤声一片。历经半个多月时间，各工地施工逐渐走向正轨，后勤生活保障、物料供应也渡过了最初的忙乱阶段。李本忠这时腾出手来，做了一件维持施工队伍长期稳定、保证长时间进行平险治滩活动的重要事情。

管理短时间聚集起来的千余人工匠、力夫队伍，仅凭李本忠、周步洲等几位主管人员是远远不够的，怎样约束众人？李本忠想到了要利用熟悉峡江风土人情，有深厚人缘关系的当地匠头和夫头，对工匠、力夫进行节制。

　　十一月十二日，李本忠、周步洲约齐匠头袁洪林、魏夺，夫头周文秀、周正谊、周清、周秀、王镐等人，一起来到归州署衙，由匠头、夫头分别具签甘结，即今日之保证书，并一一在甘结上签名画押，交给归州官府，承诺愿意承担甘结中约定各事项，如果不能履行，"惟蚁等是问"。

　　在匠头签署的甘结中，约定石匠每人每日工价钱125文，器具一并在内；遇有失手跌伤等情，不与雇方相干，如有滋事，由匠头一体承担。

　　在夫头签署的甘结中，约定力夫每人每日工价钱90文，杠绳器具一并在外；遇有失手跌伤等情，不与雇方相干，如有滋事，由夫头一体承担。

　　甘结中约定的石匠、力夫的工价钱有明显差距，石匠工价高于力夫30%，因为石匠需要专业技能，且自己要配备铁锤、铁椎等工具；力夫只需提供体力，并无技能要求，且杠绳、扁担、背篓、打杵等工具，均由雇方提供。这对一无所有的底层劳动者尤为适合，只要有一把子力气，哪怕赤贫、身无长物，也能靠提供劳力养家糊口。有学者统计，在川东一带，"清代乾隆年间一般雇工日工资在70文，年工资在1500文至2000文左右；到了嘉、道时期，雇工年工资一般在6000文至7000文左右"（陈世松《大迁徙：湖广填四川历史解读》）。李本忠支付的工价，应该说是相当的优厚。

　　嘉庆十一年（公元1806年）三月十二日，四项整治工程全部完工，工期122天。同月十六日，周步洲、李本忠联名具禀归州，报告四处整治工程全部告竣："去岁十月，身奉示，牛口开工以及洩滩、莲花滩捡凿滩石，修理纤路，毫无违误。滩石渐及捡尽，纤路已见平坦。"因为担心新修纤路左近被周边居民搭盖茅棚做生意占用，或被船户拆损，妨碍纤夫拉纤；又担心当地痞棍借整修纤路的名义，勒索过往商民、船户，禀帖中同时请求州牧出示晓谕，明示任上水船户自行雇请纤夫，不许地棍把持垄断，借此格外勒索。因为第一次做整治工程，"新修纤路、漕道，恐江水泛涨，溪水冲塞、崩塌"，二人承诺，如果出现这种情况，"俟秋后水涸，身情愿再行补修理"。因为是周、李二人联名具禀，李本忠没有功名，因此禀帖中的自称既没有用"职"，也没有用"民""蚁""商"等，而是用"身"作为两人的自称。

从深秋到初春，千余人连续四个多月苦干，四处整治工程成效显著：

第一处牛口滩漕道整治工程。捡运乱石和开凿石漕相结合，捡凿出一条长三十四丈、深七八尺、宽十丈零五尺的漕道。

牛口滩位于归州城上游江北，东距归州城20余公里。按《峡江滩险志》记：牛口西距巴东县城三十里。江北岸有溪流两道，各积为碛。嘉庆年间，离溪口三十里之遥的嵩子坪山崩，溪流洪大，碎石随流横铺，两碛联成一碛。牛头石居江心，碛尾乱石森立，犬牙交错，直插江底。尚有腊方石盘、山羊角等礁石名目。"回流益大而急迅，激汹涌泡漩大作，称为至危"。《宜昌府志》载："由牛口水势南趋，大泡时作，水大极险，为江水入境险滩之一。一名上八斗。"此滩四季均险。嘉庆九年（公元1804年）李本忠载货返汉，就是在此滩遇险。宋苏轼有"夜泊牛口""牛口见月"诗。《峡江滩险志》载："李本忠常凿南岸山羊角下石嘴、碛尾巨石，并修南岸纤台。遗迹可寻。"

峡江航行中，水流、滩险、用语、器具等，都有一些专有名词和术语，《峡江滩险志》对部分名词、术语做了注释。如：巨石横阔曰"盘"；沙石横亘而长曰"梁"；沙石横出如三角曰"嘴"；碎石光润，积而横阔曰"碛坝"；"碛"上游尽头处曰"碛脑"，下游尽处曰"碛尾"；江中滩石较大者曰"床"；比"床"较小者曰"枕"；独立水中之石曰"珠"；水流旋转而中涡者为"漩"；"漩"大而深曰"漩坑"；水流为河床障碍激而上冲四散奔腾如沸曰"泡"，亦曰"鼓溃"。滩险不可行，停泊以待"札水"；上滩船牵挽不力而退曰"打退"；船停泊曰"靠头"；西北风曰"下风"；东南风曰"上风"；管领帮纤之人曰"滩头"；纤夫之首领曰"头老"；春水初涨曰"桃花水"；洪水初落，冲刷沙澉曰"洗漕水"；牵船之竹绳曰"纤"，亦曰"笪"；数舟联合同行同住曰"宗班"。林林总总一百数十条，不一而足。

李本忠在选择整治项目时，往往因地制宜。"川江滩险鳞列，阅历半生，深知难易，不做无益之事"。牛口滩系四季险滩，尤其是春夏丰水季节，水流湍急，江水漫滩，行船水深往往不足，航道水底的礁石、碛坝碍舟，严重危及航行。商民、官船往往盘货眠桅，札水等待水退。牛口险滩阔大，不可能将其全部凿除，只得趁枯水季节，在夏秋之水形成的航道之处，捡除乱石、开石成漕，人工开凿出来一条宽度、深度有限的漕道，以利丰水季节运铜铅船及民商船只通过。

第二处牛口滩南岸纤道整治工程，对原有纤道进行了培修，在山体上开凿、扩宽原有纤道，"曲而直之，窄而广之"，改善了纤道路况，大大减轻了纤夫拉纤危险。共培修纤道二里许，开凿纤道高度五六尺、宽八九尺不等。

李本忠在纤道上多栽石桩，即纤台，以供纤夫系缆休息，或在打退情况下，紧急利用纤台系住缆绳，阻船下行，挽救纤夫性命。这些石桩，就是三峡大坝截流前，三峡沿线纤道上经常看到的纤夫石。经年累月，竹麻制成的纤缆，将纤夫石桩勒出道道深痕，足见纤台的使用频率和对纤夫的保护作用。

牛口滩两岸第一期工程完工后，李本忠又通过向过往驾长、艄公、纤夫等了解整治效果，并在此后数年，继续在牛口两岸进行补充整治。"余前在归州请示，开工打凿四载，于嘉庆十年起至十三年止，始行告竣。又将北岸冲出石嘴，概行打尽，其南岸石嘴亦已打净。复在南岸开修高低纤路二条，此后上水船只，不致盘货眠桅。下水船只，不受浪害矣"（《蜀江指掌》）。

第三处是泄滩纤道整治。培修纤道八十三丈，高二丈四尺，扩宽至五七丈不等。

《归州志·山水篇》载：泄滩"江心有石曰洩床，长三十余丈，又有泄枕，为州境水大时第一险滩"。

《蜀道驿程》记："业滩白浪汹涌，一叶之舟飞舞掀簸而下，谚谓：水大畏业滩，水小畏新滩。夏秋之交，则篙师束手，商舶裹足。险可知已。"

《峡江滩险志》载："洩滩，州西二十里，水势汹涌。有洩床，石长三十余丈，水落则石出，水涨则若隐若见，行人无不惊怖。土人云：有洩无新，有新无洩。"

李本忠后来在《蜀江指掌》中说："洩滩向来滩汹路险，当季之水名曰鹅公包。上水船只，纤夫扯不上滩，以致滚岩落水，并纤丢不及，拖带下水淹毙者，不一而足。"

通过这些史料、笔记、诗文的记录、描写，足见泄滩滩险的危害。

李本忠的祖父李武、父亲李之义，都是在归州泄滩江段遇险，并由此造成祖父尸首打捞无着、母亲殉节的惨剧。第一批整治工程选择在牛口、泄滩，李本忠借此表达对家族先辈的无尽孝思。

《峡江滩险志》记：洩滩"北岸碛脑纤台，李本忠捐修"；八斗："李本忠曾凿低石盘，昔固有两石盘也"。

第四处工程是捡凿莲花滩漕道。《峡江滩险志》记："莲花滩，州南三里。水石相薄，泛似莲花。"该项整治工程在莲花滩上，捡凿出一条漕道，长十五丈、宽二丈五尺、深一丈六尺，以利丰水期上水船通行。

归州知州甘立朝，在周、李二人三月十六日的竣工禀帖上批示，称赞其行为"实属轻财乐善，洵可嘉尚"，同意对搭盖茅屋小贸、堆砌鱼坊、地棍把持勒索等有碍舟行的行为，出示、勒碑，"永远垂禁"。第二天，甘立朝就出示晓谕："仰该滩小贸居民及渔户人等知悉：嗣后尔等搭盖茅棚并堆砌渔坊，均毋有碍纤路、漕道。至上水船只抵滩，听其自雇人夫扯纤，每人一名，给钱八文。慎勿籍索把持，阻碍行旅。自示之后，倘有茅棚、渔坊致与纤路、漕道有碍，以及不法棍徒仍蹈前辙，籍称包头留难阻滞，一经访闻或被告发，定即按律治罪，决不姑宽。"并将晓谕刻成石碑，立于牛口纤道旁，以示永禁。

不料，嘉庆十一年（公元 1806 年）夏天，峡江地区及其上游四川等地连降暴雨，多地爆发山洪，迅猛的江水夺夔门而入，裹挟着树木、碎石等沿峡江滚滚东下，冲击力非常强大。加上牛口滩、泄滩上游溪水暴涨，携大量山石轮滚入江。当年春天刚刚完工的牛口、泄滩漕道、纤路等工程，大部损毁于洪水。部分纤路坍塌，漕道又填满乱石。当年十月，江水渐退。周步洲、李本忠再次具禀归州，请示修复被夏水冲毁的牛口滩、泄滩纤道、漕道等工程，并申请治理八斗官漕、雷鸣洞、白洞子等险滩，捡凿漕道、培修纤道等。请示获得归州知州批准后，修复工程及数处新的整治工程陆续开工。

从嘉庆十三年（公元 1808 年）三月周步洲、李本忠呈递归州的工程清单可知，牛口、泄滩纤路修整工程于嘉庆十一年（公元 1806 年）十月二十五日兴工，至第二年三月初十日竣工止，计 135 日。共雇用石匠、力夫180 人。牛口、泄滩未完工程补修，捡凿八斗官漕、雷鸣洞、白洞子等滩漕道等工程于嘉庆十二年（公元 1807 年）十月十五日兴工，至第二年三月初十日止，计 135 日。共雇用石匠、力夫 600 余人。其中捡凿八斗官漕长七丈、深三至五尺不等、宽八九尺不等；捡凿官漕、雷鸣洞两处漕道，各长五丈、深高一丈四尺、宽七八尺不等；捡凿白洞子滩漕道，长十丈，深七八尺至一丈不等、宽一丈三尺。自嘉庆十年（公元1805年），至十三年（公元1808年）间，牛口、泄滩整治及修复工程，八斗官漕、雷鸣洞、白洞子等滩漕道捡凿工程，共用银21462.40两，全部由李本忠独自承担。

从工程清单上，还看到一个细节：李本忠支付石匠、力夫的每人每日的工价，已分别由两份甘结中约定的制钱125文、90文，改换成银一钱二分、一钱。清朝白银、制钱都是流通货币。有研究显示，清朝自顺治朝至嘉庆朝160余年间，银与制钱比价在每两白银兑换1000枚制钱水平上下波动。嘉庆中期，银、钱比价在千枚以上波动，趋势向上。道光、咸丰时期，由于不平等的鸦片贸易及鸦片战争赔款，白银大量外流，导致银贵钱贱程度更甚，每两白银兑换制钱渐达到1800枚，甚至一度超过2000枚。工价以银两支付，对石匠、力夫无疑是划算的，相当于提高了工价。李本忠是商贾世家，不可能不知道银、钱兑换之中的利益。但他本来就是以慈善之心做慈善之事，何况还可以减少制钱的运输、存放不便。嘉庆制钱仅按每枚3克计，如果支付千余人的工价钱，总重量可达数十吨。

峡江有多处极险之滩，当季之水，往往上下水船只都需要盘货，就是在过滩前先卸货，空船过滩，再由背夫转移货物，重新装船。牛口滩、泄滩名列其中。

在牛口、泄滩整治、修补工程期间，眼见滩头、地痞每每串通地主，把持纤夫劳务市场，借治滩修纤路名义，任意加价，勒索上水船只。多年来，李本忠上蜀下楚行货峡江，对过滩的种种勒索，有切身之痛。为除弊兴利，周步洲、李本忠于嘉庆十二年（公元1807年）二月二十七日，向归州呈递了一份禀帖，请示勒碑，允许上水船只自行雇夫，并制定章程，规范牛口背夫劳务价格标准："新滩河有三滩，路有二里，背夫价每名钱二十四文，久定章程。而牛口河无三滩，路仅一箭之地，纤夫业已勒碑，每名给钱八文。而背夫未定章程。仰恳宪恩赏示，勒石以定章程。"

三月初一日，归州知州发布晓谕：再次申明，严禁搭盖茅棚、堆砌渔坊有碍行船、纤路，允许船家自行拆毁。重申对包揽纤夫、借修滩勒索重价行为等，一经告闻，究治不贷。并制定了牛口背夫力资章程，勒碑晓瑜，永远遵行：“一、船只抵滩，纤夫任客雇请，每名给钱八文。一、本船换宗扯滩，听船户自便，毋许勒令雇请纤夫。一、货物起岸盘滩，每货百斤外，给钱十六文；如有不及百斤，或十二文，或八文，听客商、船户酌给，不得额外强索。一、纤夫、背夫不自小心，失足损伤，不与客人相干。如有无耻棍徒，籍端图赖，许该处巡江据实禀究。毋得揹留客船。右仰知悉。”晓谕张贴在牛口、泄滩长江南北两岸四处。但直至嘉庆十三年（公元1808年）三月，这通晓谕才得以立碑。在平滩治险之余，李本忠为此后来往川江的所有船家、商贾、客旅，做了一件规范纤夫、背夫劳务价格的好事。

在李本忠治理牛口、泄滩等诸险滩期间，知州甘立朝曾多次发布晓谕、告示，要求居民予以配合，禁止痞棍滋扰，指示保甲、巡江维护整治工程工地秩序。嘉庆十二年（公元1807年）二月二十八日，发布白洞子滩晓谕；十二月初四再次发布牛口滩晓谕等。还将周步洲、李凌汉独立出资，治理险滩善举，以及制定背夫力资章程、出示晓谕等情，于嘉庆十二年（公元1807年）四月二十二日详报至宜昌府，并详报湖广省督抚部堂、藩宪、臬宪，以及湖北分巡荆宜施道等。

嘉庆十三年（公元1808年）二月，知州甘立朝呈“归州为捐修纤路险滩工竣详请咨部议叙事”详文至府、道、省各大宪，报告数处整治工程告竣，报请督抚大宪为周步洲、李凌汉“请咨部议叙，以嘉善行”。并同时将工程支出清册等随详呈报。督、抚、藩、道、府各大宪在批语中，对周步洲、李凌汉的善举大加赞扬：“殊可嘉尚”“实属好义可嘉”“殊属可嘉”。同时对归州甘牧采取的各项应对措施予以肯定：“所办甚是。”抚部院董在批示中，要求北布政司“刻日确查所做工程是否结实得力”。

该详文发出不久，三月初，甘立朝卸任归州知州荣升。甘立朝自嘉庆六年（公元1801年）署归州，官居此位长达7年，任内督修的石墙州城为后人所乐道。上任之年，甘立朝曾与其堂兄甘立亨同游归州胜景玉虚洞，留下《游玉虚仙洞记》石碑。历经两个世纪，碑身虽断，碑文至今仍清晰可辨。

继任归州知州姓李。三月十八日，周步洲、李凌汉向归州新任李牧呈禀，“恳示谕禁，商旅永戴”。自诉“培筑纤路，凿险为平，经历四载。谋划营理，寝食不遑，工程浩大”。请求用新任知州名义，再次发布严禁地棍把持包揽，严禁搭盖茅棚、垒砌渔坊等毁坏纤道、有碍舟行行为。三月二十日，归州李牧发布晓谕，重申严禁诸项，"倘敢不遵，一经查出或被告发，定即立拿枷示。本州言出法随，决不宽贷"。

四月初，宜昌府收到北布政司常札，转发湖广省督部堂汪、抚部院董等对原归州州牧甘立朝为捐修纤路险滩工竣详请咨部议叙详文的批示等。此时新任宜昌府知府姓赵，赵知府于四月十二日札饬归州，除装叙省宪批示，札饬："札到该州，立即遵照。亲诣该处，确切查勘该客民周步洲等捐做工程是否结实得益，所用银两有无浮冒，造具印甘各结，并工程图册赍府，以凭亲诣查勘，加结议详。毋稍延迟。谆嘱谆嘱。此札。"四月二十一日，赵知府再次下札归州，催促前事。

五月初三日，归州李牧签发差票，令归州衙役前往牛口、泄滩，传谕周步洲绘具治滩工程确图，呈州以备核验。

至六月初，仍不见归州详覆，宜昌府赵知府着急了，于六月初四日下札归州责问："迄今未据详办，殊属玩违。兹奉前因，合再札催。札到该州，立遵节檄。"除札饬事项外，还要求"将应如何议奖之处，查明例案，妥议详覆"，最后再三强调"毋再刻延，切切此札"。

嘉庆十三年（公元1808年）十二月，浙江钱塘人顾树接任归州知州。甫莅任，了解到周步洲、李凌汉在治内平滩治险事迹，知道滩务的重要性，"诚恐日久弊生"，顾牧便于翌年正月二十九日发布晓谕，张贴于牛口、泄滩，重申前甘牧、李牧有关严禁事项。在数任归州州牧的大力支持和关照下，牛口、泄滩等险滩的漕道、纤路整治工程得以顺利推进，不久全部告竣。整治工程大大改善了牛口、泄滩等处的航行安全条件，受到来往商旅、船户的交口赞誉。至于修补工程和零星整治，仍由李本忠的施工团队一力承担。继续在湖北宜昌府属归州、巴东县、东湖县境内实施险滩、纤路治理工程。

3. 火煅锤椎，转战奉节石板峡

奉节县，古名鱼复县，又曾改永安、人复等名。为清四川省夔州府附郭首县。奉节知县系冲、繁两字中缺。全县每年地丁银2200余两，杂税银65两。知县年养廉银750两。

川、云、贵数省之水汇集峡江，江水从奉节城下流过，到达瞿塘峡口、白帝城下，水道陡然束窄一大半。水道正中，滟滪堆耸立，江水被迫左右分流，水疾涌突，泡漩四起，夺夔门奔腾东下。

道光三年（公元1823年）秋，刚过重阳节，李本忠与亲家闵文哲、好友张履泰，在汉口码头登上"李祥兴"商号的货船，起锚向长江上游驶去。十几天后，船在宜昌靠了岸，换了峡江的驾长，继续向西陵峡进发。这个季节江水渐退，峡江的风已略带寒意，货船在纤夫的牵拉下逆水上行。三位戚友虽旅途劳累，但此时仍为峡江的壮美景色陶醉。船过泄滩、牛口滩时，李本忠向闵文哲、张履泰仔细介绍了当年的险滩、漕道、纤路整治工程。十月中旬，船出夔门，过了白帝山，江面豁然宽阔和平静了许多，转眼来到奉节县城下。

李本忠半生往来楚蜀，每次下水过奉节，必定札水上岸，在县城西门外的夔关（又称中关）缴纳税银。乾隆十六年（公元1751年），清户部颁定税率为值百抽三。清代四川省共设立了雅安、叙永、打箭炉、夔州、成都、宁远、广元等七处收税常关。嘉庆年间，夔关的税收占整个四川省的70%以上。客商纳税，手续繁琐，要经过申报货单、查验、兑换夔关锭、缴纳税款、等候领取通关关书等程序，往往需要札水数天。由此夔关所在地县城西门外，形成了一条长里许热闹的西门河街，有木行、修船场、茶馆、酒馆、银号、百货等，约三四百家商户，大多系搭盖茅棚的小本经营，洪水季节迁址，水退再回原处。其中还有一种需要有背景的特殊行当——报关行，专代客商办理繁杂的报关、纳税手续。李本忠对奉节县城环境再熟悉不过。他也时常在奉节收购土特产品下运汉口，与奉节多家银号也有银钱往来。数人从奉节县城外的下关附近江岸起坡，雇了几位挑夫担着行李，沿青石阶梯上岸，从小南门进城，进了文昌宫附近的一家僻静的客栈安顿了下来。从这里可东望白帝城。

为便于在治滩期间与官府打交道，李本忠早已于嘉庆十三年（公元1808年）十一月，依例捐纳了监生身份。刚刚在上个月，长子李良政进京由监生加捐了布政司理问职衔（从六品），依弛封例，为父亲李本忠恭请了五品封典。戚友二人当中，闵文哲有功名在身，品级从九，仅张履泰白丁。

经历半个多月的舟车劳顿，众人休息了数日，起草了禀帖。十月二十日，李本忠让客栈老板找人引带两位戚友去游白帝城，自己身着五品衣冠，叫了一顶轿子，沿街道西行，来到靠近西门的奉节县县衙，呈禀请示开凿瞿塘峡内黑石滩、石板峡等险滩，以及整治白果背崩塌的纤路。此时李本忠禀帖上，署名为"湖北汉阳县职员李本忠"。

时任奉节县令万承荫，江苏省武进县举人，道光二年（公元1822年）上任。当时奉节城乡草房居多，道光三年（公元1823年），万承荫带头捐资，将奉节县城内的草房拆盖成瓦房。他在任内增设救生船（红船）、巡江船。将救生船安置在奉节县境，特别是瞿塘峡江段每一个一等险滩，专司遇险、遇难的客货船、人员的救捞。巡江船则负责县治江段客货船只查验、查私，维护行船秩序。万承荫当时还参与由夔州知府恩成主持的《夔州府志》的编撰，任采辑。后调任四川省三台县知县。

李本忠官品虽不是实授，依例仍可着白鹇补服、水晶正五品顶戴。清制正五品相当于同知或直隶州知州。县令万承荫正七品，具鸂鶒补服、素金顶戴。李本忠品级高，年岁又长，万承荫虽贵为一方父母官，仍客气地让衙役给李本忠看座，坐下问话、交谈。

李本忠在禀帖中少不了客套之词："职籍隶汉镇，贸易川省，叨蒙神灵之庇佑。欣逢盛世之荡平，稍获蝇头，当思来处。"李本忠是个有心人，在奉节的几日，对奉节县万令的作为有了大致了解。禀帖中首先夸赞了川省及奉节地界，百废俱兴，政通人和，赏罚严明；嘉惠客商，无微不至。如添设救生船、巡江船，来往行旅戴德；拆茅盖瓦，县城面貌为之一新等。

接着李本忠写道：职半生往来川江，屡经险阻。在经过瞿塘峡时，好几次遇到严重的险情，幸好最后都平安过境。但经常亲眼看到其他经过船只遇险沉溺，人货两亡，心里实在是悲伤，惨痛不已。商旅船只每每在此江段遇险，追溯其原，皆因瞿塘峡内的石板峡、黑石滩，都是著名的极险之滩。石板峡、黑石滩两处有扇子石、鲶须漕、羊圈石、乾沟子等滩石，层峦遮隔，奇石嶙峋，本来就凶险万分。而且每当夏天江水泛涨之时，水势更加迅急，而江面狭隘，冲激愈加强烈，以致泡漩愈多、愈大、愈险。各滩石险峻之处乱石纵横，舟行猝遇溃漩，往往碰伤船底，以致人力难施，动辄覆溺。奉节、巫山两县交界之处，石板峡内窄小子、三角桩等处，皆巨石嶙峋，矗立要路，有碍纤挽，旧有纤道坍塌，早已不能行走，纤夫过此，往往跌落毙命。

李本忠话锋一转：职窃以为，此地虽然是天险，如果尽人事以求补救，或许能够化险为夷。所以自愿备足资本，广募人工，准备在石板峡、黑石滩等处，将重重石壁，次第开凿。使滩险处的江面拓宽，水势就会平缓下来，舟楫就可以施力了，就算还有舟船遇险，救生船救援亦容易收到成效。将各滩险处的乱石捡凿净尽，则船底无碰伤之患。再将乱石运到深潭倾倒，则可减轻泡漩危害。再则，上水船完全依靠纤夫拉挽之力，但据调查，瞿塘峡内白果背、鰡须漕、乾沟子等处，有约长十四五里的纤道已经坍塌、废弃，不可行走了。职准备招募工匠，将塌废纤道一律进行整修。现在职已请到亲戚、朋友，职员闵文哲、张履泰前来奉节，主持各项治理工程。如得到批准，还需做一些实地勘察、招募工匠等准备工作，初步定于冬月初十日开工。恐怕施工时会遇到地棍骚扰，请求县令出示晓谕，予以严禁。

客套、问话过后，万、李二人交谈甚欢，双方都有相见恨晚之意。不觉间时至中午，万令端茶杯送客，李本忠起身告辞，回客栈等候官府批复。随后与闵文哲、张履泰二人一道，着手治理工程的准备工作。

万承荫一面在李本忠的禀帖上批示："该职员来往川江，熟谙水性，于扇子石等各要害处，不惜重资募工修凿，又在白果背等处修理纤道，期于人定胜天、化险为夷之效。厥功甚伟，大堪奖尚。仰即赶紧督修，务使行旅无忧中流自在。切嘱，切嘱。"殷殷期待之情，溢于言表。另一面，万承荫立即将李本忠禀请平滩治险一事，详报夔州府知府恩成。

恩成，字遇堂。满洲镶白旗举人。道光三年（公元1823年）莅任夔州知府，全衔：夔州知府监管夔渝两关税务。夔州府驻奉节县城，所属有6县：奉节、巫山、云阳、开县、万县、大宁。系冲、繁、难三字要缺，距省城成都1700里。夔州知府每年养廉银2000两。因夔州府监管夔关税务，每年解足定额及四川省各署公费等项后，盈余就是知府的公费。此项盈余银每年都在20万两以上，因此在当时的四川省，除盐茶道外，夔州知府是第一"肥缺"。所谓"三年清政府，十万雪花银"，实不虚言也。

《夔州府志》载：恩成到任后，"有利必兴"。陆续捐钱1700串文，用于奉节县令万承荫推行的茅屋改瓦房；再捐银 200 两、钱 500 千文，倡议新设拯溺会，增设红船，拯救失事船只、人员，打捞浮尸；筹划、主持《夔州府志》编撰；筹划修凿夔州府云阳县属庙矶滩等险滩。

李本忠的禀请，恰合知府恩成之意。正在为筹措整治夔州治内川江险滩资金发愁的恩成，马上安排舟船、水手、属吏，与万承荫一道，亲自到石板峡、黑石滩、白果背等处进行实地勘察。看到的情况果然与李本忠禀帖所说情形一致。

《夔州府志·奉节县·险滩救生船》载："石板峡滩在江下游，离城二十里。该滩两岸皆悬崖峭壁。生有石板形如鳞甲，对面上连台子角，下接倒吊和尚。每年四月起至十月止，江水泛涨，水淹半岩，台子角水势直冲倒吊和尚，滚起溃漩，浪大汹涌，滩深无底。船落溃漩，艄舵不应，即至覆溺。为大水极险之滩。设有救生船一只，水手六名。"

"小黑石滩在江下游，离城二十五里。该滩两岸上下各有石梁一道，约长里许。每年四月起至十月止，江水泛涨，水淹石梁，两面急水，直冲黑石，连发溃漩，浪大汹涌，滩深无底。船至溃漩，艄舵不应，顷刻覆溺。为大水极险。设有救生船一只，水手六名。"以上两滩曾于嘉庆八年（公元 1803 年）报工部挂号，均在工部确定的奉节境内五个一等险滩之列。

石板峡、黑石滩、扇子石等处，均为丰水期险滩，涨水季节，上下客货船只均不能行。每每必须在夔关扎水停泊，等待水退。等候数日至月余时间不等。船户、桡夫或因盘缠不足，不能久停，冒险开船，客货民命，十无一救。即使等到水消，进瞿塘峡百余里，河窄水汹，前船横注，后船冲击，名曰打降，两船俱伤，舵手人等，无可逃之路，苦惨万状，难以尽述。

实地考察回衙后，县令万承荫立即传请李本忠等人到县衙后堂，当面仔细询问李本忠平滩治险计划。李本忠说道：川江险滩鳞列，商旅畏途。职阅历半生，深知难易。自发心愿，捐助多金，不肯作无益之事。凡滩之不可修者，不敢轻易承修。今石板峡等处，先事相度形势，熟视水性，踌躇再四，如何开凿有益无损，始敢禀明。职半生贸易来往川江，平素就已留心，已知各滩险阻之大概情况，早已盘算过治理方案。此前在湖北归州、东湖县、巴东县治理诸险滩、纤道，经过治理后，水势平坦，纤道通畅，已收实效。治理石板峡、黑石滩，也准备因势利导，顺势而为，或许能够收到实效。现已雇请了熟悉瞿塘峡江段险滩情况的本地舟师、舵工杨世荣、邢安道等数人，到治滩工程现场进行指导，一起想办法、出主意，以期使治理工程事半功倍，用最短的时间和足够的人工，达到最好的治理效果。并表示一定会做到善始善终，决不会半途而废。

万承荫随即赴夔州府衙门，将相关情况向知府恩成做了汇报，两人商议后，马上批准了李本忠的禀请，准于兴修，并谕令各项工程要妥为经理。为防止刁徒籍端滋扰，及工匠人等滋事，万承荫一方面发布晓谕严禁滋扰，另一方面专门安排奉节县典史李玉清，不时前往治理工地巡视弹压，检查工程情况，预防不法之徒骚扰。

道光三年（公元 1823 年）十一月初十日，石板峡、黑石滩各项治理工程全面铺开。李本忠、闵文哲、张履泰及当地雇请的舟师、舵工分赴数处，督工整治。雇请了当地的匠头邹三级、夫头熊有恒等人，负责石匠、力夫的招募和管理。

外省职员自备巨资，跨省施行善举，整治境内险滩，在恩成、万承荫看来，是一件大事。整治险滩有利于峡江航道的航行安全，大大降低了每年三造运京铜铅船过境时的风险，减轻了地方官押送铜铅船安全过境的压力，与公事商旅，与自己的政绩，都有极大关联。因此，知府恩成、县令万承荫不时到治理工地现场进行视察一番。只见工地上数百人在峡江凌冽的穿峡风中，挥汗如雨，打凿滩石，搬运碎石，"终日踊跃出力"。知府、县令见此情景非常高兴，当即决定对工匠、力夫进行犒赏，置办酒食、发放银牌，以示鼓励。见到府、县大宪如此嘉勉和犒赏，工匠们热情高涨，加快了工程进度。

道光四年（公元 1824 年）八月初一日，李本忠具禀奉节县称："窃查黑石滩之险，其为害在于扇子石，计高十丈，宽八丈，长九丈余。陡立嶙峋，周遭盘旋。夏秋水涨，骇浪百出。舟行至此，人力难施。其石性坚硬如铁，职每日督率工匠百余人，先用煤炭逐层煅损，后将铁凿鎚碎。打下之石，悉运深潭。目下三股已去其一，水势稍平。石板峡之害，则因五处石嘴，每处约宽长三四丈，高五六丈不等。石壁陡立，大水之际，冲激奔腾。行舟经过，稍不留心，即行损坏。职现已开凿二嘴，尚未完竣。至鸡心石、鲵须漕、羊圈石等处，俱能为患。悉经铲修，工尚未竣。捡运各处乱石，亦尚未能净尽。而上下船只，较上年平稳。前因夏水泛涨，石在水内，不能铲修。于六月十五日曾停工作，即督令工匠人等前赴白果背、乾沟子等处，修理纤道，计已修整过半。兹值大水将消之时，现在鸠工重复赶修黑石滩、石板峡等处。约计完竣之期，总在明年。"

李本忠善于谋划、经理，也善于借鉴前人经验，根据滩情、水情，因地制宜采取对应治理方法，合理安排治理工程项目和工期。江水上涨，滩头不能施工，即转移工地，安排工匠上山整治坍塌纤道，稳定了施工队伍，保证治理工程连续、有序。

石板峡内有部分滩石，石坚如铁，铁锤铁锥重力之下，也只砸开一个小坑，严重影响工程进度。李本忠借鉴前人对付顽石的有效方法，采用煅毁之法对付顽石：将煤炭堆在礁石上燃烧，将其表皮烧酥，然后层层剥离。或将顽石中心凿开数洞，堆以煤炭燃烧，然后浇上醋汁，先淬裂巨石，再处理碎石。后经试验，燃烧后，浇水碎石与浇醋效果差不多，此后就改为浇水。由此之后，工程进度大为加快。采用煅毁之法需要使用大量煤炭，幸好奉节县沿江，有不少小煤矿、炭铺，李本忠雇请了船家，固定为工地运煤，堆在工地旁边，以供随时取用。船家是一条小船，每次可运煤2400斤。李本忠与其商定，每船支付炭价和运费银二两一钱，按船计算。因为运输水程不远，船家每天或运煤六船，或运煤七船，最多时每天运煤九船。所以在李本忠所支出的治滩费用中，炭价银支出占了相当大的一部分。

煅毁之法所用煤炭，充分利用了奉节当地丰富的煤炭资源。清乾隆、嘉庆朝，实施"矿禁"政策，严禁各种矿业开掘。道光帝即位后，为了增加收入，采取了扶持商业，允许民间开采、藏富于民的政策。道光元年（公元1821年），即钦批批准吉林荒山子等四处地方采煤。奉节煤炭采掘，当受开禁之益。

万承荫在《赠李君修凿瞿唐险滩序》中，谓煅毁法为李本忠首创："盖蜀中山石多沙砾，独自瞿唐滟滪堆而下，曰石板峡，曰黑石峡。巨石横江，色如铁，坚亦似之，锥凿无可加。乃先炙以炭，而后碎，而运诸深潭。此法君所自创，石工未之知也。"万承荫有所不知，其实，煅毁之法并非李本忠发明。

《峡江滩险志》载："天圣中，赞唐山颓石壅，江流不通，遂成新滩。知归州赵诚，积薪石根，纵火焚之。不半载而石渝江开，舟行无滞。名曰赵江。有摩崖碑誌其事。"《明天启湖广按察使乔拱璧重修新滩碑记》又载：天启四年（公元1624年），湖广按察使乔拱璧携知州杨奇珍重修新滩，"凿石空其腹，聚煤燃之，继沩以醯，如此数次，大石以碎"。李本忠应该是受其启发，遂生煅毁之计。李本忠自幼攻书，曾参加过科试，虽未取得功名，也是饱读诗书。行商大半生，穿州过府，对沿途方志、逸闻多有搜罗、考究，是见多识广的有心之人。

道光四年（公元1824年）九月初八日，奉节县令万承荫具详呈报夔州府及四川省督、抚、藩、臬、巡各大宪，详细汇报李本忠自备巨资，治理险滩工程等情况："查该职员不惜重资，修理险滩。现将黑石滩之扇子石、石板硖之石嘴，次第铲凿，工已及半。来往船只，较为安稳。行旅称诵，已收修滩之效。至白果背、乾沟子等处纤道，为上水船必需之路。若将倾敧险阻处一律修凿平坦，俾纤夫等脚踏宽地，行舟更资稳固。除再饬令上紧修理，卑职仍不时前诣查勘奖赏。"

接到详报，郡守恩成批："乐善向义，甚属可嘉。仰仍谕令司事者相机赶紧办理。并饬该县典史随时前往照料，务使工臻完善，化险为夷。实本府所欣望焉。俟工竣，将用过经费并修凿情形绘具图说，造册具报，以凭详请奖励。"川东道王道台批："实属好善乐施，关心民生国计。"

时任四川省总督为戴三锡，其职衔全称为：赐进士出身兵部尚书兼监察院右都御史总督四川等处地方军务兼理粮饷管巡抚事。收到奉节县详报后，戴总督批："洵属义举，殊堪嘉尚。尚仰布政司查明，饬令该县妥为经理。俟工竣之后，查明该职员究费工资若干，应如何奖劝之处，另行具详核办。"

此后知县万承荫利用押送铜铅船过境、查勘县治地方之便，到治滩工地实地勘验治理工程质量和进度，多次"携带酒肉银牌，前往监工犒赏。每见人夫百余，终日勤动。该职员亲自督同司事闵文哲、张履泰，在滩脚踏手指，教令开凿。坡上煤炭，堆积如山，以备煅炼之用"。"百余匠人，绝无雀角斗争及匪人偷窃物料之事"。李本忠时年已过65岁，冒着峡江冬季凌冽的穿峡寒风，亲临滩头一线督工、指挥。万承荫的如实描述，令人印象深刻。

道光四年（公元 1824 年）十一月二十八日，李本忠分别具禀夔州府、奉节县，禀请"刊碑出禁，以垂久远"。李本忠禀帖中汇报了开凿黑石滩内窄小子、三角桩、鲢须漕、鸡心石、扇子石，石板峡内台子角、羊圈石等处工程进度情况，以及六月十六日开工的自窄小子、白果背、扇子石、乾沟子以上，至石板峡铁柱溪之间，奉节、巫山两县交界之处 20 余里纤道整治工程："随其高下，顺其纤曲；窄者宽之，陡者平之，或凿或填。"为预防纤道附近居民或挖毁纤道，或抛洒沙石填堵纤道，有碍纤夫行走。特此具禀，请求府、县二宪出示晓谕，予以严禁。

十二月初九日，夔州知府恩成颁发晓谕，其大意：经本府实地查勘，地交奉、巫两邑 20 余里纤道经整修后，"舟行上水，可以舍桡就纤，客商称便"。希望附近居民"各发善心，顾恤船夫之苦"，永禁毁坏纤道、有碍纤夫行走行为。

道光五年（公元 1825 年）二月初八日，李本忠具禀夔州府、奉节县，报告石板峡、黑石滩、白果背纤道等各项整治工程全部工竣。禀文简要回顾了各项工程治理情况，感谢夔州府、奉节县二宪"示谕谆谆""指示周祥"，及犒赏酒食、银牌，派员驻滩弹压，"两三年来，毫无滋扰"。各项工程现已全部工竣，"察其形势，江面、纤路俱较往时平稳"。

二月初九日，奉节县批："万金钜工，早能告竣，殊堪欣慰。"二月初十日，夔州府批："凿去滩石则水势较缓，修平纤道则扯缆得力。上下舟行，长资利涉。如此勇于好善，实堪嘉尚。"同时肯定奉节县万令、李典史，司事闵文哲、张履泰"办理得宜"。要求奉节县查明工程所用经费，应如何鼓励，开具各人职衔、名氏，一并上报，"以凭转请优奖"。二月十一日，李本忠将已整理好的账簿、图册，上报奉节县。并特别说明，上报的实用经费细数中，"雇备船只、搭盖棚厂、置办器具、犒劳工匠等项，毋庸开列"，"谨将用过炭价工资两项，按月录呈"。

看看这样一份治理工程账簿：

三年十一月初十日至四年二月初十日，开凿鸡心石、鲢须漕等处，雇大工 70 名、小工 70 名，每日运炭 7 载。计 85 日。

四年二月十一日至六月十五日，开凿鸡心石、鲢须漕、扇子石等处，雇大工 70 名、小工 80 名，每日运炭 9 载。计 123 日。

四年十一月十一日至十二月初六日，开凿石板峡窄小子、三角桩等处，雇大工 70 名、小工 80 名，每日运炭 7 载。计 26 日。

四年十二月初七日至五年二月初六日，开凿台子角、困牛石、羊圈石等处，雇大工 70 名、小工 100 名，每日运炭 8 载。计 54 日。

以上合计用过修滩银 9175.50 两。

四年六月十六日至闰七月十六日，修凿白果背、乾沟子等处纤道，雇大工 70 名、小工 90 名，每日运炭 6 载。计 59 日。

四年九月初六日至十一月初十日，修理风箱峡纤道，并补修以前各处，雇大工 70 名、小工 80 名，每日运炭 6 载。计 64 日。

修理纤道共用过银 3435.60 两。

大工每人每日支付工价银一钱二分，小工每日每人支付工价银九分。每载运炭 2400 斤，炭价银二两一钱，水脚在内。

自道光三年（公元 1823 年）兴工，至五年（公元 1825 年）二月初七日完工，总共用过凿滩、修路工资、炭价银 12611.10 两。

收到李本忠的工竣禀帖及清册之后，夔州知府指示奉节县令万承荫，实地勘验各项治理工程情况及收效，调查工费、炭价银支出数额是否属实，并据实详报。

道光五年（公元 1825 年）六月，夔州知府恩成，具详呈报四川省督、抚等各大宪，并附上清册、图说。详文中装叙了奉节县令万承荫的详报，共约 3000 字，将石板峡、黑石峡滩险情状，数年来李本忠自备巨资平滩治险治理工程过程、成效，夔州府、奉节县的督查，对出资的核查，对有关人员的优奖建议等，一一详报。

摘其详报节略，可知滩险之害，整治之效，核查之细，以及奉节县详报之详细：

卑职查石板峡、黑石峡，俱经咨部列为第一等大小水极险之滩。石板峡岩上生有五处石嘴，形如鳞甲。对河台子角石角甚多，大水时，上流石角急水直冲五处石嘴，势甚涌激，舟行易遭覆溺。已将台子角石角尽行凿去，仅存大石一座，则水势宽缓。下游石板峡五嘴，全行除去，舟行艄舵，大省气力。又查滟滪石南岸，有困牛石、羊圈石，横堵江面，与滟滪堆对峙。水涨时三处溃漩，相助为虐。羊圈、困牛二石打去后，则水性较顺。下游台子角之水，亦渐舒徐，行船即有把握。小黑石滩之险，险在扇子石。其石高十丈余，宽八丈，长九丈余，陡立江心，其形如扇。舟行至此，四面连发溃漩，直冲黑石，人力难挽。今扇子石虽不能连根铲去，而蠚出者皆凿平之，水涨时可以顺流而下。复将扇子石下游鲢须漕、鸡心石、三角桩三处江心巨石，概行凿去。既可疏散滚漩，又不妨碍坡上纤缆，大有益于上水之舟。再自三角桩以下，又有窄小子巨石一处，有妨进峡行舟，今一律铲去。其修整纤道，即自窄小子而上，中历白果背、三角桩、鲢须漕、乾沟子，至风箱峡止。未修之先，石棱如笋，土洼成坑，紧靠石壁，路窄难行，纤夫迭遭跌毙。现已炭火煅损，凿宽尺余，一律修治平坦。计开凿大小滩石共 9 处，修理纤道 20 余里。

卑职以见诸实事证之：上年叠次铜铅船只过境，及来往民船经过各该处，并无失事。因卑县设有税关，为商舟辐辏之所。询访各商贾船户舟师，均称新凿各滩，削除无数碍舟之石，水势亦大较往年平顺。其挠夫纤夫人等，亦称新修纤道，可行二十余里平稳之路，免致跌毙之惨，商民受赐无穷。与勘验情形相符。

该职员禀报，用过工资银 12611.10 两。虽系自行捐办，但万金巨工，不可不逐细确查。查阅该职员所呈细数清折内，将起工停工日期，一一开列如绘，核算数目吻合。复传匠头邹三级、熊有恒等到案查讯。金称给发每日工资数目不虚，并无短少。吊查司事历年出入支销账簿，及运炭船票张数无讹。又赴高万顺等炭行，吊取历年售炭底簿，细核载数银数，亦无舛错。查该职员仅开炭价工资两项，其一切杂用，全不开列。今经卑职细查，实无浮开，具见真心乐善，务实而不务名，深堪嘉尚。

卑职伏查捐资修滩，例无奖劝明文。查士民捐修公所桥梁道路等事，银数至千两以上者，例得请旨建坊旌表。如有情愿议叙者，由吏部议给顶带等语。该职员系属监生，请有五品封典，先邀章服之荣。此次捐修大工，劳费较多，湖北职员李本忠不惜重资铲凿险滩，修平纤道，功归实在，明效已收，可否仰恳宪台转请援例题请议叙。

至于卑县典史李玉清在滩经理弹压，实属勤奋出力，系地方官应办之事，未敢请邀议叙。司事从九职员闵文哲、民人张履泰，不辞劳瘁，经理得宜，亦属可嘉，应恳一并奖赏。

四川省督、抚、藩、臬等各宪收到详报，均作了批示。因详报只附有工程清册、图说，缺少奏请议叙要件——本员履历三代名氏存殁清册，四川总督戴三锡随即札饬夔州府、奉节县，立即办理上报。

在奉节县平滩治险期间，李本忠、闵文哲、张履泰等人，与县令万承荫等结下私谊，万承荫十分敬重李本忠。有从九品级的闵文哲，琴棋书画各艺俱佳，在奉节期间，与县令万承荫，以及正在奉节县编撰《夔州府志》的总纂修、湖北老乡刘德铨等气味相投，多有往来。万承荫在道光四年（公元1824年）十一月写的《赠李君修凿瞿唐险滩序》中，历数李本忠的种种善举，有"能言其详者，刘勋台刺史、闵秋舫山人也"之句。刘德铨，字勋台。湖北黄陂县进士，曾任四川茂州直隶州知州；道光初年（公元1821年）任会理知州，任上筹资扩建金江书院，即今会理一中。清朝对知州也称刺史。闵文哲，字秋舫，自号"五痴居士"，著有《五痴山人稿》。因此万承荫称二人为"刘勋台刺史""闵秋舫山人"。

阳春三月，桃花汛到了，江水开始泛涨。李本忠、闵文哲、张履泰料理了最后的碎石清理、物料处理等善后工作，与匠头邹三级、夫头熊有恒等结清了工匠工资、炭价银，并邀约二人带领现有的施工队伍，赴湖北归州参与平滩治险。此后又去奉节县县衙与万令告别，出县城西门，搭乘已札水等待数日的自家"李祥兴"商号货船，顺流而下，再次来到归州，进行下一个整治工程。

道光五年（公元1825年），万承荫调任四川省三台县县令，张敬书接任奉节县县令。八月十八日，张令致移文湖北汉阳府汉阳县，请求协助：饬传职员李本忠，将其履历三代名氏存殁造具清册。因为两县隔省平级，移文中张令谦称"敝县"，请汉阳县将造好的履历妥册，"赐文"移送过县。时任汉阳县县令为耿麟，《汉阳县志》载："耿麟，直隶举人。道光初令。洁己率民，不阿权贵，有古循吏风。"耿令随即票差县衙役，饬传李本忠到县呈报三代履历。

八月二十五日，李本忠呈禀汉阳县耿令："职祖父向在川省贩贸，遭川江凶滩，迭迭坏舟倾本。祖溺毙而尸未获。父覆舟未死，而职母尽节。职幼年尚负父债数千，室如悬磬。追思先人与生母之惨，无从泄恨，矢志稍有衣食，愿许力凿险滩，永杜后患，不图一己之富。迨后贸顺，父债已还，母节已荷建坊。"随后李本忠简述了此前赴川、楚数县治理险滩情况："开凿颇有实效""此皆职愿追远之事""今职闻四川奉节县主奉藩宪札饬，文移宪辕，取职履历三代名氏存殁妥册""职实不敢邀功图荣，有负心愿。理合据实缕禀。伏乞大老爷恩全，赏准备文移覆，据情转详，邀免议叙"。道出了李本忠平滩治险的原因和初心，非为建功和荣耀。这是李本忠第一次婉拒议叙。

收到李本忠的呈禀后，汉阳县耿令马上依据李本忠的呈禀言词，移覆奉节县。

4.应募揭榜，重返归州平乌石

峡江航道是接连川楚的主要水道，不仅是商船、民船，也是官船上川下楚和云贵输京铜铅船的必经之道。因为滩害，每年在此覆舟丧命者无数，涨水期尤甚，"冒险开行，客货民命十无一救"。每年仅铜铅船在峡江新滩一处的盘滩费用，就要耗费库币数千两白银。每当铜铅船过境，各地方官例应平安接送出境。如果铜铅船在境内失事，地方官还要负责督促打捞，受拖累不小。历史上，沿线地方政府对峡江航道也进行过有限的治理。因此李本忠捐资大规模、系统地治理长江三峡滩害的举动，得到沿岸县、州、府官方的支持。川楚两省督、抚、藩等大宪，对官府及民间捐资治理河道，也常有札饬、批示。

道光三年（公元1823年）十二月初，宜昌府归州城内州衙门口、州城主要进出城门及码头等处，张贴出归州州牧、即用知县陈志魁（福建罗源人；进士；道光三年上任）颁发的一道告示。告示大意为：上宪宜昌府于本年十一月十二日收到湖广省总督李鸿宾（李鸿宾，字鹿平，江西德化人，嘉庆六年进士，道光二年九月升任湖广总督，道光六年五月调任两广总督）的札饬：归州属地之内的川江牛口、八斗、泄滩等险滩，此前于嘉庆十年（公元1805年）经汉阳县监生李凌汉捐资打凿，效果显著，客商船只经过此地，都大为平安。现查询得知，归州城下的江心，有一块巨石名乌石（即乌牛石），也是归州境内最危险的滩石之一。枯水季节，上下客货船只尚可行走。夏季涨水季节，下水船只往往触石损坏，货沉人亡，严重威胁运京铜铅船和粮船的安全。现命令宜昌府札饬归州，颁发告示，晓谕州民及往来客民等，招募自愿捐资打凿乌石及周边滩险之人。并严禁周边刁民、痞棍，借口有关风水从中阻挠和勒索。本州于十二月初六日收到宜昌府的札饬。现将招募事项公示各处。如有胆敢从中阻挠、讹诈者，立即严拿究惩。

李本忠及其管理、施工团队，十余年来在峡江平滩治险，上下川江的长年、驾长、商旅、纤夫等人人受益，无不交口夸赞李本忠的旷世善举，都视这位慈善的老人为朋友。归州张挂招募告示一事，很快就有上水船驾长告知了正在奉节县境内石板峡、黑石滩平滩治险的李本忠。

道光四年（公元1824年）正月二十三日，李本忠具禀归州陈牧："职系汉阳县籍，三代贸川。缘祖殁于滩而莫获其尸；父又溺于滩，致流百余里始行援救。母乍闻自尽，惨莫如之。职实积恨终身。"多年前独力开凿州治内的牛口、泄滩、八斗等诸泄滩，稍有成效。现正在四川夔州府奉节县打凿瞿塘峡内险滩。今本省总督大宪及府、州各宪，出示招募打凿归州城下乌石之人，"职情愿竭力专承开凿"。李本忠揭榜开凿乌石等诸险滩。归州陈牧批示：情愿捐资打凿，诚为善举。但城外江内乌石到底有哪些危害，等本州亲自查明再报告上级后，再行办理。

清朝官吏办事效率的低下，再一次得到实证。清时归州至宜昌公文，通过陆路驿站，数天即可送达。但直至一个多月后，李本忠还是没有拿到官府的批准文件。眼见峡江水涸已多日，李本忠非常着急，只得于三月初一日，再次具禀归州陈牧，恳求"先请给示饬办，俾职趁此春令水涸，以便赶紧开凿"。归州陈牧继续打太极，没有请示上级宜昌府，没有上司的批示哪敢擅专。其批示中说：承凿乌石实属义举，又申请趁此水涸赶紧兴工，更显"从善如登"。待本州将查明的情况汇报给宜昌府等上宪，得到批示后，就会发出告示。

又是半个月过去了，仍不见官府批示。招募来的石匠、挑夫等，已聚集等待多日。无奈之下，李本忠只得借五品职衔护身，于三月十六日第三次具禀归州，直截了当地定下了具体开工日期，请示批准："择期于三月二十二日兴工""祈给发告示，以便遵办"，倒逼州牧出示。

三月二十二日预定开工日，归州陈牧终于颁发出一道告示，晓谕"阖邑绅耆、士民人等"，李本忠系奉总督之招募前来打凿乌石，如遇有阻挠打凿乌石等险滩、籍此讹诈的刁民，可立即指名道姓到州衙举报，"以凭拿究，决不宽贷"。接着，陈牧又拟具详文，于四月一日分别详报湖广省督、抚、藩、臬、道及宜昌府等各宪，将李本忠遵募请示打凿乌石、开工时间以及归州已出示晓谕等情况作了详报。各大宪各有批示。总督张鸿宾批示，要求宜昌知府以宜昌府名义，再行出示晓谕严禁。宜昌府五月十三日收到北布政司觉罗德转发总督批示的札饬，于六月初二日出示晓谕，并要求归州收到宜昌府晓谕后，立即缮写多张，在归州城孔道、滩头等处张贴。六月初九日，归州收到宜昌府札饬，立即照办。

乌石位于归州城下江心，叱角子、抬盘子、杨家戏、碎石滩、鹦鹉大嘴、三嘴、斗篷子等各滩嘴在归州城下江对岸，紫金沱等在北岸。这一连串险滩、巨石，横亘归州城下的江面，江面愈加狭窄，水势愈急。下水船至此，陡遇濆漩浪涌，往往人力难施，时常失事，舟沉人溺，惨伤难言。

乌石矗立江心，高六丈七尺、宽七丈三尺、长二十三丈。夏秋水泛之时，江水遇乌石分为左右两股激流，水疾浪涌，凶险莫测，常有船只转向不及，触石沉溺。

斗篷子、鹦鹉大嘴、鹦鹉三嘴等滩嘴，均系大水险滩，尤其是鹦鹉大嘴，陡险之至，形如鳞甲。每年夏秋之水泛涨时，各滩嘴堵住水道，江水横冲至江北老虎石，水流迅疾，泡漩滚涌。

碎石滩也是南岸大水险滩。滩石深入江中，逼束水道，江水经此，泡漩大，浪涌急，舟行至此，易覆舟沉溺。

北岸紫金沱位于老虎石下游，江边立有一大石。随南岸激流冲击至北岸老虎石的舟船，速度极快，骤遇此石，躲避不及，往往碰伤。

李本忠来往川江半生，对各滩险情况早有留意，加之他经常请教当地驾长、梢夫等，对各险滩如何治理，心里已有成案，往往对症下药，不做无益之事。

李本忠督令工匠于道光四年（公元1824年）三月二十二日开工，趁江水尚未上涨，首先打凿江心乌石滩。可惜因等待官府批示耽搁了时间，桃花春水如期到来，第一个施工季节仅仅只施工了14天。水涨停工，水退兴工。经历三兴三停，至道光六年（公元1826年）三月，乌石滩治理工程才全部告竣。期间，除休息日，合计乌石滩三个施工季节总工作天数为249日，粗略估计，共打凿石方约3万余立方米，平均每日打凿、搬运滩石约120余立方米。李本忠根据每一项工程整治内容和实际情况，合理安排工匠、挑夫的配比。因为打凿乌石的主要工作任务由石匠承担，也就是大工的工作，打凿下的碎石头，只需倾倒至乌石北边江中深潭，故挑抬碎石的小工工作量并不大，或是部分搬运工作直接由大工承担，乌石滩三期治理工程每日配备的大工、小工分别为：245名、6名；274名、8名；275名、14名。小工配比明显少得多。在治理碎石滩时，由于碎石搬运工作量大，每日安排石匠76名，配备挑夫、抬夫共180名。好在归州境内的滩石不像瞿塘峡内石板滩滩石那般坚硬，锤椎即可建功，尚无需采用煅毁法。乌石滩及归州城附近滩嘴治理工程也相继展开。

道光五年（公元1825年）九月，归州州牧再度易主。新任州牧谢坤，云南籍，举人。有关李本忠遵总督招募，独自捐资，打凿乌石等各险滩各情，无疑是与前任交接时的重要内容之一。因此谢牧一上任，即于十月初二日出示晓谕，重申前任州牧晓谕中严禁各事项。

道光六年（公元1826年）三月二十二日，李本忠呈禀归州，报告截至三月十九日，捡凿鹞鹰大嘴（二期）、捡凿作坊沟口石梁最后两处治理工地完工，所有前项请示打凿的乌石及各险滩工程全部告竣。由上游至下游治理的滩险依次为：斗篷子、鹞鹰大嘴、鹞鹰三嘴、碎石滩、作坊沟口石梁、杨家戏石嘴、台盘子石嘴、叱角子石嘴、乌石滩、北岸紫金沱等。并在斗篷子、叱角子等处修凿纤路。总共用过银23116.86两，并声明全部资费俱系自行捐出，并无丝毫敛派。合计各险滩工作量，共打凿石方约18万余立方米。这样的工程量，就是放在现今，也是一项不小的工程。

李本忠在禀帖中还感谢归州谢牧出示晓谕严禁骚扰，并不时出城，亲临治理工地检视，对治滩施工人员进行鼓励。

四月二十二日，归州谢牧呈详各督、抚、藩、巡、府等大宪，详报乌石滩整治情况。"卑州亲身覆勘""查所做工程俱属结实得力""诚有裨益于地方。洵为善举，例应详请，咨部议叙，以彰善行"。并附有工程及用银清册。

随即，李本忠具禀称："职所凿川楚各险滩并修纤路，总共用银五万七千一百九十两零三钱六分。至楚省各滩与纤路，现已大功告蒇。自上游至下游，水性安流而下，无论水泛、水涸，俾行舟无碍，已有实效。何其幸也。"

《平滩纪略》收录的文件显示，整治归州乌石滩多年之后，还曾因"黑牛石""乌牛石"之争，引发了一次危机，以致李本忠蒙冤被诬，其平滩治险施工队伍被迫停工；宜昌府、归州发布的整治滩险的劝谕，也未去应募揭榜。

道光十一年（公元1831年）三月二十九日，湖北藩宪札饬宜昌府，关注李本忠在东湖县境内平滩治险情况，询问窝笼子滩、黛石滩等治理工程是否一律完竣？对宜昌府归州、东湖县、巴东县境内的其他尚未整治的滩险，札饬宜昌府颁发告示，劝谕居民、客商等捐资治理，并对李本忠继续参与平滩治险抱有期待。

四月初六宜昌府收到藩宪札饬，四月十八日宜昌辛知府将该札饬转发至归州，并于四月二十四日发布劝谕告示一道。归州收到宜昌府转札后，亦颁布了劝谕告示。告示发出之后大半年，不但没有居民、客商应募揭榜，连一向以平滩治险为己任的李本忠，亦未前来"禀应"。

同年十二月初十日，新任归州州牧李会庚（甘肃凉州人，道光十一年上任）甫接印，就遵依年初藩宪的札饬，出示劝谕一道，劝谕、鼓励"本地绅士、军民及各处商贾人等"，以尚义为怀，"捐资打凿新滩并沿江各险滩，或培修纤路"，以期"蜀道化险为夷、民歌康衢"。并表示对捐资平险的善行，将予以奖励。

十二月十五日，李牧劝谕张贴出来仅过了五天，李本忠就呈禀归州，表示"职在治属打凿各处险滩，已历有年"，愿意"遵募再凿"，并讲述了之前未来应募揭榜的缘故："前州主于督宪查问地方事宜，问以河道一条，将职奉前宪李招募所打凿乌石滩，捏禀为黑牛石。又诬所凿之石，堆成碛坝，

更于行舟有碍。"

原来在这年的春天，新上任不久的湖广总督卢坤（字静之，号厚山，顺天府涿州人，嘉庆四年进士。道光十年十一月，以江苏巡抚升任湖广总督），例行查问治属内的军、政、民、商等各情，其中包括河道情况。时任归州州牧具详禀报州属河道情况时，其中将乌石滩禀称为黑牛石，并将其下有碍舟行的一道百余丈长的碛坝，归罪于李本忠，指打凿滩险时，堆积碎石而成。

据《归州志·州牧》载，谢坤卸任归州州牧之后，短短数年，归州又曾经历四任州牧：郑邗霖（山西夏县人，道光六年上任）、郑济南（山西夏县人，道光九年上任）、郑伟（直隶丰润人，道光九年上任）、辛如玺（山西曲沃人，道光十年上任）。按时间推算，李本忠所指"前主"似应是指辛如玺。究竟辛牧为什么要捏禀、诬报？现已无据可考，至少是未亲自进行实地调查，人云亦云而误报；或随任的拟稿师爷不了解实情，草草具详，以致出此乌龙。

当时得知归州辛牧的详报内容，留在治滩工地督工的"李祥兴"商号店伙王坚，马上给当时在汉口的李本忠写信，汇报相关情况。接到此信，李本忠大吃一惊，不解何故？有碍舟行的罪名实在不小。他通知先让正在进行的险滩打凿工程马上停下来，对归州州牧颁布的劝谕告示，当然不会再去揭榜应承了。其后与辛州牧的交涉、解释，似乎并不顺利，因为李本忠最终并没有与"前州主"冰释前嫌，去揭榜应募。

在十二月十五日的禀帖中，李本忠摆事实、讲道理，自证清白，并请新任归州李牧勘核：归州州志上记载有乌牛石之名，黑牛石之称子虚乌有，明显属于捏造。紧靠乌牛石北边江中，就是一个深潭，打凿乌牛石时，打下的碎石正好填入其中，以减少泡漩。因为水深、潭阔，已打碎石全部填入，尚且没有填平，哪有舍近求远，再去耗费大量的人工、费用，挑抬至百丈之外，去堆成新的碛坝的道理？而且新打凿的碎石有棱有角，颜色新且单一，与构成该碛坝的杂色圆滑石头，也就是俗称的马卵骨，有明显的区别。当年乌石滩整治工程告竣及勘验报告、清册上已写清楚，打凿后的乌牛石，比该碛坝低二尺，怎么会是人为垒成的一条百余丈长的碛坝？完全可以去查对原案文件。再说，整治工程是不是改善了水流，对航行是否有益，应该去问江上的驾长、舟师，实地调查一下不就都清楚了吗？以前此处巨石横江、泡漩汹涌，如果不是人力凿除，哪能像现在这样化险为夷？条分缕析，句句在理。

李本忠并非一味为自己洗脱，其重点在于"遵募再凿"。他在禀帖中说到：职此前多年独立捐资、整治川楚滩险的初心，就是念及祖、父之厄难，尽孝以拳拳之心，"以解亿万人后世之厄"，并非邀功图荣。蒙承川楚各大宪提请议叙，禀辞未获允准，一子一孙因此获授盐运司运同职衔。感戴之情，无以为报。唯有治理滩险一事，"午夜在怀，急于一律凿尽，以报万一。不敢有始无终，辜负褒扬"。并将早已留意查访的归州境内先期已治理，需要继续根除的滩险名称及简况，开具清单，附录其后：

牛口滩水涸之时有滩根需要凿除；八斗滩石嘴乱石虽尽，石梁未除；洩滩之石虽已打凿，上首大石盘已修凿纤路，但其下首三里有一道石梁，名洩床、洩枕，水涸之时下水船只一时大意容易失事，需要打凿；洩滩下二十里，有斗篷子、鸬鹚三嘴未打尽；杨家戏、叱角子、抬盘子、礤子角这数处滩嘴，有的已打尽，尚有未打尽之处；老虎石需要开工打凿；南岸礤子角下三里莲花滩需要开工打凿。此前已告工竣的洩滩、碎石滩、乌石滩、雷鸣洞官漕等处，告竣后又补打了四年。以上申请补打各处，预计还需要数年时间，方可成功。并言及已于道光七年（公元 1827 年）赴督、抚辕，禀请买山栽树封禁，根治碎石滩。

州牧李会庚当即在禀帖后做了批示，随后亲赴乌石滩碛坝及禀帖附录之各滩险，逐加复勘。遂于十二月二十七日，将李本忠"遵募再凿"等事项，呈报湖广督部堂、抚部堂，藩、臬、巡等大宪，及宜昌府，禀报治内河道治理情况，禀明未能及时落实年初四月前藩宪札饬劝谕事项的原因，以及亲勘乌石滩碛坝实情："查州城外江心一石，名曰乌牛石，载在志乘，实无黑牛石名目。此石久经该职员打凿平坦，又下首有一碛坝，长百余丈，自成已久，并非所凿乌牛石之石堆积而成。询之土著耆民，佥称无异。"澄清了事实真相，为李本忠整治乌石滩正名。李牧又于同月二十八日，颁布告示一道。

道光十二年（公元 1832 年）正月春节过后，省督等各大宪层层批示、札饬，经宜昌府转饬到州："具禀已悉。饬该署州督令赶紧兴工，务期化险为夷，实心筹办，以安商旅。不得仰勒滋扰，仍严禁书差需索、阻扰。"

各滩险复凿工程陆续开工。李本忠委派咸宁县监生周兆麟（字荣升）、江夏县监生朱应桂等人，驻滩经理、督工。归州州牧还出示晓谕，饬差州衙役尤洪富，赴各滩稽查、弹压，以免工匠滋事及不法棍徒籍借风水讹诈、滋扰。历时数年，各项复凿工程陆续告竣。归州州牧又走马灯似地换过马、陆、方等数人。

道光十四年（公元 1834 年）三月初六，李本忠呈禀归州州牧方宗斌（湖南巴陵人，道光十三年上任），报告应募承凿的各项复凿工程工竣，禀明逐项工程用时及用银数目。汇总统计，用过炭价银、工价银共计 50318.51 两。

5. 祖孙接力，十载东湖疏航道

东湖县隶属宜昌府。乾隆《东湖县志》记载："东湖，古夷陵也"，"名始著于《国策》"。夷陵是巴楚文化的发祥地之一，"水至此而夷，山至此而陵"，故名。古属荆州。春秋战国时是楚国最西之塞要。楚顷襄王二十一年（公元前 278 年）秦将白起"攻楚、拔郢、烧夷陵"，夷陵之名始见于史册。此后朝代轮替，以郡、县、州、府名之者不一。明洪武九年（公元 1376 年）改为夷陵州。清顺治五年（公元 1648 年）改"夷陵"为"彝陵"；雍正十三年（公元 1735 年）取"宜于昌盛"之意，升彝陵州为宜昌府，置东湖县为附郭首邑。民国元年（1912 年）废宜昌府，改东湖县为宜昌县。1949 年 7 月宜昌解放，以县城及城郊设宜昌市；宜昌县隶属湖北省宜昌专区。2001 年撤县建区，称宜昌市夷陵区。此即东湖县的前生后世。

"东湖县境南北距三百二十五里，东西距二百里"，"分列三十八铺"，扼西陵峡峡口。西与归州建东、三闾等处接壤。黄陵庙、黄牛峡、灯影峡、南津关等，俱在县境。今之三峡大坝，就修建在原东湖县的三陡铺境内。

东湖县境峡江段，是乘船入川西行的第一段水路，南津关以上，同样滩如竹节稠。《东湖县志》载："县境四十二滩。"较为著名的滩险就有红石子滩、渣波（又名渣包、爹钵）滩、无义滩、锅笼子、白龙洞、严希沱、黄牛滩、獭洞三珠、白洞子（又名鲊人坑）等诸险滩。

李本忠在嘉庆年间开始打凿归州牛口滩、泄滩之前，即使有打凿峡江各著名险滩、疏通峡江航道的宏愿，恐怕也是力有不逮。但经过了 20 余年，完成了峡江上段、中段等数地的著名险滩的整治工程之后，李本忠离实现这个宏伟目标已经越来越近了。在归州乌石滩整治工程的同时，李本忠已在准备实施下一个险滩的整治工程。

峡江夏季之水，客货船只需要札水等待的著名险滩有三处：一处是四川省夔州府奉节县境内的黑石滩；一处是宜昌府归州境内的乌石滩；一处是宜昌府东湖县境内夆角子与红石子。截至道光五年（公元1825年）三月，奉节境内的黑石已平，归州境内的乌石已凿去大半，两处客货船只已无需札水，三险已除其二。

道光五年（公元1825年）五月，归州乌石滩整治工程已完成大半。时值桃花水泛涨，凿滩工程只得暂停。李本忠安排好各事项，搭船顺江而下来到东湖县，五月初七日亲赴县衙，具禀申请打凿东湖县境内的红石子、夆角滩等诸险滩（卷四、三十七），为整治工程履行官府要求的事先申报程序。

李本忠在禀帖中说："江湖之险风暴，川河之险石滩。而蜀道之滩，水涨水退，均有碍于行舟。"李本忠举例：归州之新滩，冬季水退之险滩，滩在水内，人力难施。每年铜铅船过新滩，绞滩费用就要花费数千两库银。奉节之黑石峡等诸滩，夏季大水之险滩，上下客货船只均不能行，均要札水等候江水消平，有时甚至要等待一个多月。如果有船户桡夫因缺少盘费，冒险开船，"客货民命，十无一救"。就算等到江水稍平，大批等待已久的客货船只结帮下行，行至巫山县境内大峡狭窄水道，激流中往往前船打横，后船接踵冲击而来，两船俱伤，名为"打降"。舵手、桡夫人等，逃生无路，苦惨万状。即便侥幸出了大峡，来到归州境内的乌石滩，如遇水泛，又得在洩滩札水等待。再开行至东湖县上九十里，南岸有一险滩名夆角子，下首对岸一滩名红石子。夏季之水，冲夆角子，激流反冲红石子，为害不轻，客货船只到此，又得札水等待。

李本忠禀称：夆角巨石高十三丈、宽三十六丈、长五十八丈。前任来道台曾于乾隆二十二年（公元1756年）至二十四年（公元1759年），派人在此山脚打凿了一条漕道，名为官漕。每逢夏季之水，上下水小船可行，装货大船仍不可行，必须空载过滩。只要凿去夆角子滩夆角巨石，使江水顺流，不再反冲红石子，上下水船只就无需札水等待。"职自幼随父贸易川省，每年往返不计其次。迄今数十载，川江沿途各凶滩情形、水性，均皆熟悉"。

"嘉庆十年，职禀经前府宪，详请出示，承凿归州牛口之泄滩、四季垱、白洞子，宪治之黛石等处，工竣详覆，勒碑立案"。"黑石峡职已承凿告竣"。各工程经实际检验，均有益于行船。因此自愿再次捐资，承凿夗角巨石。以期将峡江三处需要札水之险滩，全部凿除。李本忠还表示，除了将申请凿除夗角滩一事禀明宜昌府外，请求东湖县令赏赐通详，出示晓谕。

东湖县林县令在李本忠禀帖上批：打凿滩石，以利行舟，工程甚巨。侯即出示。并要求李本忠待开工之日定下来后，另行具禀。

五月十七日，东湖县林县令出示晓谕，张贴在果园铺、黄牛铺二处。晓谕中说："川河寸节皆滩，最为险峻。往来行舟，屡遭沉溺，淹毙人命，浸没客货，几无虚月。"今汉阳县职员李本忠，捐资前来打滩，诚属乐善好施，实堪嘉尚。晓谕果园、黄牛二铺保甲及周边居民，不得阻拦。如有地棍籍风水把持、阻扰，严拿究办，决不宽贷。

其时归州乌石滩治理工程尚未完工，李本忠分身无术。直至道光六年（公元1826年）三月二十二日具禀归州，报告乌石滩主要整治工程告竣；五月，全部收尾工作完成。是年八月二十八日，李本忠再次来到东湖县具禀，请求出示晓谕，禁止宵小滋扰。

九月初四日，东湖县新任萧县令出示晓谕："本县境辖，河道滩险。往来客船，屡遭沉溺。淹毙人命、浸没货物，几无虚月。言之殊堪悯恻。"汉阳县职员李本忠捐资，禀请打凿县境夗角子石及红石子等滩，"诚属乐善好施，实堪嘉尚"，为此示仰黄牛、果园乡耆、保甲及附近居民人等，不得阻扰。"倘有地棍、刁徒籍称风水，敢于把持，一经该职员赴县具禀以凭，立即严拿，从重究办，决不宽贷"。

李本忠清楚专业技能在险滩整治工程中的重要作用。他在施工前实地探查过程中发现，夗角滩石质坚硬，单纯采用凿除法难以建功，需要采用整治奉节石板峡坚硬滩石的煅毁法。所以他派人至夔州，仍聘请具有煅毁施工经验的四川籍工匠头邹三级、熊天盛、戴世和等人，带队前来东湖县，由周步洲督领打凿夗角滩等滩石。

十月初一日，匠头邹三级等人带领石匠、小工队伍抵达东湖县夗角滩工地，随即开始搭建工棚、制备工具、购买煤炭等项前期准备工作。十月十二日，李本忠为邹三级等匠头具甘结一事，再次具禀东湖县，并附邹三级等人签署的甘结书。同时报告治理夌角巨石准备工作就绪，滩上的浮石已清除干净，准备于十月十六日正式开工。

十月十三日，东湖县"据情具文详报宪台，俯赐查核"。详文分别报送湖广省督部堂、抚部院、臬司、藩司及荆襄分巡道。

十二月二十日，宜昌府收到湖广省各大宪札饬。随即宜昌府纪札饬东湖县，转达湖广总督嵩孚、藩宪徐等各宪"查核立案"等批示。

官府文牍往来，经两个月批示才到东湖县。夌角滩、红石子滩的整治工程，早已按具禀日期，于十月十六日正式兴工。整治工地上锤椎声声，炭火红红，人来舟往，一下子热闹起来。自此水涸煅凿滩石，水泛整修纤道，连续数年。

《平滩纪略》载：道光五年（公元 1825 年）四月，李本忠赴宜昌府、东湖县，具禀申请打凿东湖县内夌钵滩即渣波滩、火炮珠、大浪洪、黛石滩、大峰珠、南虎漕、鹿角滩、使劲滩、锅笼子、沾山珠等诸险滩，及青鱼背纤道。

李本忠的老朋友周步洲，自嘉庆九年（公元 1804 年）代李本忠在归州请示打凿峡江险滩，20 年来奋战在治滩一线，在李本忠离开工地处理商务的时间里，为李本忠承担了大量的治滩平险管理事务，此时已是 83 岁高龄。

此时的李本忠已过 66 岁，年迈衰老，身患疾病，时不时还有"李祥兴"商号的商务需要他亲自出面打理。且更加老迈的周步洲亦是疾病缠身，对滩务管理已明显感到力不从心了。

李本忠对几个儿孙攻书、经商各有分工。大致是安排长子李良政及次孙（名字不详）经商，接手"李祥兴"商号；安排次子李良宪及长孙李贤俊攻书求功名。李本忠只得安排年仅 10 岁的三孙李贤佐，来东湖县治滩工地督率店伙、工匠，负责治滩工程管理，继承他为此付出半生心血的峡江滩险治理事业，并将治滩资金转入李贤佐名下。

至于老友周步洲，可以说是终老于平滩治险一线。在道光七年（公元 1827 年）七月初十日李本忠给归州的具禀中，言明周步洲于东湖县黛石滩工程将要告竣时，"患病沉重，回汉物故"，以此解释东湖县黛石滩整治工程未造册详覆的原因。

在李贤佐的具体主持下，对东湖县境夆角滩、红石子、火炮珠、鹿角滩、大峰珠等滩险处，逐一打凿、整治，并开凿青鱼背纤道，直至道光九年（公元1829年），各项工程仍未能全部告竣。

道光九年（公元1829年）五月初三日，年逾70岁的李本忠再赴东湖县具禀，申请打凿境内锅笼子滩，恳请县令出示晓谕。东湖县沈令即批："打凿滩石工程浩大，该职员不惜重费，屡次独捐承办。迨经详请议叙，而又再四力辞，足见淡泊居心，并非邀功图荣。今又不遗余力呈请打凿锅笼子等滩巨石，实属千古义举。"随后出示晓谕。

锅笼子滩亦系东湖县境内大水极险之滩。两面布满石堆，阴森恐怖。其中有沾山珠耸立江心，水道狭窄，水流汹涌，上下水船只过此，一遇泡漩，坏舟毙命者常见。沾山珠下游不远处，有南虎滩巨石横拦江心，此处系上水最险之滩。

道光九年（公元1829年）十月十三日，东湖县县令专门发布示谕，指名三阹铺保甲陈其恒、高富昌梭织巡查，负责维护锅笼子、沾山珠、南虎滩、使劲滩四滩秩序，严禁刁棍籍借风水滋扰，严防宵小偷窃。

道光十五年（公元1835年）三月十九日，李贤佐分赴宜昌府、东湖县呈禀，报告东湖县境内各项整治工程完竣。

禀帖大意：东湖县境内各项整治工程，于道光六年（公元1826年）九月十六日起陆续兴工，至道光十三年（公元1833年）四月二十四日停工，东湖县境内各项治理工程，共用过工价、炭价银41866.40两。因为担心滩险治理后的水道水性未定，斯时未禀报工竣。特地派员在丰水及枯水季节，驻滩观察航道水流情况，实系水性平稳，不但运京铜船平安无事，上下舟船，毫无违碍。再询问过往舵师、客商，均称水性顺流，已属化险为夷，永无倾覆之患。至此，遵照祖父李本忠之命，造具工程、银数清册、绘图等，前来府、县呈禀，请求官府派员前往工地勘验。

东湖县令接到李贤佐的禀报，除批示外，亲自赴数处工地，对照工程清册、绘图，诸项实地勘验工程实效。只见原滩险处，"一律修凿平稳，开除净尽"，青鱼背纤道宽坦、平直，询问当地绅耆、舟师，均称所打凿各滩非常有益，现在水流通顺，上下舟船，均可保安全。

四月初五日，东湖县县令具详册，分别送宜昌府、湖广省督、抚、藩、臬、分巡道等各大宪，详明境内滩险整治工程工竣事。并附工程清册，简要介绍了各滩险特点、整治工作量，用工、用银数量，以及整治后的效果：

——夅钵滩，即渣波滩。乱石横江，夏秋之时，泡漩汹涌，险异非常。其水斜冲北岸红石子堆，损船毙命，惨莫尽述。滩高十三丈二尺，宽三十六丈，长五十八丈。

道光六年九月十六日兴工，至七年四月二十八日停工，小建、岁暮停工7日，共计216日。每日雇用石匠50名、小工85名。每日用煅石煤炭银七两二钱。

又自道光七年九月十五日兴工，八年四月二十一日停工，小建、岁暮停工6日，共计210日。每日雇用石匠60名、小工90名。每日用煅石煤炭银九两。

又自道光八年九月十六日兴工，九年四月二十四日停工。小建、岁暮停工9日，共计208日。每日雇用石匠40名、小工70名。每日用煤炭银六两三钱。

又自道光九年九月十三日兴工，至十年闰四月初六日停工。小建、岁暮停工10日，共计225日。每日用石匠30名、小工60名。每日炭价银五两四钱。

又自道光十年九月初十日兴工，至十一年四月二十八日停工，小建、岁暮停工7日，共计222日。每日雇用石匠30名、小工50名。每日煅煤炭银六两三钱。

又自道光十二年十一月十一日兴工起，至十三年四月初十日工竣，小建、岁暮停工8日，共计174日。每日雇用石匠30名、小工45名。每日用工费、炭价银十三两五钱。

以上六载，每日每名石匠工银一钱二分，每名小工工银一钱，加每日炭价银，共用银22731.8两。已将滩根凿平，嗣后泡漩纾缓，从此上下行舟，平稳顺利无碍。

——火炮珠。巨石截立，堵住江心。夏季水泛之时，水长石冲。船行至此，每多损坏。滩高三丈五尺，宽八丈五尺，长二十四丈三尺。

道光六年十月初八日兴工打凿，至七年四月二十八日停工，小建、岁暮停工 7 日，共计 194 日。每日雇用石匠 13 名、小工 33 名。每日炭价银四两六钱。共用银 1823.6 两。已将滩根凿平。夏秋之时，其水顺流，舟行至此，毫无相碍。

——黛石滩。滩嘴横江，夏秋水泛之时，向嘴直冲，急流泡漩，汹涌非常。上水船只，实难上行，每多损坏。滩嘴高二丈九尺，宽二十二丈，长三十八丈。

道光六年十月二十日兴工打凿，至七年四月二十八日停工，小建、岁暮停工 7 日，共计 182 日。每日雇用石匠 30 名、小工 60 名。每日用炭银六两三钱。

又自道光八年九月十八日兴工打凿，至九年四月十六日工竣，小建、岁暮停工 9 日，共计 200 日。每日雇用石匠 20 名、小工 50 名。每日共用煅石煤炭银五两四钱。

以上二期共用过工费、炭价银 5453.8 两。

——使劲滩。又名使君滩。乱石横江，夏秋水泛之时，浪急汹涌。上水行舟，每多损坏。计滩高一丈三尺，宽六丈二尺，长十二丈。

道光八年九月十八日兴工打凿，至九年三月二十四日工竣，小建、岁暮停工 7 日，共计 180 日。每日雇用石匠 16 名、小工 35 名。每日用煅石煤炭价银四两六钱。共用工费炭价银 1803.6 两。此滩滩石打凿净尽，从此上水行舟，毫无相碍。

——南虎漕。石梁横江，夏秋之时，水急汹涌。上水行舟，若行梁外，每每误事。石内开凿一漕，大水之时，船行漕内，方保平顺。计打凿深一丈三尺，宽三丈二尺，长十六丈。

道光九年九月十三日兴工，至十年四月十五日停工，小建、岁暮停工 8 日，共计 205 日。每日雇用石匠 30 名、小工 40 名。每日用煅石煤炭银七两二钱。共用工费炭价银 3034 两。滩石开凿宽阔，从此上下行船，顺利平稳，均无相碍。

——鹿角滩。巨石横江，夏秋水涨之时，汹涌非常。上下行舟，每遭损坏，惨难尽述。计滩石高一丈八尺，宽二丈六尺，长十二丈。

道光十年十一月初八日兴工打凿，至十一年三月二十八日工竣，小建、岁暮停工 7 日，共计 184 日。每日雇石匠 20 名、小工 40 名。每日用煅石煤炭银六两三钱。共用工费炭价银2082.8两。滩石凿平,嗣后上下行舟并无相碍。

——大峰珠。巨石横滩,堵住江心。夏秋水泛之时,水向珠冲,下水行舟为害匪轻。计滩高一丈二尺,宽一丈三尺,长一丈五尺。

道光十年十一月初八日兴工打凿,至十一年二月十六日工竣,小建、岁暮停工5日,共计94日。每日雇用石匠10名、小工50名。每日用煅石煤炭银三两六钱。共用工费炭价银592.2两。已将珠石打平,嗣后下水行舟无碍。

——锅笼子滩。乱石横亘江心,夏秋之水,泡漩汹涌,险异非常。上下船只,均受其害,伤惨难堪。计滩高二丈四尺,宽六尺,长十一丈八尺。

道光九年九月十三日兴工打凿,至十年三月二十日工竣止,小建、岁暮停工7日,共计185日。每日雇石匠18名、小工30名。每日用煅石炭银四两五钱。共用银1787.1两。此滩凿平,嗣后上下行船平稳无碍。

——沾山珠。巨石截立,堵住中流,泡漩汹涌下流。下水船只,每多误事。计高丈余,宽八尺,长一丈二尺。

道光十年十一月二十日兴工打凿,至十一年二月初八日工竣止,小建、岁暮停工7日,共计73日。每日雇用石匠10名、小工15名。每日用煅石煤炭银三两六钱。共用过工费炭价银459.9两。此珠石已凿平,嗣后上下行船,顺流无碍。

——大浪洪。石嘴横江,夏秋之时,水急浪涌。上水船只,每多损坏。计滩高一丈八尺,宽三丈五尺,长十丈。

道光十二年十月十一日兴工打凿,至十三年二月十五日工竣止,小建、岁暮停工7日,共计120日。每日雇用石匠20名、小工50名。每日用煅石煤炭钱七两二钱。总共用过工费炭价银1752两。此滩已打平滩根,嗣后上下行船,毫无相碍。

——南沱对面南岸青鱼背纤路。其路陡峻虚险,上水纤夫,往往滚崖跌毙,惨莫尽述。计修纤路四十八丈。

道光十三年二月二十日兴工,是年四月二十四日工竣,小建停工1日,共计64日。每日雇用石匠20名、小工30名。共用过工费银365.6两。已将此纤路修理宽坦平稳。从此大水行船,纤夫永无滚崖跌毙之患。

其时,物价较为稳定,工费以银计价,数年间没有变化,每天石匠各一钱二分，每名小工各一钱。以上六年总共用过工费炭价银 41866.4 两。具禀中还特别声明，所有平滩治险资金，均属自行独力捐办，并无丝毫帮凑、派累。

自道光五年（公元 1825 年）五月赴东湖县具禀申请凿滩，至道光十五年（公元 1835 年）三月十九日赴县禀告工竣，李本忠、李贤佐祖孙俩，接力在东湖县督率施工队伍，平险治滩、疏通峡江航道整整十年！李本忠已是76 岁的耄耋老人；李贤佐也由一个懵懂少年，历练成长为一个既能与官府打交道，又能掌管数万银两投资、管理数百人施工队伍的青年才俊！李贤佐时年 20 岁。

6. 人力胜天，川楚滩险次第平

李本忠平滩治险工程开工前，先分析滩害、水害原因，因地制宜，制定有针对性的凿除滩石、开凿漕道、劈修纤道、填泡漩坑等治理方案。并根据地质情况，选择不同的施工方法。他合理安排工期，追求治理工程"全始全终"、尽善尽美。对已经整治过的滩险，挂记在心，不时访问上下水舟师、驾长，询问过滩险时水流情况、是否安全等情况。

道光七年（公元 1827 年）冬月，李本忠从熟识的舟师、驾长口中得知，其于道光三年至五年（公元 1823—1825 年）在夔州府奉节县境内修凿的白果背、乾沟子两处纤道，有部分坍塌和损坏；且当年冬天江水消落超过常年，此前整治的台子角、扇子石、鲢须漕三处，江底露出零星石根，有碍行船。由于当年宜于整修的枯水季节已过，第二年（公元 1828 年）八月，李本忠雇船上行，再次来到奉节县，并于八月二十四日，为申请补修纤道、复凿滩险石根，具禀夔州府、奉节县。禀文简要提及数年前在治内凿滩石、修纤道之事，以及从舟师口中得知的情况，"思事已有效，理无中止"，拟乘今年冬季水涸滩现之际，聘请原班治理队伍，将以上三处滩险石根凿除，并补修白果背、乾沟子两处纤道损坏路段。恳请批准、出示。

得到奉节张县令的批示后，李本忠雇船到各处实地查勘了实情。又于九月初四日再次具禀奉节县，报告拟定于九月初六日兴工，并请求县令发布告示，以禁滋扰。九月初八，奉节县发布告示，晓谕地方，严禁把持阻扰及籍端需索滋等事。复凿及补修工程按时于九月初六日兴工，由于施工队伍都是熟手，工程进展非常顺利。

道光十年（公元 1830 年）三月二十六日，李本忠具禀奉节县，报告复凿、补修工程告竣："所有露出石笋一并凿去；纤路亦皆平坦。"奉节县令批示道："险滩石笋均皆凿去，俾纤路平坦。洵属可嘉之至。"

具禀中提到："职于道光三年自愿捐资，呈请现任恩府祖暨前任万主赏示""道光五年二月工竣具禀，适沐恩府祖转禀川楚各大宪"。可知当年的奉节县知县万承荫，转任四川省三台县知县等职后，此时已升任夔州府知府。

《平滩纪略》保存的该项复凿整治工程的禀、示等相关文书仅有四件，系当时地方官府办理滩险整治事务的典型程式和必备文书：申报整治项目、申报兴工日期、官府出示、报告工竣。最重要的是官府的"示"，相当于批准文件。

除《平滩纪略》一书记载，以上事迹亦有重庆巫山县大溪口镇碑刻实物佐证。

清代巫山大溪口镇，是峡江地区通往湖北恩施、利川一带官道的起点。大溪古道为石路，平路铺石板，坡道砌石阶，宽 1.5~2 米。恩施等地的粮食、土特产，由西南方向北，肩挑背扛，主要靠骡马驮运至大溪场镇，反向则主要运送盐巴。因此又称骡马大道、盐大道。大溪口镇地处孔道，是周边土特产品的集散地，镇上也有不少从事商贸的店铺、商号。镇内有一座七拱石桥长春桥，始建于清嘉庆年间。当年李本忠整修的白果背至风厢峡纤路就在大溪口。在《蜀江指掌》中，李本忠自述："下峡口外南岸大溪口，是通施南的道路，来往行人络绎不绝。向日峡内无路，总是搭船上夔。如行船已开，行人必要在大溪口耽搁一日。今将峡口内开出此路，行人不得羁延。即在大溪口过河，走白果背至乾沟子，进山走白帝城到夔所。"为便利当地的人员交通、物资流通发挥了重要作用。

在三峡大坝截流前，坝区文保单位抢救性地收集了部分碑刻、石雕等文物。大溪口镇大溪口村文化站现保存有二通残存石碑，一通仅残存两行、18 个字："……北汉阳县职员李本忠捐修。……兴工乙酉年告竣。"乙酉年是道光五年（公元 1825 年），正是李本忠第一次整治石板峡、黑石峡等滩险及白果背纤路竣工之年。此碑应是竣工纪念碑无疑。

　　另一块残碑保存文字较多，有 230 余字，从残余文字看，是夔州知府颁布的告示。其内容大意为：汉阳县职员李本忠捐资整修的白果背至风厢峡等处纤路，或被人撬去石板，或颓塌难行。今李本忠出资"仍雇工匠，復兴修補齐整"。晓谕地方人等，此后严禁损坏，违者扭禀官府追究等。与道光十年（公元 1830 年）三月李本忠具禀复凿、补修工程告竣一事相完全吻合，推断是该年工竣后所立。这两件石碑残件，是涉及李本忠峡江平滩治险的重要的实物史料。

　　此后数年，李本忠在奉节县属黑石峡等处的零星整治及复凿工程仍然不断。

　　道光十一年（公元 1831 年）九月初八日，李本忠再赴奉节县具禀，申请复修台子角、倒吊和尚两处险滩尚未修圆之处，恳请赏示。奉节县正堂薛令批示："此种善举，近今实所鲜有，殊堪嘉尚。"九月十二日薛令出示晓谕，重申严禁事项等。

　　道光十三年（公元 1823 年）十一月初六日，李本忠赴奉节县具禀，报告数项复修工程全部告竣。台子角、扇子石、鲤须漕三处石根复凿及白果背、乾沟子两处纤道补修工程，于八年九月初六日兴工后，第二年四月十二日因水涨停工；是年九月十五日再经具禀请示后复工，至十年（公元 1830 年）三月底完工。复修台子角、倒吊和尚两险滩工程，自十一年（公元 1831 年）九月二十日兴工，至十二年（公元 1832 年）四月二十日完工。三期工程统共用过工费银 12462.63 两。奉节县于十一月二十八日具详文呈报夔州府备案："详请宪台俯赐查考。"

　　复凿三处石根工程于道光十年（公元 1833 年）三月即已完工，复修台子角、倒吊和尚两处亦于十二年（公元 1835 年）四月完工，为何迟至十三年（公元 1836 年）十一月才赴县具禀告竣？"斯时未经禀明告竣，犹恐水性未定，稍有违碍。俟下年夏秋水涨之时，职着熟习水性之伙，住守各滩查看、试探，今已三载。夏秋水泛，上下水船只平稳顺行，毫无违碍。询及各船舵工，均称滩根已绝，水性顺流，永无后患。职方如愿。"李本忠做事追求完美、细心之至由此可见一斑。由于十三年具禀奉节县报告工竣时，未请求查勘。道光十四年（公元 1834 年）五月十三日，李本忠再次具禀呈奉节县，吁恳"恩全赏诣勘明，通详立案"。并上报了复凿、补修数项工程及用银清册。

斯时，东湖县渣波滩、红石子整治工程，以及奉节县复凿工程尚在同步进行，李本忠于道光十年（公元 1830 年）三月十五日，又赴归州具禀，申请复凿境内牛口、泄滩及叱角子等各险滩："兹牛口、洩滩纤路以及叱角子、抬盘子、杨家戏、碎石滩、鹦鹉大嘴、三嘴、斗篷子、作坊沟各滩，年来江水冲坍，间有未尽，必须再为检修、凿尽，以期化险为夷，安澜无患。"并恳请给示。归州正堂郑牧批："准给示。择吉开工。"并于三月十九日出示晓谕，仰州属绅耆、居民人等知悉，严禁刁徒从中阻扰及闲杂人等擅在工地附近游荡、滋事，以致阻碍治滩工作。

四月二十五日，李本忠再次具禀归州："查得滚子角下，石梁横插江心，以致阻塞流水倒冲。州境第一险之叱滩人鲊瓮地方，泡漩异常，较之各险滩，倍加凶恶。凡遇铜铅船只以及客舟过境，每多覆舟，小船不敢往救。淹毙生命不计其数。即以人鲊瓮之名色详查，已可概见，是以往来行舟视为畏途"，"职情愿捐资，俟江水稍平之际，一律修凿，务期化险为夷，安澜无患。庶生命得以保全"。人鲊瓮意为腌人的坛子，恐怖之名，料非虚得。二十六日，归州郑牧颁发了第二道晓谕。

九月十五日，江水稍退，滩石开始显露。李本忠又一次具禀归州："现在各滩次广搭棚厂，为工匠栖所，即日开工。恐地痞从中阻扰，以及散杂人等游荡、窥探，有碍工作。"这一次恳请出示的内容更加具体："禀恳伏乞大老爷台前，赏准给示严禁。并请谕饬乡保、水甲人等，一体稽查。"郑牧当即批："准。给示严禁。谕各保甲人一体稽查。"十六日，归州郑牧除了针对"州属诸色人等"发布一道相关内容告示外，同一日还特地针对管辖区域内最基层的乡保、水甲等，另行发布了一道晓谕："谕饬谕到该管乡保、水甲人等，即便一体稽查。如有不法地痞故违不遵，许即据实扭禀，以凭严拿重究。慎勿徇隐故纵，以及挟嫌妄禀无辜，致干并究不贷。毋违。"

李本忠连续多年在峡江沿线平滩治险，极大地改善了峡江水道的航行条件，受到船户、驾长及过往商旅以及官府的赞扬。但是，也影响了沿江少数以打捞沉船浮财、盘滩、拉纤为生的滩民，以及一些当地痞棍的生计。峡江内一险滩名"银钱包"，附近滩民把在此江段遇难船只损失的财物当成自己发财的机会，甚至当成生计。《峡江滩险志》记载了这样一个传说：道光年间，李本忠安排石工队伍在新滩打凿一处滩石，石坚如铁，就是使用炭烧之法，也是收效甚微。因为此滩害一除，就会影响拉纤的收入，附近滩民就装神弄鬼对工匠说，这是一处有灵性的滩石，神灵护佑，因此火烧、打凿无效。这里的滩石从来不会无缘无故损坏船只，在此出事的船只，是命中注定的，不是人力可以挽回的。以此动摇石工凿滩的信心和决心，阻扰施工。

泄滩、牛口滩打凿及培修纤道，是李本忠、周步洲于嘉庆十年（公元1805年）开始实施的最早的峡江滩险整治工程，至此已有20余年。李本忠将几处仔细巡查一遍后，发现纤道多处因年久失修坍塌，有的是人为损坏。特别是在泄滩，不仅部分纤道被民人搭建茅棚做小生意占用，阻碍扯纤，而且纤道上为系缆绳设立的石柱（又称纤夫桩），或被人损坏无存，或被包进茅棚当中。在这些路段，纤夫扯船没有顺畅的纤道可行，或纤道上没有可以系缆歇肩、避险的石柱，大大增加扯船上行的难度和风险。斯时虽有告示严禁，毕竟纸质告示难以保存久远。

李本忠一方面安排店伙与当地巡役、水甲一道，令占道民人自行拆除占据纤路的茅棚；另一方面将雇请的众多民工，安排分赴各处复凿工地开工，补修纤道，补栽石桩。同时于十月初三日，又一次呈禀归州，报告种种情况，诚恐复修工程告竣后，日久附近民人仍似以前搭棚占阻纤道，"禀恩大老爷台前赏准，给示严禁。并祈勒石该滩，以垂永远，以利舟行"。请求官府将严禁告示刻在石碑上，立在泄滩纤道上，以示永禁。郑州牧当即批示："准。如禀给示，勒石永禁。"并于十月初九日发布告示："仰该滩附近人等知悉，嗣后凡遇小贸人等，务须在于空隙处搭棚，毋许占阻纤路，将石柱包搭棚内。亦不得将石柱损伤，有碍行舟"等。这道告示应该就是禁示碑上的内容。

因为川江是运输国家制钱原材料铜、铅自云贵至京都的必经水道，李本忠捐资在川江平险，关乎铜铅船运输安全，关乎当地官员的前程，不仅整治工程所在地的州县官府重视，而且20余年来，川楚两省督、抚、藩等各大宪，屡有札饬、札批。道光十一年（公元1831年）四月，湖北藩宪在给宜昌府、东湖县的札饬中，询及李本忠在东湖县打凿滩险事宜："黛石滩现在曾否一律完竣？未据具报。合行札饬。札到该县，即便遵照询明"；指示"如尚有应凿未尽之处，该职员如仍欲前往施工，亦听其便"。札饬还要求宜昌府、归州"出示晓谕，如有彼地居民及客民人等，情愿捐资打凿险滩者，准其出资，一律凿除净尽，以安商旅，而利遄行。倘有刁民妄称风水，从中阻扰，并图籍端讹诈，亦即严拿究惩"。为民间善士平滩治险大开绿灯、保驾护航。

黛石滩整治工程于道光六年（公元 1826 年）十月二十日兴工，道光九年（公元 1829 年）四月十六日即已工竣。用工、用银及图册等没有及时具禀上报，主要原因是当时该项工程由周步洲主持、管理，后因整治工程尚未完工，周步洲突发疾病，被护送回汉后很快去世，相关情况没有来得及交待，以致黛石滩工竣后，缺少用工、用银等详细资料，没有及时具禀上报。后李本忠在一次具禀中，特别做了说明。嗣后，道光十五年（公元 1835 年）四月初五日，东湖县分呈督、抚、藩、臬、道、府等各大宪的境内整治工程工竣详报中，已经有了黛石滩两期治理工程的详报。

李本忠因病，不便远行。委托家丁熊福于道光十七年（公元 1837 年）七月二十八日抱禀东湖县，禀请打凿渣波滩石根。获准后，复凿工程于是年十月初二日兴工，于第二年三月二十五日告竣。

按《平滩纪略》记载，治理四川巫山县境内的大磨滩，是李本忠生前参与峡江平滩治险的最后一项工程。

道光十八年（公元 1838 年）三月二十一日，李本忠赴四川巫山县呈禀，承凿境内大磨滩，恳请出示。由于此时李氏祖孙三代已受"恩隆三赐"，李本忠获授正四品候补道职衔，因此禀帖抬头，李本忠已自称"道职"。

巫山县古称巫县，又曾改南陵、泰昌、大昌、北井等名。当长江之冲，为川东极边之地，与湖北宜昌府巴东县等地交邑。县境重峦叠嶂，物产不丰。每年地丁银 900 余两，杂税银 17 两。知县系冲、繁两字中缺，每年养廉银 600 两。

李本忠在禀帖中简述了历年在川省夔州府境内，打凿黑石峡等处险滩、修筑挑葱卖菜等纤路均已告竣，蒙川楚各大宪奏请议叙在案等前情。历数巫山县治属内大峡之中著名险滩大磨滩及鸡心石、磨盘石嘴等滩险之危害："斜水斜冲对岸屋梁子石，以致水漩如磨，上下行舟屡遭其害。目睹损船毙命，实为恻怛。"早就有意凿除此滩害，因羁绊于在湖北归州、东湖县两地的滩险治理工程尚未完工，现在这两处已经告竣，现在前来具禀，情愿独自捐资，请好友带领熟练工匠凿除。恳请出示告示，禁止无知棍徒滋扰，并晓谕地保一体饬遵。只等秋后水涸之时，择吉兴工。时任巫山县鲁令当即批示："该职员不惜重资，屡经凿除川楚大江险滩，以利行舟而安商旅。今复起凿巫邑大磨等处险滩，实属好善不倦，尚义可嘉。俟据情申报，并出示晓谕。"

巫山县鲁县令随即带领县衙书役等人，亲临大磨滩，查勘地形，丈量滩石尺寸，询问乡民、舟师，了解大磨滩为害情形。并于三月二十六日颁发告示一道，要求附近居民不得因耕种滚落石块，不得入山砍柴洒落砂石致碍工作；往来船只不得停泊工所生事，不得掀滚乱石下河；严禁无知棍徒籍端滋扰；同时要求督工人员，约束工匠不得酗酒、赌博滋闹等。

鲁县令随后拟出详册，分呈四川督、藩、臬及川东道、夔州府各大宪：卑县下游大磨滩系极险之滩，位距县城五十里南岸。经卑职亲勘，石梁、磨盘均长八十余丈不等，高厚十丈余及八九丈不等。每遇江水稍涨，其磨盘、石梁，抖水成漩，波浪汹涌，以致上下行舟，屡有损船失事。如果凿除，其滩必平，则上下行舟可保平安。现有湖北职员李本忠具禀，申请独自捐资打凿。特此详报，请求察核、批示。

同年四月十七日，巫山县收到夔州府王知府四月十三日发出的批示；五月十三日，收到川东道嵩道尹批示；五月二十一日，收到四川省布政使司苏转发四川总督鄂山批示的札饬（闰四月十八日由成都发出）。

当年秋，水退石出。九月二十六日，李本忠具禀巫山县，禀明择期于当月二十八日兴工烧凿。

大磨滩等滩险治理工程自道光十八年（公元 1838 年）九月二十八日兴工，至道光十九年（公元 1839 年）三月水泛时停工。再于十九年十月初二日水涸之时，继续开工凿治。统计两处同时施工的工地，用工最多时有石匠 84 人、挑夫 412 人，"工程浩大，人夫众多"。巫山县饬委县署典史张兆棠、常川二人，赴大磨滩等处弹压，维持工地秩序，防止滋扰。

在巫山县属大峡口下首数里北岸，有一条纤路，以凶险著称。名为纤路，其实就是悬壁陡石上的一串仅可供纤夫手抓、脚蹬的石窝、石缝。背负纤绳经过此路段之时，纤夫头怕碰岩，脚怕打滑，难以施力，实难行走。是以经常有纤夫丢缆不及或失足而导致滚岩毙命之事。纤夫休息闲谈时感叹说："宁可挑葱卖菜，不可扯船营生。"因此此路被称为"挑葱卖菜"。李本忠曾于道光九年（公元 1829 年）九月赴辕请示开凿此纤路，翌年三月具禀报告工竣。在此路段开修了一条长 138 丈（约合 500 米）的平坦纤路，"从此上水行舟，纤夫扯船，行路稳利，永无倾跌之虞"。

道光二十年（公元 1840 年）三月二十一日，李本忠为工竣事具禀呈报巫山县。自道光十八年（公元 1838 年）九月二十八日开工打凿大磨滩、磨盘、鸡心石嘴等处，至二十年（公元 1840 年）三月初八日止，"业将三处滩石凿平，全功告竣！并将鸡心石上首，新开一条纤路，以利上下行舟。计工三载，计用过工费、炭价银二万六千六百七十四两三钱三分三厘。从此上下舟船可称顺适"。虽然附后呈报了用银清单，但李本忠在禀状里特地写"此项用过银两，邀免造册"。再次婉拒川省官府为其提请议叙。

巫山县令随即亲赴三处"逐细屡勘，均皆修凿平坦。询之该处绅耆，佥称修凿得宜，现在滩根已平，从此可无覆溺之虞等语。洵属乐善不倦，于地方大有裨益"。并将李本忠的工竣禀报及勘查结果，分别详报四川省督、藩、臬、巡、府各大宪。

平滩治险期间，李本忠长子李良政、三孙李贤佐，分于道光九年（公元 1829 年）、道光十六年（公元 1836 年）相继去世，享年分别为 44 岁、21 岁，"李祥兴"商号平滩治险顿失股肱。李本忠不顾年迈，抱病继续奔波在各处工地及与官府周旋，尤其不易。通过平滩治险可以看到，他坚忍不拔，长于谋划，数十年坚持平滩治险不放弃；他工求其善，多次实施复凿、复建工程，力求根除滩害；他乐善不倦，以善代孝，施惠峡江沿岸州县；他三拒议叙，不为名利，是清代有良知的绅商代表。

一章节的篇幅不可能将李本忠及家人数十年平滩治险事迹全部罗列，有些用时不长、用工不多的微小整治项目，有可能为避免繁琐申报程序，根本就没有申报和收录。好在有《平滩纪略》及《蜀江指掌》六册传世，保存了李本忠平滩治险的大部分文字资料，有意者尽可阅读原著。

李本忠独立捐出巨资，连续数十年在川江治理滩险，疏通航道，有利国家，造福地方，为清末民初峡江木船航运发展做出了重要贡献；陆续投入的几十万两白银巨资，为峡江沿线平滩治险所在地的经济发展做出了重要贡献。李本忠川江平滩治险壮举，厥功至伟，其福泽一直延续至近、现代。虽然受限于财力、技术、时间等，其治理过的滩险数量有限，峡江滩害并未能彻底根除。但在当时条件下，大大减轻滩害，改善了峡江航行条件，挽救了无数船人纤夫、客商行旅的生命。清人李浒《平滩行》一诗写道："夔归诸险次第尽，人志一定天无功""长年高歌贾客眠，逢人都颂李凌汉"。

谨以李本忠在《平滩纪略》中的一段自述为本节作结：

"余幼年时，遭祖父川江覆溺之苦，矢志稍有衣食，曾许力凿险滩，以偿前愿。幸天鉴其衷，家事渐顺，即于嘉庆十年起打凿，至道光二十年止，将夔府巫山属，暨归州东湖属，一切险要之滩，概行凿尽。然尚有微险之处，舟行间或失事者，皆由驾长疏忽所致也。至于沿山纤路，均系危险如壁。其陡窄者，余复凿而宽之；其无路者，余新劈而成之。计险滩四十八处，计年三十六载，竟不觉年已八十有一矣。"

（三）价买阴阳山 "入官封禁"

道光四年（公元 1824 年）至道光六年（公元 1826 年）期间，李本忠应募打凿归州城下乌牛石等滩险时，一并对归州城对岸阴阳山下溪口的碎石滩进行了整治。多年商海的摸爬滚打，历练出李本忠的精明和细心。他在整治碎石滩过程中发现，碎石滩成滩原因与多数滩险不同，滩害不是江边、江心的岩石、礁石，而是由山间溪流中冲出的大小不一的圆形山石堆积，对客货船只形成危害。而且碎石滩是近些年来形成的新的滩险，嘉庆十年（公元 1805 年），他和周步洲在归州境内整治牛口滩、泄滩时，此滩险并不存在。于是，李本忠一边安排凿捡滩石，一边派出得力店伙，顺着阴阳山之间的溪流，逆水而上，上山进行实地调查。

原来阴阳山自江边至山顶，有差不多 20 里，两山所夹陡溪有 10 余里长。清朝初年两山并没有人开垦、耕种，只是自嘉庆十年（公元 1805 年）始，才有蔡、马、王、刘、姜、谭六姓人家陆续上山开垦，"以至山上掘挖，土被雨淋，石不能栖。每逢夏秋大雨，巨石轮滚陡溪冲出，不但江水塞平，尚且出水横江二十余丈宽水面，高有十一丈余，堆砌而成凶滩。每年水泛，上下客船损坏、毙命者，不可胜计"。听了店伙的汇报，李本忠摸清了碎石滩成滩的根本原因后考虑："因思目下虽将水面滩石业已打尽，此山不禁开垦，无草护土，水冲石滚，将来此滩仍然堆砌。"李本忠已经历20年平滩治险，积累了丰富的经验，较早地认识到了水土保持与滩害的关系，力求标本兼治。恰好在整治乌牛石等滩险期间，李本忠亲眼目睹了运输铜铅的船队在碎石滩遇险，更坚定了他根治碎石滩的决心。李本忠经过深思熟虑，决定价买阴阳二山，入官封禁，封山育林，从根本上消除碎石滩的滩害。

1. 标本兼治，开环保移民先河

李本忠在多年的滩险整治过程中，无数次与官府打交道，经常是在州县投递禀帖，再由州县向府、道、藩司、抚部院、督抚层层详报，接下来是长时间等待批示。对其低下的办事效率，以及胥吏、衙役的弊害，有切肤之痛。俗话说"阎王好见，小鬼难缠"，为了尽快推进根治碎石滩的计划，李本忠双管齐下，一方面安排店伙在归州投递禀帖，禀请价买阴阳二山，入官封禁，以护山林。另一方面计划自己回省城，走上层路线，直接到督署、抚署衙门投递禀帖。

归州州牧郑邠霖收到"李祥兴"店伙以李本忠名义投递的禀帖，即出票差唤蔡、马等六姓山民到州衙，说明为根本消除碎石滩隐患，有汉口客商李祥兴愿意照约优价购买六姓山林，入官封禁。其中四姓已经答应出售，但其中有蔡姓等两姓人家觉得奇货可居，就以各种借口，不允出让。购买阴阳山一事，一时陷入僵局。

李本忠回到汉口，于道光六年（公元1826年）七月十三日、七月二十三日，两次渡江来到武昌城，亲赴督署、抚署衙门投递禀帖，恳请购买阴阳山，入官封禁。禀帖中除了简述多年来平滩缘由、成效，着重陈述自己价买阴阳山、入官封禁的缘由，是为了根除碎石滩危害，保证国家铜铅船运输及客商安全。如不停止垦山，"将来此滩仍然堆砌，后患难除"。以及尚有两姓因"只图开山小利，不顾各省客民性命、资本，更关国家运铜船只，为害匪轻"。李祥兴愿依照山契，照价给银、山林入官封禁、立碑永禁。并另行出资购置田地，交归州州学以做学田，取租后除完纳六姓原有税课钱粮，其余归做州学用度。待数年后"草生护土，其石自稳"，溪中石头冲尽，再行凿捡，则今后永无碎石滩险等情。恳请各大宪出示晓谕，札饬宜昌府、归州，吊取六姓契照入官，照价给银，以除后患。"伏侯示遵，焚顶上呈"。

七月二十六日抚宪札饬到藩司，八月初六日藩宪札饬到宜昌府，八月二十六日宜昌府札饬到达归州："迅速委吊蔡姓等山契，核明真假，照价给银。仍将各约详司入官，勒碑永禁，勿任抗延。一面出示晓谕至该山，历年应完钱粮若干，该职员既称在彼置田，交学收租完纳，该府并即详查妥议，通详覆夺。毋违。"

湖广总督嵩在李本忠禀帖上批示："……该职员……洵属始终好义，深堪嘉尚。该业主等即有四姓允卖，其余二姓何得刁难居奇。仰北布政司即饬宜昌府，督同归州迅速吊齐蔡姓等管业印契验明，照价给领。出示入官，永禁开垦。将该山应完钱粮如何完纳，一并妥议，具详核办。"该札饬于八月初二到藩司，八月十七日藩宪徐的札饬到宜昌府，九月六日宜昌府札饬到归州。省督、抚、藩及宜昌府大宪札饬接连到州，归州郑牧不敢懈怠，九月八日再次出票，票差衙役刘潮生、邹洪，协同乡保将蔡志富等人传唤，限三日携契据赴州呈验，以凭讯明。

这一次传唤，州牧郑邠霖又遇到了新问题，六姓七户人家不知受谁的蛊惑，竟各找借口，一致表示无法交出契照。谭宏兴供称：田地已当给郑、王两家耕种，契照被哥哥带往重庆。应完粮四升八合。蔡志荣供称：契照已抵押给刘学道家，尚未收回。应完粮八升三合。蔡志隆供称：契照上是祖辈名字，与马姓共契，不在自己手上，要问马氏后人马廷藻。应完粮八升五合。马廷藻供称：与蔡志隆共契是实，但由伯父马盛祥掌管。伯父住巴东龙船河，需要宽限时日找伯父取契照。姜全供称：契照早年被伯父带往房县，现存亡未知。应完粮五升一合。王元晤供称：契照被叔父带走，无从缴出。应完粮一升五合。向炯供称：田是从刘瞎子（刘应忠）手上承当，但契照又抵押给钟福林，得银二十四两。应完粮一升八合。

郑牧当然知道其中奥妙，业户不过是借契照抬价。随即于九月十七日颁布谕示：碎石滩业已经李凌汉修凿完竣，为防止溪水冲石为滩，有碍航船。

奉上宪严令，务将溪上山地封禁，不准开垦。所有该山属民，必须将各自契照立即缴验，本州将支付契约价之上的优惠价银，可另行购置土地耕种。此系奉上宪之命行事，倘敢抗拒或藏匿契照拖延不交，即属私开无契之田，除了不支付地价外，还要按律治罪。现有谭宏兴已经交差役管押，其他人速速将契照交验，如延迟将予重究。

眼看数天过去，有几户山民具禀再次强调各种原因，谁也不愿意先行缴验契照，都在观望。郑牧只得于九月二十四日直接出具了封禁告示：奉督、抚宪札饬，归州碎石滩因阴阳山上开垦，石不能栖，轮滚冲江成滩，有碍航行。有李祥兴愿照约付价购买山地，入官封禁，勒碑永禁。饬令本州吊取山地管业契照，核验给价，入官封禁。本州示谕业户人等，限期缴照验核，从优给价，不料多"支饰狡展"。各大宪严令饬催，未便任其延宕。除令各户限期呈缴契照外，现将左右阴阳山一概封禁，不许开垦。如业户实无管业确据，只要如实呈报，可免侵种官山之罪。如执迷不悟，观望迁延，匿约不缴，又不据实报告没有契约的原委，将按侵占官山例从重治罪。此案系督、抚大宪交办，"尔等慎勿玩忽，有干株连"。

归州的禁令一出，阴阳山各业户感觉到压力巨大，或仍心存侥幸，或背后受人指点，一家家具禀归州，打感情牌。有的编故事，有的有意抬高地价。如蔡志荣等禀称：契照系嘉庆初年躲避白莲教时遗失，且田地已出当200余金（银）。同意验田出让。田内尚有祖茔，请求保留果木、住房，以便看守祖茔。马廷杨、马廷藻、蔡志龙等禀称：当年白莲教烧房时，田契抢救不及灭失，愿勘田议价出卖。姜光周、姜全等禀称：其田地传承了十余辈，早年因家族矛盾，地契被族人带往房县，多年音信不通，不知居何地，也不知存否。现有四户人家、二十余口人依靠这块地过活。李祥兴买山为做善事，这样不顾穷民安置和生活，是善中之不善。谭宏兴禀称：早年家被回禄（失火），契照未被抢出，无老约缴出。现田地已当与郑大海等，当价钱105千文，愿勘田议价。王万载禀称：嘉庆十年（公元1805年）购置山田，价银100两，后开垦水田，用工折银200余金。现由兄弟两家分股，如令售卖，两家十五人将栖身无所。山契已带来。瞽目刘应忠禀称：祖遗山田一段，契照因嘉庆四年（公元1799年）八月初五在本城南门被白莲教烧毁。载粮一升五合，有历年纳粮券书为证。郑牧对各户具禀一一批示，对不实之词进行了驳斥。要求各业户限期呈报田地四至，以及出具典当田地的当约、契纸等。

十月初十日，宜昌府徐知府札示归州：迅速将上宪交办事宜"妥议通详核办，毋稍再延"。随后州牧郑邡霖悬牌告示：定于本月二十七日，本州根据各业户交来管业契纸、四至及纳粮印券，将与乡保等亲赴阴阳山勘验。

勘验阴阳山各户山地四至完毕，郑牧依照督宪札饬，示谕乡保、业户商议公平合理的田地之时价。乡保禀称，不敢公议时价。郑牧知道，从牌示缴验契照开始，就有痞棍在其中搅和、串通、把持，目的很明确，就是要利用李本忠急于购买阴阳山入官封禁的机会，在这个富商身上多多地捞取银钱。郑牧再次悬牌晓谕：督宪札饬，该山业户传案，呈缴契约，照约发给原价。业户均以契照被焚、失漫回禀。本州姑念业户贫穷，未与追究，也未上报上宪。公议时价，实为业户着想。不料痞棍把持，未能公议。本州斟酌再三，现牌示给各业户一个从宽的公平价格，限三日内赴州衙领取银钱。倘有抗违，先行封山，再将业户与痞棍一并拘解督辕，从重究治。不料，除了瞽目刘应忠、谭宏兴具禀恳请适当增价外，其余各业户竟避而不见，仅家留妇孺，乡保、差役传唤无果。

转眼过了新年正月，道光七年（公元1827年）二月二十六日，归州收到宜昌知府的专札，催问价买阴阳山入官封禁一事。三月初七日，归州知州郑邡霖拟就近四千字的详文，向府宪、藩宪和督部堂详细报告自去岁八月收到各大宪札饬后，如何多次示谕，如何亲诣阴阳山勘验土地、亲见山地之贫瘠，如何公平示价，业民如何躲避不予领价，以及业户的实际困难等等，并附各业户载粮和牌示价。恳请大宪就近札行汉阳县，传谕李本忠，适当酌加房屋修建费，并备齐全部价款携带至归州，由本州传齐各业户，当堂发放，不经胥吏之手，以避弊窦。

在家养病的李本忠接到汉阳县转发的传谕，径直呈禀藩司，一方面在归州州牧从优牌示价钱1075串基础上（已有刘应忠等五人已经遵依），主动增加房屋修建费钱425串，凑成钱1500串。另一方面据实报告：职在价买阴阳山请示之前，就已派店伙细查阴阳山全山原价不过钱300串，各户合计每年仅完纳麦粮两斗四升五合（约80斤），实征银五钱四分九厘（约合钱

550 文）。当年白莲教战事尚在北岸，嘉庆元年正月，白莲教陆续在陕西、湖北、河南、四川等地起事。嘉庆二年七月初，白莲教姚之富、王聪儿率部2 万余人，自奉节出川，在白帝城下与清军激战三昼夜，经巴东进军归州。九月初一，长阳义军林之华、覃佳耀率 5000 余人转战至归州上东阳、下东阳地区。嘉庆四年（公元 1799 年），白莲教义军数掠归州。徐天德部克归州，知州戴圣哲逃走，杀学正胡鹏盛等。归州城监生、廪生、刑书等投水者众。八月初六，王聪儿余部再克归州），距离阴阳山百余里，南岸契约从何焚毁？业户尽藏老约，只出示近年契约、当约及纳粮粮券，不过是为了避免照老约给价，故意抬价罢了，"是以匿呈、信口刁抗"。职购买阴阳山，乃除患全愿，并非私置产业，无需与其计较。但是如果拖延日久，山上仍然掘挖，又成滩害。至于该山应纳钱粮，职将另出 500 千文购买田地一处，交归州州学用做学田，取租缴纳。现职已安排店伙将州牧牌示地价数量铜钱，全部运至正在整治的夛角滩处存放，等候州牧指示呈堂交缴。恳请上宪札饬归州，切要追缴老契约入官，不然日久，恐有人凭籍老契约，再占山掘挖。且建议先发给价款的一半，勒令业户尽快起迁。待搬迁完毕，再补发全价。

藩司徐在李本忠呈禀上批示，并札饬宜昌府、归州：李本忠价买阴阳山，入官封禁，永杜碎石凶滩后患，商民无不阴受其福，似此好义乐施，洵称罕见。查该钱粮仅止五钱有零，则非沃土可知。田地价再高，也不至于高过钱粮百倍之多。李本忠在牌示价基础上增价后，比原价高出四倍，蔡志荣们获利甚多，自不应再有争执。宜昌府督同归州追缴老约，蔡志荣等贪得无厌，冥顽不灵之徒，无所用其姑息也。如敢抗违阻挠善举，即从重究。

增价加上官府执行力度加强，除蔡志荣外，其余六家已具领结。蔡志荣不但不具领结，在黄家谟的撺掇下，还以杜撰出的留丁粮、保考籍之名，阻扰其他六家业户领取地价搬迁，甚至鼓动各户闹事，规避不见乡保、差役。留守归州的"李祥兴"店伙王英才写信回汉报告这些情况，李本忠阅信后深感忧虑，立即再以"留粮阻抗，后患难杜"为由，抱病呈禀督府、藩署，力驳蔡志荣等卖田留丁粮之歪理邪说。督、藩两宪再次札饬宜昌府和归州："山地既已卖绝，粮随土转，自应一律过割，岂容籍词遗留，致遗后患。"郑牧依照上宪札饬，票差衙役对刁狡、阻抗的蔡志荣等予以拘押、杖责、枷号。

蔡志荣等人不得不找人保释，当堂具结。六姓七业户赴州衙领取了一半地价和房屋修整费用，承诺当年秋收之后搬迁。后搬迁一事稍有反复，但价买阴阳山入官封禁的大局已定。

道光七年（公元 1827 年）十一月十六日，就汉阳县职员李本忠禀请价买阴阳山入官封禁，饬令追缴老约，照契价给，勒令搬迁，全山封禁一案，州牧郑邡霖造具图册，具文详覆督、抚、藩、府各大宪，复述全案缘由、经过，报告全部业户俱已搬迁完毕，共用钱 1510 串。该山应纳钱粮五钱四分九厘，业将各业户注名涂销，现由职员李本忠另置田产取租完纳。阴阳山业已全山封禁。

李本忠价买阴阳山，交归州"入官封禁"，迁山民下山，开三峡环保移民之先河。并出资雇请看山人常年驻守此山，植树护土，严防垦种、砍伐树木，堵住乱石入江的源头。"从此溪中永无滚石成滩之患，以后无此滩名"。

2. 行事缜密，六年善行成定案

阴阳山上六姓七户人家全部出具了甘结，在入冬前陆续搬下了山，随后赴州衙各自领取另一半价款，每户两次合计领到钱 100 余串文至 300 余串文不等。对这些人家来说，这次出让山地，不啻是一个改善生产、生活条件的重要转折。阴阳山上生存条件极差，按归州郑牧具详上宪时所报告：山地均系斜坡陡坎，平坦无几，道路崎岖，仅陡坡小路数条，土少石多。山民随处搭茅棚、盖石屋栖止，均捡石代耕，就土种植杂粮，或蓄植果树以资生计。每遇山水冲刷，则土去石存，又移至别处垦种。全山各户共有垒石成墙的瓦屋 8 间、茅草棚屋 29 间，大小树木共约 1000 余棵。每年只收一次杂粮，是以全山仅完纳麦粮两斗四升五合。在这种满山乱石的高寒山地，连各户的田亩都没有办法丈量，只得依山坳、沟坎等地形划分各户四至。说是耕种，其实就是在石窝、石缝积土中掘坑点种，靠天收，与刀耕火种差不多少。以归元寺保存的史料做对比，15 年后，即道光二十二年（公元 1842 年），银 1000 两可以买得汉阳周边的水田 15 石余（合 95 亩），附带庄屋 7 所、水塘 7 口等，各户山民当年用卖山地所得，足以在归州境内的丘陵、平坝之地，另置上十亩至三四十亩田产耕种、租佃过活，从根本上改善生存环境。

李本忠清楚，虽然阴阳山山民已搬迁下山，归州也发布了全山封禁的告示，但事情并没有最终了结，善事也要做到完善。李本忠经过仔细计划，依次做了几件事情。

因此前李本忠已承诺阴阳山封禁之后，出钱500串文购置田产，交归州州学取租，完纳阴阳山额定钱粮，余额用作州学宾兴之资。所以首先要做的，就是在归州及临近的东湖县寻找合适的田产。不久，就分别在归州建东茅坪乡置买水田一份，买价钱920串文，每年额折谷价钱80串文。又在东湖县属三溪铺，置买水田一份，买价钱350串文，每年额折谷价钱41串文。两处田产共支出钱1270串文，两处每年应收田租以谷折钱，合计121串文。之后李本忠安排人手，在阴阳山选择两处紧要之地，各盖一栋瓦房，用作看山人居住之所。经禀请州学学师出示招募，由归州绅士公举张洪应、向士富二人担任阴阳山的看山人。李本忠又派店伙随同看山人及州学学书、门斗等人一起，上山将全山现有果树、林木逐一清点，共计大小树木1251株，当面与看山人交接清楚，并让看山人赴归州衙署，具结备案。

《秭归县志·卷十四·教育》载："明代，归州设学宫。清嘉庆二十二年，知州李炘创立丹阳书院""清朝末年，归州官学仍名丹阳书院"。丹阳书院建于归州城南门外，如与归州州学二者一体，也应该是嘉庆初年白莲教战祸后州学重建。光绪《归州志》记载："李炘，字心湖，顺天宛平人。嘉庆二十一年纂修州志（《归州志》记载于道光二年刊印）；创立书院；引泉以济民生，设亭以安行旅。其他兴利除害善政，难以枚举。至今称循吏焉。"该志录李炘《铁圈记》《老蛇窝山地房屋充入学院记》《王保溪凉亭记》《修秭归石悦引泉记》等文；《秭归县志》录其《重修楚左徒屈大夫祠记》。

《归州志·卷一·风俗》载："州人耕读渔樵者恒相半，少商贾，鲜囤积。"归州全境山地居多，人丁稀少，物产不丰，州民贫穷，全州每年实征地丁钱粮银仅711两5钱4厘。许多归州贫门学子立志攻书应试，但困于费无所出。李本忠义捐学田，由州学每年收取租谷折钱50串文，扣除数处合计1串文左右的应纳钱粮，其余全额用作科考之年，资助归州籍赴省城应试学子及带队绅士的费用。自此之后，归州学子长期受其惠泽。

李本忠所购建东茅坪乡、东湖县属三溪铺两处水田，年收租钱121串文，扣除拨付州学的 50 串文，尚余 71 串文。为保证阴阳山入官封禁持之长久，不因日久天长无人督办半途而废，再成滩险危害航行，李本忠在与州学学师商议后，制定了一个章程。该章程不仅对划拨州学的 50 串文宾兴之资的收取、分派使用、移交等各环节进行了约定，对剩余 71 串文也作了详细的分派，可谓煞费苦心：既开支看山人每人每年 23 串文的口食之资，也安排给负有督办职责的学师每年 12 串文的敬仪；不仅安排了州学学书、门斗每年上阴阳山查看，到茅坪乡、三溪铺两地佃户处催缴租金的费用，连每年赴州呈请州牧发布严禁砍伐窃取的告示，需要给州衙文书的笔资钱，也做了安排。不能不说李本忠心思缜密、考虑周全。还不仅如此，章程中还对阴阳山上原有果木出产收益按 10 股做出妥帖分派；对此后新添载果树出产收益分配份额，也按 10 股做了合理安排。在后 10 股中，安排"李祥兴"商号持有一股。李本忠为此还特别做了解释："此一股并非图利，不过后子孙得以稽查。"如果"李祥兴"账本上有此一股，每年年底商号盘账，就必须盘其盈亏，可令其子孙后代持续关注阴阳山。其用心良苦，可见一斑。

道光八年（公元 1828 年）三月十二日，李本忠以"置田入公、恳备案转详上宪、颁示勒石事"，具禀归州，除备述价买阴阳山入官封禁、置田入公等情外，同时将所拟章程附后，"除再禀督宪、府宪、藩宪给示外，理合将置田情由禀明仁宪大老爷台前。据情通详各大宪，并恳将职呈学契约，俟学师移到时一并申详藩宪，贮库备案，颁示勒石"。恳请归州郑牧详报上宪批准，出示禁垦阴阳山，与所拟章程一并刻立石碑，以垂久远。照旧是繁复公文往来，照旧是无奈的等待。

转眼到了道光九年（公元 1829 年）。这一年，归州州署走马灯似经历了三任州牧。《归州志·卷六·州牧》载：郑邟霖，山西夏县人，道光六年上任；郑济南，山西夏县人，道光九年上任；郑伟，直隶丰润人，道光九年上任。巧的是，连续三任知府都姓郑。

二月，年仅 44 岁的长子李良政病故，李本忠经历了老年丧子的哀痛。九月，平滩治险工程由四川夔州奉节，转移到东湖县锅笼子滩，由其 13 岁的三孙李贤佐主持。这时李本忠得到消息，已故前州主听信衙丁、书吏的唆使，企图将入公的茅坪乡、三溪铺两处田产每年 121 串文地租隐匿，以肥私囊。竟然两年没有详覆上宪札示，也没有出禁示、没有立碑，以致无知山民和不法之徒，"乘该山案未详定，无示无碑，学师未奉饬，知又无专责禁示，屡次窃伐树木。看山人遇获，匪等反肆凶辱。禀州不究，如同众业"。李本忠不得已，只得再次抱病到省城武昌，投书藩司，禀报情由："惨职衰朽常病，长子良政物故，次子与孙俱幼，均在攻书。贸尚收歇，自顾不暇，何能保守此山""情急再叩大人台前恩赏，分别勒限严催府、州，照案详复。出示勒碑章程永禁""焚顶上呈"。李本忠在禀帖中指前州主受"丁书弊蒙"，是为尊者讳。其实最大的可能是州主自己有意从入公的田产地租中分肥。清朝官员官俸极低，归州知州一年俸银仅80两，再加数倍的养廉银，为官一任，想要囊丰袋满，不在管辖的钱粮税课上想办法是不可能的。丁书衙役更不用说，每年那一点点口食银可以忽略不计，基本上依靠索取陋规和在过手的钱粮里上下其手敛财。这种未列公册的田租，就犹如唐僧肉，都想咬上一口。至于是哪位知州计图自肥？可按州牧接任时间推算。

九月二十七日，藩宪周的札饬到达宜昌府："查此案前奏两院、北司，久经转饬，该府妥议通详勒碑在案，何以延搁年余，杳不详覆？以至前州郑故牧任令丁书弊蒙，匪徒私垦窃伐，将善举全功尽废。殊堪发指。合亟严饬札到，该署牧即便遵照，速即查明，先行出示禁止。一面差拘私垦窃伐匪徒到案，严行惩办，并即按照所禀章程，迅速妥议，申府核明通详。勒碑立案，以垂永久。毋任弊延。切切。"十月初八日，宜昌府札饬到达归州："查此案久奉札饬，均经前府转饬，查议通详去后，迄今未据议详，实属违延。兹奉前因，合再札催。札到该州，立遵节檄。迅速查明，先行示禁。并拘私垦窃伐匪徒到案，严行惩办具覆。仍即查照章程，妥议通详，毋再违延，致干未便。切切。"督、抚、藩、府札饬纷至沓来，最终归州州牧郑伟遵饬执行，将禁垦告示在州衙头门外、归州城门及阴阳山数处张贴出来，并将禁示和章程勒碑，树立在归州州署头门内。

道光十二年（公元1832年）六月十八日，李本忠赴武昌城湖北省布政使司呈递禀帖称：价买阴阳山入官封禁、置田入公、分派章程等，已经两院大宪札饬立碑，前州主郑牧遵饬立碑于州衙头门内，已成定案。几年来正常照章施行。不料因公田钱粮、租课事宜由州学学师督办，不经丁役、胥吏之手，其无可中饱，故弊蒙前州主辛如玺（山西曲沃人，道光十年上任），将阴阳山定案石碑移至州城城隍庙内，计图日久隐匿，改易成规，将来吞占山林、田产，获利肥私。幸新任归州州主李会庚查案，清出该石碑，仍立州署头门内。为避免将来阴阳山被侵吞私占，再遭开垦，滚石成滩，前功尽弃。恳请大宪札饬宜昌府、归州，至此往后，石碑竖立州署头道门内，永不许再移它处。藩宪批示后，札饬七月十三日到宜昌府，宜昌府转札八月初一日到归州。札饬归州速将原石碑仍立州署头门，不许再移他处。新任归州马牧于同年八月十二日出示晓谕："示仰军民人等知悉，自示之后，毋许在于阴阳二山挖取药菜、砍割柴草，以致土松石坠，仍成巨滩，有碍行舟。倘敢不遵，许看山人等指名具禀，以凭严拿究惩。本州言出法随，决不曲为宽宥。各宜凛遵毋违。"

至此，自道光六年（公元1826年）起始的价买阴阳山入官封禁一案，经历六年时间的曲折反复，终于定案。此后阴阳山一直是官府名下的公山，直至新中国成立，阴阳山并入国有林场。因为最初是以李祥兴商号名义购买，阴阳两山之间所夹溪涧，被归州人称为"祥兴壕"，其名一直流传至今。在秭归县城因三峡蓄水搬迁移民前，一些当地老人仍以"祥兴壕"相称。

（四）一门两牌坊，三代三蓝顶

《平滩纪略》录存的李本忠及其一子一孙具呈的履历表，显示了李本忠家庭人员的基本情况：李本忠曾祖父李昌明、祖父李武、父亲李之义，李本忠生母朱氏。李本忠原配季氏、续弦季氏。长子李良政（公元1785—1829年），出自原配季氏；次子李良宪（公元1810—？），出自续弦季氏。长孙李贤俊、次孙（佚名）、三孙李贤佐（公元1815—1836年）均出自长子李良政。女儿女孙不详。

李本忠投身平滩治险，对家庭人员作了妥善安排：长子李良政带领次孙接掌汉口"李祥兴"老号生意；次子李良宪和长孙李贤俊、三孙李贤佐在家攻书应试。至道光五年（公元1825年），李本忠已逾66岁高龄，平滩治险已20年。因常年奔波在外，在工地上餐风露宿，身体状况愈来愈差，有时不得不放下手上的凿滩平险事务，回汉口卧床修养、治疗。有时几项工程同时进行无法分身。权衡再三，不得已，只得让头脑灵活、胆大心细的三孙李贤佐退学，来到峡江，在店伙的协助下，独当一面主持平滩治险事务。这一年，李贤佐仅仅只有10岁。

自古英雄出少年。据方志和相关史料记载，汉阳地方仅明清以来，就出过数位少年才俊、诗才，被邑人津津乐道。最有名的是书法才子曾玥。曾玥，字一峰，清雍正年间汉阳庠生。自幼聪慧，善书能诗。为汉口大观音寺书写"觉悟众生"四字大匾；汉阳大别山南，有大石刻"状元石"三字，署"童子曾玥书"。惜"逾冠夭折，以诸生终"。还有萧良友，字以占，号汉冲。汉阳人。幼年早慧，有"神童"之称。11岁为郡诸生，12岁应省试，15岁应科考。明万历八年（公元1580年）参加会试获第一名，殿试得中榜眼及第。领国子祭酒，著有《玉堂遗稿》流传。黄嗣翙，字心余。晚清汉阳优贡生。5岁习《毛诗》，能通大意；10岁通九经。少年时即有诗句一时传咏；关棠，字季华。晚清汉阳人。生而颖异，以诗古文自娱，工书。10岁时为人撰写春联，邻里捆载求书，必恭敬称关先生。所撰书屏扇联对诗作，时人多珍藏之。光绪乙酉举人，先后官罗田教谕、浙江知县。

地方志书等所录多系文学神童，其实少年李贤佐也应该列入汉阳地方少年才俊名录。李贤佐年仅10岁，就敢进州、府衙门见官从容应对，就能督率数百工匠进行大规模的整治工程

道光十五年（公元1825年）三月十九日，李贤佐以童生身份具禀东湖县，称：缘童祖李本忠，于道光五年四月内，赴县府请示承凿县属渣波滩等各险滩，并修开青鱼背纤路。童祖因年迈衰老，命童督率工匠，自道光六年九月十六日兴工起，至道光十三年四月二十四日停工止，共用过工费炭价银41866.4两。斯时犹恐水性未定，致未禀报工竣。迨至去夏水泛之时，逐加察看试探，实系水性平稳。询之过往各船舵水手等，均称水性顺流，已属化险为夷，永无倾覆之患。为此开造工程银数清册，绘具图说，禀恳核勘转详。李贤佐在同年十一月初九日的亲供中又称："因童祖年已衰迈，命童于道光五年四月内，赴辕请示承凿治属渣波滩即爹钵滩、火炮珠、大浪洪、黛石滩、大峰珠、南虎鹿角、使劲滩、锅笼子、沾山珠等处，并开修青鱼背纤路。"依此供结，李贤佐于道光五年（公元1825年）四月，就已代替祖父李本忠呈禀州、府，

年仅 10 岁。至道光十五年（公元 1825 年）具禀报告工竣，李贤佐已在平滩治险一线整整 10 年。依其呈报清册统计，常常有数处工地同时开工，最多时共有石匠、小工 420 余人。李贤佐已具有丰富的治理滩险经验和管理施工队伍经验，成为李本忠平滩治险的接班人。

后，东湖县、宜昌府、湖广省官府逐级呈文，为李贤佐向礼部提请议叙。不幸的是，李贤佐于道光十六年（公元 1836 年）七月十九日病故。官府提请议叙改为题请旌表。后"湖广司案呈准礼部，将湖北汉阳县已故童生李贤佐乐善好施题请准其旌表。由地方官给银叁拾两，听本家自行建坊""道光十六年十月二十四日题，二十六日奉旨：依议。钦此。除行文该抚外，知照前来，应咨该抚即饬藩司，将前项建坊银叁拾两于地丁项下动支给发，造入地丁奏销册内，报部查核可也"。道光皇帝批准了礼部题请，并由汉阳县支给官银 30 两，李家建起一座"乐善好施"牌坊。这也是李本忠家族的第二座牌坊。

当年李母为夫殉节事迹，后由汉阳县儒学申报至官府，受到朝廷旌表，依例获准建立列女牌坊。道光五年（公元 1825 年）八月二十五日，李本忠呈禀汉阳县耿令时称："迨后贸顺，父债已还，母节已荷建坊。"同治《汉阳县志·卷二十四·烈妇》、民国《夏口县志·卷十六·列女志》，均收录李朱氏殉节事迹。"蒙旌于朝，为母建立烈妇坊"，应该是"李祥兴"商号生意兴盛之后嘉庆年间的事情。

清代的捐纳制度一直被人诟病，清人即有"盗贼之起，由于吏治之坏；吏治之坏，由于捐纳之滥；捐纳滥造成吏治坏"之说，更有指捐纳制度实为清中后期吏治严重腐败和教育质量大幅下降之滥觞。后来捐纳逾滥，不但可以捐衔、捐官、捐级，还可以捐升、捐复、捐补、捐监、捐正等，花样繁多。捐纳分例捐和常捐。例捐通常为商人捐纳，捐的是虚衔，没有俸禄，不需听鼓坐班视事，只是有个虚名和官衣顶戴，可见官不跪。常捐捐的是正四品以下实官，且需要到部引见，分派或指省候补。

"议叙"是清朝的一种奖励制度。清制，考绩官员时，若该员著有劳绩，则由督抚提名，报请吏部核议，奏请给予奖励，谓之"议叙"。《清会典·吏部》卷十一载："凡议叙之法有二：一曰记录，其等三；二曰加级。合之，其等十有二。"每加一级，相当于记录四次。行政处分分罚俸、降级、革职三种。如官员受到罚俸和降级两种处分，可以用"记录"和"加级"予以低消。士绅商民或在战争、灾赈、河工等国家有特殊财政支出时捐银，或出资修路、搭桥、助学、助赈数额较大者，也由吏部按所捐、所用银两多少，比照捐纳，对应授予官衔，亦称"议叙"。相对而言，"议叙"得来的官衔有表彰、鼓励之意，含金量明显要高于捐纳。

嘉庆七年（公元 1802 年）八月，李本忠 17 岁的长子李良政"在部捐监"，获得监生身份。嘉庆九年（公元 1804 年）李本忠开始平滩治险后，为了在处理治滩事务时与官府打交道的便利和"见官不跪"，李本忠于嘉庆十三年（公元 1808 年）十一月，遵例捐纳监生。道光三年（公元 1823 年）九月，38 岁的李良政再次赴部捐银 300 两，由监生加捐布正司理问职衔（从六品）；又加捐了银 440 两，获加二级。同时，李良政依例恭请貤封（将封爵名号移授给亲族尊长）父亲李本忠五品职衔。道光十一年（公元 1831 年）夏，汉阳、汉口大水，李本忠助赈义捐铜钱 3000 串文，汉阳县官府依例逐级上报，为其奏请议叙。最终，已有五品职衔的李本忠，获得加三级褒奖。

李本忠自嘉庆十年（公元 1805 年）开始，陆续在川楚两省沿峡江各州县境内实施平滩治险，不仅工程浩大，经年累月工期长，还要耗费大笔的银钱。常常一项工程竣工结算，仅计算人工费及煤炭两项，支出银就以万两计。这对于每年地丁银只有数百两的沿峡江各州县，不啻为一笔巨款。而这笔巨款，完全由李本忠个人出资，没有丝毫的外来赞助和敛派。

自嘉庆十年（公元 1805 年）至道光五年（公元 1825 年）春，李本忠花费白银数万两，连续 20 年，分别治理了湖北宜昌府归州、四川省夔州府奉节县两地的多处险滩、纤道，工程告竣，"确有成效"，大大改善了三峡江段的航行安全条件，于民于商于官都"大有裨益"。后陆续有川楚两地县、府、省为李本忠题请议叙。

嘉庆十三年（公元 1808 年）二月，归州州牧甘立朝分别具呈详文至宜昌府、湖广省督、抚等，呈报周步洲、李本忠整治州治牛口滩、泄滩、莲花滩、八斗官漕、雷鸣洞、白洞子等处治理工程清册等，报告捐修纤路、险滩工程告竣，共用银 21462.40 两。"请咨部议议叙"。

　　同年四月十二日、四月二十一日，宜昌府赵知府分别转札归州，要求按湖广省督部院、抚部院、北布政司、荆宜施分巡道的层层批示，确查整治险滩"工程是否结实、得宜，所用银两有无浮冒"等情。月余时间，北布政司还没有收到归州确查回复，又"札催"宜昌府，训责："迄今未据详办，殊属玩违。"六月初四日，宜昌府赵知府转发，札饬归州按要求办理相关事宜，并"妥议详覆，以凭详府转详。毋再刻延"。

　　道光三年（公元1823年）十一月至道光五年（公元1825年）二月，李本忠完成了四川夔州府奉节县境内黑石滩、石板峡等险滩及白果背等纤路的开修整治，共用过工资、炭价银12611.10两。同年六月夔州府、奉节县详报整治情况及工程清册等，给李本忠奏请议叙。并移文汉阳县，调取李本忠三代履历。李本忠呈禀汉阳县称：各处河道滩险已凿，系职自愿捐资承办，"不敢邀功，以违心愿。所有履历，未便开呈"。四川省藩司董淳批示中赞李本忠"孝思可嘉，今又力辞议叙，尤足使懦立顽廉，似未便准其辞"。四川省巡抚批示："查该职员李本忠，捐资义举而又力辞议叙，更足见其恬淡居心，洵堪嘉尚。"

　　此后治滩工程又转回宜昌府归州、东湖县等地，投入费用随之增加，四川、湖北府县官府屡次为其题请议叙，合并金额，并案鼓励。李本忠再三力辞，官府公文称"更足见其恬淡居心、洵堪嘉尚"。湖广总督张鸿宾曾在批示中称赞李本忠："其乐善好施之心，始终不倦。虽具禀捐资出自情愿，别无希冀。但士民修理桥梁、道路，例有分别奖赏之条"，不许请辞。

　　道光六年（公元1826年）十月，李本忠具禀上书称"职因年迈，邀免议叙"，请求能否邀恩援例议叙长子李良政和正在攻书应考的次子李良宪中的一人，并上报了父子三人名氏履历、三代存殁。清代官府办理公案，以以往成案为例，因为没有将议叙转给后人的先例，官府文书往来又是数年。

　　道光九年（公元1829年）二月，李本忠44岁的长子李良政病故。李良政名下的捐款数额转到其长子李贤俊的名下。川楚大宪、部堂转为李贤俊、李良宪题奏议叙。奉旨：该部议奏。部堂议得应将"李贤俊、李良宪各给予盐运司运同职衔"。同年十一月十二日奉旨：依议。钦此。李贤俊、李良宪均被授予盐运司运同从四品职衔。

李本忠在川楚两省的整治险滩、纤道的工程连续不断，经检验实有成效；出资购买阴阳山，入官封禁，避免因开垦滚石危害航道。这些举措极大改善了峡江航道的航行条件，陆续投入了 10 余万两白银的巨资。两省商民感戴李本忠恩德，纷纷请求为李本忠树碑以彰显善举。两省官府在后续工程完工后，再次为李本忠题请议叙。道光十六年（公元 1836 年）六月十七日部议：已请五品封典李凌汉应给予道员职衔。八月初七日奉旨："依议。钦此。"经道光皇帝恩准，李本忠获得正四品道员职衔。

清朝四品、从四品官员红缨顶戴的顶砵均为青金石，俗称暗蓝顶。李本忠家族"恩隆三赐"，一门两牌坊，三代三蓝顶，既是楚商的传奇，也是楚商的殊荣。

道光十八年（公元 1838 年）三月，东湖县境内的渣波滩等整治工程完工，东湖县、宜昌府再次为李本忠题请议叙时，李本忠具禀谢恩，再次免请议叙："三请议叙，已属望外。若再蒙叙典，是职邀功图荣之行竟无已时。"此时李本忠自称"道职"。

（五）乐善不倦，造福桑梓

李本忠一生尊崇儒释道，一生行善。只要是能够说得出名称的善行，他一样都不缺席。用"乐善好施"已不足以形容。在道光年间，李本忠"由困而亨，乐善不倦"之名即已远扬。河南人士李正心对李本忠的种种善行早有耳闻，从开始的不屑到怀疑，再由怀疑到好奇。直到亲临汉口登门拜访李本忠，看过李本忠几十年攒下的平滩治险存稿，才最后信服。并最终导致《平滩纪略》刊刻，流传于世。

道光四年（公元 1824 年）奉节县令万承荫在《赠李君修凿瞿唐险滩序》中写到："而君之乐善，又不仅凿滩已也，如设义渡、掩道殣、散寒衣、施药饵，盛德之事不可枚举。"道光五年（1825）夔州府恩成批："真心乐善，务实而不务名，深堪嘉尚"；四川省总督戴批；"洵属义举，殊堪嘉尚"。道光六年（公元 1826 年）湖广总督李鸿宾批："其乐善好施之心，始终不倦。"道光十五年（公元 1835 年），东湖县县令批："似此独立兴工，始终乐善不倦，深堪嘉尚。"同年五月十六日，新任湖广总督讷尔经额批："洵属急公，乐

善不倦，实堪嘉尚。"赞美之词，溢于言表。

李本忠平滩治险壮举及乐善不倦事迹被收录入方志。同治《汉阳县志》细数李本忠善举："居平赈贫乏、恤孤寡、施棺木、掩暴露，善行不一端，然皆故常之举，不更表之，独表其巨者。"李正心在《平滩纪略》序中，也——列举了李本忠的善行。

数十年间，李本忠祖孙连续、大规模整治峡江航道，平险滩、开纤道，"将夔府、巫山属，暨归州、东湖属一切险要之滩，概行凿尽"，"至于沿山纤路，均系危险如壁，其陡窄者，余复凿而宽之；其无路者，余新劈而成之"，极大地改善了峡江通航条件，活人无数。沿峡江各州县，奉节县、巫山县、归州、东湖县，均受其惠。铜铅畅通输京，纤夫再无滚岩丧命之虑，来往官商民等及船家、驾长，莫不交相赞誉。李本忠祖孙为木船运输时代峡江水上交通安全，作出了巨大贡献。"于是曲沱左右来往者棹歌竞发，津鼓不停；有司褒奖，行路者皆拜德焉"。其实，峡江平滩治险就是李本忠最大的善行。

依《平滩纪略》呈报的清册有据可查的，李本忠祖孙36年间就投入平滩治险银18万两。依相关历史资料（《蜀海丛谈》《宜昌府志》）统计，清代峡江沿岸的一州三县，每年应收地丁银、杂税银共5000余两，其中奉节县2200余两，巫山县900余两，归州820余两，东湖县1000余两，36年合计为18万两（康熙五十年清政府宣布"永不加赋"），恰巧与同时间段李本忠投入的平滩治险资金总额相等。李本忠对当地经济发展所起到重要促进作用是显而易见的。

1938年冬，宜昌，中国抗战史上的"敦刻尔克大撤退"出发地。很难想象，如果没有百年前李本忠对峡江航道大规模滩险治理及开辟纤道，没有民国时期的几次滩险整治，卢作孚怎么能够在40天内，通过峡江，最终完成转移一百余万吨物资，运送部队、难民等各类人员150余万人。李本忠的善举，不仅惠及当时，且惠泽近代。

平滩治险期间，李本忠于道光四年（公元1824年）在夔州府奉节县捐银200两，支持夔州知府恩成倡导建立的慈善性质的拯溺会。道光六年（公元1826年），李本忠在归州购买阴阳山入官封禁，开环保移民先声。既保

112

护植被、根治了滩害，又改善了六姓山民的生存条件。李本忠又在归州建东茅坪乡、东湖县三溪铺两地，各购置水田一份，捐做归州州学学田，资助州学丹阳书院的贫穷学子。道光十八年（公元 1838 年），在四川省夔州府巫山县境内治理大魔滩期间，李本忠积极响应鲁县令的倡议，捐银 200 两（折钱约 250 串文），购买田地山场，收租用于打捞、掩埋浮殍（共收捐款合计 590 串文）。越年，张县令继任，李本忠再次捐银 300 两（折钱 432 串文零 651 文），购买田地收取租金，此次众人共捐 845 串零 251 文，李本忠一人捐资过半。两项义田合计每年收租 140 串零 600 文，用于打捞、掩埋浮殍，添置棺木。

在家乡汉阳，李本忠的种种善行被人乐道。

乾隆五十九年（公元 1794 年）的一天，35 岁的李本忠在外经商回到汉口，偶遇儿时同窗易澄心。此时的易澄心穷困潦倒，因经济拮据，已病逝 6 年的母亲和刚刚病逝的儿媳无法下葬。李本忠不仅出资，还亲自为易澄心的母亲及儿媳选定墓地，卜定吉期安葬，并撰写了墓志铭。

始建于康熙四十四年（公元 1705 年）的汉阳书院，因毗邻晴川阁，乾隆初年更名"晴川书院"。嘉庆十三年（公元 1808 年），汉阳府知府刘斌倡议改建，购得试院西张氏故宅一座，着人修葺。十四年（公元 1809 年），时任汉阳知县的裘行恕（字慎甫，江西新建人；举人。嘉庆年间知汉阳七载。"行恕举废坠，不遗余力"，邑遂成壮县。"自郡县学魁星楼、晴川书院、晴川阁，无不缔构一新"。"至请鹦鹉洲隶汉阳，广学额、增书院膏火，士林尤诵之不衰"。"因《县志》历七十年久未续修，慨然延渊雅名流，重加增辑。今赖其网罗前事，始不虞放佚云。后擢同知，去"），动员民间出资重建。已届天命之年的李本忠，捐资整修学宫，不惜工本，将学舍修建得结实、精致。

嘉庆年间，汉阳学风日盛，读书求功名的学子越来越多，但清廷历年所定汉阳县的进学名额太少，每科仅 15 名。嘉庆二十年（公元 1815 年），汉阳士绅徐镐倡议，李本忠等 20 位士绅、儒士联名，呈禀汉阳县知县裘行恕，上书请求增加学额。后经获准，增加汉阳县学额 3~18 名。此举让家乡汉阳的学子长期受益。

　　道光十一年（公元 1831 年）夏，长江、汉水流域发生严重水灾，汉阳、汉口大水，商民受灾严重，周边的灾民也蜂拥进城，最主要的问题是粮食短缺。官府号召众商伸援手，汉口盐商、绅商纷纷解囊救济。李本忠不仅助赈义捐钱 3000 串文，而且安排"李祥兴"商号开仓放粮，设粥棚救济灾民。还通过重庆巴县的分店"渝号李祥兴"，从四川紧急购买粮食运汉救急，大米采买不及，就连胡豆（蚕豆）也大量购买，接连发运汉口，接济灾民。仅九月初，就一次发出粮船四只，各装载粮米 400 余石，共 50 余万斤到汉口。因为船只不够用，又支出银两，在巴县当地紧急购买新船，抢运粮食。源源不断的川粮，拯救家乡父老乡亲无数。

　　史料记，是年大水过后，汉阳县主持对汉口玉带河及袁公堤全面进行维修，共用银 37 万两，全部来自当地商人的捐助，其中就有李本忠捐出的善款。

　　清人叶调元《汉口竹枝词》中有一首："龙王庙口汉江连，激浪惊泷似箭穿。水果行开飞阁上，渡江船檥木簰前。"他专门做了注解："庙在江汉应交之处，陡岸飞流，不能停泊。有木簰长数丈，广半之，用大杙、铁索系于江岸，外以泊船，内以长艒接岸，李祥兴力也。"得益于常年跑码头见多识广，李本忠别出心裁，将坚实、粗大的木桩打入江干，札一木簰，伸出江岸，用粗大的铁链捆系，可拦搁自上游急流中快速下行的船只。木簰可以随汉水涨跌上下调整，再以长艒板连接江岸，登岸者难度大减，彻底改变了龙王庙码头难以停靠、登岸之人每每失足落水的危险境况。

　　民国《夏口县志卷五·建置》志载："李氏义渡，距县治三十五里，在桑马所河内。李氏所设，除年节随给外，不取行人分文渡资，故名李氏义渡。"该李氏义渡是否与李本忠有关，暂无考证。但恰巧可以与万承荫所述"如设义渡、掩道殣、散寒衣、施药饵，盛德之事不可枚举"相对应。李本忠究竟在何处捐设义渡？捐设几处？其实已不重要，在李本忠诸多善行中，捐设义渡只是其中花费很少的一项。因万承荫与李本忠、闵文哲等相熟，其记述料无虚言。

　　在重庆巴县经商，李本忠同样关照同乡。嘉庆十四年（公元 1809 年）三月，李本忠与吕嘉会、邓天贵等人，共帮垫银 4100 两，借给汉阳同乡张志德，用作他在巴县顶帖、开设瓷器牙行的本钱。他为重庆湖广会馆捐款，为在渝的两湖老乡提供便利。

李本忠在三镇广结善缘，屡屡给寺庙、道观布施善款。他于道光年间捐银修建归元寺田字形罗汉堂，并塑五百罗汉及众佛、菩萨、天王法相。道光二十二年（公元 1842 年），83 岁高龄的李本忠又出资 1000 两白银，购买水田 15 石及 7 座房舍等捐给归元寺，以该水田年租收入，用作罗汉堂香火、灯油及拾扫之资。他出资整修汉阳玄妙观，被后人写入唱本四处传唱。他为汉口、汉阳多个善堂捐资，在敦本堂铁门关等处设立救生红船，救人无数。他参与多种慈善活动，却又不愿出头，不愿沽名钓誉。《湖北通志志余》载：（李本忠）"由是创诸善举，若救生局、崇善堂，每岁费以数万计。"

（六）李本忠与归元寺罗汉堂

归元寺全称归元禅寺，史载由浙江籍僧人白光、主峰创建于清顺治十五年（公元 1658 年）。取《楞严经》中"旋元自归""归元无二路"之意取名，亦有按佛经"归元性不二，方便有多门"之意取名之说。近代以来，归元禅寺、宝通禅寺、溪莲寺、正觉寺被合称为武汉佛教四大丛林。

刻于康熙六年（公元 1667 年）的《建归元寺碑记》载："归元寺者，乃洞家白光明、主峰昆二禅师兄弟同心建普同塔之悲愿，以感定南武壮王诸镇将领协力落成者也。"乾隆《汉阳府志》载："归元寺，城西二里。顺治初僧白光即王章甫袗葵园。"归元寺位于旧汉阳城西门外，坐西朝东，基于王章甫葵园旧址兴建。寺内各禅堂、大殿、楼阁等主体建筑陆续兴建、增建，至康熙十三年（公元 1674 年），大小山门等落成。《武汉市志·社会志》载："道光十四年（公元 1834 年）汉镇李祥兴施款修建 24 间呈田字形结构的罗汉堂，咸丰二年（公元 1852 年）毁于战火。"罗汉堂是归元寺最具特色的佛堂，传其中的五百罗汉塑像，系当年由黄陂王氏父子依据常州天宁寺石刻五百罗汉像为拓本再创作，采用的脱塑制作工艺称"脱胎漆塑"法。此后到归元寺烧香、拜佛、数罗汉、解签，渐成三镇民间习俗。罗汉堂为提高归元寺在僧、俗两众中的影响力发挥了重要作用。

旧时寺庙、道观修建，其资金部分由僧道向信众化缘而来，更多的是依靠绅商、官宦等大笔捐赠，捐资的信众被称为施主、功德主、檀施或善士。

归元寺地基旧王氏蔡园，就是定南王藩下的商人孙耀先、戴天成、吕克孝等以银 352 两购得后捐赠。康熙五十年（公元 1711 年），归元寺开始筹划全面维修，孙序祥祖父"置砖二十万余（块）、脂灰千余石。……费近千金"捐出以助。雍正十年（公元 1732 年），皈依弟子澄慧捐银 100 余两，重修当年由高德甫夫妇捐建的藏经阁。乾隆十六年（公元 1751 年），功德主颜如辛捐银 830 余两，对归元寺进行第二次全面整修。归元寺保存的清代写本《归元历史》抄录有 21 份光绪九年（公元 1883 年）之前的田契，其中 19 份系信众、施主施舍，其田产总价值银 2918.3 两、金 10 余两，其中由李祥兴布施的银 1000 两，是其中最大的一笔，占归元寺田产价值总额的三分之一。由本寺出资购买的仅有两份，价值为银 200 两、钱 225 串文。

李本忠一生尊崇儒释道三教，一心向善，虔诚礼佛，对三镇的道观、寺庙，多有施舍。其中已被现有史料证实为信史的，就是李本忠道光年间捐修归元寺罗汉堂。

最早记载李本忠捐修罗汉堂的史料，应该是刊刻于道光二十年（公元 1840 年）的《平滩纪略·序》，由宦游来楚的河南籍李正心做。序中记：（李本忠）"建立罗汉堂甲子殿，阔大坚牢"。光绪二十六年（公元 1900 年），曹生谦诗文《重修罗汉堂落成志庆》也中写道："道光之季骈炽昌，李氏捐修罗汉堂。"李正心当年正在汉阳（汉口），是他力劝李本忠将《平滩纪略》付梓，对李本忠非常熟悉，甚至十分可能去过已经落成的归元寺罗汉堂礼佛，亲眼见到了罗汉堂甲字殿堂"阔大坚牢"。李正心所称"甲子殿"今称"田字形"罗汉堂，都是以罗汉堂建筑布局形状命名。仅看罗汉堂建筑，是一个"田"字，如果把罗汉堂正门外连接的殿堂一起看，就是一个"甲"字。罗汉堂这种田字形布局，最大限度利用了建筑空间，同时巧妙地解决了罗汉堂的照明问题。如果《归元禅寺志》所记载黄陂王氏父子历时九年完成五百罗汉塑像属实，从正常情况看，应该是先建罗汉堂、再塑罗汉法相，最起码也应该是同时实施。以《武汉市志·文物志》记载的罗汉堂于道光十四年（公元 1834 年）建成推算，其开建时间至少在道光五年（公元 1825 年）。即使按《平滩纪略》付印时间道光二十年（公元 1840 年）建成推算，其开建时间也应该在道光十一年（公元 1831 年）。如果按李正心所述，从其子侄口中了解到李本忠捐修罗汉堂事迹已"越廿余载"推算，罗汉堂的开建时间应该在嘉庆年间，建成于嘉庆末年、道光初年。不管如何，以《平滩纪略·序》推论，至少可以排除《归元禅寺志》关于罗汉堂"建成于道光末年""至少建成于道光二十二年（公元1842年）"两种说法，其建成时间甚至可能比道光十四年（公元1834年）更早。现今归元寺罗汉堂前铜牌上的介绍内容："罗汉堂是归元寺最具特色的建筑，始建于清道光三十年（公元1850年）"，其谬误是显而易见的。除非有确切文献、证据证明，归元寺罗汉堂建成于道光十四年（公元1834年），"归元寺罗汉堂建成于清道光二十年（公元1840年）之前"，恐更接近于历史事实、描述更准确。

李本忠不仅全资资助兴建了罗汉堂及五百罗汉法相，还出资敬修了罗汉堂前的四大天王像以及多尊佛、菩萨等法相。以康熙五十年（公元1711年）、乾隆十六年（公元1751年）归元寺两次全面整修所费银钱"费近千金""捐银八百三十余两"及当时的物价水平推算，李本忠捐修罗汉堂、塑造五百罗汉法相等，总费银约在4000两左右，堪称善士中的大手笔。可惜道光罗汉堂及五百罗汉全部毁于咸丰年间（公元1852年）太平天国兵燹。归元寺现有罗汉堂及五百罗汉，系光绪年间重建、重塑，但罗汉堂建筑依然按照道光年间罗汉堂旧有的田字形布局地基修建。

道光二十二年（公元1842年），已83岁高龄的李本忠疾病缠身，他知道留给自己的时间已经不多了。为了保证归元寺罗汉堂的香火不断，他做了一个长久的安排：出资1000两白银，交由归元寺方丈，购买一份水田，有土地十五石零八升八合五勺（每石合6.3亩，共约合95亩）及附属房舍七座、水塘七口等，无偿捐给归元寺，以该份水田的年租收入米198石及附加收入，用作罗汉堂供奉之用的香烛、灯油费用，以及佛堂清扫、僧人种菜之资。据1996年10月出版的《归元禅寺志》记载，该笔买卖的田契名曰《大卖水田庄屋基地约》，保存在归元寺史料抄本中。也正是由于这一份田契上有"其银系善士李祥兴付归元寺方丈手转交，卖主亲手收讫"字样，以及落款时间，成为证明李本忠道光二十二年（公元1842年）初夏尚且健在的确凿证据，并可依此纠正各志书中李本忠年龄的标注错误。

清末民初武汉地区流行一本郑东华编写的唱词《江汉图》，主要咏唱一年四季十二个月武昌、汉阳三镇的名胜风光。其中有"七月到了银河岸，玩要要到铁门关。李祥兴重修玄妙观，西门桥上玉石拦杆"。据《湖北通志·舆地志》载，汉阳玄妙观宋乾德五年（公元967年）建于"汉阳县治东"，祥符年间赐名"天庆观"；元皇庆元年（公元1312年）更名"玄妙观"。明洪武初年，汉阳县令赵廷兰移建城西。玄妙观屡毁屡修，清顺治年间再次复修。康熙爱新觉罗·玄烨即位之年，为避上讳，全国各地玄妙观均改名"元妙观"，汉阳玄妙观亦不例外。元妙观坐北朝南，山门在汉阳西大街，前窄后宽，中路三重主殿，整体规模不输武昌长春观，是武汉最早的十方丛林。

一句"李祥兴重修玄妙观"，一是证明了李本忠尊崇儒释道三教的实例，不但给寺庙捐款，同样也给道观捐款。且要重修如长春观一般体量的一座道观，其费用绝不是一笔小数目。二是证明李本忠尊佛敬道事迹在家乡汉阳及周边地区民间流传甚广，甚至被编入唱词四处传唱。清光绪年间的汉阳县地图显示，玄妙观和归元寺均在汉阳城西门外，唱词中的西门桥正处在玄妙观和归元寺中间，从两寺、观互相往来，都必须要经过西门桥，都可抚摸桥两边的玉石栏杆。

（七）清末民初感动中国的楚商

李本忠祖孙平滩治险等一系列善举，不仅被官方肯定，尤其是"恩隆三赐"，得到道光皇帝和政府的褒奖，授职衔、建牌坊、树碑立传，无疑影响深远。而且在民间，其善行也得到推崇和效仿。

道光十年（公元1830年）十月初三日，宜昌府书吏蒋楹、胡全、周德源、周三卿等，受李本忠义举感染，具禀宜昌府，主动将李本忠制定的归州学田支出章程中，规定每年支付给宜昌府书吏张贴严禁在阴阳山砍伐、窃取告示的笔墨等费用三串文捐出，拨充归州丹阳书院，以佐膏火。

道光十八年（公元1838年），四川江津县人孙世芳兄弟，捐资两万余两，鸠工数百，开凿江津境内弥沱罐口滩。由是该处"水势杀而舟少没"，清政府以"利济群生"四个大字，刻石表彰。

《归州志》记：道光二十三年正月二十三日，邑人彭应周、朱大顺等，分别出资钱10串200文、98串600文，承买新滩下首一里的锁柱山，"永为公山，严禁附近之人私行耕种，以致有碍行舟"。

李本忠的事迹在清末民初就已"感动中国"。道光以降，峡江沿线的四川夔州、奉节、巫山，湖北宜昌、归州、东湖，以及汉阳等地的府、县志，均记有李本忠平滩治险及乐善好施事迹，或列有小传。同期还有多种笔记、诗文、碑文记录、传扬其事迹，给予李本忠以极高评价。

同治七年《汉阳县志》收录有李本忠小传："李本忠，汉镇人，好义乐施，以豪侠自命。"述其平滩治险："捐数万金，备器具，转巨石，铲颓岸；石之横据江流者，焚以炎火，沃以食醯，摧其刚坚，化为劫烬，然后连樯东下，百里一瞬；复刊木开路，以备牵道，曲者直之，狭者广之；于是曲沱左右来往者棹歌竞发，津鼓不停，有司褒奖，行路者皆拜德焉。"民国九年（1920年）编纂的《夏口县志》保留了这一则李本忠小传，仅三、五字不同。其中的《徐镐传》中有留存有李本忠事迹。民国王葆心在《续汉口丛谈》中，引用了光绪十年（公元1884年）张行简编纂的《汉阳县识》：（李本忠）"捐数十万金，产巨石之横梗江心者，刊木表道，以通纤夫。舟行上下者，群占利涉，详具《平滩纪略》，功何伟欤！其他义举，皆百桧以下矣。"

清光绪陈康祺笔记《郎潜纪闻三笔·李凌汉捐赀平楚蜀险滩》中赞到："至今往还楚蜀者，峨舸大艑中，犹时闻长年老辈啧啧道李凌汉也。贸迁小夫，负夸娥愚公之志，卒溃于成，久官斯土者，咸自愧心力之弗逮焉，亦奇人奇事已"。清李岳瑞笔记《悔逸斋笔乘》中《纪李本忠事》简述了李本忠治滩义举后写道："呜呼！使此事在欧美，则铜像之铸，传记之纪载，馨香百祀，宁有已时？而吾国则湮没无传，能言其事者，殆于万不得一。此吾国群治之所以日退也。噫！"李岳瑞为李本忠没有获得应有地位，其事迹没有得到彰显而鸣不平。初版于1915年的《清朝野史大观》录入《郎潜纪闻三笔》之《李凌汉捐赀平楚蜀险滩》。1917年出版的《清稗类钞》赞李本忠事迹曰："始嘉庆乙丑，讫道光庚子，凡平险四十有八，所费金二十万，盖旷世义举也。"

自道光十四年（公元1834年）起，川江沿岸的重庆暨川楚两省各绅士、各船帮及贸易人士等，俱自发在各州县请示勒石，恳请为李本忠树立石碑，记其功德，以彰显善行，流芳后世。多数碑文因《平滩纪略》得以保存。

道光十八年（公元1838年）三月十二日，四川阖省首士在《请示勒碑稿》

中，称颂李本忠"念长江之险阻，行旅惟艰，是以不惜重资期于人定胜天、化险为夷之效，凿鳞石为平坦，布广惠于夔门，从此行旅皆安，艨艟易泛。波清浪静，静锁巫山十二之峰；风息水平，平治蜀楚三千之路。川湖黎庶共庆安澜，各省商民咸占利涉"。其德行"义秉千秋，宜许铭勒于道路，用彰善行，以垂彼世"。同年四月，四川夔州士绅领衔三峡沿江部分官员、候补官员、乡绅、16家银号、川楚八大船帮共70余人，在请求勒石《李公凿滩记功碑》呈禀上签名。文中谓其治滩"得以偿其愿,可不谓有志者事竟成欤"？

"故吾谓是役也，也不难于捐数十万之赀，而难其处心积虑，惨淡经营，历数十年之久而不辞。其瘅夫乃叹仁人孝子之用心为甚苦也，表而彰之，其亦足为天下后世之好善乐施者风与"。这年的仲秋，湖广阖省十府呈报《四川重庆府巴县禹王宫碑记》稿，请求在禹王宫内为李本忠立碑记功。赞其："公纯孝格天，私心报国，轻财好义，撙节操持""今而后，凡官于川、贸于川者，莫不佩公之惠、感公之德、乐道公之特达，吾侪楚人亦與有荣施焉。金谋叙其颠末，泐之贞珉，永垂不朽，且以励将来之乐善获福者"。道光二十年（公元1840年）仲春，由向其初等13人在四川巫山县请示勒石：其中有"宜乎懋乃绩而付诸不朽，俾天下后世，知商贾中有伟人与河山而并寿，以此风世讵不伟与"。在汉阳县，四川会馆会首陶太和、朱文秀等，也向汉阳府、汉阳县呈禀，请示为李本忠勒石。

国学大师刘师培于1913年仲夏，以"汉阳李祥兴开凿屈沱石险颂"为题，用骈体为李本忠撰写的一篇380字的碑文："楚蜀民仪，推绎本原，缅君惠勤，泐石铭勋""禹抑下鸿，君弘其功。李冰导江，君缵其隆"。将李本忠与治水的大禹和主持都江堰工程的李冰相提并论。这是迄今已发现的唯一一篇民国时期颂扬李本忠事迹的碑文。

在重庆巫山大溪镇一个小院，至今保存有两件与李本忠平滩治险有关的石碑，这是迄今发现的仅有的两件石碑实物，弥足珍贵。一件是"整治工程竣工纪念碑"残碑，一件是"夔州府大溪口纤道晓谕"残碑。这两件石碑和满院完整或残缺的石碑等文物，都是巫山县大溪镇文化站站长丁敬民等人，在三峡大江截流之前，利用有限的经费，从水淹线下抢救回来的。

清道光后期开始，一些文人骚客把李本忠事迹写入诗文、唱本,四处传唱、吟诵。其中清叶调元的《汉口竹枝词》"龙王庙码头"一首，最为脍炙人口。曹玉生写《归州》诗："黄泥三滚石矶荡，新旧归州两相望。此地当年水更狂，九龙石亘河中央。我闻李叟曾凿险，千槌万杵石骨坚。火燔油注应手碎，坐地日费数万钱。至今石立沿尔尔，怖杀当年来去船。"展示了李本忠以火攻石的治滩手段和三峡航道的险峻。江西金溪的李旃，不仅写诗《平滩行》，还附有介绍李本忠善行的序，其中有"长年高歌贾客眠，逢人都颂李凌汉"的诗句。长诗通过平滩前后三峡行船条件的强烈对比，以及船家的称颂，让上下川楚的旅人，记住了李凌汉的名字和他的平滩事迹。

　　清末民初，武汉三镇及周边地区，流行一曲反映清末武汉三镇一年四季景观、风情的曲词唱本《江汉图》，该唱本有数处提及李本忠的善行。建国后，湖北地方戏剧工作者将唱本改编成楚戏《江汉图》，使李本忠事迹继续在三镇及周边地区流传。

二、李本忠与他的《平滩纪略》

由于清政府长期以来实行重本（农）抑末（商）、重文轻商政策，相比汗牛充栋的诗词文赋文集，流传下来的清代早、中期工商业文字史料要少得多。嘉道以来，汉阳、汉口历经多次大火、大水，武汉三镇又经历了太平天国、辛亥革命及抗日战争兵燹，李本忠及其"李祥兴"商号的相关旧迹、经商资料，更是几无存留。一部由李本忠编撰的《平滩纪略》，成为了解、研究李本忠事迹及其家族情况的主要史料。

（一）《平滩纪略》刊行始末

道光二十年（公元 1840 年）三月初八日，在四川省巫山县境内大磨滩等地实施的险滩、纤路整治工程完工，李本忠呈禀巫山县，报告工竣并同时呈报了工程清册。巫山县派员对整治工程进行了逐项复查、检验。时值春汛来临，江水渐涨，这个季节已不适合施工。一辈子历尽商海沉浮，大半辈子沐浴川江风雨，投入后半生全力治滩平险的李本忠，这时已是 81 岁的耄耋老人了。他自述"精力衰朽，疾病频加"，还曾特别提到罹患严重的"耳背"，不得不停下治理峡江航道的事业，返回汉口。

回到汉口后，李本忠"恐桑榆暮景，未能久留于世"，为了让李家后代永远牢记这段平滩历史，知道他们的祖辈为什么要坚持不懈、不遗余力地坚持数十年治理峡江航道，又经历了哪些艰难曲折？他将 36 年来凿滩平险各项工程原案呈稿、批示、工程清册，及平时抄录的官府来往文件等相关文字资料一件件整理出来，抄录一遍，准备留传给李家后代："俾后人悉余一生辛苦，以及立志之坚。"

自少年起，李本忠就随父亲李之义经商，上川下楚，有数十年的峡江航行经历。几十年来，李本忠在峡江见过太多的船难，见过太多的船毁人亡。

他怜悯船工、纤夫的辛劳和悲苦，他深知在峡江航行中熟悉航道滩险、水文的重要性。因此李本忠总结自己多年峡江航行及近 30 年整治峡江航道滩险的经历和经验，以及掌握的平滩治险后第一手峡江水文、航道变化资料，于道光十四年（公元 1834 年）撰写了一本数千字、只有 20 余页的小册子。从宜昌府东湖县属的渣波滩记起，到夔州府巫山县大磨滩、奉节县黑峡口诸滩嘴，对峡江航道中 20 余处险滩的地理特点、水文变化以及整治后安全行船要点等详加记述。取名《蜀江指掌》。自己出资刊印了数千册，免费赠送给上下峡江的驾长、水手，指导他们在峡江中安全航行。为此书作序的"无算老人"称其为"是犹如暗室之中，得一烛照；是犹行迷途之中得一指点"。为后人留下了峡江水文、航道等宝贵资料。

《平滩纪略》刊印传世，得益于河南籍人士李正心一次来李本忠家的登门拜访。

李正心，河南人，家居豫南，其家族在当地属大户人家。很多年以前，李正心家族中的子侄辈，有多人或在川楚间经商，或在四川、湖北两地做官。李家子侄回家后，津津乐道地对李正心历数在川楚的见闻。说到近年湖北汉皋出了一位奇人李本忠，"由困而亨，乐善不倦"，由穷困而经商致大富，并一一述说其善行：常年"济贫赈乏，施药舍棺"，每遇天灾，更是捐钱、捐米，全力救济困民。李正心起初并不以为然，因为历朝历代都不乏向善之人、向善之举，这是常见的行善之举啊。其子侄又说：李本忠一生尊崇儒释道三教，捐资助学，捐建的书院、学宫房舍，精美坚固；多次捐重资，修建当地的道观、寺庙。由李本忠捐建的归元寺甲子型五百罗汉堂，形制宏伟，"阔大坚牢"。李正心说道：这样的事全国各地都有啊，哪里都有不少的善男信女和一心向道礼佛的有经济实力的善士捐资，这样的事没有什么特别的。其子侄继续说：汉口镇有一个龙王庙码头，地处汉江口，此处码头流激坡陡，货船、渡船仅仅依靠窄窄的跳板与河岸相接，上下船之时，常有人失足落水。李本忠"独出心裁，设一船舣，登岸者如履平地"。李正心又说：这样的事与普度众生的慈航一般，也没有什么可以值得惊异啊。其子侄继续例举李本忠做的种种善事，当李正心听到李本忠因为出自于孝心，连续多年，出巨资在峡江平滩治险的事迹时，他才感到非常的惊奇，这是和平常善举大不一样的事啊。但毕竟是耳闻，李正心不敢完全相信，只当做一件趣闻轶事，记住了李本忠的名字和平滩治险的故事。又过了二十余年，李正心有在衙门幕府当师爷的亲戚，在官府往来的文牍中，看到了川楚督抚为李本忠题请议叙的抄报，觉得这样的事不一般，感到惊异，专门前来李正心处，告知这件事。这和其子侄二十余年前所讲述的汉皋奇人李本忠善行一事正好对上了号。但李正心心里还是有一点半信半疑，"恨不能亲见其事"。

道光二十年（公元 1840 年）夏秋之交，李正心或因谋求仕途，或因捐纳获任官职，"宦游来楚"，由河南来到湖北。他亟不可待地来到汉口，来不及领略汉正街的繁华，顾不得浏览两江三岸的风光，打听着找到了李本忠的家，"造其庐、登其堂、见其人、语其事"，在李家大堂上，李正心受到李本忠老先生的亲自接待。

自我介绍和寒暄过后宾主落座，李正心直接提出了自己心中纠结多年的疑问。只到这时面对面地听了李本忠的亲口叙述，李正心这才相信平滩治险一事并非虚传。得知李本忠刚刚把多年收集、保存的平滩治险原案呈稿、批示等相关文书、清册，全部整理、抄录了出来，李正心恳请借抄稿一观。李本忠让家人将抄稿取出，厚厚的一摞摆上了桌子。李正心逐篇翻看，或一一细读，或大略节看，一边看抄稿，一边不停赞叹。用了好长的时间，从头到尾把抄稿浏览了一遍。他看完后不禁心旷神怡，拍案称奇，对面前的这位年逾八十的本家老前辈肃然起敬，愈加感佩不已！李正心特地起身离开座位，移步来到仅一桌之隔的李本忠面前，恭恭敬敬地抱拳弓腰，揖拜致敬。重新落座后，李正心向李本忠提出一个问题："这么多宝贵的文书，老先生为什么不刊刻成函、以传后世呢？"

李本忠回答说："我因先人的惨死而抱恨，自小立下平滩治险的誓言。幸而老天不负有心人，让我经商顺利，有了一定的积蓄，有能力去实现我的夙愿。我不能在长辈生前尽孝，平滩治险就是在他们身后尽心。我整理、留存这些呈稿、书札等，根本就是为了备以教训李氏后辈而已，并不为传世留名。"李正心说道："先生平滩治险，完成了自己许下的夙愿，这是大德，也是大孝，'孝以成德，尽已有焉'，是尽孝成德的榜样啊，应该流传后世。"李本忠又说："峡江险滩众多，虽然平滩治险小有成效，但我已到耄耋之年，尚有'归州泄滩南岸之嘴未除，纤路未开。又有归州下首钉盘碛、攒灶子等滩未凿'，无奈年老多病，无力前去督工打凿，'终是耿耿于心'，这样的情况下，我怎么会去刻书博取名声呢？"李正心又劝道："刻书绝不为沽名钓誉，如果这本书能够让更多的人看到先生的'孝以成德'，岂不可以促使更多的人起而效法，出更多的仁人孝子吗？既然先生念念不忘平滩治险，上苍也会受感动，会赐给先生以高寿的。等身体恢复了，再行继续平滩治险之举，完成这几处整治工程也可以啊。"但无论李正心如何劝说，李本忠"固辞不允"，一再摆手推辞，没有答应刊刻付梓的请求。

当时李本忠的三孙李贤俊在客堂陪坐，李正心灵机一动，找个机会将李贤俊邀到堂屋一侧，对他说到："你在求学攻书的年轻人当中，也算是有名望的读书人了，何况已有职衔（盐运使运同职衔，从四品）在身，难道你忘记《五经》之一《戴礼》所教导的'祖无美而称之，是诬也；有善而弗知，不明也；知而弗传，不仁也。此三者君子之所耻也'这几句话了？祖上没有大善而去赞美，是欺世盗名；有大善而不知道，是不明事理；知道有大善而不传扬，就是没有仁爱之德。而这三者，是君子所耻于做的事啊。你祖父所作所为是大善大德，你明明知道得很清楚，怎么能不将其事迹传扬而安于不仁呢？不仁就是不孝，你的祖父能忍心让你背一个不仁不孝的名声吗？"听了这一番话，李贤俊也赞同李正心的意见，可祖父执意不愿付梓，恐难以劝说。李正心给李贤俊支招："你就用我刚才说给你听的这一番话和道理，一一地细说给你祖父听。你祖父也是饱读圣贤之书，候补道职衔在身，是个明达事理、崇善忠孝之人，会想通其中的道理。"随后几日，李贤俊就用这套说辞，反复劝说祖父，果然有了成效，终于获得李本忠的刊刻首肯。

李正心趁热打铁，又来到李宅，劝说李本忠将此前于道光十四年（公元1834年）刻印的《蜀江指掌》修改、增补（增补后总计约五千字），刊附其后，以避免该书因不能单独成册而失传。李正心还为这部书起名《平滩纪略》，且亲自为这部书稿作序。因同姓原因，序后署名谦称"族末正心氏"。李本忠亲自撰写了近千字的《平滩纪略》后记，将其心中挂记的、几处尚未开工打凿的险滩，一一指出其危害性。

（二）《平滩纪略》的主要内容

《平滩纪略》于道光二十年（公元 1840 年）秋冬之际刊刻发行，由青莲堂刻印、藏版（青莲堂或依李青莲取名，主要刻印诗书；或依佛教以莲花清净无染取名，主要刻印佛教经书，有待考证。民国时期青莲堂尚存）。全书共六册，840 余页；每页竖排 10 行，每行 24 个字格，各留 2 字抬格；全书共 16 万余字。汇编有禀、札、示、详、结、移、册等多种文体的文书约 300 件。请示类禀文大约有 80 件，其中由李本忠、李贤佐等署名的禀文近 60 件；包含公文中引用的批示、请示等，有川楚两省的省、道、府、州、县各级官府的禀请、批示、札、移等文体的文书 180 余件。

李本忠将这些文牍整理、归类，全书按平滩治险个案的时间顺序，分别加了小标题，共分：《平滩纪略序》（卷首）；初赴归州打凿牛口、泄滩（嘉庆九年十月。卷一、一）；赴四川夔州府奉节县开凿黑石滩、石板峡等险滩（道光三年十月。卷一、二十九）；赴归州遵募凿除乌石险滩（含议叙）（道光三年十二月。卷二、一）；捐买阴阳山入官封禁全案（道光六年八月。卷三、二十五）；打凿东湖县红石子、夵角滩一案（道光五年五月。卷四、三十七）；打凿东湖县锅笼子一案（道光九年五月。卷四、四十九）；打凿东湖县渣波各险滩一案（道光十五年五月。卷四、五十八）；赴归州请示复凿牛口、泄滩及吡角子等各险滩（道光十年三月。卷五、二十三）；赴四川奉节请示复凿各险滩（道光八年八月。卷六、十八）；赴四川巫山县承凿大磨滩（含碑记等）（道光十八年三月。卷六、三十五）；《蜀江指掌》（卷六）等。大体 12 个部分。该书抄件的编排，基本上按治理工程的先后次序，相对集中汇编所涉及文书；因有些治理工程时间重叠，捐买阴阳山入官封禁前后 6 年，以及官府为李本忠等题请议叙周期长达十数年等原因，部分文书的编排没有完全按照时间顺序。

《平滩纪略》首先是李本忠自嘉庆十年（公元 1805 年）至道光二十年（公元 1840 年）前 36 年间平滩治险的详细记录，主要由 200 余件文书构成。除其中数十件是由李本忠、李贤佐等拟写的平滩治滩工程的上禀、呈稿、清册等文书外，其余大部分是四川、湖广两省督、抚、蕃、臬、巡道，及府、州、县官府的题、札、详、禀、移、咨、晓谕、告示等多种文体的官府往来文书或文稿抄件。其中有 3 件是时任湖广总督林则徐对李本忠平险治滩一事的札批。从这些文书、文稿的内容，以及部分公文中引用上级官府的批示、札示，引用下级官府的上禀、详文、请示等内容看，《平滩纪略》中已收录的仅是涉及李本忠平滩治险的部分官府文件，而并非全部。这是因为数十年间受种种限制，李本忠不可能把川、楚两省的省、道、府、县各级官府所有相关文件抄录到手。李本忠细心地将千方百计收集到的近 300 件文书的原件、文稿抄件保存了 30 余年，已属难能可贵。通过《平滩纪略》，可管窥当时官府办公流程、行文规范、官员交替等政务活动，同时还保存了部分峡江沿线有关府州县当地的社会经济活动史料。

从《平滩纪略》所存文件内容可以看到，36 年间，李本忠筹划开展的每一项治理工程，必须先向当地州、县官府具禀请示，详细载明预备治理的滩险名称、地点、滩害情况等，请求州、县官府出示晓谕，收到禀文的州、县，需逐级详明具禀情事。得到省宪、府宪札批后，李本忠需再次具禀，载明拟开工时间等，获州、县官府批准及出示晓谕后，才可以正式兴工。嘉庆十年（公元 1805 年）牛口滩等治理工程开工前，还由宜昌府颁牌，以示获准开工。后续治理工程，未见颁牌记载。每项治理工程完工后，又必须上报工程清册，包括兴工、停工日期、工期天数、用工数量及银钱支出数量、治理效果等内容，还要附录工程图册，当地州县官府收到竣工报告后，还要派员实地查验。清册中对每项治理工程始末、银钱开支等均有具体而准确的记载。用工细化到石匠、抬夫、挑夫，所列开支仅包含雇工工资和购买平滩工程所用煤炭两项直接费用，用银数精确到分、毫。工期还要注明小建（农历的小月份，亦称"小尽"）扣除天数。历年打滩应用木铁器等物以及经理、督工、号伙等伙食杂费俱未入册，雇备船只、搭盖棚厂、置办器具、犒赏工匠等项费用也概不开列。加上历年来与各级官府打交道所支出的规费、门包、节礼等陋规灰色支出，李本忠 30 余年治滩平险实际支出的银两，远远超过 18 万两。清末李岳瑞编辑的《悔逸斋笔乘》中《纪李本忠事》中记述"平险滩四十有八，费金五十余万两"，确有一定依据，并非凭空猜测。

受上游川江季节来水的影响，峡江险滩分夏季大水险滩和冬季枯水险滩。

除纤道整治工程受汛期影响稍小外，治滩工程受江水涨跌影响，并不能常年施工。因此一项工程往往要延续数年才能完工，大多兴工时间在秋后枯水季节。有时为了抢工期，相距数十里的数处工地会同时开工，总用工人数达千余人。30余年间，除了李本忠本人和其三孙李贤佐及"李祥兴"商号店伙等人在工程现场打理外，李本忠还先后聘请了好友周步洲，至亲闵文哲、好友张履泰以及周兆麟、朱应桂等人承担工程经理，体现了李本忠的组织能力和知人善任。

《平滩纪略》保存了部分珍贵的史料。《平滩纪略》在记录李本忠长江三峡平滩治险活动的同时，多处记录其个人及家族成员情况，是研究李本忠家族的第一手资料。如李本忠自述"三代贸川"；"自幼随父贸易川省，每年往返不计其次"；接手"李祥兴"商号时，"尚负父债数千，室如悬磬"，以及三峡险滩造成两代长辈的惨死等。

川楚两省督抚为李本忠提请议叙时，需要本人填报三代履历。这个履历就成为了解李本忠家族成员的最直接、最准确的史料。确定李本忠出生于乾隆二十四年（公元1759—1842年；候补道，正四品），"身中、面紫、有须"，汉阳县民籍，原配季氏，续弦季氏；曾祖父李昌明，曾祖母赖氏；祖父李武，祖母陈氏；父亲李之义，原配朱氏、续弦汤氏；长子李良政（公元1785—1829年；布正司理问，从六品），"身中、面麻、微须"，媳汤氏；次子李良宪（公元1810—？；盐运司运同，从四品），"身中、面白、无须"；长孙李贤俊（？—？；盐运司运同，从四品）；三孙李贤佐（公元1815—1836年）。排算出其家族行辈应该是："……昌、？、之、本；良、贤……"明确记录李本忠住汉阳县大智坊，左邻是周协合，右邻是裴志千，户首是李振丰。

除了记录李本忠平滩治险始末，《平滩纪略》还记载了自道光六年（公元1826年）至十二年（公元1832年）6年多的时间里，李本忠都在为购买归州对面阴阳山入官封禁一事奔波。该书收录的为此一事的上禀、诉状、官府文书等数十件，约三四万字，占《平滩纪略》五分之一的篇幅，详细记录了购买阴阳山始末和打官司一波三折的全过程。期间先有山民漫天要价，拖延搬迁，后有丁役移走归州县衙前刻有入官封禁告示的石碑，图谋贪占阴阳山山产。李本忠用1075两白银的优价，后又增加425串铜钱搬迁费，买下了原购买价仅 300 串铜钱，六姓七户人家每年合计应完纳麦粮两斗四升五合，实征银五钱四分九厘的山林地，并承担了相关契税。地契收回后全部交归州官府，严禁山上开垦。因此阴阳山溪涧又被当地人称为"祥兴壕"。道光十二年（公元 1832 年）七月二十日，湖北院宪批示宜昌府，转饬归州速将原立在归州官衙前的石碑，仍立州署头门，不许再移他处。同年八月十二日归州再出阴阳山封禁告示一道等。

通过《平滩纪略》，可以了解清朝官府衙门办理公案、处理公务必须依循成案，即例案制。可以了解嘉道年间的捐纳、议叙、保甲、诉讼、慈善等制度及部分法律规定。如通过吏部发给李良政的执照，可以了解当时的捐纳制度和程序：首先由户部收取银两，给予凭证；捐纳人执交款凭证，再到吏部验证，然后吏部根据捐纳银两多少，发给相对应的捐官职衔执照，并知会捐纳人民籍地地方官府。川楚两省官府前后多次，历时 30 余年为李本忠题请议叙的公文，占据了《平滩纪略》相当大的篇幅，完整展示了清代议叙制度、申请办理程序、办法和官府行文样式，李本忠及拟议叙子孙的三代履历，大智坊李家的左邻右舍及户首，均要出具甘结作保，以及官场往来公文的繁文缛节和低下的办公效率。从嘉庆十三年（公元 1808 年）二月，归州知州甘立朝呈"归州为捐修纤路险滩工竣详请咨部议叙事"详，详请各大宪为李本忠题请议叙，至道光九年（公元 1829 年）十一月十二日奉旨："依议。钦此。"李贤俊、李良宪各给予盐运司运同职衔，中间间隔竟有 21 年！

《平滩纪略》还记录了当时治滩工程所在地部分经济活动、物价、税赋等。如嘉庆十二年（公元 1807 年），每日工价银石匠一钱二分，抬夫、挑夫各一钱；道光四年（公元 1804 年），每日石匠工价银一钱四分，小工工价银一钱；道光十九年（公元 1839 年），李本忠在巫山捐银 300 两，折钱 432 串零 651 文，准确的钱、银比价为每两 1442 文；道光年间，归州全县每年应纳民赋地丁银 711 两等。

《平滩纪略》汇编了 200 余篇官府各类公文，种类有上行文：禀、状、详、题。下行文：牌、晓谕、札、票、示。平行文：移等。还有具结书、捐纳执照、册等多种文本样式。展示了清代公文行文格式，如遇部、宪、督、抚、藩等官名等，高抬一格；凡有旨、钦等字，高抬两格，以示尊重。平民

第一编 李本忠其人其事

129

对官府、下级对上级的禀、详中，自称蚁、民、卑职，用小字写在右下角。清代公文多用装叙来文的方法，说明事件和办理过程，层层装叙原文。在撰稿时，为了省略、简化，就把需要装叙的内容用"云云"代替，主官批改后，正式誊正时再按来文补录。《平滩纪略》收录了部分稿本。有的公文显示，官府的公文有时也通俗易懂，如道光八年（公元1828年）九月初八归州正堂一则告示："凿修滩石，务宜努力；工匠人等，毋许滋事。禁止酗酒，拒绝闲人；倘敢不遵，立拿究治。"同时，《平滩纪略》还记录了当时的部分刑罚，如枷号、站笼、杖、流放等。

扼要介绍《平滩纪略》及《蜀江指掌》的主要内容，即《平滩纪略》记录了峡江48处险滩、纤道的治理过程及相关活动；《蜀江指掌》记录峡江25处险滩整治后的水流情况及安全行船要领。

《平滩纪略》包括其附录的《蜀江指掌》，自其成书后，直至葛洲坝及后来的三峡大坝修建前，一直都是研究三峡航道、水文重要的第一手资料。几乎所有的近、现代宜昌地区航运史、交通史，长江航运史、长江交通史等，都要引用该书资料或数据。宜昌、秭归等地方志，多处引用该书资料。《湖北省志》《武汉市志》等志书中的李本忠小传，也多引用《平滩纪略》资料。

道光、咸丰以降，武汉三镇屡遭水火、兵燹，城镇房舍几经兴废，官府文件也多散失、湮灭，留存无几。《平滩纪略》保存了当时湖广省总督、湖北巡抚、藩司等札示，以及汉阳府、汉阳县公文抄稿数十件，为探究清代中叶武汉三镇历史提供了部分文字资料。其中包括林则徐督楚时期为李本忠平滩治险一事而下的三道札批，应属新发现林则徐史料。同时还显示乾嘉道时期，湖广省一个总督、两个巡抚（湖北巡抚、湖南巡抚）、两个藩司（北布政司、南布政司），管辖湖北、湖南两省的行政格局。

总之，《平滩纪略》既是李本忠平滩治险的真实、详细记录，又是一部不可多得的、主要由川楚两省多级官府文书及清廷礼部、吏部文书汇编而成的可靠史料，其作用有待继续发掘。

三、李本忠史料来源及利用

（一）李本忠史料来源

相关李本忠的史料和研究，前人并无专集。已经收集到的零散史料，大致有这样几个来源：《平滩纪略》；峡江沿线楚蜀两省府、州、县及汉阳府、县等方志；相关档案材料；碑记、诗词；个人文集、笔记及其他资料。其中最主要、最可信的史料，一是由李本忠亲自整理、汇编并撰写后记，于道光二十年（公元 1840 年）刊刻的《平滩纪略》，以及附印的《蜀江指掌》二书中保存的官府文书抄件等；二是巴县档案卷宗；三是归元寺存录的一件水田买卖地契，以及重庆巫山大溪口镇保存的两件石碑等，以及有关府、州、县地方志。

1.《平滩纪略》《蜀江指掌》

《平滩纪略》主要由李本忠祖孙等呈报川楚两省、州、县官府的呈禀，官府的批示、札示等往来文书，平滩治险工程清册，购买阴阳山入官封禁相关文书，峡江沿线州县绅民为李本忠勒碑请示、碑文，以及为李本忠题请议叙的文书，"恩隆三赐"钦批等相关文件，抄录、汇编而成。相关文件官府一般都保存有卷宗或底稿，其真实性无疑，应属可以直接引用的信史。由李本忠撰写、无算老人作序的《蜀江指掌》，是经过系统治理后，峡江航道水文资料及行船指南，其中的记述，在清末民初一直被木船、轮船航行以及后续的航道整治实践所检验，历来被视为水利、航运方面的专著，数次被水利专著丛编或专集收录。近现代长江航运、航道整治等专著、论文及相关文章，引用《平滩纪略》《蜀江指掌》频率较高。

李正心在《平滩纪略·序》中例举的李本忠的种种善行，可与地方志等其他史料互相印证。其后记是李本忠自述,真实性、可信性强,是了解李本忠家族情况及平滩治险事迹的重要史料。

2. 部分地方志、专业志史

盛世修志。方志是记述一定地域的自然和社会、历史和现状的资料性著述,是重要的地方性史料,享有"地方百科全书"的美誉。是华夏文明的重要组成部分,具有"存史、资治、教化"等作用。"以事系人,生不立传",李本忠传或事迹主要载于道光之后楚蜀相关地方志。

因祖、父均在峡江归州江段险滩遇难,李本忠的最初的平滩治险工程,选在归州泄滩。李本忠在归州境内平险滩、修纤道,捐资助学,捐买阴阳山入官封禁,其事迹必然被地方志书记载。归州于康熙三年(公元1664年)归清,至道光二年(公元1822年),才由当时的州牧李炘收罗、考证,辑编刊刻第一部清代《归州志》。该志于同治五年(公元1866年)由知州余思训主持增修。此后《归州志》又经时任知州沈元骏补纂,于光绪八年(公元1882年)续修。光绪二十七年(公元1901年),时任归州知州黄世崇重辑《归州志》。

同治《归州志·卷八·滩险》一节,增记李本忠平滩治险事迹:"自嘉庆中,迄于道光辛、壬之间""所费不下百余万缗"。其中"查李祥兴,名本忠,籍贯未详。本舟人子,相传其母溺于滩",显系依据传闻记述有误。《平滩纪略》刊刻于道光二十年(公元1840年),其中记"著有《平滩纪略》",也应是同治本增修的内容。查《中国地方志集成·湖北府县志辑》收录的光绪八年(公元1882年)《归州志》,其中"平滩说"一节,既保留了同治本李本忠事迹,又改正了以上记述错误:"查李祥兴,名本忠,汉阳人。其祖溺于滩,父亦覆舟于是。"该志还增加"学田"一节内容,记李本忠捐买阴阳山入官封禁,并捐学田等事迹。同治四年(公元1865年)《宜昌府志》同时收录了同治《归州志》李本忠事迹。民国十年(1921年)吕调元等编纂的《湖北通志》,也收录了李本忠事迹,并注明采编于《宜昌府志》。

道光七年(公元1827年)刻本《夔州府志》,是目前唯一能够确定成书时间早于《平滩纪略》,且记载有李本忠事迹的方志。由时任夔州郡守恩成主持编修,刘德铨总纂。该志卷二十七"人物·奉节县"一节载:道光三年（1823）恩成莅任后，有利必兴，带头捐银二百两、钱五百千文，奉节县令万承荫等府、县官员，共捐银三百九十两，"其馀惟奉、开、云三县各绅士共捐银一千二百两"，"新设拯溺会"，打捞、抢救过境溺水商民。"设立拯溺船，溺民赖以存活者众"。当年李本忠在归州境内西陵峡的治滩工程告竣，于十月二十日赴四川夔州府奉节县，具禀请示开凿县治黑石滩、石板峡诸险滩，及整修白果背纤道。乐善不倦的李本忠响应恩成倡议，慷慨解囊，该志记："又：湖北商人李本忠捐银二百两。"该事迹《平滩纪略》及其他府、县志均不载。该志卷三十六"艺文志"，录奉节县令万承荫"赠李君修凿瞿唐险滩序"约 600 字，其中有"而君之乐善，又不仅凿滩已也，如设义渡、掩道殣、散寒衣、施药饵，盛德之事不可枚举"，"楚蜀间传颂无虚日"。近年重庆市奉节县地方志办公室组织专业人员，对道光《夔州府志》进行校注，2011 年由中华书局出版社出版了校注本。

光绪十九年（公元 1893 年）刊印的《奉节县志》，由曾秀翘、杨德坤辑编。该志记："道光三年，邑令万承荫招募湖北职员李本忠，捐资将黑石滩内石板峡、扇子石、鲢须漕、台子角等石，一一凿去。并将白果背数十里纤道一一铲平，用资一万三千余两。现在水势较平，挽纤得力，商民赖之。"

同治七年（公元 1868 年）刻本《汉阳县志》（《续辑汉阳县志》），卷二十"懿行"一节列李本忠传，是较早收录李本忠小传的县志。"李本忠，汉镇人，好义乐施，以豪侠自命"。重点介绍李本忠平险滩、开纤道事迹："转巨石，铲颓岸"，对横江之石，火烧锤凿，顽石"化为劫烬"。峡江航道整治后，下水船只"连樯东下，百里一瞬"。砍木修路，以利上水船纤夫拉纤，将纤道"曲者直之，狭者广之"。"有司褒奖，行路者皆拜德焉"。而且该志还列举李本忠的种种善举："居平赈贫乏，恤孤寡，施棺木，掩暴露，善行不一端，然皆故常之举，不更表之，独表其巨者。"

该志卷二十四"烈妇"一节，收录了李本忠母亲李朱氏殉节事迹。当年传来丈夫李之义溺水死亡消息，"氏闻悲痛不欲生"，"又值子本忠痘证险逆，医皆不治"，无望之下，遂服信石（砒霜）殉节。后"蒙旌于朝，为母建立烈妇坊"。以此可知李朱氏获准建树的是一座烈妇牌坊。

迄今发现还有两种文集，收录有同治《汉阳县志》版本之李本忠传。

其一是《国朝耆献类征》。该丛集又名《国朝耆献类征初编》，系清代人物传记集，共 720 卷，李桓辑。搜集自清太祖天命元年（公元 1616 年）到道光三十年（公元 1850 年）的满汉臣工士庶的有关传记。分宰辅、卿贰、词臣、谏臣、郎署、疆臣、监司、守令、僚佐、将帅、材武、忠义、孝友、儒行、经学、文艺、卓行、隐逸、方伎等 19 类。作者的编辑顺次是，凡清国史馆有本传者，采入首列；然后是私家文集中的碑、传、志、铭等。于同治六年（公元 1867 年）开纂，光绪九年（公元 1883 年）成初稿，又七年成书。光绪十七年（公元 1891 年）附增《国朝贤媛类征初编》12 卷。李本忠条目列于《国朝耆献类征》卷四百五十九、卓行十七。该传记集开纂时间比同治《汉阳县志》刊刻时间稍早，成书时间要晚 22 年，其"李本忠传"后注明"右传刘湘奎撰"。依此注推断，同治《汉阳县志》李本忠传撰写者，应该就是刘湘煃。刘湘煃，字允恭，江夏人，乾隆年间贡生。著有《学稼堂存稿》等，计大学部 12 种；地舆部 8 种；水利部 17 种；经史部 8 种；兵防部 5 种；时务部 8 种；游艺部 4 种。两相对比，《汉阳县志》版"李本忠，汉镇人"，比《国朝耆献类》版"汉阳县汉镇人"少"汉阳县"三字，另有个别字不相同。

2000 年由《湖北文征》出版工作委员会主编、湖北省人民出版社出版的《湖北文征》第八卷，在刘湘煃名下收录有"李本忠传"。并注明转载自《国朝耆献类·卓行》。《湖北文征》第九卷在李本忠名下，还收录有《平滩纪略后序》和《蜀江指掌》全文。并附简介："本忠，字凌汉。汉阳人，以商为业。著有《平滩纪略》《蜀江指掌》。"

其二是民国九年（1920 年）刊印的《夏口县志》，侯祖畬修，吕寅东纂。其卷十五"人物志"收录有"李本忠传"。与同治《汉阳县志》对照，"曲沱江左右"多一"江"字。卷十六"列女志·烈女"项下列"李朱氏"。"李朱氏，之义妻"，比同治《汉阳县志》少一"李"字；"殉义死矣"更为"殉难死矣"，仅两字之差，显系采编于同治《汉阳县志》。

民国《夏口县志》比同治《汉阳县志》增加了两条与李本忠相关的史料：其一是在卷十五《人物志·徐镐传》中，记载了李本忠等 19 位汉阳县绅耆、儒士等，附议徐镐，联名上书朝廷，为汉阳子弟"议请广额"，请求增加入学录取名额，"荷两院奏准，广额三名，士风丕振"。联名附议者中，不乏汉阳名士，如程秉、袁应悖、左承礼等。程秉，字耕云；道光初年岁贡；"工帖括、善诗词、骈偶文，千言立就"，《夏口县志》收录其《豫成园记》。袁应悖，字小江；嘉庆辛酉拔贡；嘉庆九年（公元1804年）中顺天乡试举人，十一年（公元1806年）进士。左承礼，字蘋江；道光十三年（公元1834年）岁贡。其二是在卷十三"人物志"中收录了《闵文哲传》。《平滩纪略》载，闵文哲以李本忠亲戚的身份，与张履泰一道，亲临峡江工地，协助李本忠打理平滩治险事务，管理施工队伍。闵文哲，字秋舫。"旧为吴兴著族，明季徙汉上"，自号五痴居士，著有《五痴山人稿》，有咏汉口后湖诗句流传。

《汉阳县识》于光绪十年（公元1884年）刊印，张行简主编。卷三·人物略中，载李本忠小传。寥寥百余字，凸显三峡滩害，颂扬李本忠平滩治险功绩："乃捐数十万金，铲巨石之横梗江心者，刊木表道以通纤夫。舟行上下者，群占利涉"；赞扬李本忠编撰《平滩纪略》传世，更是"功何伟欤"。尤其是收尾一句最为精炼："其他义举，皆自桧以下已"，与刘湘煃《李本忠传》中"故常之举，不更表之，独表其巨者"有同工异曲之妙，将李本忠一生乐善不倦，一言以蔽之。

《归元禅寺志》分上中下三册，共200余万字。由昌明法师等主持编修，历时8年，于2003年正式出版，这是归元寺历史上第一部志书。该志记载了信士李祥兴捐建罗汉堂、捐塑罗汉和各法相，以及捐买水田、田庄，以永久供应罗汉堂香火、灯油、拾扫及菜圃之资的善举，是李本忠与归元寺关系的最可信证据。除曹生谦《重修罗汉堂落成志庆》一诗记"道光之季骎炽昌，李氏捐修罗汉堂"外，该志沿革卷、人物卷等多处，涉及李本忠事迹。在中册沿革卷中，全文登录了归元寺在清朝时期购买房产、田产的32件契约。据《归元禅寺志》介绍，这一批契约来源于一份清代手写本《归元历史》。是归元寺保存的记载有碑文、田产、房产契约等珍贵文件汇编，约2万余字。其中道光二十二年（公元1842年）四月初一日订立的"立大卖水田庄屋基地约"，为合理推算李本忠去世时间提供了真凭实据，弥足珍贵。

《峡江图考》是清末一部川江、峡江沿岸山水、滩险绘画图志，以绘图为主，文字注释为辅，直观、形象地展现了自重庆至宜昌长江两岸山水、险滩等，同时记录沿江滩险、城镇里程。其中一幅夔州沿江山水滩险绘图上，标注的注释文字，记载了道光三年（公元 1825 年）湖北省职员李本忠，捐资万余两白银，整治黑石滩、石板峡等险滩，以及整修白果背纤道的事迹，肯定了李本忠平滩治险为保障峡江航道安全作出了重要贡献。编著者为久居川渝巴县等地为官的镶白旗人国璋（公元 1839—1900 年），其于光绪十五年（公元 1889 年）作《峡江图考叙》，内容述及他多年来过往峡江险段 8 次，该《峡江图考》由搜集到的数部峡江水道、滩险绘图汇集成册。该图册于光绪二十年（公元 1894 年）刊印，是最早的三峡水道、滩险绘图图册。

《峡江滩险志》于民国十一年（1922 年）出版，由当时的陆军部于民国六年（1917 年）开始组织力量测量、绘制、编撰。这是由中国专家实际测绘、独立完成的一部图文并茂的川江宜渝段河床图志。该图志集历代川江航道史料之精粹，收录绘制的峡江全图计 63 幅；滩险分图 40 幅。收录峡江词语解释 132 则。前图、后志共三卷，是仅存于世的一部较为完整记述川江险滩整治史专业志书和历史文献。《峡江滩险志》分别在"峡江滩险志叙""红石子""新滩""乌石""泄滩""八斗""牛口""黑石峡""石板峡"等段落，共记录了李本忠事迹十余条。并数次叙述"尚存遗迹""遗迹可寻"。该志还引用了《巴船纪程》中的曹玉生颂扬李本忠诗一首（全诗见附录。诗名《归州》应是后人所加）。

《行水金鉴》《续行水金鉴》《再续行水金鉴》，是编年体中国水利史料汇编巨著，被誉为中华治水典籍备要。其中《行水金鉴》175 卷，清傅泽洪主编，郑元庆编辑，主要收录上古至康熙末年水利文献资料。《续行水金鉴》158 卷，清黎世序、潘锡恩、张井等主编，收录雍正初至嘉庆末年的水利文献资料。两书所收资料为我国历代水利文献之集大成者，号称"水政之完书"。是研究我国水利史、工程技术史等的基础性资料。流行本为商务印书馆 20 世纪 30 年代的排印本；2011 年凤凰出版社景印出版两书，共 30 册。《再续行水金鉴》由郑肇经主编，武同举、赵世暹编辑，1936 年由全国经济委员会水利处组织编修。1942 年曾部分刊印出版，1946 年纂成修订稿，约 700 万字，始终没有正式出版。三本书保存了大量现已失传或鲜为人知的珍贵档案资料。

《再续行水金鉴》收集了清嘉庆二十五年（公元 1820 年）至 1911 年的

各种方志、实录、文集、治河呈报图册、报刊及水利专著，不乏地方大员关于水利事宜的的报告及清帝御批，是具有重要史料价值的治河文献。资料范围包括黄河、长江、淮河、运河及海河、珠江、辽河、西北内陆河流和海塘的治理工程档案。正编内容按时间顺序，排列治河防洪和航运工程的规划、设计、施工、管理档案，以及各年的雨情、水情和灾情。附编内容包括各大江河干支流及相关湖泊的自然地理、历史演变，以及治水方略研究之精粹，是水利、历史、地理、经济、环境、灾害等行业及政府主管部门了解国情和从事规划、计划工作必备的档案资料。修订稿现保存于北京中国水利水电科学研究院水利史研究室，没有副本。

中国水利水电科学研究院水利史研究室历经多年编校的《再续行水金鉴》，于 2004 年由湖北人民出版社正式出版。其中长江卷 2 册、运河卷 5 册、淮河卷 1 册、黄河卷 7 册、永定河卷 1 册，共 16 册。《再续行水金鉴·长江卷》全书约 78 万字，迄自道光三年（公元 1823 年），止于道光二十年（公元 1840 年），按编年体汇编，录有部分李本忠平滩治险事迹，均系引自《奉节县志》及《平滩纪略》。其中长江附编二，选录了《平滩纪略》附录中的《蜀江指掌》全文。

《中国水利要籍丛编》由台北文海出版社于 1969 在台湾出版发行，主编沈云龙，字耘农，江苏东台人。该丛编系地理丛书，5 辑，50 种，是书系辑元、明、清三朝及民国间，有关水利工程、防汛、河工器具、河务、图说之著作，记传体史书和方志中的河渠志等要籍而成。其中元、明两朝仅 4 种，清朝 30 多种，民国间 10 余种。收录有《行水金鉴》《续行水金鉴》《再续行水金鉴》。同时收录李本忠编撰，道光二十年（公元 1840 年）刊行的青莲堂藏版《平滩纪略》六册全卷。该丛书对《平滩纪略》的简介："清李本忠辑。本书计六卷，附《蜀江指掌》一卷。自嘉庆十年至道光十八年，李氏独力捐资二十余万两，兴工开凿川楚间长江险滩，起湖北东湖县界至归州，迄四川夔府属，凡四十余处，又复整修纤路数十里，先后历三十余载而工竣，航行无不称便。本书系汇辑屡年官府往来公牍而成，藉资后来者之考镜。今依道光二十年青莲堂刊本影印。"

熊树明主编的《长江上游航道史》于 1991 年由武汉出版社出版，是一

部航道专业史志。其中记载了光绪二十五年（公元 1899 年）川鄂商帮再次集资兴治泄滩及"宣统三年（1911 年）有巨商祥兴号因其货船于此滩多次失事，损失甚巨，遂出资将碎石拣去，并利用碎石在溪口近处筑一拦水坝，以堵溪中冲击石块，使滩险状态得以缓和"，并注明该资料引用自《星槎》周刊第 21 期。这是已知"李祥兴"商号最晚的信息资料，比《太平天国文献史料集》中记载的咸丰三年（公元 1853 年）李祥兴事迹推后了近一甲子。该资料如能核实，则李氏"李祥兴"商号在李本忠后辈手中，至少又传承了三代人，可以排除咸丰三年（公元 1853 年）因巨资被掠而破产，被清廷清算等推测。经查阅四川大学文理图书馆馆藏第 21 期《星槎》周刊（1930 年 10 月）及其余所有该刊（该馆仅存三十余期，缺四十余期），尚未检索到该资料出处。《长江上游航道史》引用的这一段资料有确切的宣统年号、"李祥兴"商号名称、治滩工程内容等，与早年李本忠整治泄滩工程内容明显不同。资料确切出处，需进一步核实。若以此资料推断，假以时日，应该有可能找到"李祥兴"商号在清末、民初更多的资料，值得更广泛、更深入地挖掘。

3. 历史档案材料

档案材料是李本忠史料的另一个重要来源。

因敦教化、彰忠义、倡孝廉的需要，李本忠事迹被采编进入由官方主持编修的方志。清末、民初以来，楚蜀相关府县方志、近现代新方志，以及介绍、引用李本忠事迹的相关文章、著述，焦点在平险治滩。关于李本忠及其"李祥兴"商号的商业活动，记录和介绍甚少，几近阙如。新近发现的部分历史档案材料，可对李氏家族商务资料的短板，聊补万一。

李本忠作为一位"由困而亨"的成功楚商，在清末、民初就被誉为"巨商""大商""富甲两湖"。这样的赞誉于李本忠是否名副其实呢？最有力的证据来源于一件太平天国史料，一则不经意间被记录、保存下来的重要讯息。

1980 年，中国科学院近代史研究所编辑出版了《近代史资料》专刊《太平天国文献史料集》，收录了约 220 件太平天国史料，其中有一件名"太平军攻克武昌探报"。这份资料录自《清代杂咏》（抄本，原件藏中科院近代史研究所），原篇名"贼陷湖北密单"。其内容是咸丰三年（公元 1853）春，洪秀全太平军第一次攻下武昌城，留在城内的清廷坐探，密报太平军攻破武昌，沿江东下九江等情形。主要报告了武昌城陷后的惨烈、清廷官员的结局，以及太平军、清军的相关活动等。这一件"密单"一共记录了 15 条情报，其中难得地保存了一条有关"李祥兴"在破城以后的遭遇。武昌破城后，太平军四处搜集金银、财物，搜到布政司广储库银 70 余万两、粮储道库银 10 余万两，加上在盐道、武昌府、江夏县官署搜到的库银，合计约银 100 万两。但仅在富户李祥兴家的两处房产中，就搜到了 130 万两现银！太平军主帅（合理推测应该是东王杨秀清）知道李本忠平滩治险的善举，认为有功于百姓，不但让下属给李家打了收条，甚至派遣将领，到其时已去世 10 年的李本忠墓前祭奠。仅李家库存的现银数量，就超过三级政府藩库存银，李祥兴商贸规模、李氏家族的富裕程度，由此可见一斑。

2013 年 1 月，《太平天国文献史料集》由知识产权出版社再版重印。

在四川省档案馆，保存着一批名为"巴县档案"的历史档案材料。巴县档案是中国清代四川省重庆府巴县官府、中华民国时期巴县公署等积累移存的档案。上自乾隆十七年（公元 1752 年），下迄民国三十年（1941 年），总数共约 11.6 万卷，是中国地方政权历史档案中保存较完整、具有连续性的一部分档案。涉及当时政治、经济、军事、民事、官员任免、民刑诉讼、选举、奖惩、税捐、征派等各项事务。是研究巴县地方史的第一手资料，也是研究重庆城市发展史、四川和西南地区政治、经济史的重要史料。其中清代部分尤为珍贵，深为中外学者所重视。乾嘉道年间，巴县是重庆府的首县，与重庆府、川东道三级署衙同城办公。巴县县衙所在地，即现在的重庆市渝中区。

从李本忠祖父辈起，李家就"贩贸楚蜀"。具体说，就是在汉阳县汉口镇与重庆府巴县两地之间往来经商。依李本忠的年龄推算，李家开始经商时间至少可追溯至雍正年间。经数代人的不懈努力，在李本忠手上，李家终于在巴县站稳了脚跟，置下了房产，并立起分号"渝号李祥兴"。李家在巴县数十年的商贸活动中，免不了发生各种纠纷，一经报官、提起诉讼后，就会留下相关的案卷。非常庆幸，在巴县档案中，保存了与李本忠和"渝号李祥兴"有关联的数起案件的案卷，已查实的就有 5 宗。由这部分已保存了 200 年左右的官府卷宗，可管窥李家的部分商务活动。不仅可以确认李家是大粮商，而且了解到李祥兴商号同时还经营瓷器、桐油等沿江各地特产；不仅可以看到李本忠身在异乡，与楚商抱团发展，帮扶同乡，还佐证了李本忠在道光十一年（公元 1831 年）武汉大水灾中，积极为受灾的家乡父老提供粮食供应，捐款捐粮，后获得五品职衔加三级的议叙嘉奖。通过一起入室盗窃案，落实了李本忠当年在巴县的住址：东水坊、陕西街。即今重庆市朝天门码头上的陕西路。通过一起经济纠纷案，可以了解当时在巴县的外地客商发生商务纠纷，由八省客长调解及公断的判案机制等。

1989 年，四川省档案局、四川大学历史系整理、选编了《清代乾嘉道巴县档案选编（上）》，由四川大学出版社出版。选编中有两篇文件涉及李本忠两起案子。这两起案件的其他文档及另外三件涉及李本忠案卷的文档，系在四川省档案馆馆藏档案里查找出的第一手资料，由本书第一次公开发表。此后，四川省档案馆又选编了《清代巴县档案汇编·乾隆卷》，1991 年由档案出版社出版；《清代乾嘉道巴县档案选编（下）》，1996 年由四川大学出版社出版。

4. 部分笔记、野史

除官修史、实录、方志等正史以外，历朝历代都有个人采编、辑录当代或历代人物传记、艺文碑帖、沿革掌故、风土人情、遗闻轶事等，结集成笔记、丛谈等文集印行，即所谓的"野史""杂说"。特别是有清一代，野史数量更如烟海。我们既不能将官史全部当作信史，即如鲁迅言："'官修'而加以'钦定'的正史"不过是"为帝王将相作家谱"。也不否认野史中间杂有糟粕，或为荒诞不经、偏激虚构之谈，或为封建道德、伦理观念之论。但这些野史、杂说的编撰者，对入选的篇章、遗闻轶事，多少也进行过采访、考证、遴选，辑录的传记、轶事、艺文等，系正史不屑采录或是遗漏，其中保留了不少史实，有拾遗补缺作用，可补正史之不足，为今人提供了历史研究资料。

清末民初的部分个人文集、笔记，采录了李本忠事迹。

洪良品（公元 1827—1897 年），黄冈人。清同治戊辰进士，改庶吉士。1871 年任翰林院编修、国史馆纂修。1873 年任山西乡试正考官。1882 年任顺天府乡试监考官，历任江西、云南道监察御史，兵部给事中，户部掌印给事中。在方志、诗文等方面均有建树，著述颇多，撰有《黄冈县志》24卷、《顺天府志》30余卷。光绪年间，洪良品纂《湖北通志志余》26卷。"志余"顾名思义为正志之余，乃地方志书的杂录，或称"杂记""杂志"，大多数省志、府志、州志、县志均将"志余"附之书末。《湖北通志志余》同样是湖北古代地方文献汇编，有重要的史料参考价值。其中卷六《汉阳府志余》记："汉阳李祥兴，鹾商也，嘉庆中叶富甲两湖。"并重点叙述了李本忠祖父李武经商肇始故事，颇具传奇色彩。虽然不排除其中有宣扬因果报应的演绎成分，毕竟在缺少李本忠家族《李氏家谱》等信史情况下，给出了李家经商之始的一种选项。李本忠去世之时，洪良品已有15岁，对李本忠家族事迹应有耳闻。此后10余年"李祥兴"商号生意日隆，涉足盐业经营，一时成为两湖首富，洪良品或为亲眼见证。因此其记叙具有一定的历史真实性和可参考性。

　　洪良品另一部日记体笔记《巴船纪程》，也记录了李本忠的事迹。洪良品于同治八年（公元1869年）十月十一日自家乡启程，乘船赴渝，翌年一月初九入巴县县城（重庆）。沿途对楚蜀各地地舆、沿革、历史等，及每天的行程做了记录。途径三峡时，洪良品亲见李本忠平滩治险工程尚在发挥作用，亲耳听舟子叙说李本忠事迹。十二月十二日过归州时，录入"吾乡"曹玉生赞美李本忠诗一首。"吾乡"是否系指黄冈，暂无考。《巴船纪程》约1.4万字，收录于江苏清河王锡祺编纂、光绪十七年（公元1891年）刊印的舆地、游记丛书《小方壶斋舆地丛钞》。该丛钞卷帙繁浩，范围广泛，内容详实，保存了相当完整、珍贵的清代地理资料，是研究清代中外历史地理方面重要的一部丛书。《丛钞》《补编》《再补编》共36帙，64卷，收书1348种。就收书种类而言，堪称清代舆地丛书之最。《小方壶斋舆地丛钞》第七帙共收录川、粤、滇、黔等地旅行纪程、山水游记51种。其中除《巴船纪程》，黄勤业的《蜀游日记》亦涉及李本忠。

　　黄勤业，江西金谷人。道光六年（公元1826年）应友人相邀，于正月初七解缆出发，相伴蜀游。途中所记日记，结集成《蜀游日记》刊印。二月二十四日记过归州新滩诸滩，过险滩后"彼此相顾，面色如纸矣"。又记："有巨石曰龟石，舟行纡曲，失势堪虞，涉川者苦之。汉阳李姓者，衾金雇石工百余人，欲举触舟之石尽去之，有愚公移山之意。善士也。"是年李本忠完成了四川奉节境内整治工程，刚刚返回归州，开始整治州城对河的吒滩及碎石滩等险滩，并开始运作购买阴阳山入官封禁事宜。黄勤业应该亲眼目睹了李本忠的平滩治险壮举。

《郎潜纪闻》初笔、二笔、三笔，清末陈康祺撰，共 42 卷，1700 余条，专记有清一代政治、经济、文苑、典制、社会习俗等方面的史事。不仅记文苑士林、宦海官场、典章制度、圣君隆治，还记社会情况及一些奇闻趣事，是清代比较著名的、内容丰富、材料广泛的史料笔记，是《清代史料笔记丛刊》其中一种。《郎潜纪闻三笔》卷五录《李凌汉捐赀平楚蜀险滩》。文中记："李本忠，字凌汉，汉阳大商也"；赞颂其平滩治险"盖旷世义举也"；记"至今往还楚蜀者，峨舸大艑中，犹时闻长年老辈啧啧道李凌汉也"。

《清朝野史大观》也是一部辑录清代遗闻轶事的著作，有一定史料参考价值。1915 年初版。其卷七全文收录了《李凌汉捐赀平楚蜀险滩》。

《清稗类钞》是近代人徐珂所编的笔记集，民国六年（1917 年）由商务印书馆出版。该书采录数百种清人笔记，同时参考大量报章等资料编辑而成。全书分时令、地理、外交、风俗、工艺、文学等 92 类，共 13500 多条。内容十分广泛，记录也很充实，有一定的历史参考价值。其中"义侠"篇收录《李凌汉平楚蜀险滩》。比照《郎潜纪闻三笔》版，标题少"捐资"二字；缺"至今"之后的一段文字。

《清代野史丛书》成书于民国年间，其中收录了清末民初李岳瑞编撰的笔记类文集《悔逸斋笔乘》。该文集多记晚清名宦、文人轶闻杂事。其中录有《纪李本忠事》："李本忠者，湖北汉阳富室也""凡平险滩四十有八，费金五十余万两"，并谓"使此事在欧美，则铜像之铸，传记之纪载，馨香百祀，宁有已时"。作者为李本忠事迹在"吾国则湮没无传，能言其事者，殆于万不得一"而深抱不平！

范锴，浙江乌城人，嘉道年间业鹾在汉口居住多年。中年以后，远游四方。"锴有俊才，工诗，尤善词"，著述颇多。其中最负盛名的《汉口丛谈》六卷，"对汉口地区的地理形势、水道变迁、郡县建制沿革、历史事件、名胜古迹、街衢市井、物产和趣闻、不见经史而风靡一时的名人事迹及其诗文作品等，做了全面的辑录整理"，是汉口重要的乡邦史料文献。《汉口丛谈》最早有道光壬午刻本，即道光二年（公元1822年）本；后有壬午修订刻本和民国钞校铅印本。

范锴与李本忠同时代，尤其是其"往来楚蜀者达三十年"，在汉口居住多年，从时空上看，完全有可能与李本忠发生交集。但遍读《汉口丛谈》，并未发现其辑录李本忠事迹，只录有与李本忠有联姻关系的闵文哲小传。推测应有这样几个原因：一是其时李本忠只是一个经营规模稍大的粮商，其峡江平滩治险虽已有10余年，但道光二年（公元1822年）之前，李本忠及其一子一孙，尚未获得清廷议叙，事迹不彰，与巴莲舫、包云舫、姚小山、洪旃林等范锴交往过从的醝商富豪相比，其富商地位和善行并不突出。捐修归元寺罗汉堂、龙王庙码头，捐款捐粮赈济家乡水灾，捐买阴阳山入官封禁等善行，以及因平滩治险议叙获四品道员职衔，也均发生在《汉口丛谈》刊刻之后。二是《汉口丛谈》中，范锴用较大的篇幅谈艺论诗，所记人物大多以诗文画艺见长，或为醝商大富。李本忠只是一个年逾60的捐监生，不谙风花雪月、琴棋书画，和那些常与范锴诗词唱和的文人词客并非一路。范锴亦说："古今人汉口诗兼及近昔寓公过客，皆余所相识者""丛脞之谈，即谓诗话可也"。再则，范锴亦有"汉口人物，地虽一隅，亦复不少，但已采入邑乘者，自可不烦赘记"之说。

民国二十二年（1933年），著名方志学家王葆心辑编的《续汉口丛谈》《再续汉口丛谈》由汉口利华书局刊印出版，其中广征博辑，"敷陈楚故"，亦为汉口地方文献重要之作。《再续汉口丛谈》卷一记载了汉口士绅乌光德父子为行善义举做按注时，引用了《汉阳县识》记载的李本忠事迹，聊补《汉口丛谈》未载李氏事迹之缺憾。

5. 相关碑记、诗词

李本忠平滩治险事迹在清末民初就在峡江地区和家乡汉阳地区广为传播，不乏崇德向善之士，不忍李本忠事迹时久泯灭，勒碑以铭之，诗词歌咏以传之。碑记、诗词亦保存和透露了部分李本忠相关史料，可以与其他史料相互印证。

　　《平滩纪略》辑录了道光年间的数通碑文或碑记，占已知存世与李本忠有关碑文、碑记的大部分。既有记功碑，亦有官府勒碑晓瑜告示碑等。联名向官府恳请勒碑为李本忠记功的联名者中，既有沿峡江受益州县的现任、候补官员，也有众多进士、举人等儒学士子；既有各地首士、绅耆，也有行船峡江的川楚八帮及沿江地方众多银号。楚省商民在重庆巴县向四川官府申请在湖广会馆立"四川重庆府巴县禹王宫碑"；蜀省在汉会馆首士亦领衔在汉阳县官府申请为李本忠在汉口勒碑。

　　道光十八年（公元 1838 年）四月初一日呈稿中的《李公凿滩纪功碑记》并序，述记了李本忠平滩治险事迹，阐明申请勒碑初衷："李君之造福于我客子者至矣，顾何以报之？意惟考其颠末，寿诸贞珉，俾后世之履险如夷者咸知。"其后署名者连同船帮、银号等，竟有 70 余人之多！

　　另一通由四川省巫山县士绅撰写的《李公凿滩纪功碑记》，于道光二十年（公元 1840 年）仲春月二十二日立碑。碑文赞美李本忠善行曰："宜乎懋乃绩而付诸不朽，俾天下后世，知商贾中有伟人与河山而并寿""川楚大宪交章题旌。大邑通都，碑石林立。其功懋矣、其名彰矣"。

　　"四川重庆府巴县禹王宫碑"由湖广省阖省十府代表联名请示所立，其中有"今而后，凡官于川、贸于川者，莫不佩公之惠、感公之德、乐道公之特达，吾侪楚人亦与有荣施焉。金谋叙其颠末，泐之贞珉，永垂不朽，且以励将来之乐善获福者"之句。该碑明确原立于重庆巴县湖广会馆禹王宫，笔者曾专程探访，惜遍寻不获，恐亦灭失，幸《平滩纪略》存其碑文。

　　在这些碑文呈稿和批示中，不乏诸如"从此行旅皆安，艨艟易泛。波清浪静，静锁巫山十二之峰；风息水平，平治蜀楚三千之路。川湖黎庶，共庆安澜；各省商民，咸沾利涉""洵属乐善好施，殊堪嘉尚""表而彰之，其亦足为天下后世之好善乐施者风与"等溢美之词，用在李本忠身上，的确实至名归。

　　迄今录得落款时间最晚的碑文，是写于民国二年（1912 年）的《汉阳李祥兴开凿屈沱石险颂》，出自民国经学大师刘师培的《刘申叔遗书·左盦文》内篇。刘师培，字申叔，号左盦；江苏仪征人。早年与章炳麟等交游，倾向革命；后参加筹安会，襄佐袁世凯称帝。1917 年受蔡元培聘，任北京大学教授。

其一生著作甚丰，后人为其辑《刘申叔先生遗书》，有"著作等身"之誉。该颂词注明"民国二年仲夏元旬，楚蜀民仪，推绎本原，缅君惠勤，泐石铭勋"。文中将李本忠与治水的大禹、督修都江堰水利工程的李冰相提并论："禹抑下鸿，君弘其功。李冰导江，君缵其隆。"以碑文内容推断，该碑似应立于汉阳铁门关下禹王阁，惜原碑今亦不存。

在沿川江至下游峡江沿线寻访李本忠史迹过程中，得助于巫山大溪地方史研究专家冉启春先生，在三峡大坝截流前抢救回来的一大堆残碑断石中，新发现"整治工程竣工纪念碑"残碑和"大溪口纤道晓谕"残碑实物各一件，原碑均为道光年间所立。碑文俱系首次发表。"竣工碑"碑文仅剩18字："……（湖）北汉阳县职员李本忠捐修。……兴工。乙酉年告竣。"查乙酉年为道光五年（公元1825年），正好与《平滩纪略》所记相印证。是年二月初八，李本忠至奉节县，禀报黑石峡、石板峡、鸡心石、鲇须漕、白果背等工程告竣。这些工程俱系道光三年（公元1823年）兴工。由残存职衔名称得知，"晓谕碑"由兼任"监督夔渝两关税务"的时任夔州府知府颁示。主要内容为：湖北职员李本忠捐修的自白果背至风厢峡等处纤道，近来有不法匠工撬走部分石板，以致纤道坍塌。现经处罚，仍修补齐整。如此后仍有不法之徒损坏，允许船户水手及地方约保，立即扭禀法办。该碑落款时间缺失，根据内容推断，立碑时间晚于"竣工碑"，应该是道光八年（公元1828年）八月，李本忠再赴奉节县申请复凿滩根及补修纤道工程完工之后所立。

多年前，一收藏网站的藏家展示了一块青花瓷板墓志铭。据分析，该墓志铭系李本忠亲自撰写。其内容显示：李本忠少年时期曾攻书应试，与易澄心等同窗，受教于曹夫子；15岁时参加过乾隆甲午年（乾隆三十九年，即公元1774年）科试。乾隆五十九年（公元1794年），常年在外经商的李本忠回汉口时，偶遇穷困潦倒的易澄心，丧母、丧媳无钱安葬。李本忠亲自选定墓地，并撰写墓志铭，出资义葬了易澄心的母亲及儿媳。

人类结绳记事、文字符号出现之前，历史的传承主要依赖口口相传，吟唱是重要的形式之一。《诗经》风、雅、颂305篇，既是最早的诗歌总集、儒家经典，其中的十五国风，也是中国方志的远源之一，史料性不言而喻。

李本忠家族平滩治险、乐善不倦的事迹，清末民初在楚蜀峡江一带及家乡广为流传，除清廷的"恩隆三赐"，史册载录以流芳百世、勒碑纪念以彰显功绩外，也有文人骚客以诗词形式记载、宣扬李本忠事迹。迄今已收集到这一时期李𣱦《平滩行》，曹玉生《归州》，曹生谦《重修罗汉堂落成志庆》，郑东华《江汉图》，叶调元《汉口竹枝词》之"龙王庙码头"等颂扬及记载有李本忠事迹的诗 5 首。

李𣱦，字笠香，江西金溪人。清末诸生。有《思贻堂诗钞》传世。《平滩行》应该出自该诗钞。该诗以李本忠小传为发端，诗中赞美了李本忠平滩治险的壮举，以平滩前"蜀江覆舟昔无算，夜来鬼哭摇江枫。似悲生世不在李君后，乃使白骨黑石相磨砻"，平滩后"君不见今日夷陵连峡岸，峨舸大艑行不断。长年高歌贾客眠，逢人都颂李凌汉"作强烈对比，给人以深刻印象。

曹玉生，黄冈洪良品在日记体旅行笔记《巴船纪程》中称其为"吾乡"人。《巴船纪程》存曹玉生《归州》诗。民国十一年（1922 年）刊行的《峡江滩险志》亦引用了该诗。

咸丰初年兵燹连连，武汉三镇俱被焚掠，李本忠道光年间捐建的罗汉堂亦付之一炬。光绪年间归元寺重修之时，曹生谦诗《重修罗汉堂落成志庆》回忆："道光之季骎炽昌，李氏捐修罗汉堂。"（该诗录自《归元禅寺志》）

叶调元，字鼎三，浙江余姚人，生活于清代嘉道年间。曾在 7 岁到 16 岁以及 40 岁前后，两度留寓汉口。道光十九年（公元 1839 年）第二次来到汉口，就其所见所闻，写下多首竹枝词，分别从地形地貌、市镇建筑、商业市井、民俗风情等多方面，描绘出了一幅清朝中期汉口的生活画卷，对汉口的地方志是极为有益的补充。历十年，写下的竹枝词"积而成帙"，经过删减，共存诗 292 首，于道光三十年（公元 1850 年）付梓成册，初刊时名《汉皋竹枝词》。

叶调元再次来汉口之时，恰逢《平滩纪略》刊印，其时李本忠业已功成名就，身有四品道员职衔，家有"节烈""乐善好施"两座牌坊；汉正街上的"李祥兴"商号亦生意兴隆。李本忠的善举，自然会引起叶调元的关注。传叶调元时住汉正街打扣巷，靠襄河边一头的巷口正对龙王庙码头。其"龙王庙码头"一诗，将龙王庙地处汉江、长江相汇口的险峻以"激浪惊泷似箭穿"形容。诗后特别做了注解："庙在江、汉应交之处，陡岸飞流，不能停泊。有木簰长数丈，广半之，用大杙、铁索系于江岸，外以泊船，内以长艒接岸，李祥兴力也……"竹枝词发源于三峡地区，最初由唐代文学家刘禹锡把这种巴蜀民歌改造成文人诗体。叶调元以竹枝词形式，颂扬李本忠造福三峡地区及家乡人民的善举，是一个温馨的巧合。

清末民初，有一篇反映清末武汉民众冶旅风情的曲词——《江汉图》，流行于当时的武昌、汉口、汉阳以及周边地区。《江汉图》描写的是武汉三镇四季风光和可供游览的史迹、景点，同时也描绘了当时社会风貌和人们的旅游风俗情趣，被人们称之为武汉最早的"导游图"。

《江汉图》作者郑东华史籍无载，传称其为湖北沔阳州人，道光二十五年（公元 1845 年）乙巳恩科进士，曾在江夏县（今武昌）做官，颇多诗文之作。有资料称郑是"落魄官吏"。《中国美术家大辞典》称郑东华"工书"，故而入录。

《江汉图》曲词写法独特，用"挂枝儿"曲调（每首之后引一句千家诗结尾），按十二个月叙述，对武汉三镇的名胜古迹和社会风貌的描画生动而具体。光绪二年（公元 1910 年），由荆州花鼓戏名演员"赛湖北"谢春成在汉口演唱，红极一时。据花鼓戏老艺人魏泽斌介绍，《江汉图》是清同治年沔阳落魄官吏郑东华游武汉时所写，许多"西腔牌子"是清末著名花鼓艺人陈新苟和沔阳落第文人杜举人改编。《江汉图》由姚玉春、黄汉翔带到楚剧，已成为保留节目。楚戏《江汉图》唱词由湖北戏剧工作室喻洪斌校订。

《江汉图》唱词中，有三处与李本忠的善行有关：玄妙观、罗汉堂、善堂救生船。特别是"李祥兴重修玄妙观"一句，将其他史料不载的李本忠善行又增加了一件，补充了李本忠一生尊崇儒释道三教的实例。

李本忠平滩治险事迹在峡江沿岸地区，特别是在秭归地区一代代口口相传。当年李本忠购买阴阳山入官封禁之后，阴阳山溪涧又被归州人称为"祥兴壕"。查秭归清末旧志图录中的山水图，阴阳山名标注未变；1982 年出版《湖北省秭归县地名志》亦不载。"祥兴壕"之名，系原秭归县地方志办公室副主任王健强先生采录于秭归当地居民之口，最早发表于 1986 年的《人物》第 1 期。1993 年出版的《川江航道整治史》亦采用了"祥兴壕"之名。据王

健强先生介绍，至今秭归老人仍以"祥兴壕"称呼原秭归县城对河的两山溪涧。以商号名称命名地名，实属罕见，可见当地人民对李本忠的善举永存感激。

（二）李本忠史料利用

从民国年间的县志、笔记等记载算起，沉寂了数十年，直到建国后第一轮修志编史热潮中，李本忠长江三峡平滩治险的事迹及其撰写的《平滩纪略》，才逐渐引起新一轮的关注。最早利用李本忠相关史料的，主要是相关地区方志编撰人员，及水运、航道等专业史志编撰人员。20世纪末三峡大坝截流蓄水前后至今，李本忠及其《平滩纪略》引起更多相关人员及国内外学者的关注和重视，已有相关著述引用或介绍李本忠事迹及《平滩纪略》；报刊上陆续有介绍李本忠事迹简介题文章发表；部分新编方志、专业史志、辞书等，开始收录李本忠小传或简介。

20世纪80年代初，为了编修秭归县新志，原秭归县档案馆馆长余从英，从新滩镇一户熊姓居民家中的壁洞里，采集到一部仅存五册的《平滩纪略》。在修志查档过程中，原秭归县地方志办公室主任王健强先生，一口气拜读了全书，深深地被李本忠的义举和高尚情操所感动。王健强先生成为建国后，最早积极推介、宣传李本忠及《平滩纪略》的文化专业人士。

王健强，秭归人，1934年出生，1951年参加工作，曾先后在秭归县方志办、秭归县文艺创作室等单位任职，湖北省作家协会会员。有《屈原故里秭归》《世界文化名人屈原》《屈原传》《三峡文史索微》《半间书屋文萃》等著作行世；总纂《秭归县志》；参编《中华人民共和国行政管理大辞典》。在国内报刊发表作品百余篇；创作歌舞剧《神鱼》获湖北省专业剧团调演二等奖；系获湖北省民间音乐舞蹈电视大赛一等奖舞蹈《招魂》词作者；秭归县两届专业技术拔尖人才，入选《中国当代艺术界名人录》。

王健强先生热爱家乡，其著述、创作多与家乡人物、历史和长江三峡有关。他对100多年前造福家乡和上下楚蜀商旅的汉阳商人李本忠，推崇备至，充满感激和崇敬，李本忠的形象一直萦绕在脑，只要有机会，就积极宣传李本忠事迹。他1982年出版发行的第一本宣传家乡的著述《屈原故里秭归》，就用了1000余字的篇幅，介绍李本忠平滩治险事迹；他撰写的李本忠小传《第一个自费治理长江三峡航道的人》，发表于 1986 年第 1 期《人物》。20 世纪 90 年代，他提供资料，协助秭归县教育局中小学教研组，把李本忠事迹编入了秭归小学乡土教材；撰写了 2000 年版《湖北省志》李本忠小传。退休前后，王健强先生完成了其他几部著述，李本忠事迹一直令他"坐卧不宁，寝食难安"。他不顾年近 80 的老迈之躯，重拾笔纸，一笔一画，不遗余力，抱病完成了小说《整治三峡航道的奇人——李本忠》的创作，该书于 2013 年由湖北人民出版社出版发行。王健强先生在如释重负的同时，感叹完成这部收官之作的不易。

1998 年版《武汉市志·人物志》收录"李本忠"小传。《武汉市志·社会志》载："道光十四年（1834）汉镇李祥兴施款修建 24 间呈田字形结构的罗汉堂，咸丰二年（1852）毁于战火。"2000 年版《湖北省志·人物志》亦收录"李本忠"小传。2006 年版《武汉通史》记："清道光二十三年（1843 年），汉镇巨贾李祥兴捐款捐建罗汉堂。聘黄陂王氏父子塑罗汉 500 尊"，时间记载有误。

1991 年出版的《秭归县志》，是引用李本忠史料较多的新志。该志不仅在"大事记"中专列"嘉庆十年"一条，还分别在"水陆交通""国有山林""封山育林""清末教育"等章节，录入李本忠平滩治险和捐赠山林、学田的事迹。李本忠当年的义举，对秭归当地的经济、交通、教育等多方面产生了深远的影响。

除《湖北省秭归县地名志》（1882）、《秭归县志》（1991）、《武汉市志》（1998）、《湖北省志》（2000）等新编方志，利用李本忠相关史料最多的，是涉及长江航道、航运的专业史志。

《长江水利史略》于 1979 年 10 月出版，由长江流域规划办公室编写。是新时期最早记载李本忠平滩治险事迹的专业志史。其第七章第三节"航道的整治、设施和港口"写到："清代在四川还没有轮船运输之前，为了木船运输的便利和安全，曾经整治三峡航道和纤道。道光年间（公元一八二一至一八五〇年），一个世代经营川鄂运输的商人，因货船多次在三峡覆没，损失很大，便投资除滩，这次工程时间很长，前后共三十六年，用银十六万七千余两，清除险滩四十八处，开纤道数十里。"连李本忠的名字都没有提，可以想象，文革十年虽然结束，但思想禁锢影响仍在，录入史料十分谨慎。该书 1985 年 1 月第二次印刷。

《川江航道整治史》于 1993 年 8 月出版，朱茂林主编。这是长江航道建设中，第一部山区航道整治的专业技术史。第一章第三节"李本忠独资整治三峡险滩"，用整节近 3000 字的篇幅，记载李本忠治滩缘由及实践，《平滩纪略》与《蜀江指掌》的问世。其大事记载："嘉庆十年，湖北汉阳盐商李本忠开始独资修凿三峡滩险，前后累计三十六年，开凿三峡河段四十八滩，耗资 178500 两。"该书还按相关整治工程的先后大致顺序和时间（旧历），对所有 48 项整治工程地点、名称，一一列表记录，并列出旧名、新名进行对照等。

《长江航道史》1993 年 11 月出版，王轼刚主编。这是第一部系统地研究、记述人类对长江干流及其支流航道开发、利用、整治的专业技术史书。书中以大量的史籍资料和档案资料，记录了古代至现代，长江航道开发的进程等。其中第二章"长江航道建设的持续发展"专门用一小节《李本忠与川江险滩的整治》1000 余字，记载李本忠对峡江航道整治作出的杰出贡献。第三章"三峡纤道的全面开凿"一节载："三峡纤道古人早有开凿。晚清时，湖北商人李本忠曾先后两次开凿夔峡内白果背至干沟子纤道。"大事记中亦有专条记载。

《秭归交通运输史》由舒德玉、李逢春、宋秀银主编，1993 年由中国大百科全书出版社出版。该书第八章"人物"第一节"人物传"，专列"李本忠"小传。

《宜昌水利史》由姜诗华、姚大志主编，2007 由年长江出版社出版。该书第十三章"人物与文论"第一节"治水人物"，专列"李本忠"小传。

《长江志》由长江水利委员会宣传出版中心《长江志》总编室历时 20 余载编纂完成，2006 年由中国大百科全书出版社出版。这是第一套全面记述长江流域治理、开发、保护经验的经典文献。《长江志》全套 7 卷 23 部，分为"流域综述""水文、勘测""规划、设计、科研""治理开发（上）""治理开发（下）""水政、人文"和"大事记"等 7 部分。所记述年代，上限追溯事物起源，下限一般断至 20 世纪 90 年代，有些重要事件记述至 2003年。第 23 部"大事记"，记述了史前至 1949 年 9 月、1949 年 10 月至 2000

年间有关长江水利的重大事件(包括治水方略,主要的水利、水运及河道建设,水利管理法规等)。在其第四部分"元、明、清时期(公元1271—1911年)",作为长江流域的一件大事,200余字的"李本忠整治川江滩险"入选。

此类记载有李本忠平滩治险事迹的专业性志史,还有《长江上游航道史》《长江航运史·古代部分》等。

《长江航道文献》于2007年出版,是个人航道专业著述,包括"航道史论""航道科研"两部分。作者陈元生数十年从事长江航道研究及教学,1980年至1984年,任武汉航道学校专业课老师;1984年至1988年任《长江航道史》古代部分主笔。曾出版《港航水文学》《历代长江诗选》《历代长江诗选续集》等著作。该文献集《长江水系古代通航治理工程概述》一文中,多处提及李本忠治理险滩、纤道取得的实效。

部分涉及长江三峡文化方面的著述或专著等,多涉及李本忠平滩治险事迹。

《中国长江三峡大辞典》1995年由湖北省少儿出版社出版。该辞典在"历史人物"一节,列"李本忠"小传。

余学新注评的《三峡诗词选》于2006年由武汉出版社出版。该词选录入清末江西金溪人李旃颂扬李本忠的诗作《平滩行》,并做了20条注释和简评。

《长江三峡交通文化》于2005年由中国文史出版社出版,作者郑敬东、朱培麟、傅舟。这是继三人《中国三峡文化概论》(1996)、《长江三峡旅游文化》(2002)两部研究三峡文化的学术专著出版之后,在该研究领域的第三部成果。该书第三章"三峡栈道文化"一节,数处引用李本忠凿修瞿塘峡栈道、秭归泄滩纤道等史料。

2014年11月17日,由长江航务管理局组织编撰、长江出版社出版的《中华长江文化大系》在汉首发。这是我国迄今为止规模最大、内容最全、最系统地介绍长江流域的文化丛书。丛书用2000多万文字和近万幅图片,反映了5000年来长江流域的人文地理、风土人情、自然风光,填补了长江流域文化史的空白。数年来该丛书成果陆续面世,至此全部丛书终于出齐。

《中华长江文化大系》为国家级大百科历史文化重点出版工程,按文化百科全书的构架,分为浩渺苍茫、金粉烽烟、千秋吏法、商贾兴衰、伦理传承、

第一编　李本忠其人其事

151

语言文化、天堑通途、山水传奇等8编64卷。第七编"天堑通途"第四章"西陵峡山水天下佳"一节列"李本忠平滩"，用3000余字叙述李本忠三峡平滩治险的过程，对《平滩纪略》和《蜀江指掌》二书也做了简介。李本忠在三峡历史文化中，留下了浓重一笔。

从汉正街走出的作家刘富道，2001年出版了《天下第一街——武汉汉正街》，叙述汉正街的发展脉络、历史渊源、民情商事及人物故事。其中一段就讲了汉正街富商李本忠乐善好施的故事。徐明庭先生在该书的序评中，也提到了汉口本地大盐商李本忠。

1995年上海辞书出版社出版了一本中国历史人物故事集《中华传统故事类编》，收故事千则，选材上起先秦，下迄清末，主要取材于儒家典籍、诸子著作、正史、野史、笔记、文集等古代典籍。该书在"立志篇"，选编了"李本忠整治险滩"故事。

清叶调元《汉口竹枝词》卷一第十九首《龙王庙》（诗名后加），让李本忠捐资整修汉口龙王庙码头的善举得以流传。徐明庭等辑校《湖北竹枝词》（2008年）全篇收录叶氏《汉口竹枝词》。沙月编著的《清叶氏汉口竹枝词解读》（崇文书局2012年）对该诗作了注释和解读，并将彭建新"码头文化谈"中的李本忠故事，以"文化卡片"形式附录在解读之后。1993年由武汉大学出版社出版的《武汉风景名胜集》中的一幅配图，以白描形式展现《龙王庙》描述的两江交汇、激流汹涌、木簰横江等内容。

2009年由湖北人民出版社出版发行的《湖北百馆珍品档案》图文集，将湖北秭归县档案馆收藏的《平滩纪略》，列为该馆珍品予以收录，排在"报刊类"第一位，并加以文字介绍。

部分专业人员在相关专业期刊上发表论文或文章，分别从各自专业的角度，阐述、介绍李本忠平滩治险活动，对生态保护、交通运输等方面发挥的积极作用。已搜集到的就有：冯祖祥、丁松昂"李本忠的《平滩纪略》及其启示"（《生态经济》1991年1期）；周华钢"平滩治险、留芳百世——李本忠整治川江航道小记"（《中国水运》1994年第8期）；黄双超"黄金水道的黄金时代"（《中国三峡建设》2003年第6期）；黄权生、罗美洁"三峡航道整治研究"（《长江师范学院学报》2011年第4期）；陶灵"古代川江险滩的治理"（《文史杂志》2015年第3期）等。原长江航务管理局副总工程师姚育胜，多次撰文推介李本忠，如"漫话三峡红船"（《长江航运》2008年3月）；"三峡平滩奇人"（《长江航运》2009年6月）等。原长江航道局宣传部部长、《长江航道史》主编王轼刚曾撰文"川江航道整治第一人——李本忠"（2010年9月）。有部分论文引用李本忠事迹做案例，如中国经济史研究室研究员封越健主持的中国社会科学院青年基金项目《清代商人及其经营形态研究》，其"清代商人的资本组织与经营方式"一文（《中国经济》2010年），大量引用巴县档案等史料，阐述清代商人的资本来源与经营方式，其中引用了李本忠等人，合伙为汉阳同乡张志德凑垫磁器店资本和渝号李祥兴雇工的史料。相关论文还有赵东菊的"三峡航运史述略"，邓晓的"对川江航运文化成因的讨论"等。

武汉地区部分期刊相关文章有：陈鸿标、王先登"汉口巨商李本忠整治三峡滩险记"（《武汉春秋》1997年第6期）；彭建新"汉口码头与码头汉口——汉口老码头回眸"（《武汉文博》2008年第1期）；严锴"李本忠治理三峡险滩与《平滩纪略》"（《武汉文史资料》2008年第7期）；肖波"传奇汉商李本忠"（《武汉春秋》2013年2期）等。

李本忠平滩治险事迹主要流传于家乡武汉及大三峡地区，重庆以下至宜昌地区。武汉、重庆、宜昌等地主流报纸，多次发文进行推介，或引用李本忠事迹及《平滩纪略》，如邵红峰"三峡'大禹'李本忠"（《重庆晨报》1997年3月21日）；肖波"李本忠——自费治理长江三峡的愚公"（《长江日报》1997年10月31日）；彭建新"码头文化谈"（《武汉晚报》2009年5月22日）；龚昌俊"李本忠，自费整治长江航道第一人"（《三峡日报》2010年4月）；谢金箫"整治长江航道第一人——《秭归县志》里李本忠的故事"（《中国县域经济报》总第560期）；袁清"李本忠，自费整治长江三峡航道第一人"（《湖北日报》2014年11月16日）。陶灵在多种报纸上发文："李本忠整治三峡险滩"（《重庆政协报》2012年8月17日）；"自费整治长江航道第一人"（《人民长江报》2012年8月25日）；"商人李本忠整治三峡险滩"（《重庆晚报》2013年3月30日）。

随互联网技术的发展，自媒体网站、个人博客兴起，为李本忠事迹传播起到积极的推动作用。据不完全的搜集，以李本忠平滩治险事迹为主题，或引用李本忠事迹的网文及博文就有：重庆天涯论坛系列网文——"川江险滩整治纪实"之三"如牛如马的滟滪已无堆"、之四"古代川江险滩的治理窍门"；由长江航道局主办的"长江航道"文联栏目，"川江航道整治系列文化故事之七——古代商人李本忠自费整治三峡险滩"；人民网"长江英雄谱"；楚商自媒体"清代楚商首富——李本忠，自费治理三峡险滩"；彭鲁博客"武汉'愚公'李本忠整治三峡航道"；湖北百科"李本忠"；文学河谷行船网"湖北商人李本忠自费整治三峡险滩"；荆楚网东湖社区"捐银修川江航道的汉口大商人李本忠""宜昌开埠：桨声帆影映繁荣"；宜昌旅游网"自费整治长江三峡航道第一人：李本忠"；三峡秭归在线："雷鸣洞"；新浪网博客"古代川江的航道治理""梦回三峡：瞿塘峡黑石滩"；《长江日报》网"清代李本忠曾为楚商首富，自费治理三峡险滩"；汉网社区"汉商第一人：李本忠"，以及"三峡航道秭归段的几次整治""走蛟化龙——历史的真相""拨开川江的历史风烟""洩滩的来历及行政区划""屈原故里寻访记"等。重庆三峡学院校园网"三峡文化"栏目，节选《中华长江文化大系》"李本忠平滩"一节，作长期重点推介。

近年来，以李本忠事迹为背景的文学作品开始出现。王健强所著小说《整治三峡航道的奇人——李本忠》于 2013 年由湖北人民出版社出版发行；电视剧《太平天国》（央视版）第九集中出现的武昌城内的大商人"李祥"，就是影射"李祥兴"。主要表现清末民初湖北商人商战智慧的网络小说《汉商》，作者署名"浪里飘雪"，其中有一位乐善好施的汉口大盐商"李兴祥"，就是以李本忠故事为背景。

陶灵编著的古今川江航道整治历史纪实文学作品集《川江记忆》，2016年由团结出版社出版。该作品集在第一篇章"历史记忆"中，以"古代商人李本忠自费整治三峡险滩"为题，用了约 3000 字的篇幅，介绍了李本忠平滩治险事迹。

李本忠平险治滩、乐善好施的史料，亦引起国外学者关注。美国学者罗威廉有两部研究清朝中晚期的汉口专著：《汉口：一个中国城市的商业和社会（1796—1889）》《汉口：一个中国城市的冲突和社区（1796—

1895）》，分别于 2005 年、2008 年由中国大学出版社出版。两部著作中，均引用了李本忠相关史料。

德国海德堡大学的 Nanny Kim 写了"商人行善拯救河运"一文。由王莉编译，发表在 2013 年 7 月 18 日的《重庆青年报》上。

日本学者森永恭代的专题研究论文"清代長江三峡における航道整備事業——李本忠と《平滩纪略》"，最初发表于日本的《中国水利史研究》2004 年 10 月第 32 号。日本学者谷川道雄教授赠于武汉大学中国三至九世纪研究所的一批历史和学术资料中含有该文。人民出版社 2014 年 12 月出版的《海外中国水利史研究——日本学者论集》，收录了该论文，译名"关于清代长江三峡航道整治事业——李本忠和《平滩纪略》"。该论文分为"清朝时期的长江中下游流域""李本忠和《平滩纪略》""李本忠的航道整治事业""结语"等部分。以近 2 万字的篇幅，论述及赞扬李本忠的平滩治险、整修三峡航道的事业，及对长江航运作出的贡献，是迄今为止研究李本忠平滩治险最为全面的力作。

（三）重视李本忠史料发掘、研究、宣传

李本忠一生经历了乾嘉盛世，也亲见自白莲教大起义至鸦片战争时期大清朝的式微。他见证了汉口商埠的繁荣，是一个有故事的汉正街成功商人。

虽然已收集到部分相关史料，发现了数件实物，但仅凭这些史料仍难以勾勒李本忠及其"李祥兴"商号的全貌，仍有众多谜底无解：为什么清末民初至今，曾经富甲一方的李氏后人销声匿迹？是衰败？还是外迁？襄河边汉正街上的"李祥兴"商号设在哪个地段？有哪些事迹流传？其最后是什么结局？虽然李氏家族在汉口的旧居、商号、货栈，历经水火、兵燹，早已痕迹不存，但其在武昌城内至少有两处大型房产，在什么位置？至今旧迹尚存否？太平天国将领曾经祭拜过的李本忠墓葬，似应安置在龟山南段或蛇山北坡，是否有迹可循？ 1953 年修建武汉长江大桥大规模迁坟时，是否留下相关线索？洪良品称李本忠为"鹾商"，在地方盐商史料、商业史料中，是否能找到线索？原汉阳区月湖街五米厂附近的祥兴里，是否与"李祥兴"有关联？等等。这些谜底需要用更多的史料来解答，应该重视李本忠相关史料的挖掘。

一要重点寻找李氏后人、李氏族谱，寻觅李本忠墓葬、墓志铭。这是最终确定李本忠真实生卒年及解开李氏及"李祥兴"商号传承之谜的关键。二要继续在浩如烟海的相关史志、笔记、文集等文字中，查找相关史料，如道光《夔州府志》中录有奉节县令万承荫有《赠李君修凿瞿唐险滩序》一文，既然是序，就应该有"赠李君修凿瞿唐险滩"文或者诗，该文或诗不知是否传世？三要从清末民初报刊中及沿峡江相关省市县的档案材料中查找，如查找《长江上游整治史》中有关"李祥兴"商号宣统三年（公元1911年）尚在经营及整治险滩记载的最初史料来源，如其属实，那么"李祥兴"商号至少又延续了60年。在太平天国史料、清末民初航运档案资料、武汉商业档案资料中，以及《申报》《汉报》《汉口日报》《汉口官报》《湖北官报》《邸报》《商务官报》《交通官报》等当时的商办、官办报纸中查找，或有可能发现"李祥兴"商号新的线索。尤其是四川省档案馆馆藏的巴县档案，现已发现涉及李本忠商业活动的几宗案卷，都是通过搜索案卷目录关键词查得，如果还有其他涉及李本忠的案卷，李本忠、李祥兴等关键词没有录入目录，就必须投入时间和人力进行大面积的查阅，极有可能新发现李本忠或"渝号李祥兴"的经商活动史料。四要重视搜寻涉及李本忠及"李祥兴"商号的实物等，如在武昌城内的寻找李氏旧居及遗物；汉阳敦本堂相关资料、实物及照片；相关碑刻，等等。既为证史，也为今后设立李本忠纪念馆、开发旅游资源做准备。

近年来，国内许多城市实施文化立市战略，相对而言，湖北省武汉市对楚商文化的挖掘，对楚商的宣传远远不够。明清以来产生的地域性商帮延续至今，徽州商帮、山西商帮、广东商帮、宁波商帮、陕西商帮、山东商帮、福建商帮、洞庭商帮、江右商帮、龙游商帮等，被称为"十大商帮"，其中竟没有楚商一席之地。究其原因是多方面的，其中重要一点，就是楚商没有像徽商胡光墉（胡雪岩）、程十万（程承津、程承海兄弟），晋商祁县乔家（乔致庸）、榆次常家、太谷曹家，粤商潘振承、伍秉鉴等那样的扛旗、领军人物，缺少有全国性影响力的代表人物。相比徽商、晋商等地方商帮，楚商在全国商帮文化中的地位与武汉三镇在全国的经济地位、影响力极不相称。李本忠是楚商的杰出代表，其身上表现出的楚商精神，应该加以发掘、整理、归纳，加强宣传，发扬光大。如果把李本忠作为清代武汉汉正街本土商人的样本，其在清代汉阳（汉口）城市发展中所起作用，尤其是在商业文化、商帮文化、慈善传统等方面的价值，值得大力发掘，亟待开展相关的学术研究，进行深入探讨。

仅从已经收集到的相关史料，可知李本忠一生坎坷，经历非常，是一位集众多优良品质于一身的杰出楚商典型。他吃苦耐劳、重诺守信，自"父债数千，室如悬罄"境况下白手起家，披星戴月，经商有成，一一偿还多年前父亲留下的债务。他信念坚定、毅力超人，自小立志除滩害，独立捐巨资，连续数十年坚持整治三峡航道险滩、纤道。他崇尚传统文化，忠孝、善良，一生尊崇儒释道三教，行善尽孝，兼济天下。他一辈子行善积德，捐资助学、赈灾救贫、资助善堂、舍棺施药，乐善不倦。他为人谦逊、不图名利，曾三辞议叙。他不愿以《平滩纪略》付梓图浮名，资助善堂不出任堂董。他长于谋划、知人善任，妥善安排经商、治滩及家事，放手一干好友及三孙李贤佐，独立经理治滩工程。他追求完美、善始善终，治理工程完工，仍连续三年汛期派员驻守滩石观察治滩效果。他对损毁工程反复修复，趁枯水季节打尽石根，沉疴在身仍念念不忘打凿剩余的石碛、险滩。他敢为人先、意识超前，以一己之力大规模治理峡江航道，前无古人、后无来者；购买阴阳山入官封禁，开环保移民之先河。他心系桑梓，造福家乡，兴修码头、资助善堂、整修书院，吁请广学额；道光十一年（公元1831年）汉阳、汉口大水，李本忠不仅捐铜钱三千串救济灾民，还在月余时间，从四川重庆接连发运多艘粮船，运送数十万斤粮食回汉应市救急，是当时灾区重要的粮食来源。至道光末期咸丰初年，李氏家族资产已达数百万两白银，成为"富甲两湖"的楚商首富。

道光后期就已"感动中国"、被众人传咏的李本忠，清末民初以后，渐如李岳瑞在《悔逸斋笔乘》中所指："能言其事者，殆于万不得一。"这位从汉正街起步的土著楚商巨富，曾造福桑梓，乐善不倦，但就是在家乡武汉，多年来也是默默无闻。部分地方文史专业工作者，尚不能说清李本忠的事迹，遑论普通市民。诚如徐明庭先生多年前所指，有关李本忠的专题研究，在全国、在武汉尚属空白。

157

究其原因，一是李本忠及其《平滩纪略》尚未引起武汉市地方文史专家、学者的重视，以致至今相关专题研究尚未开展，或没有形成影响力。

尽管近年来李本忠史料被部分航运、航道整治等方面的专业志史及部分专业论文引用，但都不能弥补鲜见专业研究的缺憾。囿于相关史料的零散和宣传不足，以致李本忠甚至没有引起本地区部分文史专家、学者的关注，近年来出版的部分涉及武汉历史、人物方面的志书、著作等，可惜李本忠或缺位，或仅寥寥数语，或记载有误。仅举数例：

《湖北历史人物辞典》（湖北人民出版社 1984 年）、《湖北名人》（湖北人民出版社 2011 年）李本忠均阙如。部分涉及汉口、汉正街商业及商人的志书、著作，本与李本忠有密切关联，最应该收录相关事迹和史料，如《汉正街市场志》（武汉出版社 1997 年）、《汉口五百年》（湖北教育出版社 1999 年）、《话说汉商》（中华工商联合出版社 2008 年）、《汉正街志》（湖北长江出版集团 2009 年）等，也均没有收录李本忠事迹。

《图说武汉城市史》（武汉出版社 2010 年）第二十章"城市之脉"，仅有一句："道光十四年（1834）增建罗汉堂"，连李本忠名字都没提。其第二十三章"汉上商魂·武汉历史上的名店、名厂，有叶恒泰、汪玉霞、谦祥益、马应龙、老大兴、长生堂、四季美、显真楼、田恒顺等，独不见"李祥兴"商号。《武汉国家历史文化名城通览》（武汉出版社 2014 年）也仅有一句："罗汉堂始建于清朝道光年间（1821—1851）。"

《武汉通史·宋元明清卷》（武汉出版社 2006 年），仅在第二十九章"社会百态"一节，有"清道光二十三年（1843 年），汉镇巨贾李祥兴捐款捐建罗汉堂。聘黄陂王氏父子塑罗汉 500 尊"一段，但时间记载明显有误。

《新辑汉阳识略卷五·社会、宗教》记："归元寺：在西二里。……。光绪中，增设罗汉堂，邑人曹生谦有诗。"该叙述有误，光绪年间"增设罗汉堂"系在罗汉堂原址重建。在咸丰年间兵燹中遭焚毁的归元寺罗汉堂，系道光年间由李本忠捐修善款初建。曹生谦诗"道光之季骎炽昌，李氏捐修罗汉堂"即记叙该事。

新编《武汉市志》（武汉大学出版社 1998 年）、《湖北省志》（湖北人民出版社 2000 年），在人物志·李本忠小传中，均因史料来源有限，出现数处错误。

二是李本忠尚未引起本地主流媒体的广泛关注和重视，相关宣传、推介明显滞后，并呈现出内冷外热，墙内开花墙外香的现象。

纵观李本忠事迹，完全应该成为武汉市开展爱国主义教育、热爱家乡教育、道德教育价值观教育的典型材料和重要抓手，是讲好武汉故事的重要资源。近十余年来，在武汉市部分报刊上，仅有数篇有关李本忠的文章发表，有的仅是在文中引用李本忠事迹或史料，大多仅涉其平滩治险活动，并没有引起社会的广泛关注。相反在重庆、宜昌等地，对李本忠的关注度似乎更高一些，报刊上发表的相关文章数量也更多。例如，在重庆的三峡博物馆，一楼展馆设置有李本忠所著《平滩纪略》书模型，告诉今人不忘200多年前，楚商李本忠对长江航运作出的重要贡献。在秭归县，自20世纪90年代起，李本忠平滩治险的事迹就被该县教育局中小学教材编写组编入进该县的小学乡土教材，并专门安排了一个课时，体现了当地人民对李本忠的感恩之情。武汉市域外作者撰写或编著的文章、著述数量明显多于本地作者；美国、日本、德国学者相继引用李本忠相关史料，发表著述、论文和文章，亦属"外热"之表现。

由于专业研究及媒体宣传不到位，一生乐善不倦、广种福田的楚商李本忠，远没有像徽商胡雪岩、晋商乔致庸那样得到重视，那样有知名度。以致还发生影视作品中，出现对李本忠做负面形象宣传的痛心事。在2000年播出的央视版电视剧《太平天国》第九集中，家里被太平军搜出百万两现银的武昌城大商人"李祥"，就是影射"李祥兴"，出镜的竟是一个猥琐的土豪劣绅形象，不禁令人扼腕！

历史名城应该有自己的城市英雄，商业重镇应该有本土的商贸巨星，知名商帮应该有具全国影响力的本帮领军人物！在舆论宣传上，相关媒体大有可为，甚至可以考虑峡江沿线重庆、奉节、巫山、巴东、秭归、宜昌、武汉等相关城市，组织联动宣传。这对重塑李本忠形象，扩大李本忠影响，以致对寻找李氏后人，挖掘更多相关史料，都有不可替代的积极作用。

三是因相关李本忠的专题研究、媒体宣传不到位，尚未引起省市有关部门及地方商会等方面的重视。

市以商立，商以人兴。城市发展，历史是基础。李本忠家族数代人沟通川楚，是促进地区间物资交流和经济发展的众多楚商的杰出代表。其家族30余年的平滩治险活动，不仅对长江三峡地区的水上交通及当地经济发展产生积极影响，同时扩大了楚商在全国范围内的影响力，对提升楚商在全国商帮文化中的地位，有积极的促进作用。李本忠对清嘉道时期汉口城市的发展，特别是对本地区慈善事业作出了重要贡献。

民国初年，国学大师刘师培在其为李本忠撰写的碑文中，就把李本忠与治水的大禹和修建都江堰的李冰相提并论。李本忠是武汉市的一笔巨大精神财富，应该成为武汉市新的城市名片。对楚商李本忠及《平滩纪略》的发掘、研究、宣传，应该引起有关部门的重视，应该在武汉市整体文化发展规划中占有一席之地，在复兴大武汉战略中发挥正能量。

开展相关学术探讨和研究，组织专题研讨会；启动报刊、电视等多种媒体联动宣传；开展纪念、宣传活动；建立李本忠纪念馆；为李本忠树碑立传、塑像；重树"乐善好施"牌坊；推动"李祥兴"商号纳入武汉老字号；采用戏剧、影视剧形式，大力宣传楚商李本忠事迹，提高楚商李本忠知名度和影响力等，均可成为选项。

四、李本忠史料辨正

囿于李本忠史料的缺乏和星散，以及清末民初以来，其家族后人及"李祥兴"商号销声匿迹，除了研究长江航道史、交通史、航道整治史，以及武汉、宜昌、秭归等沿峡江有关市县地方志办等少数专业人士，关注、了解李本忠事迹者非常少。再者因为道光二十年（公元1840年）刊刻的《平滩纪略》仅有极少数档案馆或图书馆收藏，直接接触和阅读过该书的极少，对其进行全面研究者更少。相关志书中李本忠小传既简且有多处谬误。近年来已发表的相关李本忠的文章，作者采用的多系二手资料，且绝大多数文章重点在于介绍李本忠祖孙自费治理长江三峡险滩的事迹。关于李本忠及其"李祥兴"商号等其他资料，要么阙如，要么仅寥寥数语带过。包括笔者在内，20世纪80年代以来发表的介绍李本忠事迹的文章，出现了不少谬误，其他相关志、史，亦不能幸免。试依据近年来收集到的相关李本忠的史料，予以合理订正，避免继续以讹传讹。

（一）李本忠的年龄

李本忠一生经历乾隆、嘉庆、道光三朝。有《平滩纪略》中的自述文字为证，李本忠的生年定于乾隆二十四年（公元1759年）没有任何异议，各史志及相关文章均记载正确。仅发现一例记其生年为1757年，应该属于笔误。道光九年（公元1829年）五月初三日，李本忠赴东湖县具禀，申请打凿境内锅笼子滩，恳请出示晓谕之时，自述"汉阳县职员李本忠，年七十岁"，应系实岁，合理推断李本忠的生日在上半年。

由于至今尚未发现李本忠的墓碑、墓志铭，以及其家族的《李氏族谱》，李本忠的准确卒年成为悬案。迄今记述及介绍李本忠事迹的著述、文章，卒年采用最多的是道光二十一年（公元1841年），时年82岁，以各地新编志书和专业史志为代表。亦有个别采用道光二十年（公元 1840 年）81 岁之说。持李本忠卒年 82 岁（公元 1759—1841 年）之说者，应该是依据道光二十年刊行的《平滩纪略》中李本忠"自顾精力衰朽，疾病频加，恐桑榆暮景，未能久留人世"的自述推测。其逝世的准确时间，迄今仍无真实证据或史料记载可考。但依据新近发现的相关史料，李本忠至少于道光二十二年（公元 1842 年）初夏尚且健在。

据 1996 年 10 月出版的《归元禅寺志》记载，该寺保存的本寺史料抄本中，有一件落款为道光二十二年（公元 1842 年）四月初一日的"立大卖水田庄屋基地约"，是归元寺购买一处十五石零八升八合五勺水田的买卖契约，其中含有房舍、水塘等。契约中有"其银系善士李祥兴付归元寺方丈手转交，卖主亲手收讫"一句。查道光二十二年农历四月初一日，是公历 1842 年 5 月 10 日，已经立夏。既然能将千两白银"付归元寺方丈手转交"，从行文语境分析，与李本忠捐银的时间应该相隔不会太久，几如李本忠亲临交易现场。这份土地买卖契约，是李本忠于道光二十二年（公元 1842 年）初夏尚且健在的确凿证据。如果李本忠此时已经去世，契约上相关文字一般会有所提示，遣词肯定会有所不同。

再则，李本忠撰写的于道光二十年（公元 1840 年）秋天刊印的《平滩纪略》后记中，有"余迩来精力稍好，疾病渐瘳"之句，即经治疗调养后，李本忠身体逐渐好转，差不多恢复了。与两年之后李本忠手交千两捐款予归元寺方丈购买水田一事，完全可以相互对应。同时，从李本忠捐款购买百亩水田，以每年所收租谷"以作罗汉堂香灯菜圃拾扫之费"一事看，李本忠此时似是根据自己的身体状况，已经在安排自己的身后事了。

因此，虽然迄今尚未发现能够确定李本忠去世准确时间的族谱、墓志铭等最直接证据，但依据现有史料，将李本忠的生、卒年定为乾隆二十四年（公元 1759 年）至道光二十二年（公元 1842 年），享年 83 岁，似最为合理，也最接近事实。

（二）连续平滩治险 36 年

有文章以李本忠《平滩纪略》后记中的"计险滩四十八处，计年三十六载"

为依据，称其连续平滩治险36年。这样理解可能有误。其实36年只是指嘉庆十年(公元1805年)牛口、泄滩第一项治理工程开始时间，至道光二十年(公元1840年)三月大磨滩治理工程告竣时的起止时间，并不能单一解释为"连续平滩治险36年"。查《平滩纪略》录入的竣工清册，未见嘉庆十四年(公元1809年)至道光二年(公元1822年)期间的平滩治险详细记录。仅有李本忠具禀中所述：嘉庆十三年(公元1808年)牛口滩等治理工程告竣，"迨后职着周步洲赴东湖县承凿黛石。工将告竣，忽周伙患病沉重，回汉物故。至黛石工费银两未经造册禀县，又未交账与职"。如果期间实施平滩治险工程有间断，则"连续36年"之说不能成立。理解为"治理险滩48处，前后36年"似更为合适。

而且，如果依据李本忠的真实年龄，以及《长江上游航道史》引用的史料等情况合理地推算，李本忠及其家族平滩治险数量和时间，就应该是"治理险滩50处，前后38年"。

因为李本忠于道光二十二年(公元1842年)立夏之后尚且健在，以其一辈子坚持不懈、不畏艰辛、不屈不饶，矢志平滩治险的坚毅性格来看，李本忠言出行随，绝不是言而无信、半途而废、怜惜银两之人。虽当时疾病在身，其在《平滩纪略》后记中，仍念念不忘还有攒灶子滩、钉盘碛滩两处险滩没有治理，明确表示："余迩来精力稍好，疾病渐瘳。倘蒙天假以岁，明年将此二处之滩开工凿除，不过道光二十三四年间即可告成。则余之愿，庶可以稍慰矣。"攒灶子滩、钉盘碛滩等在峡江险滩中并不出名，体量不大，治理工程量也就不会太大。李本忠计划之中的整治工程全部完工，还需要两至三年时间，即还有三四个施工季节的工作量。不管《平滩纪略》后记中记载的这几处险滩治理工程是否在李本忠手上开工、完工，从道光二十年(公元1840年)秋季算起，至二十二年(公元1842年)初夏，身体已渐渐恢复的李本忠，有二十年(公元1840年)冬季，二十一年(公元1841年)夏季和冬季，共三个可施工的季节。依其意志之坚定，完成最后几项治滩工程，以求圆满收官、了却夙愿的心情之迫切，李本忠完全可能在老天赐给他最后的两年多时间里，在其家人、朋友、店伙等的协助下，兴工打凿。再则，原本平滩治险就不是李本忠一人之力，其家人、戚友、店伙多有参与。即使李本忠于道光二十二年（公元 1842 年）初夏之后去世，其后辈也完全可能依靠已有的富有治滩经验、相对固定的治滩团队，用两年左右的时间，继续去完成李本忠老人的遗愿，以尽孝思。李家也正是因为平滩治险，获得道光皇帝钦颁"乐善好施"匾额，以忠孝、仁德著称，论财力位居楚商首富，有理由、有能力完成平滩治险的收尾之役。只是自《平滩纪略》成书之后，李氏家族后续数年的平滩治险活动缺少文字记载，没有流传而已。

1991 年 2 月出版的《长江上游航道史》，引用 1930 年 10 月出版的《星槎》周刊第 21 期以及其他资料，记叙李祥兴家族至宣统三年（公元 1911 年）仍有出资治理三峡航道之举："泄滩，是川江著名的四大险滩之一。从清代起屡有开凿治理，并有纤道修筑，但江中礁石密布，航行仍十分困难。清光绪二十五年（公元 1899 年）川鄂商帮再次集资兴治，但炸除礁石甚少，收效不佳。宣统三年（公元 1911 年）有巨商祥兴号因其货船于此滩多次失事，损失甚巨，遂出资将碎石拣去，并利用碎石在溪口近处筑一拦水坝，以堵溪中冲击石块，使滩险状态得以缓和。"如引用的以上史料无误，川鄂商帮再次集资兴治泄滩，肯定少不了"李祥兴"商号的捐资。宣统三年（公元 1911 年）"李祥兴"商号更是独资整修泄滩，且整治项目与《平滩纪略》中记载的泄滩整治工程内容并不相同。如果按平滩治险首尾年方式计算，李氏家族整治三峡航道"前后 36 年"之说，或"前后 38 年"之说，又都明显有失偏颇。因为自嘉庆十年（公元 1805 年）至宣统三年（公元 1911 年），实际有 106 年。

平滩治险数十年，李本忠自始至终不为名利，不愿沽名钓誉。其三拒议叙，婉拒《平滩纪略》刊印，就足可证明。其自述"计险滩四十八处，计年三十六载"，并无不妥。而"治理险滩 50 处，前后 38 年"更符合实际情况。而且很有可能在这个期间，不排除李本忠对部分已治理的险滩、纤路左近，进行过规模不一的治理，或小修小补。只不过李本忠凿滩修路纯属善举，不愿一一录入清册上报，不但程序繁琐，且禀报、核验也相当牵扯精力，他不愿自讨其扰。例如，据巫山县大溪镇保存的清代残碑碑文，李本忠捐修的白果背至风厢峡纤路于道光五年（公元 1825 年）告竣后不久，就被人撬去石板，有碍纤路。时任夔关主官"监督夔渝两关税务加二级记录十二次玉"，为此颁布晓谕："所……之路，并颓塌各处，仍雇工匠复兴修补齐整。"该修复工程《平滩纪略》中各工程清册都没有记录。

综上所述，李氏家族平滩治险前后远不止 36 年。为了避免造成不必要的混乱，在没有确切史料证明的情况下，以尊重李本忠原著为妥，可以直接引用原文，对"计险滩四十八处，计年三十六载"不必做过度解释，以免徒生歧义。

（三）粮商还是盐商？

从已收集到的记载李本忠小传或事迹的各种清末民初的史志、笔记看，对李本忠多以"汉阳巨商""汉阳大商"相称，落笔重点在其平滩治险的义举，鲜有李本忠经商内容的具体记载。李岳瑞《悔逸斋笔乘》记李本忠事："李本忠者，湖北汉阳富室也。"陈康祺《郎潜纪闻三笔》李凌汉捐赀平楚蜀险滩："李本忠，字凌汉，汉阳大商也。"一部《平滩纪略》16 万余字，竟然也没有透露李祥兴商号主要经营商品。数则碑记中，也只有像"祖若父皆业商，贩贸川楚间"般的简单描述。仅见清光绪年间洪良品编撰的《湖北通志志余》载："汉阳李祥兴，鹾商也，嘉庆中叶富甲两湖。"同时又记述了李本忠祖父李武系渡子出身，靠摆渡维持生活。一次奇遇后，始附股江浙大商人，开始做起自四川贩米至江浙的粮食生意。

2001 年出版的《天下第一街——武汉汉正街》，由汉正街"土著"作家刘富道撰写，是一部介绍武汉汉正街人物、事迹的著述。该书称李本忠为"著名盐商""大盐商"，靠运销淮盐起家。美国学者罗威廉 2005 年 6 月出版的《汉口：一个中国城市的商业和社会（1796—1889）》注释中有这样一条："汉口本地出身的大商人李本忠（嘉庆朝的一位重要盐商）。"罗威廉 2008 年 3 月出版的《汉口：一个中国城市的冲突和社区（1796—1895）》中提到："当地慈善家，如米商李祥兴。"注明资料引用来源《湖北通志志余》。

李本忠到底是粮商还是盐商？或者系多种经营？依据最近从四川清代巴县档案中发现的相关案卷材料，首先能够确认李本忠是一位大粮商。

依据巴县档案史料，道光十一年（公元 1831 年）九月十三日李本忠具禀状告范开科一案："船户范开科，揽民葫豆集货四百余石，载汉交卸""前月初四与民另船三只，自渝同开讫""开科复办船一只，仍载民货三百八十余石"。此案案卷显示，仅月余时间，"渝号李祥兴"就至少从巴县连续发运每船装运400石左右的粮船5艘至汉口，总计约2000余石。连同购粮本钱、通关税费、运输费用等，起码就得约2万两白银的资本，非大粮商不能为。很可能这5条船的粮食，也仅仅是"渝号李祥兴"在那个时间段自巴县向汉口发运粮食的一部分。

巴县档案资料还证实，李祥兴商号不仅仅经营粮食，还经营其他土特产。嘉庆十八年（公元1913年），李本忠与张志德之间发生纠纷案案卷记载："李本忠、吕嘉会、邓天贵、刘新盛、徐广太，均籍隶湖广汉阳县，向在渝城卖磁器生理""伊等各号每做十万余金，生息至今五载，行差分厘不给"等。小小的磁器，生意能够做到10万两银子，该是多大的场面。道光十一年（公元1831年）十一月，李本忠具禀状告宋祖熹一案案卷中李本忠自述：宋祖熹承揽船运民（李本忠）米粮若干石，"又桐油六支"；主张"将民原载米粮、桐油原数交还"。由此可见李祥兴商号不仅经营粮食，同时还利用长江黄金水道，以及"李祥兴"商号货船上下川江的便利条件，经营江西磁器、四川桐油等沿江各地土特产。

至于李祥兴商号经营盐业，起码迄今没有找到能够直接作为铁证的史料，需要继续发掘。由于清代楚岸盐业经营中，淮扬盐商的垄断性和家族性，即使李祥兴商号经营盐业，合理推断也应该是在道光十二年（公元1832年）陶澍主持废除纲盐法、推行票盐法以后，湖北本帮民间资本开始渗入原来由下江省籍盐商牢牢把控的楚岸盐业。"李祥兴"商号数十年以来就在川楚之间及下江一带经营米粮，回程粮船往往放空。不得已在江西配载磁器等粗重土特产，其利润当然不能与经营食盐的巨大利益相提并论。"李祥兴"商号的老少掌门人，一定不会放过这样的商机。"李祥兴"商号很可能利用李家数代营造起的购销网络，自行申领盐票，涉足具有稳定暴利的盐业，这样的推断顺理成章。咸丰三年（公元1853年），李家仅存放在武昌城内两处房产里的现银就达到130万两，可以合理推断李祥兴商号已参与经营具有暴利的盐业。李本忠的一子一孙，因议叙获得盐运使运同从四品职衔，对李家经营盐业无疑有重要的帮助。

（四）李本忠母亲殉节

李本忠童年时期连续遭遇家庭变故：祖父覆舟，尸首无着；父亲覆舟落水，船货俱失，大折商本，家道中落；李本忠父亲覆舟，母亲李朱氏因误认丈夫已遇难而殉节去世。但对李朱氏的殉节方式，近年来的各种史志、文章说法不一。有的直接写自尽殉节，避开了殉节方式；有的写悬梁自尽。

因李母殉节事迹由汉阳县儒学申报至官府，受到朝廷旌表，依例获准建立列女牌坊，其事迹被录入方志。据同治七年（公元1868年）刻本《汉阳县志》（《续辑汉阳县志》）卷二十四·烈妇·八记载：李朱氏在得到李之义溺死消息后，悲痛万分。"又值子本忠痘证险逆，医皆不治"，遂服信石（砒霜）去世。民国九年（1920年）刻本《夏口县志》亦记李朱氏事迹，记李母系仰药自尽。即李本忠母亲李朱氏，系服砒霜殉节去世无疑。

（五）炭船七渡

道光三年（公元1823年），李本忠赴四川夔州府奉节县，具禀请示开凿黑石滩、石板峡诸险滩。该处滩石如铁坚硬，斧斤难施。李本忠遂学古人采取煅毁之法，先在礁石上凿洞，堆以煤炭，用炭火逐层煅烧，然后浇以水或醋，淬裂顽石。整治工程所用的煤炭每天雇用小船运送。有史志及文章记为购买了7条小船运煤，或每天雇7条小船运煤，谓之"炭船七渡"。

这样解释"炭船七渡"其实有误。一是《平滩纪略》原文记："自开工起每日运炭七载，堆在滩所应用，每载装炭二千肆佰斤，计价银二两壹钱，水脚在内。""每日运炭七载"，正确理解应该为每天运煤7船，同一条船每次装同样数量的煤炭，煤价和运费固定。二是该项工程竣工报告中，同时尚有每日"运炭九载"、每日"运炭八载"、每日"运炭六载"之记录，可证是每天运载的船次数。三是三峡沿江地区遍布小煤窑，运输距离不会太远，日常运输也不受限制，每次装卸一吨多一点煤炭，所用时间非常有限。而且整治工程用煤毕竟有限，煅淬滩石、打凿滩石、搬运碎石是交替施工，根本不需要每天7条船同时运输，徒增成本。如果需求量大，用装载量大一点的船更经济。每天的运输次数系根据工地与煤窑之间的距离和需求确定。身为商人的李本忠，自然会有精明的盘算和选择。再者像装载数千斤的小船，只能称其为划子，主要用作摆渡或短途运输。在峡江刻意雇请或购买 7 条容量完全一致的小船，也不是一件容易的事。

（六）阎文哲？闵文哲！

李本忠在道光五年（公元 1825 年）二月初八赴四川奉节县呈递的告竣禀中写到："职即于道光三年十一月初十日，特请戚友闵文哲、张履泰来治督率经理。"而近年来几乎所有相关史志和文章，均将闵文哲写成阎文哲。其实只要对照《平滩纪略》原文，即知"阎"字乃"闵"字之笔误。

根据现有资料推断，李本忠提到的"戚友"即亲戚、朋友，"戚"者闵文哲，"友"者张履泰。闵文哲，字秋舫。原籍江浙，功名从九，其祖辈在山东做官，明末时全家迁汉。因李本忠籍隶汉阳汉口大智坊，闵文哲能与李本忠搭上的亲戚关系，可能性最大的就是儿女亲家。李家既为汉上巨商，定是"往来无白丁"，李本忠有二子、三孙，女儿、女孙情况不详。从讲究门当户对看，能与李家通婚联姻之家，或儒、或商、或官宦。道光四年（公元 1824 年）奉节县令万承荫在《赠李君修凿瞿唐险滩序》中，谈到李本忠的种种善举时说："余因所见而徵之所闻，则楚蜀间传颂无虚日，能言其详者，刘勋台刺史、闵秋舫山人也。"（道光《夔州府志·艺文志》）闵文哲对亲家李本忠当然熟悉，因而对其善举"能言其详"。

《夏口县志》《汉口丛谈》均录闵文哲小传。《汉口丛谈》更录有闵文哲咏后湖等诗句。《汉口丛谈》（卷五）闵文哲小传附后：

闵秋舫文哲，初名大纶，旧为吴兴著族。其先世宦山左，明季徙汉上。秋舫长身修髯，貌颇伟，性傲岸不拘，嗜作韵语，不事钩深抉幽，尝手录古今人诗数十册，操觚染翰，兀兀穷年。虽炊烟欲断，悉置不问。复爱书画，时过骨董家询视，遇有佳者，典衣购之不吝。更好观人弈，尝备酒果以招弈者，弈者殚思苦心，以争劫杀。而秋舫则起伏相忘，胜败不关，局罢，掀髯大笑。汉上春时灯市甚盛，好事者巧制灯谜，悬于户外，设文房各物，以酬中者。秋舫尤酷嗜之，闻有灯谜处，无不到。更阑人散，犹独立徘徊，若不忍去。归必纸笔携满袖，恒欣欣然有喜色。人笑其痴，因自号五痴居士。

曩倩人写小影，作荒山古木，一人孤行状，题曰《古道独行图》，乞人题咏甚多，其风趣如此。著有《五痴山人稿》。

（七）平滩治险的总支出

李本忠及其亲友30余年在三峡平滩治险，花费巨大，均为独自出资，"并无丝毫敛收"。主流史志载其总支出约18万两白银。陈康祺《郎潜纪闻三笔》："始嘉庆乙丑，讫道光庚子，凡平险四十有八，所费金二十万，盖旷世义举也。"《汉阳县识》："乃捐数十万金，铲巨石之横梗江心者，刊木表道以通纤夫。"李岳瑞《悔逸斋笔乘》："盖前后三十六年矣，凡平险滩四十有八，费金五十余万两。"

18万两之说，应该系逐一统计《平滩纪略》中记载的上报官府的工程清册中支出银两数量得出。李本忠在平险治滩的近40年里，实际支出费用要比上报工程清册所记数额大得多。

一则是因为上报工程清册中，仅仅统计了雇请石匠、挑夫等的工价，以及工程所用煤炭支出这两项支出，其他如雇备船只、搭盖棚厂、置办器具、犒劳工匠等项，以及雇请管理人员的费用，全部没有计算。相当于只统计了工匠工资和主料支出两项直接费用，其他间接费用、管理费用及配套、辅料费用等，全部没有统计在内。

再则，嘉庆十三年（公元1808年）牛口滩等治理工程告竣后，李本忠委派周步洲赴东湖县承凿黛石滩，治理工程将要告竣之时，周步洲突患疾病，十分沉重，只得回汉。"旋归旋故"，甚至连黛石滩相关底账、文件等都未来得及交给李本忠，以至黛石滩工费银两未经造册禀县。道光七年（公元1827年）川楚两省大宪为李本忠题请议叙，调取黛石滩工程及费用清册时，"无案可稽"。李本忠于是年七月十日具禀中，除说明了相关情况外，还因为拿不出明细清册，"叩乞据情详请摘除"，即请求将黛石滩工程在议叙正案中剔除。历经数年时间的黛石滩治理工程，所用工费等没有计入总费用。

三则购买阴阳山入官封禁、捐买学田、搭盖看山人瓦房等用银近三千两，亦未计算在内。还有，清朝中后期，吏治腐败无以复加，盛行各种各样的"陋规"。如再加上每年与各级官吏、衙门打交道时的门包、规费、三节两寿等灰色支出，以及在沿江州县的慈善捐款，李本忠为平滩治险实际支出的总费用在 18 万两基础上翻番，完全在情理之中。还有《平滩纪略》刊行后，后续数年的治滩工程费用尚未统计，全部加起来应该与 50 万两也相去不远。

（八）"乐善好施"牌坊是赐给谁的?

关于道光帝颁"乐善好施"建树牌坊一事，数种叙述有误。一是认定"乐善好施"牌坊是颁给李本忠；二是说由夔州府或官府建树牌坊。

实际情况是，道光五年（公元 1825 年）五月及道光九年（公元 1829 年）五月，李本忠多次具禀宜昌府、东湖县，分别申请承凿治内红石子、夯角滩、锅笼子、沾山珠、南虎漕、使劲滩、渣波滩、黛石滩等处，及开修青鱼背纤路。因归州乌石整治工程未完难以分身、年迈衰老等原因，三孙李贤佐受命，亲自督率四川邹三级等工匠，自道光六年（公元 1826 年）九月十六日兴工整治，此数项工程前后长达 8 年时间始告工竣。至道光十六年（公元 1836 年）七月十九日李贤佐 21 岁病故时，李贤佐这位少年才俊在平滩治险一线已奋斗了 10 年。东湖县、宜昌府、湖广省官府逐级呈文，为李贤佐向礼部题请旌表。"湖广司案呈准礼部，将湖北汉阳县已故童生李贤佐乐善好施题请准其旌表。由地方官给银叁拾两，听本家自行建坊"。"道光十六年十月二十四日题，二十六日奉旨：依议。钦此。除行文该抚外，知照前来，应咨该抚即饬藩司，将前项建坊银叁拾两于地丁项下动支给发，造入地丁奏销册内，报部查核可也"。

官方文书说得非常清楚，即：一、"乐善好施"是颁给李贤佐的（当然也是肯定李本忠一家平滩治险义举）；二、由湖广省上报礼部题请旌表，道光皇帝钦批。由李贤佐原籍地方官府即汉阳府汉阳县支付银 30 两，该项银两在地丁银项目下开支；三、由李贤佐家人自行择地建树牌坊。

（九）李氏家族三代平滩治险之疑

李本忠弃商平滩治险及祖孙三代平滩治险，几乎是介绍其事迹文章的一致表述。有的文章直接写获授盐运使从四品职衔的长孙李贤俊、二儿李良宪直接参与了平滩治险。实际情况并非如此。

从广义上讲，李本忠一家三代参与平滩治险没有多大问题。因为经营"李祥兴"商号提供了源源不断的资金支撑，以及从事部分辅助性事务，也可以视为参与了平滩治险。

通览《平滩纪略》可知，亲临峡江川楚两地，协助李本忠和直接经理平滩治险的人员当中，既有李本忠的三孙李贤佐，也有李本忠的老友、亲戚，还有"李祥兴"商号的店伙、家丁等，唯独没有找到李本忠儿子一辈的身影。李本忠只有两子：长子李良政于道光九年（公元1829年）病逝，年仅44岁；二儿李良宪，出生于嘉庆十五年（公元1810年），与长孙李贤俊一起在家攻书。第二个孙子的名字及其他情况《平滩纪略》中没有提及。

实际情况应该做这样的合理推断：李本忠对家人在读书、经商、治滩一事上，做了合理的分工和安排，由自己及朋友、亲戚主持峡江平滩治险工程。由于身体健康原因，道光五年（公元1825年）安排其只有10岁的三孙李贤佐参与平滩治险。汉正街上的"李祥兴"商号日常经营由长子李良政主持，安排第二个孙子参与经营活动，维持商号的日常经营和传承，为平滩治险提供陆续不断的资金支持。又安排二儿子李良宪和长孙李贤俊攻书读经，参加科试，以求功名，承担未来光大李氏家族的重任。结合平滩治险的季节性和巴县档案资料看，在非施工季节，李本忠仍活跃在川楚商场上。所谓李本忠弃商治滩的说法，也与实际情况不符。

（十）《蜀江指掌》成书时间

部分史志及文章这样表述：李本忠因精力衰竭，疾病频加，于1840年返汉，闭门辑成《平滩纪略》《蜀江指掌》二书。

由《平滩纪略》可知，《蜀江指掌》最初成书于道光十四年（公元1834年），由李本忠撰写，无算老人作序。是根据近30年峡江航道整治后滩害、水情变化编写的峡江航行安全指南。该书刊刻当年，就印了数千册，李本忠无偿赠送给来往于川楚经过峡江的驾长、船工，以保航行安全。迄今尚未发现道光十四年（公元1834年）刊刻的《蜀江指掌》单行本实物。道光二十年（公元1840年）《平滩纪略》付梓时，经李正心建议，将《蜀江指掌》附录于《平滩纪略》之后，因此该书得以流传至今。李本忠根据道光十四年（公元1834年）之后六年时间里峡江滩险整治情况，对《蜀江指掌》做了适当的修订、增补，

171

已增加道光十八年（公元 1838 年）至二十年（公元 1840 年）整治巫山境内大磨滩、鸡心石之后的水流变化情况等内容。

（十一）恩隆三赐

道光十六年（公元 1836 年），李本忠获授正四品候补道员职衔，其三孙李贤佐获准"乐善好施"旌表后，在道光十七年（公元 1837 年）的一次谢恩具禀中，李本忠提到"恩隆三赐"。有介绍李本忠事迹的文章解释"恩隆三赐"为：道光三年（公元 1823 年）依驰封制度，已具监生身份的李本忠获五品封典；因道光十一年（公元 1831 年）助赈义捐，李本忠获加三级褒奖；道光十六年（公元 1836 年）因议叙获四品候补道员职衔。

李本忠提到的"恩隆三赐"，实际是指由道光皇帝直接下旨钦准的三次议叙、旌表：

嘉庆十二年（公元 1807 年）四月二十二日，归州、宜昌府就将周步州、李本忠平险治滩事迹详报湖广省督、抚部堂，报请议叙。后陆续有川楚两地县、府、省为李本忠题请议叙。李本忠以自身年迈，具禀申请将议叙转加儿子或孙子。川楚大宪部堂题奏议叙。奉旨：该部议奏。部堂议得应将"李贤俊、李良宪各给予盐运司运同职衔"。道光九年（公元 1829 年）十一月十二日奉旨：依议。钦此。

道光十六年（公元 1836 年）六月十七日部议：已请五品封典李凌汉应给予道员职衔。八月初七日奉旨：依议。钦此。

同年礼部将已故童生李贤佐以"乐善好施"题请旌表，由地方官给银三十两自行建坊。十六年十月二十六日奉旨：依议，钦此。

（十二）李本忠史料拾零

1. 李本忠与林则徐有交集

道光十年（公元 1830 年）六月，林则徐获授湖北布政使，八月到任。人事、水利、赈灾、盐务、运京铜船过境安全等项事务，均属布政使职责管辖范围。此前一年的十一月，钦批李贤俊、李良宪各给予盐运司运同职衔，公文到省及李本忠独资整治三峡航道、乐善好施的善举，应该会得到新任藩司林则徐的关注。

道光十七年（公元 1837 年）二月，林则徐获授湖北总督，第二次任职湖广省。该年秋，李本忠因"近来江水涸甚，水底石根露出"，再赴东湖县具禀，申请复凿渣波滩石脚。十一月初一日，督部堂林则徐批示："洵属好善急公，殊堪嘉尚。"道光十八年（公元 1838 年）春，该项复凿工程告竣，照例要逐级上报工竣清册。闰四月十一日，林则徐在竣工报告上批示："仰北布政司转饬宜昌府查验禀覆，仍候护抚部院批示。"随后东湖县、宜昌府为李本忠申请议叙，五月十五日李本忠具禀，请求"免请议叙"。六月十六日，林则徐再次批示："仰北布政司查明通详，仍候护抚部院批示。"即李本忠复凿渣波滩石脚工程中，在申请动工、报告竣工、请免议叙三个阶段的官方文件上，时为湖广总督的林则徐均有批示（批示详见《平滩纪略》文书选录第 31、33、34 则）。

2. 首赴归州、二赴宜昌府申请治滩，均系周步洲代为

嘉庆九年（公元 1804 年）始，李本忠或李本忠携好友周步洲，向归州、宜昌府申请治理泄滩、牛口滩之说，均与事实不符。赴归州、宜昌府具禀申请治滩，均系周步洲代为，李本忠没有同行。

嘉庆九年（公元 1804 年）十月十四日具呈首句即明确"具禀职员周步洲"，其中还有"职伙"汉阳同县李凌汉"著职赴辕代叩仁宪大老爷怜情给示，赏差监理"之句。嘉庆十年（公元 1805 年）九月十六日呈给宜昌王知府的具禀中，亦称"具禀职员周步洲"。王知府批示及随后颁发的告示中亦称"汉阳县职员周步洲赴府"。两次具禀中，均有"现在息肩在汉"之句。可见李本忠当时身在汉口，并未亲赴归州、宜昌府。李凌汉只是作为独立捐资人，排名在周步洲之后。嘉庆十年（公元 1805 年）十一月十二日，石匠头、人夫头具甘结时，始见周、李二人名字联署，李凌汉亦排名周步洲之后。嘉庆十一年（公元 1806 年）三月十六日，在工程竣工、请示勒石的二人具禀中，李凌汉亦排名周步洲之后。直至嘉庆十四年（公元 1809 年），归州城周边相关险滩治理工程，仍系周步洲代李凌汉出头具禀。

3. 合理推断，青花瓷板墓志铭应系李本忠亲撰

图录所列青花瓷板墓志铭实物图片，数年前发现于"盛世收藏"古玩网，江西卖家保证到代。是否开门，仁智各见。经仔细观察和分析，并曾亲赴江西求教于方家，综合该墓志铭质地、沁色，铭文内容、称谓、语法及形制，以及李本忠生于乾隆三十四年（公元 1759 年），一生乐善好施等综合情况，合理推断该墓志铭应系李本忠所亲撰：

李本忠少年时，祖、父两辈在汉正街上经营"李祥兴"商号，有经济实力供其读书习举业，曾与易澄心等人一道，受教于曹夫子。乾隆甲午年（乾隆三十九年即公元 1774 年），15 岁的李本忠与 40 余岁的易澄心一齐参加了当年的科试，惜两人都没有考取生员资格。这个推测与李本忠实际年龄是相吻合的。后来，李本忠为便于在平滩治险期间与官府打交道，于嘉庆十三年（公元 1808 年）十一月遵例捐纳监生，即"例监"，始获监生资格。

李本忠接手"李祥兴"商号后，每年大多数时间四处奔波忙生意，经常披星戴月，在汉阳、汉口的时间并不多。乾隆五十九年（公元 1794 年），时年 35 岁的李本忠回汉阳县（汉口镇）时，偶遇丧母多年又丧媳，深陷经济窘境无力安葬的易澄心。李本忠出手相助，安排卜选吉地，出钱义葬易澄心母亲及儿媳于地名为毛背坑的墓地，并亲自撰写了墓志铭。

据巴县档案案卷记，嘉庆十八年（公元 1813 年）张任氏具控中，指李本忠等在渝经营瓷器"伊等各号每做十万余金"，可见"李祥兴"商号历年与江西磁器业有商业往来，李本忠定制墓志铭青花瓷板顺理成章。

再从墓志铭上有地名"毛背坑"看，恰巧与《归元禅寺志》上所载《立大卖水田庄屋基地约》中"彭庄梁湾龙背塘"地名相似，符合汉阳周边依山傍水的地理环境。

从少年攻书应试、晚年编撰《平滩纪略》及《蜀江指掌》二书看，李本忠有足够的知识水平撰写墓志铭铭文。多种史料记李本忠舍棺施药、扶危济贫等善行，皆"故常之举"，义葬易母一事，符合李本忠一贯的"乐善不倦"行为。

4. 李本忠号"尽己"还是号"尽己"？

青花瓷板墓志铭后的落款是："年家眷侄李本忠。"后钤"李本忠印"

及"恕先"闲章各一。

李本忠，字凌汉，号尽己。李正心最早在《平滩纪略》序中，对李本忠的名、字、号做了完整介绍。其序文中数次称李本忠为"尽己"；在《蜀江指掌》序文中，亦称"尽己"。查《平滩纪略》所录官府文书，"李凌汉""李本忠"交替出现，即名、字互用。李本忠，名本忠，其中"本"是行辈，字凌汉，其名、字都正常、普通。疑问出在其号即"尽己"上。按古人起名、取字号的一般规律，其间应该有关联性，也应该有其出处。

《论语》曰："夫子之道，忠恕而已矣"之句。朱熹注："尽己之谓忠，推己之谓恕。"如果李本忠号"尽己"，这应该是其号的出处。而"忠恕"二字，"忠"字确在"恕"字之先，似应是闲章"恕先"二字的出处。就是说，李本忠号"尽己"似乎更合例制。而且尚有"尽己而知天命"一说。

李正心在《平滩纪略》序、《蜀江指掌》序中，均记李本忠号"尽己"，如果无误，未知"尽己"出自何处？两篇序文虽都系行书，"已""己"一个封口一个不封口，并不难以区分。虽然在《平滩纪略》中，已发现有多处刊刻错误，但重要的号似乎又不太可能是刊刻之误。李本忠当时尚且在世，如刊刻出错，"已""己"不分，理应予以补救。号"尽已"还是号"尽己"？姑待方家释疑。

5. 建昌道刘公馆及夔关锭

《太平天国文献史料集·贼陷湖北密单》记，咸丰三年（公元1853年）武昌第一次破城时，太平军在"李祥兴"两处房产中共搜出白银130万两。其中在建昌道刘公馆花园鱼池下的银库中，就搜出10万两现银，且"均系一色夔关锭子"。李家的银库断然不可能设在别人家的鱼池下，实际情况应该是怎么回事呢？

建昌道是清朝四川省在紧邻藏区边境设置的兵备分巡道。嘉庆《四川通志·卷二十五》载：康熙八年置建昌上南道，辖雅州、嘉定、宁远三府，眉州、邛州及属县，治宁远。乾隆十年徙道治于雅州府。建昌道道尹俸禄加养廉银等，年收入约银万两。湖北省城武昌城内自然不会有四川省建昌道官舍，由于清制禁高官在原籍300里内任职，卸任或致仕方可回原籍。合理推断，建昌道刘公馆应该是一湖北籍刘姓官员，曾经任四川省建昌道道尹一职，卸任或致仕后回籍，在省城武昌城内购置、兴修的一座带花园、鱼池的私家豪宅。时人仍称其原职衔，其私宅被称为建昌道刘公馆。后因变故，该私宅转让至"李祥兴"商号名下，但坊间旧有称呼沿袭未改。李家入住后，在公馆的鱼池下秘密设置有一个储银 10 万两的银库。

夔关是鸦片战争前清政府在内地设置的最大的商税常关。关署设在四川省夔州奉节县县城西门外，位于三峡上游入口，长江水道要冲。嘉庆年间岁收税银十数万两，占四川省总税收的 77.4%。夔关收税只收夔银，又称夔关锭。往来客商赴夔关交税前，必须先去夔关指定的银号，将零碎散银和杂锭，委托这些银号去杂质提纯，统一铸成 50 两、10 两、5 两一锭的元宝，并支付火耗费用。提纯、倾倒制成的银锭，形制统一为圆形或椭圆形，含银成色高，银锭上打有印戳，有银铺、工匠名及年号、夔关等字，以示信誉保证，称为夔关锭。因夔关锭表面中间一般有一乳突，又被民间俗称"奶头锭"。因市面流通银两成色不一，劣币驱逐良币，商家官绅多喜收藏成色有保证的夔关锭。"李祥兴"数代人楚蜀之间经商，每次必过夔州交税，或在夔州设立有分号，与当地银号、银铺多有往来，陆续收集或委托制作了 10 万两"一色夔关锭子"。这批夔关锭，似不准备用做经商交易之用，只做镇宅之藏。也有可能是兵临城下的匆匆之举。不料武昌破城后，被人告发，10 万两夔关锭让太平军抄走。

6. 治滩工程雇用工匠、力夫最多时达 1000 余人

涉及李本忠治滩工程雇用工匠、力夫数量，此前著述中的统计数各不相同，多表述为用工 600 余名。实际上，李本忠平滩治滩工程雇用工匠、力夫，最多时超过了 1000 人。

依据《平滩纪略》记录的工程清册资料，同时于嘉庆十年（公元 1805 年）十月二十日开工，嘉庆十一年（公元 1806 年）三月十二日竣工的牛口滩、泄滩两地四项工程，工期均为 122 天。逐一统计这几项工程实际发放工价银的人头数，合计雇用石匠、抬夫、挑夫多达 1050 人：捡凿牛口滩漕道工程每日用石匠 100 名、抬夫 140 名、挑夫 120 名；培修牛口滩南岸纤道工程每日用石匠 60 名、抬夫 80 名、挑夫 60 名；泄滩培修纤道工程每日用石匠 80

名、抬夫 100 名、挑夫 100 名；捡凿莲花滩漕道工程每日用石匠 50 名、抬夫 80 名、抬夫 80 名。虽然各工地人员不排除会有临时调剂，伤病缺员，但已约定由匠头、夫头另行安排人夫顶补。原始工程账簿统计的总体领取工价银人数和支出总数，得到工匠头、夫头的确认，也得到官府的核对认可，当然是可信的。如此多人数的工程施工队伍同时投入平滩治险，就是放在现代，也是一项大型工程。且四处工地有的相隔 10 余公里，有的隔江，其管理难度可想而知。

第二编　李本忠部分史料汇编

一、《平滩纪略》（节录）

道光庚子年新刊　青莲堂藏版

（一）《平滩纪略·序》

大凡事为人所习见者，不足录。事为人所创建，而无济于世者，亦不足录。事为人所创建，有济于世而无关于伦常者，又何足录。

惟湖北省汉阳邑有李姓名本忠，字凌汉，号尽已者，其创建之事，诚有济于世而大关于伦常也。吾家居豫之南，尽已家居楚之北，相距千有余里，吾乌泛而知之乎？因吾家宗族子侄辈，或仕或商，来往于川楚两省。耳熟其事归而告余曰：汉皋出一奇男子，由困而亨，乐善不倦。因悉数其所为：若济贫赈乏、施药舍棺等事。余曰，此人所习见者，何足异？又数其尊崇儒释道三教，修理黉宫，精致巩固。建立罗汉堂甲子殿，阔大坚牢。余曰，此他省所有之事，亦是人所习见者，不足异。又云汉镇有龙王庙，码头窄隘，登岸之人，每每失足落水。尽已独出心裁，设一船舣，登岸者如履平地。余曰，此无殊于普度之慈航，有何异焉？又曰，还有一可异之事，一一细告，始知平险之举，乃是孝之所成，真足异矣，而吾不之信。越廿余载，余有至戚在莲幕间，见过议叙抄稿，心异其事，特为余告，竟与吾子侄泛前告语相符。吾犹疑信参半，恨不能亲见其事。

兹者宦游来楚，散步汉皋，造其庐、登其堂、见其人、语其事，乃信言不虚传。于是索其呈稿，合首尾而阅之，不禁心旷神怡，揖尽已而言曰：君盍将此稿刊刻传世？尽已曰：我因先人如此抱恨，幸而天假，以了夙愿。不过是不能尽心于生前，聊可尽心于死后，何敢传世？存留此稿，教训后辈之意耳。余曰：平险，德也；平险以了夙愿，孝也。孝以成德，尽已有焉。尽已曰：险滩甚多，因及毫釐，未能尽净，如何刻书以博声名？余曰：此言差矣，天下人同此心、同此理。是书一成，览观者钦而服之，由是而类推之，不止平险之事，继起有人而体尔之孝思者，泛而感发，见善必为，岂不天下多仁人、多孝子乎？尽已固辞不允。

是时有伊长孙贤俊旁立，余私语之曰：尔系膠庠中之硕彦也，独不思戴礼所载数语乎？礼曰：祖无美而称之，是诬也；有善而弗知，不明也；知而弗传，不仁也。尔祖实有是善，称之不诬；尔又见之甚明，尔岂可弗传而安于不仁乎？不仁则不孝矣，尔祖忍令尔不仁不孝乎？可将余之情理，细禀尔祖。尽已然其词，爰付梓人，镌诸枣梨。名曰《平滩纪略》。

> 大清道光二十年庚子之秋　族末正心氏序于养性阁之南宫
> 钤"豫李""正心氏印"　各一方

（二）《平滩纪略·后记》

余幼年时，遭祖父川江覆溺之苦，矢志稍有衣食，曾许力凿险滩，以偿前愿。幸天鉴其衷，家事渐顺。即于嘉庆十年起打凿，至道光二十年止，将夔府巫山属，暨归州东湖属，一切要之滩，概行凿尽。然尚有微险之处，舟行间或失事者，皆由驾长疏忽所致也。至于沿山纤路，均系危险如壁。其陡窄者，余复凿而宽之；其无路者，余新劈而成之。计险滩四十八处，计年三十六载，竟不觉年已八十有一矣。自顾精力衰朽，疾病频加，恐桑榆暮景，未能久留人世。爰将历年打凿原案始末抄录，俾后人悉余一生辛苦，以及立志之坚。

抄录甫成，即有豫南李正心先生宦游来楚，造庐相访。询及平险一事，据云终系耳闻，究未目睹。因出抄录之书，呈渠一览。先生阅毕，即拍案称奇。曰：此稿乌可不刊刻成函，以传后世耶？余曰：我因先人之惨，立志除害。今幸天假成功，以偿前愿。然尚有归州泄滩南岸之嘴未除，纤路未开。又有归州下首钉盘碛、攒灶子等滩未凿，奈年老多病，不能打除，终是耿耿于心，曷敢刊刻？先生曰：君既属意于滩，天必锡君以寿。倘使君精神稍健，君再举而行之，亦无不可。渠复商及孙俊，力为劝梓。爰允其词，付诸枣梨。并承命其名曰《平滩纪略》。余迩来精力稍好，疾病渐瘳，倘蒙天假以岁，明年将此二处之滩开工凿除，不过道光二十三四年间即可告成。则余之愿，庶可以稍慰矣。

其有二处之滩，汹险之由，附录于后：

一、洩滩向来滩汹路险，当季之水名曰鹅公包。上水船只，纤夫扯不上滩，以致滚岩落水，并纤丢不及，拖带下水淹毙者，不一而足。嘉庆年间，余将滩石打平，其打下之石抬在上首，培修纤路，从此滩平路成。然溪口滩石虽平，奈溪内进去有七十余里之遥，左右两山，概系居民垦田开挖，土松石现，轮滚山下。每逢大雨，溪水陡发，将大小之石，一直冲出河心，堆砌成滩。此滩前系夏秋大水之滩，而今变为冬季枯水之滩。滩在河心，则上面纤路短了，纤夫扯到落尾之处，不能得力。上下各帮船户，求余将此滩南岸堵水之石梁打去，并挨山开修一条纤路。石梁一去，则水性顺流。陡山成路，则上水船只四季都由南边一纤扯上，庶平稳无忧矣。

一、石门下首一滩名钉盘碛。每当春末夏初之水微涨，下水船只常有滚碛之患。此船滚碛，皆由北边石门角下首有一石堆，名曰攒灶子碍事。船下石门，故不敢往北边推，以致滚碛。我意将攒灶子打尽，以后船到石门下首，早往北推，自无滚碛之患矣。

（三）《蜀江指掌》

道光十四年刊刻　　道光庚子年新刊

1.《蜀江指掌·叙》

天下之至难测者无如心，天下之最易见者无如掌。

川江之险与他江异，上下往来之人，孰不担忧。求一立心平险就夷之人，杳不可得。今有祥兴号李君，家居汉皋，世贸西蜀，其险阻艰难倍尝殆尽。立此大愿，告厥成功。所有独立乐输之财姑置勿论，而劳神焦思，不知费尽几许心血。

兹当成功之际，诚恐舟师、舵叟仍照旧开行，岂不有误大事。今将由楚之蜀境界，逐一备载明白，令阅者一目了然。是犹如暗室之中，得一烛照；是犹行迷途之间，得一指点。且执书一观，不假思索，坦然行之而无疑，真

181

如人之视掌，明且易焉。

请序于余，因名之曰《蜀江指掌》。

道光十四年岁次甲午吉月良辰　　无算老人　快题

2.《蜀江指掌·序》

复阅道光十四年尽已氏滩工告竣，当著有《蜀江指掌》一书。因已打各滩水性更移，诚恐舟师、舵叟照未凿时水性行舟，反致舛错，其中由蜀之楚放船扼要，书中已历历备载矣。尽已氏曾刊刻数千余本，遍送往来舟船，可谓深费苦心。

第此书之页数无幾，将来易遗失，而难垂久远。爰商尽已氏，附刻于《平滩纪略》之后，俾后世之舟师、舵叟得有遵循。而后世之往来商贾于蜀楚间者，亦得以深知其水性矣。

豫南正心氏再识。

3.《蜀江指掌》全文

一、宜昌府东湖县上九十里，腰站河黄陵庙下数里，有一石梁名大浪洪。已将南岸下角外嘴打去。又下嘴江心有一石堆，名火炮砵，计长二十余丈，高六丈余，宽十一丈余，业已打至正月平水，以后无此砵名。

此砵下首南岸有一滩，名渣波滩。对面北岸有一滩，名红石子。此二滩冬春之水上下行舟无碍于事。夏秋之水，北边红石子下水船只损坏者多，丢船毙命者不少。此滩乃东湖所属第一凶滩。其红石坏船之由，皆因火炮砵、渣波二滩堵截江心，其渣波滩横出江心三十余丈，长五十余丈，高十余丈，堵住江水，向北岸红石子堆横冲，是以泡漩汹涌，当季之水上下行舟俱受其害。此滩打过六载，将渣波滩打平。目下下水船只向南边渣波行，清吉无事。若照旧样走北边者，还受其害。

再申明船户、驾长，第一下红石子滩一处，目下火炮砵业已打尽，渣波滩业已打进三十余丈平水。夏秋之水，下水船只定要押火炮砵向南边渣波而下，放心无事。就逢中押泡而行亦可。此泡不比以前凶险，因渣波滩未打之先，滩下有一深坑三十余丈，水激成泡，所以凶险。今将此滩打凿平水，六年打下之石概行填于坑内。其坑已浅，其泡甚微。渣波滩石梁未打之先，其水堵横，北冲红石子，今渣波滩业已打平，其水直流，其船南行，放心无事。如照老样下北岸，诚恐仍然损船伤命，后悔莫及。今嘱，行船至渣波，下南岸实好，逢中押泡下也好，祥兴是了心愿，期以后行船平稳顺利，永无损坏。冀各帮船户、驾长照此而行，体余之心愿，以解后世之劫。此论非余执一己之见，苦嘱如此行法。缘余打堑渣波六载告竣后，于每年夏秋水涨时，又著人在滩住守，查看三载，亲历其境。每见船靠南岸放行者，并无一个失事。间有照旧样船由北边放行者，从无一个清吉。是以再四叮咛，愿放行船户、驾长，常毋相忘可也。

一、渣波滩下附近一滩名狗头滩。今将此滩打进十余丈，以后行舟不碍于事。

一、南沱对江南岸地名青鱼背。其山陡峻，其路虚险，行路之人以及扯船纤夫，常有倾跌毙命之事。今余挨山开修纤路，计长三十余丈。此后道路平坦，来往行人永无倾跌之患。

一、黄陵庙上黛石滩。冬春之水，上水船只好行。夏秋之水，汹涌非常。余已将此滩打过数载，俱已凿尽矣。滩嘴对面，江心有一石堆，名大峯砵。此系冬春之水之滩，余于腊、正两月，打去丈余平水。

一、鹿角漕。夏秋之水，上水船只可行。今将此漕打深数尺，打宽数丈，乱石均已打尽，堆外乱石，亦行打尽。

一、马屁股滩。夏秋之水，上水船只堆内可行。堆内之乱石俱已打尽，堆内之石漕俱已检凿深宽，其有一切暗浅，俱已打尽。

一、马屁股上南虎梁滩。此滩有一大石梁，横江五六十丈。冬季之水，上水船只行北边。夏秋之水，上水船只行南边。此梁内有一漕，名虎项。漕内水深，船可以由虎项行走。若漕内水浅，船扯外边误事者多。至于虎项之漕，亦是险处，虽然可行，清吉者少，误事者多。若遇此季之水，上水船只俱要扎水停泊。是以在东湖请示，将虎项石梁里边另开一漕。挨山脚石梁复开一漕，此漕系防过大之水，上水船只好行。再知明下水船户、驾长：行至腰站河窝笼子，下北边落尾出口，少往南边去，要纆北边而下，方可放心。南边南虎梁内一漕名虎项，挨山新开一漕，故嘱下水船只少往南边去。

一、南虎梁上使劲滩处石堆、石梁，概已打尽。

一、使劲滩外，江心有一石堆，名曰攒山碛。此石下水行舟，常有误事者。今已打净，以后无此碛名。

一、窝笼子滩。上下船只常有误事者，今已打净。以后上下行舟，不碍于事。

一、窝笼子上首南岸礅滩。碍事之石已打，行舟不碍于事。

一、礅滩上南岸白洞子滩。当季之水，堆外不敢行船。堆内一漕，水浅不能过船。上水行舟，俱要扎水。水退扯堆外边，水涨则行漕内。今将堆外碍事之石打净，堆内之漕开深打直。以后上水行舟不得湾泊扎水，耽搁日期。此滩下首有一石堆，名季渣子，上水行舟误事者多。今将此石业已打净，以后上下行舟不碍于事。

一、归州南岸，下石门外边有一石梁拗角，上水行舟多有误事。今将石梁内开出一漕，以后行舟顺利，不碍于事。

一、石门上首南岸一滩，名莲花子。因小南漕水，新滩不用盘滩；下水船只，北岸独眼龙之水未投清白，向南早了，常有跑挡覆舟之事。今将此嘴打去，下水行舟无事。下首又一石梁，名曰四季挡，上水行舟常有损坏。本地人呼此梁名曰银钱包，今将此梁打尽，上水行舟无事。

一、乌石在归州城外，横堵江心。高六丈七尺，宽七丈三尺，长二十三丈。夏秋水泛涨，两边水势急浪汹涌，其险莫测。下水船只每每失事，舟散人溺，惨伤难言。今将此石打去：高五丈一尺，长二十三丈，宽七丈三尺，又打短长六七丈。夏秋水泛时，船可由石上放行。再此石下首，江心有碛坝，长约丈余，此乌石打去，比碛坝低二尺有余。

一、归州对河南岸有一滩，名碎石滩。向无此滩，乃深水之处。因岸上巨石崇山，河边上至峰尖二十里之遥，中有一陡溪，约十余里，左名阳山，右名阴山。自本朝初年以来，并未开垦。此山乃蔡、马、王、刘、姜、谭六姓之业。嘉庆年间起，陆续开垦，以致山上掘挖，土被雨淋，石不能棲。每逢夏秋大雨，巨石轮滚陡溪冲出，不但江水塞平，尚且碎石出水，横江二十余丈，宽计三十余丈，水面高有十一丈余，堆成凶滩。上下各船损坏溺毙者，不可胜计。因思目下虽将水面滩石业已打尽，此山不禁开垦，无草护土，水冲石滚，将来此滩仍然堆砌。是以余于道光六年，前赴归州，禀请价买阴阳二山，并禀请督、抚二宪，札饬全山封禁，不致有人私垦。从此溪中永无滚石成滩之患，以后无此滩名。

一、归洲北岸有石梁九道。过大漫梁之水，有五道高梁：一道梁名燕窝背；二道梁名和尚石；三道梁名救命石；四道梁名老虎石；五道梁名洪平梁，又名人鲊瓮，有碍于行舟。若下水行舟在此梁上首，南岸八垱湖向南来得高者，直下无事。若在八垱湖向南来低者，必难躲过。此数梁损坏者多，每年坏船毙命者不少。今将此数滩概行打平。复思此滩虽然打平，后首下水行舟，总要在八垱湖靠南岸来高方好。若在八垱湖大意来低，虽然无事，到底受惊。再知明下水船户、驾长：从前由八垱湖放船之时，因南岸鹦鹉三嘴及各滩石嘴均未打去，驾长等恐南边太扣紧了，其船怕的跑垱，往往来松，以致船往北岸滚包误事。然滚者常常有之，若跑垱之说，从来稀少。今南岸各石嘴均已打尽，南岸无垱，均是流水。以后下水之船，尽管靠八垱湖南边高处下来，自然清吉无事矣。

一、归州南岸斗篷子、鹦鹉三嘴、杨家戏、山羊角、抬盘子、小叱角子、碌子角、江心乌石各滩嘴，俱已打凿净尽。

一、洩滩。溪内有数十里之遥，内面开山，被蛟水冲出之石，堆成巨滩。向有一俗语：有新无洩。此即新滩、洩滩。又云"八斗两撇"，何也？八斗系大水之滩，洩滩亦系大水之滩，新滩系冬季枯水之滩，故云"有新无洩、八斗两撇"，又云"有洩无新"。八斗象天坑，天坑者，泡漩大也。前有荆南道来大人，于乾隆二十二年，委员打凿东湖腰站河渣波滩、归州官漕、洩滩等处。归州开一官漕，此一处概是。石梁至今未改，当季之水，上水船可行，下水船不能走。但洩滩原是溪内冲出一坝，上下长有里余，冲出石堆聚，高低不一。夏秋之水漫高堆者，名曰鹅公包，上水船只实难上行。又兼纤路山陡石巨，纤夫难行。船一直上前，纤夫无事。但此滩此季水要扯三四根牵缆，倘扯断一根，其船必退。纤夫若将牵缆丢迟，有拖带滚岩身死，有拖带落水身死者，常常有之。若人少扯不上来，有转退者，纤夫受害亦是如此。来道台所委之员，将此坝中心检开一漕，漕内有水之时，上水行舟，由此漕而上。前做此事之人，未曾想到，此坝原是溪水冲成，堆聚于此。此漕行舟，只走过夏秋二季，次年水又复发，冲出之石已垒塞漕口，其船不能行走。后首溪水屡发，将来道台所打之漕仍旧填满，其滩依然如初。余于嘉庆十年起，在归州请示打凿此滩，将大小高低之石堆，尽行检平，运于上首山根，修成纤路。此后上水船只，利于行走。复将纤路山傍，多栽石桩，恐添滩夫少得以拴住纤缆，不得下退，从此纤夫就无滚岩落水之害。于嘉庆十三年，始行告竣。后首春水叠发，溪内之石毫无阻挡，冲出坝外，另成一滩。此后溪沟遥远，山石甚多，随打随冲，再打无益。

一、八斗滩滩嘴乱石二梁，概已打凿净尽，并将溪沟内下首打去长十余丈，打低二丈余。后首溪内发水出石，不得到滩就往沱内去了。此滩一打，其沱已窄，西流亦小，江心虽有小泡，已是流水，不碍于事。再知明八斗滩一打，其水已归中流，上下船只，均皆好行。此滩先年未打，滩嘴横江，堵住江水。对面上首狗屎沱西流不小，泡漩极大，狗屎沱往往覆舟。今将八斗打尽，水归北岸，对面西流已小，狗屎沱泡漩亦微，此后就无覆舟之事。

一、牛口南北两岸，均有小滩。嘉庆年间，北岸溪内进去三十里之遥，崩有一山，地名蒿子坪。五月时候，溪水陡发，冲出山石成嘴，横江十余丈，高有七、八丈，堆成险滩。上水船只盘货眠桅，尚有损坏。余前在归州请示，开工打凿四载，于嘉庆十年起至十三年止，始行告竣。又将北岸冲出石嘴，概行打尽，其南岸石嘴亦已打净。复在南岸开修高低纤路二条，此后上水船只，不致盘货眠桅。下水船只，不受浪害矣。再知明船户、驾长：下牛口滩总要扒住北边而下，就清吉无事。北边夹马内亦是流水，倘不知道的船户、驾长，照老样下此滩投南边水，船头必在泡内漫水，船稍必在流水，其船跑挡误事者不少。多年船户、驾长，谅必知之。

一、四川夔州府奉节县下黑石峡口南岸，羊圈子石、困牛石、男女孔下首，台子角石梁滩嘴，概已打凿净尽。倒吊和尚沱泡漩已微，不碍于事。又对面北岸石板峡悬岩，俱已打凿净尽。又打凿峡内黑石对面，北岸扇子石、鲶须漕，下首鸡心石、三角桩、窄小子等处，各滩嘴俱已打凿净尽。

下峡口外南岸大溪口，是通施南的道路，来往行人络绎不绝。向日峡内无路，总是搭船上夔。如行船已开，行人必要在大溪口耽搁一日。今将峡口内开出此路，行人不得羁延。即在大溪口过河，走白果背至乾沟子，进山走白帝城到夔所。有下水货船至夔关完税，见南岸水淹青龙石腰，历来各船俱要札水。如有强行之船，十难救一。今将峡口各险滩打凿净尽，其各货船至夔所完税，可即便开行，不必札水。其有熟悉驾长，知道峡内各滩已打净尽，只候税关票出，即便开行。间有不熟悉之船户、驾长，见水淹青龙石腰，仍然照当日札水时旧样，不敢开行。夏初之水，易涨易退，耽搁日期有限。夏末初秋之水，名曰养江水，涨退不多，其货船常在夔关札水停泊，或二十天、或一月不等。还有船户开消水手，水退另雇人夫有之。因停泊日久，缴费过多，船户富足者尚可支持，如不富足者，生借无门，必致贱卖客货，以作盘缴，以致客与船户二家受累。即或守至水退，亦是有滩，虽不大凶，间或误事。今峡内各滩，业已打凿净尽，化险为夷，永无札水之患。货船稳利，不致羁延，放心放心。

一、巫山县属大峡口下首数里，北岸有一险路，名曰挑葱卖菜。何也？其路悬壁陡石，纤夫实难行走，是以纤夫常有滚岩毙命之事。而纤夫闲坐谈讲，"宁可挑葱卖菜，不可扯船营生"，故此路名曰"挑葱卖菜"。今已开修平坦，计长一百三十八丈。从此上水行舟，纤夫扯船行路稳利，永无倾跌之虞。

一、巫山县属下五十里大峡内，有一险滩，名曰大磨。夏秋水涨之时，其泡漩凶恶非常。若小船吊在漩内，沉溺不起，人货俱无。如大船行至漩内，只是打圈。后来一船，亦入漩内，撞坏者多。是以于道光十八年，在巫山请示，将此滩打凿净尽。泡漩一小，水性直流，上下行舟，清吉无事。于二十年工程告竣。

一、大磨滩上首，有一磨盘，巨石层叠，堵截江水，行舟每每受害。亦于道光十八年分凿，至二十年工程告竣。

一、磨盘上里许，有一嘴，名鸡心石。横堵江水，势极凶险。缘上边并无纤路，上水行舟，行对面北岸袴套子。然此滩夏秋水涨时，更是滩凶路险，常常覆舟。今将南岸鸡心石打去，使水性抽直。又将鸡心石上面新开一条纤路，约计里许。从此上水行舟，概由大磨滩磨盘石南岸一纤直上，永无凶险。亦于道光十八年起分工打凿，至道光二十年工程告竣。

（四）《平滩纪略》禀、示、晓谕、札、册等文牍选录

（三十五则）

1.嘉庆九年十月十四日打凿归州牛口、泄滩初次具禀归州禀文
（卷一、一）

初赴归州请示打凿牛口、泄滩　嘉庆九年十月十四日具呈

具禀职员周步洲，汉阳府汉阳县人，年六十二岁。

为吁恩给示，准平险滩，通商便民事。情。因宪治之牛口滩，上接川江，水出巫山大峡口，历来上下舟楫涉险往来。乾隆五十三年，滩脑上有一深溪，偶发蛟水，冲倒巨石，垒叠高堆，泡漩接连泄滩，并增漫汗。仕宦商贾，行李货物，至此无不胆寒。职伙李凌汉，与职同县，于嘉庆九年自四川重庆府装下货船，行至牛口滩脑上，浪涌滔天，上下阻隔，名利舟楫自危者不知其数。职伙人货将陷者不知有生，当诚心默祝，此番若能保全，情愿将此项资本倾囊，检凿牛口、泄滩两处垒叠之石。厥后人货果尔平顺无虞。现在息肩在汉，而此念刻不能忘。诚恐隔属地方，未便擅兴工作，著职赴辕，代叩仁宪大老爷，怜情给示，赏差监理，俾四方闲杂人等，毋得格外滋事。即众姓土石工匠，知有一定章程。倘职伙得遂先年默祝之愿，实仁宪栽培万世生民之德。至于检凿二滩资费，职伙勉力一肩承任，不敢办至半途而废，亦不敢稍借他人之助。日后往来商贾，查有丝毫帮染情弊，自应按律治罪。为此伏恳赏准给示，拨差监理。值兹滩水将涸，择日兴工，感德无既。上禀。

知州甘批：牛口、泄滩泡漩汹涌，尔伙李凌汉既愿捐资检凿，以利舟楫，洵属善举，准即给示可也。

2.嘉庆十年九月三十日归州知州甘立朝晓谕稿
（卷一、二）

正堂甘　为吁恩给示，准平险滩、通商便民事。案据汉阳县职员周步洲具禀，州属之泄滩、牛口二处，滩凶浪涌，阻隔舟楫。伊伙李凌汉自愿一力

捐囊检凿，亦不稍借他人资助等情前来。查捐资检凿，以利舟楫，洵属善举。除禀批示外，合亟出示晓谕，为此示仰州属土石工匠及该滩居民人等知悉，一俟该职员周步洲、商民李凌汉等携银到滩兴修，雇价口粮自有成效，尔等务各踊跃受雇，不得故意指勒。闲杂人等，亦毋许格外滋事，致干究拿，各宜凛遵。毋违。特示。

实贴牛口、泄滩晓谕

嘉庆十年九月三十日工房呈

3. 嘉庆十年九月十六日周步洲具禀宜昌府禀文
（卷一、二）

具禀职员周步洲，汉阳府汉阳县人，年六十二岁。

为吁恩给示，准平滩险、通商便民事。情。因宪治归州属之牛口滩，上接川江，云云。择日兴工，感德无既。上禀。

知府王批：据禀，平滩除险，资费承办并无帮派敛费等情，殊属可嘉。准给牌示，以禁阻扰。倘有地痞土棍滋事，许即指禀，立究不贷。如果始终匪懈，永克厥工，本署府当禀明各宪，以示优奖。慎之、勉之。

嘉庆十年九月二十四日发

4. 嘉庆十年宜昌府禁额外索价、把持滋事告示
（卷一、又四）

代办宜昌府候补府正堂加十级纪录十次王。

为晓谕事。案据汉阳府汉阳县职员周步洲赴府。云云。外，查捡凿二滩需用土石工匠甚多，诚恐额外需索工价，并地棍人等把持滋事，除饬差密访查拿外，合行出示严禁。为此示，仰该处居民及土石工匠人等知悉：尔等检凿该滩，务须遵照市价，不得任意额外求索。若有地痞土棍把持滋扰，许该处保甲赴府指禀，以凭拿究。倘敢狥隐不举，一经查出，或被告发，立即严拿，一并究处，绝不宽贷，各宜凛遵。毋违。特示。

宜昌分府王　批：平滩善举，准。即会同该州饬差监理。

摄巴东县正堂宣　批：化险为夷，以利舟楫，诚属善举。且独立捐资，

尤堪嘉尚。惟功施不易，事鲜克终，宜勉为之。本摄县即当给示可也。

5. 嘉庆十年十一月十三日归州禁酗酒赌博晓谕
（卷一、又四）

正堂甘。为严禁酗酒赌博，以靖地方事。照得商民周步洲、李凌汉，捐资在牛口滩捡凿滩石，工匠人夫聚积甚多。恐有不法棍徒在于该滩开场诱赌，以及酗酒打降，滋生事端。除饬差查拿外，合行出示晓谕，为此示。仰该地居民、工匠、夫役人等知悉，尔等在于该处，务各自安生业，慎勿同事赌博以及酗酒滋事，自取咎戾。自示之后，倘有不遵，许商民并匠头指禀，以凭严拿究治。本州言出法随，决不姑宽。各宜凛遵。毋违。特示。

出示牛口晓谕

嘉庆十年十一月十三日行

6. 嘉庆十二年二月二十八日归州禁流痞地棍滋事晓谕
（卷一、十）

正堂甘。为晓谕事。照得州属白洞子滩，水急浪涌，乱石峙立，客船难以遄行。有汉阳县客民周步洲禀请修滩，李凌汉自愿捐资凿险为平，禀请兴工前来，诚恐流痞串通地棍，在于该滩阻拦滋事，合行出示晓谕，为此示。仰州属土石工匠及该滩居民人等知悉，一俟商民周步洲、李凌汉到该滩所，一应工匠雇价口粮自有定数，尔等务要踊跃受雇，不得故意掯勒。闲杂人等，亦毋许在滩滋事，倘有流痞串通地棍，阻拦把勒，许即指禀，以凭严拿究治，各宜凛遵。毋违。特示。

实贴白洞子滩晓谕

嘉庆十二年二月二十八日行

7. 嘉庆十三年二月牛口、泄滩等工程竣工禀文
（卷一、十五）

具禀汉阳县客民周步洲、李凌汉。

为捐修工竣，恳赏详覆事。情。身等贸易川省往来，目击牛口、泄滩以

及莲花等滩，两岸乱石嶙立，尤为至险。往来客船甚多，凡运送铜铅俱由此行走。身等情愿捐资修理。禀蒙本府给牌兴修，于嘉庆十年九月内兴工，随将各滩乱石捡凿，复于两岸培筑纤道。迨至十一年夏间，山水冲激，纤路多有崩塌。身等又即捐资培修，前经禀蒙恩详明在案。十二年十月内，复将牛口、泄滩未竣滩石、纤路培修坚固，又将八斗官漕、雷鸣洞、白洞子各险滩乱石捡凿净尽，工程现已告竣。此项概系自行捐办，并无敛派分毫。所有需用、工程银两，开单呈阅。理合禀明。伏乞（大老爷）台前赏准，详复施行。

计粘呈清单一纸。

嘉庆十三年二月　　日具

批：候具文详报。清单附。

8. 嘉庆十三年二月归州详文稿（附清册）
（卷一、十六）

归州为捐修纤路险滩工竣，详请咨部议叙事。窃照俾州上通四川、下达宜荆，江面绵长，节节皆滩。不特往来客船甚多，凡运铜铅，俱由此行走。有牛口、泄滩以及莲花等滩，两岸乱石嶙立，尤为至险。嘉庆十年九月内，有汉阳县客民周步洲、李凌汉，贸易川省往来，目击情形，不惜厚资，并蒙本府、前宪给牌兴工，随将各滩乱石捡凿净尽；复于两岸培筑纤路。迨至十一年夏间，山水冲激，纤路多有崩塌。该客民等又即捐资培修，前经详明在案。十二年十月内，复将牛口、泄滩未竣滩石、纤路培修坚固，又将八斗官漕、雷鸣洞、白洞子各险滩乱石捡凿净尽。工程现已告竣，上下行舟安稳。共计用过工价银贰万壹仟肆佰陆拾贰两肆钱，皆系该客民等自行捐办，并无敛派分毫。俾州查勘所做工程，俱属结实，用费亦无浮冒，洵为善举。兹值工竣，理合造具工程清册，具文详请宪台俯赐查核，咨部议叙，以嘉善行，实为恩便。除详督部堂、抚部院，暨藩、巡宪外，为此。云云。照详。计申赍、清册各一本。

右申　各宪

归州

　　呈遵将汉阳县客民周步洲、李凌汉捐资在于俾州牛口、泄滩、莲花滩，以及八斗官漕、雷鸣洞、白洞子等滩，捡凿漕道、培修纤路，雇觅匠夫用过工价银两数目，理合开造清册呈核。须至册者。

　　计开

　　一、检凿牛口漕道长三十四丈，高七八尺不等，宽十丈零五尺。每日用石匠一百名，每名日给工价银壹钱贰分，共给银拾贰两。用抬夫一百四十名，每名日给银壹钱，共给钱拾肆两。用挑夫一百二十名，每名日给银壹钱，共给银拾贰两。

　　又培修牛口南岸纤路，长二里，高五六尺不等，宽八九尺不等。每日用石匠六十名，每名日给工价银壹钱贰分，共给银柒两贰钱。用抬夫八十名，每名日给银壹钱，共给银捌两。用挑夫六十名，每名日给银壹钱，共给银陆两。

　　自嘉庆十年十月二十日兴工起，至十一年三月十二日止，共计一百二十二日。共用过工价银柒仟贰佰贰拾贰两肆钱。

　　一、泄滩培修纤路八十三丈，高二丈四尺，宽五七丈不等。每日用石匠八十名，每名日给工价银壹钱贰分，共给银玖两陆钱。用抬夫一百名，每名日给银壹钱，共给银拾两。用挑夫一百名，每名日给银壹钱，共给银拾两。

　　自嘉庆十年十月二十日兴工起，至十一年三月十二日止，共计一百二十二日。共用过工价银叁仟陆佰壹拾壹两贰钱。

　　一、检凿莲花滩漕道，长十五丈，高一丈六尺，宽二丈五尺。用石匠五十名，每名日给工价银壹钱贰分，共给银陆两。用抬夫八十名，每名日给银壹钱，共给银捌两。用挑夫八十名，每名日给银壹钱，共给银捌两。

　　自嘉庆十年十月二十日兴工起，至十一年三月十二日止，共计一百二十二日。共用过工价银贰仟陆佰捌拾肆两。

　　一、嘉庆十一年夏间，山水冲激纤路。该客民等又捐资培修牛口、泄滩纤路。用石匠八十名，每名日给工价银壹钱贰分，共给银玖两陆钱。用抬夫五十名，每名日给银壹钱，共给银伍两。用挑夫五十名，每名日给银壹钱，共给银伍两。

　　自嘉庆十一年十月二十五日兴工起，至十二年三月初十日止，计一百三十五日。共用过工价银贰仟陆佰肆拾陆两。

一、嘉庆十二年十月十五日，该客民等复又捐资将牛口、泄滩未经完工纤路补修完竣，并将八斗官漕，雷鸣洞、白洞子等滩漕道捡凿平坦。

一、牛口、泄滩补修纤路用石匠三十名，每名日给工价银壹钱贰分，共给银叁两陆钱。用抬夫五十名，每名日给工价银壹钱，共给银伍两。用挑夫五十名，每名日给工价银壹钱，共给银伍两。

自嘉庆十二年十月十五日兴工起，至十三年二月底止，计一百三十五日。共用过银壹仟捌佰叁拾陆两。

一、捡凿八斗官漕长七丈，高三五尺不等，宽八九尺不等，用石匠五十名，每名日给工价银壹钱贰分，共给银陆两。用抬夫八十名，每名日给工价银壹钱，共给银捌两。用挑夫八十名，每名日给工价银壹钱，共给银捌两。

自嘉庆十二年十月十五日兴工起，至十三年二月底止，计一百三十五日。共用过银贰仟玖佰柒拾两。

一、捡凿官漕、雷鸣洞二处漕道，各长五丈，高一丈四尺，宽七八尺不等。用石匠四十名，每名日给工价银壹钱贰分，共给银肆两捌钱。用抬夫六十名，每名日给银壹钱，共给银陆两。用挑夫六十名，每名日给银壹钱，共给银陆两。

自嘉庆十二年十月十五日兴工起，至十三年二月底止，计一百三十五日。共用过银贰仟贰佰陆拾捌两。

一、捡凿白洞子滩漕道，长十丈，高七八尺及一丈不等，宽一丈三尺。用石匠三十名，每名日给工价银壹钱贰分，共给银叁两陆钱。用抬夫五十名，每名日给工价银壹钱，共给银伍两。用挑夫五十名，每名日给工价银壹钱，共给银伍两。

自嘉庆十二年十月十五日兴工起，至十三年二月底止，计一百三十五日。共用银壹仟捌佰叁拾陆两。

以上共用银：贰万壹仟肆佰陆拾贰两肆钱。俱系该客民等自行捐出，并无丝毫派累。理合登明。

嘉庆十三年二月　　日

9. 嘉庆十三年三月十八日恳示谕禁禀文
（卷一、二十三）

　　具禀汉阳县客民周步洲、李凌汉。为恳示谕禁、商旅永戴事。情。嘉庆十年民等禀遵前主府宪示谕，捡凿恩治牛口、八斗、泄滩、莲花官漕，雷鸣洞、白洞子等滩两岸嶙峋乱石，培筑纤路，凿险为平。经历四载，谋画营理，寝食不遑，工程浩大。尽民等自捐，历未派敛。兹工告竣，禀蒙前主申详，大宪批示，勒石永志。恭逢恩宪荣升，德化洋溢，恳祈赏示，晓谕各滩，严禁地棍业户，不许妄指修筑滩次为名，籍勒客商。并搭盖窝棚，砌垒渔坊，损坏纤路，碍舟遄行。但牛口、泄滩客船起剥、扯滩添纤，向有章程，任客船自行雇夫，不许包揽，任意勒索重价。不惟民等回梓顶戴高厚，亦且川江客旅均当永赓至德，与川不朽矣。沐恩。谢恩。上叩伏乞台前赏示施行。

嘉庆十三年三月十八日具

　　批：准如禀。严行饬禁。

10. 道光三年十月二十日赴四川夔州奉节县开凿黑石滩等禀稿
（卷一、二十九）

　　具禀湖北汉阳县职员李本忠。为恳示开凿，以利舟楫，以广宪恩事。职籍隶汉镇，贸易川省，叩蒙神灵之庇佑，欣逢盛世之荡平。稍获蝇头，当思来处。又见川省大宪示谕周详，所以嘉惠客商者无微不至。现今恩治更百废俱兴，如添设救生船、巡江船，赏罚严明，行旅戴德。职虽愚昧，窃生募救之心，缘往来川江，屡经险阻。治地之黑石滩、石板峡为著名极险之处，追溯其源，总由中有扇子石、鲇须漕、羊圈石、乾沟子等处，层峦遮隔，奇石嶙峋。每当夏水泛涨，水势大而江面狭，冲激愈甚，溃漩愈多。又各处乱石纵横，往往碰伤船底，以至人力难施，覆舟者不可胜计。职身经此地，几回遇险，幸获安全。而目击他舟沉溺，心实惨伤。窃意地虽天险，而尽人事以求补救，或能化险为夷。谨愿自输资本，广聚人工，在黑石滩、石板峡等处，将重重石壁次第凿开，俾江面宽阔，水势渐平，庶几舟楫可施其力，救援亦易为功。再将各处乱石捡运深潭，则船底可无碰伤之患。又上水船全赖纤夫着力，查白果背、鲇须漕、乾沟子等处，约长十四五里纤道坍废，职拟募匠工一律修整。现请戚友职员闵文哲、张履泰来治，督工划凿。定于冬月初十日开工。第恐附近居民生端滋扰，是以禀恳宪台案下，赏准开凿，出示严禁，庶痞徒不敢阻扰，得广鸿恩于无既矣。上禀。

批：据禀已悉。查黑石滩、石板峡均属著名险滩，时有覆舟之患，虽经本县督率红船力为救援，然或人存而货溺，或货保而舟伤，心甚悯之。兹该职员来往川江，熟谙水性，禀请于扇子石等各要害处，不惜重资，募工修凿。又在白果背等处修理纤道，期于人定胜天、化险为夷之效，厥功甚伟，大堪奖尚。仰即赶紧督修，务使行旅无忧，中流自在。切嘱、切嘱。

11. 道光三年九月廿六日户部颁发执照三份
（卷二、六十八）

（1）户部为遵旨详叙、妥议具奏事。据捐职布政司理事问职衔李良政，湖北汉阳府汉阳县人，遵例捐银四百四十两，准予加二级。所捐之银于道光三年九月廿日付库收讫。相应发给执照，以杜假冒。须至执照者。

右给李良政收执

道光三年九月廿六日　部行

吏部验封司九月廿七日验

（2）户部为请旨详悉、妥议具奏事。据监生李良政，湖北汉阳府汉阳县人，年三十八岁，身中、面麻、微须。于嘉庆七年八月三十日在部捐监。今遵例由监生捐银三百两，准予布政司理事问职衔。所捐之银于道光三年九月廿日付库收讫。相应发给执照，以杜假冒。须至执照者。

本员三代：曾祖武、祖之义、父本忠

右给李良政收执

道光三年九月廿六日　部行

（3）户部为钦奉上谕事。据捐职布理问职衔、加二级李良政，湖北汉阳府汉阳县人。遵例捐银肆佰肆拾两，准给应得封典，愿将本身妻室封典驰封祖父母。所捐银于道光三年九月二十日付库收讫。相应发给执照，以杜假

冒。须至执照者。

履历同上。

右给李良政收执

道光三年九月廿六日

吏部验封司九月廿七日验

12. 道光四年正月二十三日李本忠呈归州禀文
（卷二、二）

　　具禀汉阳县职员李凌汉。为遵募专承、恳恩通详、给札开凿事。职系汉阳县籍，三代贸川。缘祖殁于滩而莫获其尸。父又溺于滩，至流百余里始行援救。母乍闻自尽，惨莫如之，职实集恨终身。故于嘉庆十年蒙前州主通详，牛口、泄滩、八斗等滩独立承凿完讫，商民稍获安全。现今川省夔州府招示，职又经承办，开凿在案。复蒙督宪札行，府县及宪辕出示招募，凿除乌石。此乃最险之滩，连年坏舟倾本丧命者不少，职久切心伤。今蒙仁宪出示周知在案，职情愿竭力专承开凿。伏惟大老爷台前赏准专承，先行详定各宪，发给招札，以便料理一切。工程拟期开工，俟完竣之日，另禀详覆。实为德便。沾恩上禀。

道光四年正月十三日具

　　州主陈批：乌石险滩有碍行舟，该职员情愿捐资打凿，诚为善举。惟近在城外，有无妨碍之处，应候亲诣该处，勘明详办。

13. 道光五年二月十一日呈奉节县经费册禀文
（卷一、四十一）

　　为遵批呈册事。窃职前以凿滩工竣禀闻，蒙批：据禀已悉。该职员即将实用经费若干，按月开呈，听候查核转详。又蒙宪驾同府宪临勘，明确谕令。收工合将实用经费细数，除雇备船只、搭盖棚厂、置办器具、犒劳工匠等项，毋庸开列外，谨将用过炭价、工资两项，按月录呈电阅。俯赐察核。

　　谨禀。

　　道光三年十一月初十日兴工，打凿滩石、修整纤道。所有石匠工资、煤炭价值，按日开列。

自十一月初十日起工开凿鸡心石、鲢须漕等处，至四年二月初十日止，每日雇定大工七十名，每名日给银壹钱贰分；雇定小工七十名，每名日给银玖分。饭食在内。如匠人遇有患病等情不能上工者，匠头另雇替工补足。

自开工起，每日运炭七载，堆在滩所应用。每载装炭二千四百斤，计价贰两壹钱，水脚在内。

每日大小工资计银拾肆两；炭价银拾肆两柒钱。合算工资、炭价每日共银贰拾捌两柒钱。

（中间明细略）

自道光三年兴工起，至五年二月初七日止完工，通共计用凿滩、修路工资、炭价经费银，壹万贰千陆百拾壹两壹钱。

14. 道光五年八月十八日四川奉节县致汉阳县移文稿
（卷一、五十四）

四川奉节县正堂、保举候升加一级，军功随带加四级、纪录四次张。

为奉札移查事。道光五年四月二十九日奉布政司陆宪札。案据夔州府恩守转据该令呈详，湖北职员李本忠捐资开凿该县属石板峡等处险滩、白果背等处纤道，造具用过工料银两清册、图说，声请核转议叙等情到司。据此。查赍到用过工料银两清册仅止一本，又未造具履历三代清册，申赍碍难核转。除将赍到图册暂存外，合行札饬。为此，仰县官吏查照来札事理，速即照用过工料银数清册，并饬造该职员李本忠履历三代名氏存殁清册各五本，仍由府核实申赍，以凭核办。毋违。等因。奉此。遵查湖北汉阳县职员李本忠，前在敝县所属地方修滩完竣，于三月内同伊戚闵文哲、张履泰回汉，无从造具。该职员履历三代名氏存殁，拟合备文移取。为此合移贵县，请烦查照来移，奉行事理。希即饬传该职员李本忠到案，取具履历三代名氏存殁，造具妥册，赐文移送过县，以便转赍。切切。

八月十八日。

15. 道光五年八月二十五日李本忠呈汉阳县禀文
（卷一、五十五）

为据实缕禀、邀恩移覆转详事。缘职祖、父向在川省贩贸,遭川江凶滩,迭迭坏舟倾本,祖溺毙而尸未获。父覆舟未死而职母尽节。职幼年尚负父债数千,室如悬磬。追思先人与生母之惨,无从泄恨。矢志稍有衣食,愿许力凿险滩,永杜后患,不图一己之富。迨后贸顺,父债已还,母节已荷建坊。职尽微本,在于归州请示,承凿牛口、泄滩各处凶滩,工竣详结。旋赴川省请示开凿黑石峡内石板峡、扇子石、台子角等险滩,并修白果背等处。以陡滑石壁开成纤路,均经完全。迄奉督宪李招凿,之归州乌石、黄鹡三背,各险滩已除十之四五。工虽未竣,即于本年水势泛涨之时,尚未失事,较之未凿之先,每年水泛,坏船毙命不计其数。可见开凿颇有实效。至于东湖县所属红石上首之氹角子滩,职已赴宜昌府东湖县主禀请给示在案,尚未开工。此皆职愿追远之事。今职闻四川奉节县主奉藩宪札饬,文移宪辕,取职履历三代名氏存殁妥册等因。窃河道已凿,各处险滩虽系职自愿捐资承办,全蒙川楚各宪鸿恩为民除害,流芳百世。职实不敢邀功图荣,有负心愿。理合据实缕禀。伏乞大老爷恩全,赏准备文移覆,据情转详,邀免议叙,实为公便。

上禀。

八月二十五日

县主耿批:候具禀移覆

16. 道光六年四月二十二日归州呈报清册
（卷二、十五）

署归州正堂呈。遵将汉阳县职员李凌汉,捐资在于卑州将乌石滩、叱角子、台盘子、杨家戏、碎石滩、鹖鹦大嘴、三嘴、斗篷子、紫金沱等滩,打凿滩石、漕道,培修纤路,雇觅匠夫用过工费银两数目,理合开造清册呈核。须至册者。

计开:

一、打凿乌石滩。长二十三丈,高六丈一尺,宽七丈三尺。又打短长六七丈。自道光四年三月二十二日兴工起,至四月初五止,计十四日。每日

198

用石匠二百四十五名，每名日给工价银一钱四分。共给银四百八十两零二钱。每日用小工六名，每名日给工价银一钱，共给银八两四钱。

又自道光四年十月十八日兴工起，至五年二月二十二日止，除停工小建外，计一百零九日。每日用石匠二百七十四名，每名日给工价银一钱四分，共给银四千一百八十一两二钱四分。每日用小工八名，每名日给工价银一钱，共给银八十七两二钱。

又自道光五年十月十一日兴工起，至六年三月初二日止，除停工小建外，计一百二十六日。每日用石匠二百七十五名，每名日给工价银一钱三分五厘，共给银四千六百七十七两七钱五分。每日用小工十四名，每名日给工价银九分五厘，共给银一百六十七两五钱八分。

一、检凿叱角子石嘴。长九丈七尺，高三丈一尺，宽七丈一尺。自道光四年十一月初二日兴工起，至五年三月十二日止，除停工小建外，计一百一十五日。每日用石匠九十二名，每名日给工价银一钱四分。共给银一千四百八十一两二钱。每日用小工三名，每名日给工价银一钱，共给银三十四两五钱。

又自道光五年十二月十六日兴工起，至六年二月二十八日止，除停工小建外，计六十日。每日用石匠二十八名，每名日给工价银一钱三分五厘，共给二百二十六两八钱。每日用小工一名，每名日给工价银九分五厘，共给银五两七钱。

一、检凿台盘子石嘴。长一十三丈五尺，高三丈五尺，宽五丈九尺。自道光四年十一月十二日兴工起，至五年三月十二日止，除停工小建外，计一百零五日。每日用石匠九十三名，每名日给工价银一钱四分。共给银一千三百六十七两一钱。每日用小工三名，每名日给工价银一钱，共给银三十一两五钱。

又自道光六年二月初七日兴工起，至三月十七日止，除停工小建外，计三十八日。每日用石匠三十五名，每名日给工价银一钱三分五厘，共给银一百七十九两五钱五分。每日用小工一名，每名日给工价银九分五厘，共给银三两六钱一分。

一、检凿杨家戏石嘴。长一十一丈八尺，高三丈八尺，宽五丈八尺。自道光五年九月二十二日兴工起，至十二月二十七日止，除停工小建外，计九十二日。每日用石匠四十五名，每名日给工价银一钱三分五厘。共给银五百五十八两九钱。每日用小工二名，每名日给工价银九分五厘，共给银一十七两四钱八分。

一、检凿斗篷子石嘴。长一十二丈，高二丈八尺，宽八丈五尺。自道光五年十二月十六日兴工起，至六年二月初六日止，除停工小建外，计四十三日。每日用石匠五十二名，每名日给工价银一钱三分五厘。共给银三百零一两八钱六分。每日用小工一名，每名日给工价银九分五厘，共给银四两零八分五厘。

一、检凿鹞鹰大嘴。长一十二丈三尺，高六丈五尺，宽八丈三尺。自道光四年十一月十二日兴工起，至五年三月十二日止，除停工小建外，计一百零五日。每日用石匠一百四十八名，每名日给工价银一钱四分。共给银一千一百七十五两六钱。每日用小工三名，每名日给工价银一钱，共给银三十一两零五钱。

又自道光五年九月二十二日兴工起，至六年三月十九日止，除停工小建外，计一百六十一日。每日用石匠七十三名，每名日给工价银一钱三分五厘，共给银一千五百八十六两六钱五分五厘。每日用小工二名，每名日给工价银九分五厘，共给银三十两零钱玖分。

一、检凿鹞鹰三嘴。长五尺，高二丈三尺，宽二丈四尺。自道光六年二月初二日兴工起，至三月十九日止，除停工小建外，计四十六日。每日用石匠二十名，每名日给工价银一钱三分五厘。共给银一百二十四两五钱。

一、检凿斗碎石滩。长三十丈，高四丈六、七尺，宽一十八丈。自道光五年九月二十二日兴工起，至六年二月二十七日止，除停工小建外，计一百四十一日。每日用石匠七十六名，每名日给工价银一钱三分五厘。共给银一千四百四十六两六钱六分。每日用挑夫、抬夫一百八十名，每名日给工价银九分五厘，共给银二千四百一十一两一钱。

一、检凿作坊沟口石梁。长一十二丈余，高二丈，宽二丈六、七尺。自道光五年十一月二十二日兴工起，至六年三月十九日止，除停工小建外，计一百零五日。每日用石匠九十三名，每名日给工价银一钱三分五厘。共给银一千三百一十八两二钱七分五厘。每日用挑夫、抬夫一十五名，每名日给工价银九分五厘，共给银一百四十九两六钱二分五厘。

一、检凿紫金沱大石。自道光四年十二月初十日兴工起，至十九日止，计二十日。每日用石匠十名，每名日给工价银一钱四分。共给二十八两。

以上总共用过银二万三千一百一十六两八钱六分。俱系该职员自行捐出，并无丝毫派累。理合登明。

道光六年四月二十二日申

17. 道光六年十一月十六日李本忠禀、册、甘结（节录）
（卷二、三十二）

具禀汉阳县职员李本忠。为遵取呈核、恳恩查案、造册详办事。

……

职因年迈，邀免议叙。应请将长子李良政，前由监生加捐布理问职衔；次子李良宪，现在攻书应试。可否邀恩援例议叙一子，之处出自上裁。为此粘呈履历、册结，呈乞大老爷查核。

……

谨将年岁、履历事实造册呈核。

计开

职员李本忠，即李凌汉。年六十七岁；身中、面紫、有须。系汉阳县民籍。曾祖父昌明、曾祖母赖氏。祖父武、祖母陈氏。父之义，嫡母朱氏，继母汤氏。俱殁。由监生恭请封典。

……

职员李良政，年四十一岁；身中、面麻、有须。系汉阳县民籍。曾祖父武、曾祖母陈氏。祖父之义，嫡祖母朱氏，继祖母汤氏。俱殁。父本忠，年六十七岁；嫡母季氏，殁。继母季氏，存，年五十二岁。由监生于道光三年九月廿日加捐布理问职衔。并捐加二级，恭请封典，貤封祖父母、父母。于是年九月廿六日发给执照，奉文知会原籍在案。

……

童生李良宪，年十六岁；身中、面白、无须。汉阳县民籍。曾祖父武、曾祖母陈氏。祖父之义，嫡祖母朱氏，继祖母汤氏。俱殁。父本忠，年六十七岁；嫡母季氏，殁。生母季氏，存，现年五十二岁。

……

具甘结人，汉阳县大智坊左邻周协合、右邻裴志千，户首李振丰。今与兴甘结事。实结得户邻下童生李良宪，现年十六岁，身中、面白、无须。系汉阳县民籍。

……

道光六年十一月十六日具

18. 道光七年五月初八日宜昌府札文
（卷三、五十七）

府宪札。

为体德增价等事。本年四月廿九日，奉藩宪徐批：据汉阳县职员李本忠即凌汉呈称：职去七月赴督宪、抚宪呈明：为归州碎石凶滩屡坏客船、铜船，石滩职虽凿尽，然江旁有阴阳二山，山中有一陡溪，因该处民人掘挖垦种，每逢大雨，无草护土，石滚下江，致成险滩。职愿照契价买，入官封禁一案，批录荷州勘明，传齐蔡志荣等查讯。后供契约均先年被教匪烧毁，仅将近年契约、当约及各粮券缴案，均匿老约，故意抬价。州主照按分从优示价，共钱一千零七十五串文。奈蔡等违抗，今州以钱易银，通详请宪于示价之外量为通变，乞饬汉阳县传讯，由职自行酌加房屋修费，呈请颁示。但职未请示之先，着伙细查全山原价，不过三百串。嘉庆初年教匪滋事，尚在北岸，相离该处百里，未到南岸，契约从何被焚？明系契价无几，恐照约给价，是以匿呈，信口刁抗。职乃除患全愿，并非私置产业，未便与较。州主牌示钱文，乡民卖契是钱，现有刘应宗等五人俱已遵依。今职体德，愿于州示价钱外，加钱四百二十五串，共成全山价一千五百串，已增原价数倍。州示之钱，职已运往现凿夺角滩，交伙存贮。今增之价，守候宪示，即着伙送往，守听州主分缴给领。职因病两载，不能亲往。至蔡等全山老约，祈赏严饬，勒限追缴详辕。恐日久玩生，将来不无籍占掘挖，石滩复生，后患匪轻。抄叩大人严示饬州，追缴老约呈详，给价一半；迁后找领。该山钱粮五钱四分九厘，职在彼置田收租纳粮，余充书院膏火。其各坟勿令起迁。上呈等情。奉批：李职员价买阴阳山，入官封禁，永杜碎石凶滩后患，商民无不阴受其福。似此好义乐施，询称罕见。蔡志荣等不知勉力减值，以成其美，犹复故匿老契，抬价居奇，是诚何心？殊不可问。查该钱粮仅只五钱有零，则非沃土可知，价即至昂，亦不应数过钱粮百倍之多。李职员请伙细查，全山原价不过三百串，以理揆之，似属确凿。该州按分示价，共计钱一千零七十五串，已属从优，今李职员又愿加四百五十串，共成全山价一千五百串，较增原价四倍。蔡志荣等获利甚多，自不应再有争执。仰宜昌府督同归州，追缴老约具详。先给半价，勒令迁出后再将余价一半找给。蔡志荣等贪得无厌，冥顽不灵之徒，无所用其姑息也。等因。奉此，合亟札饬。札到该州，立即遵照，迅将蔡志荣等差传到案，追缴老约具详。先给半价，勒令迁出后再将余价一半找给蔡志荣等具领。如敢抗违，阻扰善举，即从重究详。毋再抗延。切切。此札。

道光七年五月初八日　　府发

19. 道光七年八月廿六日抱禀归州禀文
（卷四、三）

具禀汉阳县职员李本忠。抱禀。伙刘金山。

为恳给示禁、以免抗延事。情。职禀蒙大宪檄饬，价买阴阳山入官封禁一案，已据各业户赴案领价，均限秋收十月内搬迁，当蒙取具领限各结，并蒙转详在案。伏思刻下秋收已毕，瞬息届期，并未一户搬迁。诚恐各业户故意抗延，殊未可定。曷勿仰恳先期颁发严示，饬令迅速搬迁，免至临期周章。则感勒无暨矣。为此禀乞批准给示。

八月廿六日具

20. 道光八年三月十二日李本忠具禀归州禀文　附章程
（卷四、十三）

具禀汉阳县职员李本忠。为置田入公、恳备案转详上宪、颁示勒石事。情。职前奉督宪、抚宪、藩宪价买归城对面阴阳二山，入官封禁，以免该山垦种，滚石入江，有坏铜铅船只及客船之患。所有该山应完钱粮，职曾具禀各大宪，封禁之后，情愿捐钱伍佰千文置买水田，由学取租完纳，余愿入公等情。兹蒙仁宪业将阴阳二山价买封禁在案。职现在该山已盖就瓦屋二处，为看山人居住之所。前经禀请学师出示招募，由绅士公举张洪应、向士富二人认看，三年为度。如人公正，看守得力，公呈公留。如稍有不妥，另募更换。职并派伙眼同看山人及学书门斗，将山上现在树木逐一查点，共计大小一千贰佰伍拾壹株，交看山人收受清楚，并着其赴辕具结备案。今职在建东茅坪乡置买水田一份，去价玖百贰拾串文，每年额折谷价钱捌拾串文。随又赴东湖县属三溪铺，买置水田一份，去价钱叁百伍拾串文，每年额折谷价钱四十一串文。二处共价钱壹仟贰佰柒拾串文，其额折谷价，期以次年三月内佃人自行送缴学署，在学备有限状备案。契约佃字呈缴学师，转送宪辕垂电。兹职核算二处水田，每年额折谷价共计钱壹佰贰拾壹串文。职情愿以伍佰串之田，每年拨出谷价钱伍拾串，充作归城众绅士大比宾兴之费。呈请学师每年移送宪辕，存贮库内。所有阴阳二山及建东乡田内国课，仰恳仁宪即在库贮宾兴费内扣出完纳，勿庸给券。并恳饬房，另立宾义公记之户。其有东湖县田三溪铺里六甲韩超五户内，麦粮四升，亦恳仁宪每年在宾兴费内扣出，文移东湖县内完纳，其户亦立宾义公记。所存贮之钱，俟大比之年，仍恳由学领发。除核算应完国课之外，存钱若干，交科岁生员批首带赴省垣，查点归城观光人数分派。其每年尚有谷价钱柒拾壹串文，派付守山人口食。一切公费，另单呈电。至现在该山果木出息，以及后首添栽果木出息，均有章程分派开列于后。除再禀督宪、府宪、藩宪给示外，理合将置田情由禀明仁宪大老爷台前。据情通详各大宪，并恳将职呈学契约，俟学师移到时一并申详藩宪，贮库备案，颁示勒石。则感戴鸿慈实无纪极矣。

八年三月十二日　具

批：该职员所禀买产议派章程，殊属可嘉。准其立案粘单附卷。

计开

分派每年额折谷价及阴阳山新旧果木出息章程

一、拨付每年宾兴费钱伍拾串文，每年存贮宪库。所有应完阴阳二山钱粮以及建东乡、三溪铺二处水田钱粮，均系在内扣出完纳。大比之年，学师移文到辕，领出交科岁试批首，带赴省垣，按到省观光人数分派。批首二人作三人分。上届批首交下届批首，轮流接管，相传于后。

一、拨付学师每年敬仪钱拾贰串文。

一、拨付科岁生员批首每年督同学书门斗、看山人，上庄催租稞以及经管阴阳山费，共钱伍串文。

一、拨付学书门斗每年稽查阴阳二山以及催缴租盘费捌千文。其余不得格外索取佃户及看山人钱文。

一、拨付每年看守阴阳山二人口食，每人名下给钱贰拾叁串文，二共肆拾陆串文。俟佃户每年三月内缴钱之日，即行赴学领出。

一、拨付看山人，每年赴州请州宪出示严禁砍伐窃取，每年付州书笔资钱壹串文。

以上总共派拨钱壹佰贰拾壹串文。

阴阳山现在果木出息，作为十股分派：

一、拨送学师四股。

一、拨给学书门斗二股。

一、拨付科岁试生员批首一股，以作监管阴阳山之费。注：上届批首仍交下届批首。

一、拨付看山人三股。

阴阳山后首添栽果木出息，亦作为十股分派：

一、拨送学师一股半。

一、拨给学书门斗半股。

一、拨付看山人七股。

一、拨付祥兴号一股。注：此一股并非图利，不过后子孙得稽查。

21. 道光九年九月初八日归州示
（卷三、十三）

正堂郑。为再恳给示、除险等事。据汉阳县职员李本忠禀称。云云。等情，据此。除批示外，合行出示晓谕。为此示。仰州属绅耆居民人等知悉，该职员李本忠既愿捐资，定期开工，洵属善举。自应听其一律打凿净尽，以利舟行。倘有刁棍阻挠、讹诈，许该职员赴案指禀，以凭拿究，本州言出法随，绝不宽贷。各宜凛遵。毋违。特示。

归州正堂示

凿修滩石，务宜努力；工匠人等，毋许滋事。

禁止酗酒，拒绝闲人；倘敢不遵，立拿究治。

22. 道光九年十一月部议钦批题本
（卷三、二十三）

议得先经吏科抄出湖北巡抚杨题称：据布政使周详称：今汉阳县职员李本忠即凌汉，因祖、父贩贸川省，祖遭溺毙，父又覆舟。不惜多金将川、楚两省险滩、纤道，修凿、开平，以利舟行，而安商旅。非惟乐善好施，亦且孝思堪尚。查该职员在湖北归州地方修凿险滩，并培修纤道，两次共用工费银四万四千五百余两。又在四川奉节县凿滩、修路，共用过银一万二千六百余两，统计捐资至五万七千一百余两。实与地方大有裨益，洵为近今鲜有之善举。自应照例详请题咨，从优议叙，以彰善行。并据该职员李本忠呈明，现因年迈，邀免议叙。请将伊长子良政由监生加捐布理政司理问职衔、次子良宪现在攻书应试，可否仰邀议叙等情前来。臣复核无异。除册、结、图送部外，理合会同湖广总督臣嵩合词具题，伏乞敕部议覆施行等因。奉旨：该部议奏。钦此。钦遵抄出到部，当经臣部查明，该抚造送册内，李良政、李良宪所捐银数，并未于各名下分晰登注。行查该抚，其所捐银数是否准其照数核销。行查工部去后，今据该抚造具分晰清册并声明，李良政已于道光九年二月病故，请将所捐银数分晰李良政之子李贤俊名下，邀请议叙等因。又据工部于道光九年十月二十日查覆到部，应将册开捐银二万八千两以上之李贤俊、李良宪等，各给予盐运司运同职衔等因具题。于道光九年十一月十二日奉旨：依议。钦此。

23. 道光九年十月宜昌府札文
（卷四、二十二）

　　十月初八日奉府转札。为严饬事。本年九月二十七日奉藩宪周札开：据汉阳县职员李本忠即凌汉赴司禀称：职因归州碎石滩旁有阴阳二山，滩虽凿尽，奈山被垦种，难免滚石又成巨滩，大为运京铜铅及客舟之患。前职禀明督宪、抚宪，请示价买阴阳二山，入官封禁。已蒙前宪饬令归州，将全山业民马廷扬等传案，从优给价钱壹仟伍佰余串，召买拆迁，当即详明在案。复在山盖造瓦屋，为看山人栖止之所。眼同学书门斗将树木逐一查点数目，交看山人收管。职又买杜玉山、王高魁二处田屋，价钱壹仟贰佰柒拾串。其租价佃户赴州学具认，按期如数交纳。取具佃认各状存卷。租价内职仍以五百串钱之田，每年拨付钱伍拾串，充当州宾兴之费，余均派。议章程及田房印契，粘呈宪辕。蒙批录电。无如前州主仍听丁书弊蒙，计图收租肥囊，致藐批抗延，悬搁两载，竟不详复。讵无知之徒乘该山案未详定，无示无碑，学师未奉饬，知又无专责禁示，屡次窃伐树木。看山人遇获，匪等反肆凶辱。禀州不究，如同众业。且价买未久，似此情形，将来保无私垦等弊，辜负各大宪厚恩。惨职衰朽常病，长子良政物故，次子与孙俱幼，均在攻书。贸尚收歇，自顾不暇，何能保守此山。苦职买山买田做屋，及伙等几载工食，共用银数千之多。倘日久山被掘垦，滚石垒砌，又成巨滩，全工尽废，害无底止。情急再叩大人台前恩赏，分别勒限严催府、州，照案详复。出示勒碑章程永禁。至前呈条内添栽果木出息，职自分派一股，邀恳饬令删除。此一股拨归学师，并恳迅饬州学，严谕看山人等，毋许窃伐私垦，俾有专责。德宪永垂川楚，甘棠万古。焚顶上呈。除禀批示外，查此案前奏两院、北司，久经转饬，该府妥议通详勒碑在案，何以延搁年余，杳不详覆？以至前州郑故牧任令丁书弊蒙，匪徒私垦窃伐，将善举全功尽废，殊堪发指。合亟严饬札到，该署牧即便遵照，速即查明，先行出示禁止。一面差拘私垦窃伐匪徒到案，严行惩办，并即按照所禀章程，迅速妥议，申府核明通详。勒碑立案，以垂永久。毋任弊延。切切。等因。除行署归州郑牧外，合并札饬。札到该府，即便一体遵照办理。毋违。等因。奉此。查此案久奉札饬，均经前府转饬，查议通详去后，迄今未据议详，实属违延。兹奉前因，合再札催。札到该州，立遵节檄。迅速查明，先行示禁。并拘私垦窃伐匪徒到案，严行惩办具覆。仍即查照章程，妥议通详，毋再违延，致干未便。切切。此札。

九年十月初三日　　自府发

24.道光十一年十月初三日李本忠禀文
（卷五、二十六）

具禀汉阳县职员李本忠。为禀恳给示勒石，以垂久远、以利行舟事。情。职前于嘉庆十年修凿治属泄滩险滩，经职自行经理，量地形势，培修纤路一道，计长八十三丈，高二丈四尺，宽五、七尺不等，并栽立石柱数处。原备纤索生根之需，俾纤夫易于扯泄。迄今多载，幸其工坚，尚未损伤。及上游客船，亦保无虞。兹职犹恐各处险滩修凿未尽，禀蒙赏给示谕，再行兴修在案。现在职伙广雇工匠，分赴各滩工作。无如泄滩纤路被民人搭棚于内间，或将石柱损坏无存。不但占阻工作，即纤夫扯拽既无纤路，缆索又无生根之所。现在该滩吃紧之际，大有碍于行舟。除现在占搭茅棚已经巡差、水甲协同职伙，令其小贸民人自行拆迁，再行补载石柱，并修纤路。务期有利行舟，永保无虞。诚恐告竣后日久，仍前搭棚占阻，殊未可定。理合禀恳大老爷台前赏准给示，严禁并祈勒石该滩，以垂永远、以利舟行。则感戴洪慈实无涯矣。

上禀。

十月初三日　　具

批：准如禀给示，勒石永禁。

25.道光四年十一月二十八日禀夔州府奉节县禁路刊碑稿
（卷一、三十七）

具禀湖北汉阳县职员李本忠。为禀请刊碑出禁，以垂久远事。窃职前经禀请宪示，捐资开凿黑石滩内之窄小子、三角桩、鼪须漕、鸡心石、扇子石，石板峡内之台子角、羊圈石等处。因巨石峻嶒，工非一处，目下尚未藏事。职复目击窄小子、白果背、鼪须漕、扇子石、乾沟子以上至石板峡铁柱溪止，悉属悬岩峭壁，曲折凹凸，舟行上水绳索难施。因复历各处旧有纤道，岁久塌废。曾经禀请一律修整在案。爰雇积人夫，先行修治。随其高下，顺其迂曲。窄者宽之，陡者平之，或凿或填。工经数月，始得溯流而上舍桡就纤，人乐挽输之便。刻下业经告竣，计程二十余里，地交奉巫两邑。窃恐附近居民不顾桡夫之苦，或抛撒碎石沙土，至道路碍难行走，或贪图种植微利，挖毁纤道以广田塍。种种毁坏，前功不能不虑。为此缕述滩修未竣，纤道先成情由。禀请宪恩出示严禁，刊碑垂久。俾奉巫接壤居民共知保护纤路，不敢私行毁坏。益沾大德于无既矣。

上禀。

26. 道光十五年三月十五日李贤佐禀稿
（卷四、五十八）

具禀汉阳县童生李贤佐。为禀明工竣、吁恩诣勘、赏赐通详事。缘生祖本忠，于道光五年四月内，赴前宪暨府宪请示，承凿宪治渣波滩即夌钵滩、火炮珠、大浪洪、黛石滩、大峰珠、南虎漕、鹿角滩、使劲滩、锅笼子、沾山珠，并修开青鱼背纤路各险滩。当蒙出示晓谕，通详在案。生祖因年迈衰老，命生倩伙督率，自道光六年九月十六日兴工起，至道光十三年四月二十四日停工止，共用过工费炭价银四万一千八百六十六两四钱。斯时未能禀明告竣，犹恐水性未定。迨至去夏水泛之时查看，探明实系水性平稳。不但铜铅京运无烦，宪厪即上下行舟，毫无违碍。询及过往客船各舵师等人，均称水性顺流，已属化险为夷，永无倾覆之患。生奉祖命，其凿滩所用工费，均系生分内独力捐资，并无丝毫敛派。理合造具工程银数清册，绘具图说，匍叩太老爷台前赏赐，诣勘通详。实为恩便。上禀。

计抄呈工程银数清册一本，图说一张

道光十五年三月十九日

批：据禀。该童生捐资打凿县属各处险滩，并修纤路，共用工价银数肆万壹仟捌百陆拾余两之多，实属化险为夷，于地方大有裨益。似此独立兴工，始终乐善不倦，深堪嘉尚。候即驰诣，勘验明确，再行具文通详各大宪核示，遵行可也。

27. 道光十五年十一月李贤佐亲供状

（卷四、六十四）

　　具亲供。童生李贤佐，今于具亲供事。童现年二十岁，身中、面白、无须。系汉阳县民籍。曾祖之义，嫡祖母朱氏，继祖母汤氏。俱殁。祖本忠，现存；嫡祖母季氏，已殁。祖母季氏，现存。父良政，已殁。母汤氏，现存。童祖本忠于嘉庆十年起，节次修凿川楚滩河，化险为夷。复因童祖年力衰迈，命童道光五年四月内赴辕请示，承凿治属渣波滩各等处险滩，并修青鱼背纤路。其滩修凿净尽，上下行舟永无相碍。所用工费银两，实系童一人所出之资，并无帮捐及化凑情事。理合出具亲供是实。

28. 道光十六年湖北布政使详文

（卷五、十二）

　　为详请咨明事。窃据汉阳县知县周向青申称：道光十六年七月二十日，据卑县职员李本忠抱禀家丁熊福呈称：窃家主李本忠，现年七十六岁，因年迈衰老，命三孙李贤佐捐资，督率工匠承凿东湖县属渣波滩即多钵滩、火炮珠等滩，并开修青鱼背纤路。自道光六年九月十六日兴工起，至道光十三年四月二十四日停工止，共用过工料银四万一千八百六十六两四钱。东湖县勘明，造册通详。旋奉查取履历事实、册结，经汉阳府暨宜昌府加具印结，详请议叙。已蒙抚宪会同督宪具题请议在案，尚未奉到部覆。今家主次孙李贤佐染病，于十六年七月十九日身故，呈请转报等情到司。据此，相应具文详报，伏候宪台俯赐查阅。咨明吏部暨工部查照。再此案应详抚宪、宪台外，为此备由呈乞照详施行。呈两院。

　　藩宪详。

29. 道光十六年八月初七日李本忠获道员职衔抄单

（卷六、十六）

　　为知照事。道光十六年九月二十三日奉抚部院周札开：道光十六年九月十五日准吏部咨开：文选司案呈吏科，抄出本题前事一案相应抄单知照可也。计连单一纸。等因。咨院行司。奉此。合就札行，为此札。仰官吏即便转饬，钦遵查照。毋违。

　　计单一纸

　　行汉阳府、宜昌府

　　议得吏科抄出护理湖北巡抚、布政使张题称：据署布政使事、按察使程铨详，查湖北汉阳县职员李本忠即凌汉，于道光十年起至十四年三月止，将八斗等滩并老虎石、洪坪梁各险滩一律凿平，共用过工费银伍万叁百余两。现已全工告竣，洵属乐善不倦。请将该职员从优议叙，以彰善行。等情前来。臣覆核无异。除册结图送部外，理合会同湖广总督臣纳尔经额，合词恭疏具题。伏乞敕部议覆施行。等因。于道光十六年六月十七日奉旨：该部议奏。钦此。钦遵抄出到部，查捐银伍万两以上之已请五品封典李凌汉，应给予道员职衔。等因。具题于道光十六年八月初七日奉旨：依议。钦此。

30. 道光十七年湖北布政使司札文
（卷五、十四）

　　为知照事。道光十七年三月十四日奉抚部院周札开：道光十七年三月初五日准户部咨开：湖广司案呈准礼部，将湖北汉阳县已故童生李贤佐乐善好施题请准其旌表。由地方官给银叁拾两，听本家自行建坊。等因。道光十六年十月二十四日题，二十六日奉旨：依议。钦此。除行文该抚外，知照前来，应咨该抚即饬藩司，将前项建坊银叁拾两于地丁项下动支给发。造入地丁奏销册内报部查核可也。等因。咨院行司，奉此。查此项银两，现据汉阳县详领到司，除另行示期给领外，兹奉前因，合就札行。札到该府，即便转饬遵照。毋违。

藩宪行汉阳府

31. 道光十七年十二月初十日宜昌府札文
（卷五、十五）

　　为札饬事。本年十一月二十六日奉藩宪张札开：道光十七年十一月初一日，奉督部堂林批：据东湖县详：汉阳县职员李本忠禀捐凿渣波滩脚兴工日期一案。奉批：据详：汉阳县职员李本忠捐凿渣波滩石脚，以利行舟，洵属好善急公，殊堪嘉尚。仰北布政司即饬该县随时查看，严督工匠认真办理。一俟工竣，即将用过银数、造具该职员履历册结，照例详请奖励。仍侯抚部院批示。缴。又于初六日奉抚部院批：据详已悉。仰布政司饬俟凿尽具报。仍侯督部堂批示。缴。各等因。奉此，合就札饬，札到该县，随时查看，严督匠工认真办理。一俟工竣，具文通报。并将用过银数造具该职员履历册结，照例详请奖励。毋违。又奉批：据详已悉。仰宜昌府饬俟两院宪暨藩司、巡道批示。缴。又奉臬宪批：据详已悉。仰宜昌府饬俟两院暨两司批示。缴。各等因。奉此，合就札饬，札到该县，即便遵照，随时查看，严督工匠认真办理。一俟工竣，将用过银数及该职员履历造具册结，照例详请奖励，均毋违延。切切。此札。

32. 道光十八年五月十五日李本忠免请议叙禀文
（卷五、十八）

具禀汉阳县道职李本忠。为邀恩谢恩，免请议叙，恳赐详覆事。缘职于嘉庆十年起，至道光十四年止，请示承凿川楚各处险滩告竣后，叠蒙各大宪奏请议叙在案。职感戴鸿恩，实无涯矣。兹因治属渣波滩于去岁冬间江水涸甚，复行赴辕请示凿除滩根。已于今春三月内打凿完竣。又蒙恩通详，转荷各大宪，饬职造具清册呈辕，详请议叙。职仰体宪恩高厚，何敢辞谢。惟职祖、父先年屡遭川河之害，矢志稍有衣食，誓凿险滩以偿前愿。酒承各大宪三请议叙，已属非望。若再蒙叙典，是职邀功图荣之行，竟无已时。为此缕陈衷曲，伏乞太老爷台前体恤下情，赏准详覆，免造清册，则感荷成全无既矣。

上呈。

道光十八年五月十五日

批：候据情转详。

33. 道光十八年五月十九日宜昌府札文
（卷五、十九）

宜昌府程 札饬事。本年五月初三日奉署藩宪札开：道光十八年闰四月十一日，奉督部堂林批：据东湖县详：汉阳县职员李本忠复凿渣波滩工竣日期一案。奉此。仰北布政司转饬宜昌府查验禀覆，仍候护抚部院批示。缴。

又于闰四月十三日奉护抚部院张批：查该职员屡凿险滩，将渣波滩系前次未经尽凿之工，现在又已凿尽。其需工费至银两壹万余两之多，应如何示奖，以昭激劝，仰布政司核议详夺。仍候督部堂批示，此缴。各等因。奉此。合就札饬，札到该府，即将该职员捐凿渣波滩先行查验禀报，其应如何奖励之处，亦即妥议，详覆核办。毋违。又奉批：已奉两院宪批，另札饬遵在案。仰宜昌府查照办理。毋违。仍候巡道批示，缴。又奉护抚宪批：据详已悉，仰宜昌府仍候督抚宪暨藩司批示。此缴。各等因。奉此。合就札饬，札到该县，立即遵照批饬办理。其应应如何奖励之处，亦即妥议详覆，以凭核转。毋违。

此札。

34. 道光十八年七月二十二日宜昌府札文
（卷五、二十二）

札饬事。本年七月十二日奉署藩宪程札开：道光十八年六月十六日，奉督部堂林：据东湖县详：汉阳县职员李本忠凿除渣波滩根，请免造册议叙一案。奉此。仰北布政司查明通详，仍候护抚部院批示。缴。又于六月二十二日，奉护抚部院张批：据详已悉，仰布政司转饬知照。仍候督部堂批示。此缴。各等因。奉此。合就札饬，札到该府，即便查明通详。毋违。又奉批：已奉两院宪批：另札饬遵照在案，仰宜昌府查照办理。仍候巡道批示，缴。又奉护巡宪批：即据通详。宜昌府仍候两院宪暨藩司批示，此缴。各等因。奉此。仰宜昌府仍候督抚宪暨藩司批示。此缴。各等因。奉此。合就札饬，札到该县，即便查明通详。毋违。此札。

35. 道光二十年正月向其初等赴巫山县请示勒碑禀文
（卷六、四十六）

具禀斋长向其初、魏昌明，贡生王盖臣，廪生林春晓，职员杨乐三，生员余荣松，总约饶东周、冯承寿，会首黄遵道、傅继善、姜敬斋、左世依，里正毛方魁。

　　为公叩鸿恩、赏示勒石，以彰善行、以广宪德事。缘湖北汉阳县候补道员李本忠，于嘉庆年间至道光十六七年，禀请各大宪，独立捐资，修凿楚蜀下游险滩，并各滩上游纤路。自湖北东湖县属渣波滩、火炮珠、青鱼背纤路等处十一处，又归州属乌石、八斗至碎石滩等十八处，川省夔州属石板峡、台子角至风箱峡等十四处，均有案据。滩名抄电。各滩告竣，蒙川楚各大宪奏请奖励，邀恩三次议叙在案。去今三载，现在治属下游大峡内打凿大磨、磨盘、鸡心石等处险滩，并开凿纤路一条，上下船只大有裨益。洵从古鲜有之善举也。且查道员矢志凿险，因伊祖、父贸贩川省，祖溺毙而尸未获，父覆舟而遇救，母乍闻而尽节。其母已邀旌表。推其乐善之心，实本克孝之念。化险为夷，舟占利涉；平波息浪，人颂安澜。川楚两省绅耆，上下舟船商民，均在各县请示勒石，以彰善举。该道员原不以孝义沽名，在生等窃愿以善行风世。为此公叩仁宪赏示，勒石以旌善行。庶其孝传、其义传。仁宪乐善之心，更永傅不朽。伏乞大老爷台前赏准施行。

道光二十年正月　　日 具

　　批：查该道职李本忠，遇有险滩即行开凿。前著善绩早已上达宪聪，誉扬川楚。今又在巫山打凿大磨等滩，化险为夷、舟行利涉。揆其乐善不倦之心，实本克孝维挚之念，良堪钦佩。且其所延之友朱应桂等，亦能克副厥心，实心任事，董率有方，亦堪嘉尚。诚宜勒碑昭示，永传不朽。候据情出示可也。

二、志史选录

（一）《武汉市志·人物志》

李本忠（1759—1841 年），字凌汉，号尽已，汉口大智坊（今武汉江岸）人。生于商贸之家。祖父武贸易于川楚之间，一次在归州（今湖北秭归）城下的泄滩覆舟，货毁人亡，尸骨无还。未久，其父之义亦在泄滩翻船，其母朱氏乍闻噩耗，悲痛欲绝，悬梁自尽。后遇救生还的之义终在一次峡江货船翻沉事故中遇难。此时，家道中落，室如悬罄，李本忠暗自立下"凿险滩，永杜后患"的志愿。

李成年后承继祖业祥兴商号，数十年苦心经营，遂成商贾大户。嘉庆九年十月十四日（1804 年 11 月 15 日），李赶赴归州，呈文知府甘之朝，请求倾"所有独立乐输之财"，弃商治滩，未被批准。翌年 11 月 6 日，再赴峡江，呈文宜昌府，14 日允准。李随即带上巨资，偕好友周步洲到归州，开始治理峡江航道。同年 12 月 10 日，泄滩、牛口两滩整治工程同时动工，共雇石匠、挑夫 600 余名，至第二年 4 月 30 日止，122 天内计修凿泄滩纤路 83 丈（高 24 丈，宽 5～7 丈），开凿牛口漕道 34 丈（宽 10 丈）、莲花滩漕道 15 丈（高 1.6 丈，宽 2.5 丈）。当年夏天，淫雨兼旬，江水猛涨，山洪爆发，纤路漕道复毁。李迅即对纤路进行维修。1807 年 11 月 14 日至 1808 年 3 月，又捐资复修泄滩、牛口滩未完工的漕道，并将八斗官漕（今大八斗）、雪鸣洞、白洞子等滩漕道修凿平坦，使"上水船只不致盘货眠桅，下游船只不受浪害矣"。

其后治滩平险由西陵峡转至瞿塘峡。道光三年十月二十日（1823 年 11 月 22 日）李又在四川夔州府奉节县申请开凿黑石、石板诸险滩，由其至亲阎文哲、张履泰入川驻工经理。黑石滩地形极险，中有扇子石，周围有滟滪堆、鲢须漕阻拦江面，形成急流，浪漩汹涌；羊圈、困牛二石坚硬如铁，坏舟最多；加之清廷严禁民间熬硝制火药，整治遇阻。李根据前人经验，将薪柴堆在礁石上燃烧，使其表皮烧酥，尔后层层剥离；对其顽石，则在中间凿洞，堆以煤炭燃烧，浇水碎裂巨石，再用人力将碎石挑抬上船运至深潭填入。

1823—1834 年，是其治滩平险高峰期。12 年间，相继打凿治理了乌石、斗蓬子、鹦鹉大嘴、三嘴、杨家戏、台盘子、碎石滩、叱角子、渣波滩、火炮珠等大小 30 多处滩礁。其中对乌石、叱角子等滩还经过 3 次检凿，对开凿后水势未定的滩险，在夏秋涨水季节，遣派谙熟水性人员驻守滩地，对打凿后出现的新的水流流态、流向进行记载。因餐风饮露、辛苦劳作，其妻和长子良政相继病故，旋由次子良宪、长孙贤俊辅助平险治滩。

1838 年，年已 79 岁的李本忠率贤俊向夔州府请示打凿川江南岸的鸡心石、大磨滩等处滩险。获准后于 11 月 18 日动工，至 1840 年 4 月 9 日竣工，并在鸡心石上首新开一纤路，以利上下行舟。

李在治滩平险过程中，独立出资，全面规划，实地勘测，督工修治，甚至驻守滩头观察记录治滩效果和水文变化，渐成为知晓峡江水文地理、航道，并管理数百人常年治滩队伍的峡江航道专家。根据地势水势，提出"轻凿滩，重修路"的思想，并将打凿的滩石移于山脚修路，一举两得；究其成滩原因，认识到水土保持与滩害的关系，力主标本兼治，他于 1826 年作价迁出归州城对岸依傍阴阳两山的 6 户山民，买下山林，交归州"入官封禁"，开三峡环保移民之先声，并出资雇请桓大成等住守此山，严防垦荒、砍树，从源头堵住乱石入江，自此溪中再无滚石成滩之患。

李领祖孙 3 代历时 36 年，上自瞿塘峡困牛石、倒吊和尚，下至西陵峡渣波滩、红石梁，共计治理大小滩险 48 处，并培修牛石滩、泄滩青鱼背等地纤路，出资开通夔关至施南的山路，计耗银 17.8 万两，相当于峡江归州和奉节、巫山、东湖（今宜昌）3 县 36 年应收税赋的总额，成为中国历史上第一位投巨资自费治理峡江航道的人。对于其治滩义举，道光帝钦书"乐善好施"四字，由地方官建坊表彰。1837 年 2 月，清政府授予已有五品封典的李本忠以道员职衔。1838 年，湖广阖省 10 府共同署名题字，在四川巴县禹王宫内立碑，以表彰颂扬其捐资凿滩的善行。同年 4 月，地方官员 70 余人及 16 家银号、8 大船帮联名上书恳请为其立碑，称其"念长江之险阻，行旅惟艰，是以不惜重资期于人定胜天、化险为夷之效，凿鳞石为平坦，布广惠于夔门，从此行旅皆安，艨艟易泛。波清浪静，静锁巫山十二之峰；风息水平，平治蜀楚三千之路。川湖黎庶共庆安澜，各省商民咸沾利涉"，其德其行"义秉千秋，宜许铭勒于道路，用彰善行，以垂彼世"。

1840 年，李自顾精力衰竭，疾病频加，不得不停下治理峡江航道的事业，返回汉口，但仍心系峡江航船的安危，于是关门撰稿，整理成《平滩纪略》和《蜀江指掌》两书，计 6 册 17 万字，当年刊行。《平滩纪略》述其对川江 48 处险滩的整治；《蜀江指掌》则一一载明长江三峡最著名的 25 处险滩的地理特点、凶险情况、水文变化及舟行须知。次年，在未能凿平归州泄滩南岸之嘴及下首钉盘碛、攒肚子滩的遗憾中溘然长逝。

（二）《武汉市志·社会志》

道光十四年（1834）汉镇李祥兴施款修建 24 间呈田字形结构的罗汉堂，咸丰二年（1852）毁于战火。

（三）《武汉市志·文物志》

康熙八年建成藏经阁、钟鼓楼、涅槃堂、内外寮舍及一些附属建筑物，道光十四年（1834）增建罗汉堂。咸丰二年（1862）整个寺院被战火焚为废墟。同治、光绪年间逐渐修复。光绪十八年（1892）开始重建罗汉堂，光绪二十八年竣工。

（四）《湖北省志·人物志》

李本忠（1759—1841），字凌汉，号尽己，汉阳大智坊人。祖父李武事贸易，往来川楚，于归州（今秭归）城下吒滩覆舟溺水。父之义亦曾遭覆舟之祸，幸免于难，母乍闻恶耗，自尽。李继承祖业，矢志整治长江三峡航道，1804年10月，偕好友周步洲至归州向知州甘立朝呈准打凿泄滩、牛口之险。雇石匠、抬夫、挑夫600余名，于次年10月20日在两地同时开工。第一期工程至1806年3月12日完成，历时142天，计修筑泄滩纤路83丈，开凿牛口漕道34丈。同年夏山洪暴发，所修纤路、漕道毁于一旦。10月，李进行重修，又历时35天，终将泄滩纤道与牛口河漕建成。

1823年，李年过花甲，与周步洲入川，具呈开凿奉节黑石滩、石板峡诸险，获准。适周步洲去世，李乃另招阎文哲、张履泰入川"驻工经理"，同年11月兴工。黑石滩地形极险，中有扇子石，周围有滟滪堆、蜓须漕和羊圈、困牛二石，坏舟最多。其石坚硬如铁，工程进展缓慢。李采取锻毁之法，雇七条小船，每船载炭2400斤，将扇子石先用炭火逐层锻损，再予凿碎，打下之石运至深潭。至1825年2月，扇子石已去三分之一，水势变缓。道光帝颁"乐善好施"四字，由夔州府建坊嘉奖，并兹赐四品章服。1826年，李在整治四川夔府所属14处险滩后，重返归州整治碎石滩。碎石滩位于江南，滩后两山雄峙，因此地山民长期烧山垦田，土石流下，形成横亘江心的石矶，造成险滩。李经察看地形，呈准知州优价买山迁民，将两山入官封禁，控制水土流失。同时疏浚碎石滩河道，滩险遂绝。此后10余年继续整治归州乌牛石、莲花滩，东湖（今宜昌县）渣波滩、青鱼背20多处滩险。共费银18万两。

1840年，李81岁，闭门辑成《平滩纪略》《蜀江指掌》2书，共6卷，17万字。《平滩纪略》述其对川江泄滩、牛口等48处险滩的整治，《蜀江指掌》则一一载明长江三峡最著名的25处险摊的地理特点、凶险情况、水文变化及舟行须知。写完第一篇《后记》，念念不忘归州泄滩南岸之嘴未除，纤路未开，归州下首钉盘碛、攒灶子等滩未凿，并谓"倘蒙天假以岁，明年将此二处之摊开工凿除，则余之心可庶稍慰矣"。愿未竟，于次年以高龄谢世。

（五）《夔州府志·人物志》

道光七年刻本

新设拯溺会

……道光三年，郡守恩成莅任，有利必兴，尤于此事加意斟酌，期于尽善，因捐银二百两、钱五百千文。通守李铎，暨奉县万承荫、署奉节县薛炳勋、云阳县姚光绥、新宁县吴协、大宁县柏守贞、夔经历厉德，与大宁厂监大使王汝翼、大宁县典使徐德基，共捐银三百九十两，其馀惟奉、开、云三县各绅士共捐银一千二百两。又湖北商人李本忠捐银二百两。细数均载碑记，兹不详录。以上所收捐项及息银，除用去外，尚存经费银一千五百两，发商生息，以作每年经费之用。

（六）《夔州府志·山川》

道光三年，邑令万承荫招募湖北职员李本忠，捐资将黑石滩内石板峡、扇子石、燕须漕、台子角等石，一一凿去。并将白果背数十里纤道一一铲平，用银一万三千余两。现在水势较平，挽纤得力，商民赖之。

此案经万令通详大宪批准，查取李本忠履历咨部奖赏。而李本忠不敢邀名，禀县转详在案。抑以黑石峡系天设之险，人力仅去十分之二三，不敢居功也。

（七）《夔州府志·艺文志》

《赠李君修凿瞿唐险滩序》　　国朝 万承荫 邑令

蜀江之险甲天下，自渝而东千有余里。夹岸壁立，水以束缚为驰骤，乘流迅下。石扼其冲，风肆其虐，虽有长年、三老，莫知所趋避也。其中最险者，尤莫如瞿唐诸峡。千艘鱼贯，忽惊骇浪奔腾；两岸猿啼，但觉哀音凄恻。行旅往来，以命狗之者多矣。宰斯土者，恤商有心，回天无力。虽竭诚尽敬，吁诸江神，未必其灵应也。然而，人定胜天之说岂妄也哉！

第二编　李本忠部分史料汇编

219

传奇楚商

李本忠

汉皋李君凌汉，贸迁蜀中数十年，于此间水道既悉，爰以重赏，募工凿之。每日集人夫百余，两载始能蒇其事，所费难以数计。盖蜀中山石多沙砾，独自瞿唐滟滪堆而下，曰石板峡，曰黑石峡。巨石横江，色如铁，坚亦似之，锥凿无可加。乃先炙以炭，而后碎，而运诸深潭。此法君所自创，石工未之知也。今兹工尚未竣，而覆舟之患已十去其六七矣。且也峡以内，乱石纵横，时触舟为患，水退时，君悉碎而运之旁。有纤道绵亘二十余里，坍败已久，足力不能施。君悉修而平之。由是，石不能为害于水底，人可以用力于途间。余莅此土三年，仅仅添设数舟为救生计。以视君之化险为夷者，不瞠乎后哉！然而君之利济不自瞿唐始也，自宜昌而上，险滩鳞次，君捐数万金治之，果有效，故益信修凿之功。而君之乐善，又不仅凿滩已也，如设义渡、掩道殣、散寒衣、施药饵，盛德之事不可枚举，世所称善人者非耶？抑闻之君少甚贫，长习陶朱术，慷慨有奇气。方其家渐裕时，罄其所有，以行其志。人方以空入宝山为君惜而，岂知天相吉人，竟百倍以酬之。今年近七旬，健卻鸠筇，荣膺鸾诰。子克家，诸孙并崭然见头角，知其食报正未艾也。余因所见而徵之所闻，则楚蜀间传颂无虚日，能言其详者，刘勋台刺史、闵秋舫山人也。

是为序。时道光四年十一月。

（八）《续辑汉阳县志》

同治七年刻本

1. 卷二十·懿行·二十二

李本忠，汉镇人，好义乐施，以豪侠自命。少游巫峡，见牛口以东八斗莲花诸滩，怪石嶙峋错列江心，石梁数道横亘水底。夏时水涨，流飞似箭，漩涡掣如风，高浪大涡，挟盛怒以与石斗。东下巨艑掀舞，不当一槁叶，长年三老挽招竿，呼叫力争，稍一不慎，人船并裂。冬日水浅，悬崖千仞，纤道峻极，十里百折，背百丈者，猿攀蚁附，高者凌云霄，俯者濡体足，牵绳一断，舵折樯倾，虽万牛不能挽回。而电逝飚飞，即父子亦无从相顾也。本忠目击而心伤之，乃捐数万金，备器具，转巨石，铲颓岸；石之横据江流者，焚以炎火，沃以食醯，摧其刚坚，化为劫烬，然后连樯东下，百里一瞬；复刊木开路，以备牵纤道，曲者直之，狭者广之；于是曲沱左右来往者棹歌竞发，津鼓不停，有司褒奖，行路者皆拜德焉。居平赈贫乏，恤孤寡，施棺木，掩暴露，善行不一端，然皆故常之举，不更表之，独表其巨者。

2.卷二十四·烈妇·八

李朱氏，李之义妻。义出贸川峡，家事托其母舅石英。英年耄，有自川来者，传之义溺死，氏闻悲痛不欲生。又值子本忠痘证险逆，医皆不治。氏计无所出，遂言家多鼠，嘱石英市信石药之，因自服死。然子痘旋愈。之义亦舟覆遇救得生，而氏殉义死矣。后其子本忠痛母氏之惨亡，于嘉庆十年捐资凿川河险滩数处。蒙旌于朝，为母建立烈妇坊。

（九）《归州志》

道光壬午李　炘辑　　同治五年余思训增修

卷八·滩险

归乡峡居三峡之中，其尤险者，穿峡上下一百八十余里，尽在州辖境内，所谓竹节滩是也。先是巨石横江，波涛汹涌，每水涨时，泡漩无定。舟行倾覆者，十之七八。有巨商李祥兴，自嘉庆中，迄于道光辛、壬之间，沿途椎凿，力倍五丁，著有《平滩纪略》，所费不下百余万缗，至今称利涉焉。查李祥兴，名本忠，籍贯未详。本舟人子，相传其母溺于滩，故立誓为此。竟以贾致富，得偿其志。或亦奇孝所感云。

（十）《归州志》

道光壬午李　炘辑　　光绪八年沈元骏补纂

1.卷一·平滩说

归乡峡居三峡之中，其尤险者，穿峡上下一百八十余里，尽在州辖境内，所谓竹节滩是也。先是巨石横江，波涛汹涌，每水涨时，泡漩无定。舟行倾覆者，十之七八。有巨商李祥兴，自嘉庆中，迄于道光辛、壬之间，沿途椎凿，力倍五丁，著有《平滩纪略》，所费不下百余万缗，至今称利涉焉。查李祥兴，名本忠，汉阳人。其祖溺于滩，父亦覆舟于是，故立誓为此。竟以贾致富，得偿其志。或亦奇孝所感云。

2. 卷四·学田

道光八年，汉阳监生李本忠，凿石平滩，捐买阴阳二山封禁，不准开垦。所有现在果木出息，除给州工房经管书办每年出示及年终通报纸笔钱叁串文外，余作十股分派：拨送学师四股；拨给书门二股；拨付科岁试批首生员一股；拨给看山人三股。此后添栽果木出息，亦作十股分派送给。

又捐买建东毛坪田地房屋一份，每年额折谷租钱捌拾串文。又捐买东湖县属三溪铺田地房屋一份，每年额折谷租钱肆拾壹串文。

一、拨缴每年宾兴费伍拾串文，由学移州贮库。所有应纳阴阳山及毛坪、三溪铺二处产田，另立宾义公记。户下钱粮，均在贮库项内，由州分别移纳。除纳粮外，所有存钱，俟大比之年，由学移州领出，交是届岁科两试批首生员领带到省，按到省观光人数分派。除批首二人作三分分派外，余俱按分分给，逐届接递流传。

一、拨送学师每年敬仪钱拾贰串文。

一、拨付岁科两试批首生员每年督同书斗、看山人，赴庄催缴额租，以及经管阴阳山费钱伍串文。

一、拨付每年看守阴阳二山人口食，每人给钱贰拾叁串文。

一、拨付学书、门斗每年稽查阴阳二山，以及催缴租盘费捌串文。

以上诸项均载《平滩纪略》可核。

风吹垭崔、黄二姓，捐充学田一份，每年额折谷租钱拾壹串文。有碑可核。

（十一）《奉节县志·田赋》

光绪十九年刻本

湖北商人李本忠，捐银二百两。细数均载碑记。

（十二）《汉阳县识·卷三·人物略》

清　张行简　光绪十年（1884 年）

李本忠早年行货巫峡，见群滩怪石嵯峨，罗列江心。夏涨时，层浪盘涡，挟湍濑以与石斗。榜子挽招，篙稍有偏欹，人船撞裂，漂流千里，不知所底。比冬寒水涸，纤道出没崖石间，高者插云霄，下者濡体足。牵绳绊绝，万牛不能挽回，即骨肉亦无从援手。心焉伤之，后乃捐数十万金，铲巨石之横梗江心者，刊木表道以通纤夫。舟行上下者，群占利涉，详具《平滩纪略》，功何伟欤！其他义举，皆自桧以下已。

（十三）《夏口县志》

侯祖畲修　吕寅东纂　民国九年刻本

1. 李本忠传（卷十五·人物志）

李本忠，好义乐施，以豪侠自命。少游巫峡，见牛口以东八斗莲花诸滩，怪石嶙峋错列江心，石梁数道横亘水底。夏时水涨，流飞似箭，漩涡掣如，风高浪大，涡挟盛怒，以与石斗；东下巨艑掀舞，不当一槁叶，长年三老挽招竿，呼叫力争，稍一不慎，人船并裂。冬日水浅，悬崖千仞，纤道峻极，十里百折。背百丈者，猿攀蚁附，高者凌云霄，俯者濡体足，牵绳一断，舵折樯倾，虽万牛不能挽回，而电逝飚飞，即父子亦无从相顾也。本忠目击而心伤之，乃捐数万金，备器具，转巨石，铲颓岸；石之横据江流者，焚以炎火，沃以食醯，摧其刚坚，化为劫烬，然后连樯东下，百里一瞬；复刊木开路，以备牵道，曲者直之，狭者广之；于是曲沱江左右来往者棹歌竞发，津鼓不停，有司褒奖，行路者皆拜德焉。居平赈贫乏，恤孤寡，施棺木，掩暴露，善行不一端，然皆故常之举，不更表之，独表其巨者。

2. 烈女·李朱氏（卷十六·列女志）

李朱氏，之义妻。义出贸川峡，家事托其母舅石英。英年耄，有自川来者传之义溺死，氏闻悲痛不欲生；又值子本忠痘证险逆，医皆不治。氏计无所出，遂言家多鼠，嘱石英市信石药之，因自服死，然子痘旋愈。之义亦舟覆遇救得生，而氏殉难死矣。后其子本忠痛母氏之惨亡，于嘉庆十年捐资凿川河险滩数处。蒙旌于朝，为母建立烈妇坊。

注：比同治《汉阳县志》少一"李"字；"殉义死矣"改为"殉难死矣"。

3. 徐镐传（卷十五·人物志）

徐镐，字以忠。事亲以孝闻，性好义，凡修桥梁、置义学、施棺、舍药利济于人之事，无不踊跃奋往。庚申岁祲，倡议捐赈，全活者以万计。甲戌饥，亦如之。邑中文风日盛，学额过隘，镐创议请广额，倡其事者鄢承迫、陈士凤、孙廷士、汪廉、姚光海、萧卓铭、袁应惇、杨鸣鹤、杨维谧、卢振新、蒋义彬、柏中照、程秉、左承礼、陈恕、雷联奎、李登书、李本忠、李炳忠凡十九人；荷两院奏准，广额三名，士风丕振。子步青，庠生；仰承亲意，捐江汉、晴川两书院膏火千金焉。

4. 闵文哲传（卷十三·人物志）

闵文哲，初名大纶，字秋舫。旧为吴兴著族，明季徙汉上。文哲长身修髯，嗜作韵语，尝手录《古今人诗》数十册，孜孜不倦，炊烟欲断不顾也。嗜书画，过骨董家遇有佳者，典衣购之不吝。尤好观人弈，尝备酒菜招弈者，从旁观之，胜败不问，局罢，辄掀髯大笑。汉上春时，灯市甚盛，好事者制灯谜，于户外设文房诸物酬中者，文哲最好之。闻有灯谜处，无不到更阑人散，犹徘徊灯下不忍去。归则纸笔携满袖，恒欣欣有喜色。人笑其痴，因自号五痴居士。尝倩人写小影，作荒山古木一人孤行状，颜曰"古道独行图"。著有《五痴山人稿》。

（十四）《湖北通志·志六十二·学校八》

吕调元等　　民国十年刊行

归州学田在鸡笼山下，每年征租谷十二石（《宜昌府志》）。清道光八年，汉阳县监生李本忠凿石平滩，捐买阴阳二山封禁，不准开垦，所蓄果木出息，除给州工房经管书办每年出示及年终通报纸笔钱三串文外，余拨送学正、书斗，并岁科批首生员及守山人等费。又捐买建东乡毛坪田地、房屋一份，每年折谷租钱八十串。又捐买东湖县属三溪铺田地、房屋一份，每年折谷租钱四十一串。岁拨阴阳山、毛坪三溪铺田出息钱五十串入宾兴费。除纳粮外，所余积俟大比交岁科试首取生员领出，按人给发。旧宾兴向归丹阳书院，新宾兴在税契项下抽取，每两加收钱三文，存典生息，为分发文武乡试，并公车北上与优拔岁五贡，赴京应考之资。

（十五）《新辑汉阳识略》

余家旒著（民国手写本）　汉阳区地方 2013 年校注本

李本忠，早年行货巫峡，见群滩怪石嵯峨，罗列江心。夏涨时层浪盘高涡，挟湍濑以与石斗。榜子挽招，篙稍有偏欹，人船撞裂，漂流千里，不知所底；冬寒水涸，纤道出没崖石间，高者插云霄，下者濡体足，牵绳绊绝，万牛不能挽回，即骨肉亦无从援手，心焉伤之。后乃捐数十万金，铲巨石之横梗江心者，刊木表道以通纤夫。舟行上下者，群占利涉，功何伟欤！其他义举，皆自桧以下已。

（十六）《峡江滩险志》

史锡永　民国十一年刊行

1.峡江滩险志叙

前清道光中，汉阳李本忠捐数十万金钱，竭数十年心力，自宜至夔，凡滩皆修，并修纤路，民庆安澜。鄂督、川督虽奏请奖励，不足酬其劳勋。

2. 红石子滩峡

嘉庆道光间李本忠捐重赀，凿去渣包以上之火炮珠，并凿渣包。去石三十余丈，滩势较杀，而滩险尤为下游最。

3. 獭洞及白洞子

李本忠曾捡少堆外乱石，开深堆内漕口，险象尤如此。

4. 新滩

李本忠修筑纤路、整理河沿，尚存遗迹。

道光中，四川滩石为汉阳李祥兴所凿甚多。至新滩，以炭油烧石不焦。石工见一老人，言此新滩乃心滩也，不妄坏人船物者，须臾不见。李乃停工。窃以此乃两岸居民利其拉滩放滩之值，故神其说，惜李工之所为误也。

5. 下石门

北岸石嘴，尝经李本忠凿低丈余。南岸旧有拗角，又与石梁内开出漕口，即今上水航路也。

6. 乌石及虎皮梁滚子角

昔，李本忠常凿乌石，各短五六丈。南岸斗篷子、鹞鹰大嘴、叱角子、抬盘子、杨家戏、滚子角，北岸虎皮梁、红皮梁，均经修凿，并有善后成案。而过客谈秭归城南，犹为色变。

又莲花三漩，激水成漩。水大、水小无险，水平极险。道光中汉阳人李本忠，捐赀凿开滩石。后购得江南一山禁开垦，俾沙石不复流入江心，舟人便之。

巴船纪程：石矶荡有莲花三漩，水最险。闻道光年间汉阳大贾李祥兴，募人凿去石矶四分之一，于山岩间开置纤路，然行舟过此，仍鸣钲击鼓，变色噤声，如临大敌。故吾乡曹玉生诗云：黄泥三滚石矶荡，新旧归州两相望。又云：此地当年水更狂，九龙石亘河中央。我闻李叟曾凿险，千槌万杵石骨坚。火燔油注应手碎，坐地日费数万钱。至今石立沿尔尔，怖杀当年来去船。州前九龙滩怪石错出，形状狰狞，如龙蜿蜒出没。春夏江涨，则水沸如雷。

7. 洩滩

北岸碛脑纤台，李本忠捐修。

8. 八斗

李本忠曾凿低石盘，昔固有两石盘也。

《平滩纪略》谚云：有新无洩，八斗两撇。有叶无新，八斗像天坑。天坑：泡漩大也。

9. 牛口

李本忠常凿南岸山羊角下石嘴、碛尾巨石，并修南岸纤台。遗迹可寻。

10. 黑石峡

李本忠及邑绅史士铨等，曾捐赀修凿。有遗迹。

道光三年，湖北职员李本忠捐资，将黑石滩内石板峡、扇子石、燕鬃漕、台子角等石，一一凿出，并将白果背数十里，一一划平。不愿邀奖，抑以黑石滩系天设之险，人力仅去十之二三，不愿居功也。

11. 石板峡

上水船循北岸而上，至粉壁墙对岸，纤路即绝。奋力渡江，须争南岸。台子角上游，最为恰渡。李本忠曾修凿悬崖丈余。

（十七）《秭归县志》

湖北省秭归县地方志编纂委员会编纂　　1991 年

1. 大事记 · 嘉庆十年（1805）

汉阳巨商李本忠捐资督工，整修归州泄滩纤道和牛口漕道。他是中国历史上第一个自费整治长江三峡航道的人。

2. 水路交通

清嘉庆十年至道光二十年，汉阳巨商李本忠投资白银 18 万两，历时 36 年，整治了四川奉节至湖北宜昌一带的险滩 48 处。其中整治秭归段的险滩有：修筑泄滩纤路 83 丈（高 2 丈 4 尺，宽 5 至 7 丈），开凿牛口漕道 34 丈（宽 10 丈），疏浚碎石滩、乌牛石、莲花滩等，并作价迁出阴阳山 6 户山民，将山田买下"入官封禁"，停耕还林，控制水土流失，减轻碎石滩、吒滩之险。李本忠是中国历史上第一个自费整治长江三峡航道的人，后人称颂他的事业为"旷世义举"。

3. 国有山林

清朝末年和民国时期，县内国有山林有两处：一处为归州镇对岸阴阳山，由汉阳巨商李本忠为整治吒滩于清道光六年买下禁垦，约 600 亩；……

4. 封山育林

秭归民间早有封山育林之举。清道光八年，汉阳巨商李本忠捐买阴阳山，雇恒大成等二人看守，严禁垦植，以遏土石入江。

5. 清末教育 · 小学堂

……清代，归州教育经费主要来源于地方田赋和学田租稞收入。道光八年（1828），汉阳商人李本忠捐茅坪、阴阳山学田 2 份，岁收租稞钱 180 串文，以其中 50 串文作为归州学钱。

（十八）《归元禅寺志》

昌学汤等　　2003 年

1. 文物卷·紫气东来　南来凯风

　　道光年间建了罗汉堂，乃不争事实，至于何时，存有三说：一说，光绪二十六年（1900），曹生谦撰《重修罗汉堂罗成志庆》，有"道光之季骎炽昌，李氏捐修罗汉堂"句，结论道光末年建罗汉堂。此说立脚未稳，道光二十二年四月初一所立之《大卖水田庄屋基地约》载："…出卖给归元寺以作罗汉堂香灯、菜圃、拾扫之费，永远收租、纳课、管业。当日言定实价纹银一千两整。……其银系善士李祥兴付归元寺方丈手转交卖主亲手收讫。"此约否定了曹文季说。二说，1990 年 2 月武大出版社版《武汉市志·文物志》云"道光十四年（1834 年）增建罗汉堂"，1997 年 2 月武大出版社版《武汉市志·社会志》亦云"道光十四年（1834）汉镇李祥兴施款修建 24 间呈田字形结构的罗汉堂"。二家同一说，但未注明所据文献，姑且存此一说。三说，据《李约》，罗汉堂至迟成于道光二十二年。……道光在位三十年，若十年为一期，可分早、中、晚期，说罗汉堂建于道光中期，较符史实。

2. 沿革卷·蔓草斜阳　独对遥天

　　大约在道光二十二年（1842）前，由信士李祥兴捐资修建罗汉堂，至于雕塑罗汉的材质、数目等情况尚不清楚，又以纹银一千两购得水田十五石余和庄房七所捐给寺院，该田每年额租一百九十八石米及附加收入作为罗汉堂香灯、菜圃、拾扫之费。以至光绪朝重修罗汉堂碑文上仍然念念不忘当时寺院的盛况。

3. 立大卖水田庄屋基地约

　　立大卖水田庄屋基地约人刘永兴弟兄好作商议，情愿将自己受分水田十五石零八升八合五勺，每年额租一百九十八石一斗六升一合，坐落彭庄梁湾龙背塘下首，庄房七所，酱麦五斗七升五合，新米三斗九升六合，课钱二串零九十三文，杂事钱五百七十四文，稻草二十一捆，节蛋七十四，元课鸡七只。水塘十口，照分取水，稻场石碌一应俱全。册载民米七石五斗四升四合一勺。先尽亲族人等，俱不承买，情愿请凭中证说合，出大卖与归元寺以作罗汉堂香灯菜圃拾扫之费，永远收租纳课管业。当日言定实价纹银（成色九八五）一千两整。其有折席中用代笔费一并在内。比时眼同中证等，其银系善士李祥兴付归元寺方丈手转交卖主亲手收讫，并无抬算图谋等情，系厘毫分并无留存。已卖己业，不与亲族相干。自卖之后，粮听归元寺过户完纳，业听买主收租管业，一杜一绝，日后永无异说。今欲有凭，立此大卖水田基地庄房文契一纸，付归元寺永远管业为证。

计批：汉阴里三甲王宗仁民米二斗一升；湘二里一甲黄天顺民米二斗六升五合五勺；湘二里三甲冷文有民米五升；玉三里五甲黄天顺民米三斗五升二合；湘四里五甲黄正峰民米八升一合五勺；汉阴里二甲雉梦堂民米二斗五升；汉阴里五甲刘德润民米一石八斗七升一合四勺；湘四里三甲刘谦衡民米三斗六升四合六勺；汉阴里五甲刘德成民米一石八斗零八合四勺；汉阴里五甲刘德昭民米一石五斗九升；湘四里五甲何超生民米一斗；玉一里又二甲杨兆生民米五斗七升三合六勺；玉三里又三甲易江生民米二升七合。依口代笔刘同盛。

计批：约内清田三担二斗七升，湘四里五甲李国生麦粮一斗。

印契七张、老约三纸一并交出。

凭中人：僧淡如、象三、明川、刘德富、严善有、僧济川、昌恒、汤文炳、黄天顺、僧性惠、青云、邵光英、严善明、严善贵。

计批：庄头彭明德、艾广华。

道光二十二年四月初一日，立大卖水田约人亲笔

4. 人物卷·本源常惺传（节录）

……大知客不但允师挂单，还请师为知客。并道："我寺罗汉堂快竣工了，开光时，法师担当点，不要出纰漏！"驻锡归元寺，时为道光十八年（1838），岁次戊戌，师三十有六矣。

归元寺鼎盛，大施主李祥兴发心建罗汉堂，造五百罗汉供奉，工程进入尾声。不日，四月初八，释迦牟尼佛圣诞，罗汉堂举行开光法会，人山人海，盛况空前。

5. 人物卷·历代檀越表

李祥兴 约在道光二十二年（1842年）前捐资修建罗汉堂，斯年又以一千两银水田十五石和庄屋七所施舍寺院，作为罗汉堂香灯、菜圃、拾扫之资。

（十九）《长江上游航道史》

熊树明等 1991年

泄滩，是川江著名的四大险滩之一。从清代起屡有开凿治理，并有纤道修筑，但江中礁石密布，航行仍十分困难。清光绪二十五年（1899年）川鄂商帮再次集资兴治，但炸除礁石甚少，收效不佳。宣统三年（1911年）有巨商祥兴号因其货船于此滩多次失事，损失甚巨，遂出资将碎石拣去，并利用碎石在溪口近处筑一拦水坝，以堵溪中冲击石块，使滩险状态得以缓和。惟该坝乃以土法建筑，工程质量甚差，一二年后即被洪水冲毁，滩险依然如故。

（二十）《长江航道史·大事记》

王轼刚等 1993年

嘉庆十年（公元1805年）

湖北汉阳商人李本忠开始治理川江，共历时36年，独资耗银18万余两，前后整治了四川奉节至湖北宜昌一带的险滩和开凿纤道，共54处。并且将自己多年治滩的原案始末整理抄录成《平滩纪略》和《蜀江指掌》两书。

（二十一）《武汉通史·宋元明清卷》

皮明庥、李怀军 2006年

清道光二十三年（1843年），汉镇巨贾李祥兴捐款捐建罗汉堂。聘黄陂王氏父子塑罗汉500尊。

三、笔记等其他史料选录

（一）《再续汉口丛谈》

（民国）王葆心

按："汉口此类行义之人，可类举者，《汉阳县识》云，……又李本忠，早年行货巫峡，见群滩怪石嵯峨，罗列江心。夏涨时层浪盘涡，挟湍濑以与石斗。榜子挽招，篙稍有偏敧，人船撞裂，漂流千里，不知所底。比冬寒水涸，纤道出没崖石间，高者插云霄，下者濡体足。牵绳绊绝，万牛不能挽回，即骨肉亦无从援手，心焉伤之。后乃捐数十万金，劚巨石之横梗江心者，刊木表道，以通纤夫。舟行上下者，群占利涉，详具《平滩纪略》，功何伟屿！其他义举，皆自桧以下矣。"

（二）《悔逸斋笔乘》

（清）李岳瑞

纪李本忠事

李本忠者，湖北汉阳富室也，世贾于蜀。楚蜀贾客皆舟行，沿江上下，自夔州入峡，至宜昌始出峡。数百里间，险滩如栉，归州为最，舟覆于是者不可胜数也。本忠祖即死于此，其父幸获全然，濒危者屡矣。

本忠痛之，乃呈归州牧，愿独出赀伐石，以平其险。既得请，复又走夔，诉诸郡守。守义而许之，助以资，辞不受。于是鸠工督役，诸滩以次削平。又以楚舟溯江上驶，必用夫挽舟，辄数十人负巨絚走崩崖间，鸟道狭隘，或仅数寸，失足辄坠入江，岁死者无数。乃更凿岩通道，以利遄行。

经始以嘉庆乙丑，讫道光庚子始竣工。盖前后三十六年矣，凡平险滩四十有八，费金五十余万两。楚蜀大吏上其事于朝，以为旷世义举，温旨嘉奖，赐本忠及子孙为四品卿衔。

呜呼！使此事在欧美，则铜像之铸，传记之纪载，馨香百祀，宁有已时？而吾国则湮没无传，能言其事者，殆于万不得一。此吾国群治之所以日退也。噫！

（三）《郎潜纪闻三笔》卷五

（清）陈康祺　光绪年间

李凌汉捐赀平楚蜀险滩

李本忠，字凌汉，汉阳大商也。一日赴归州，请于州牧曰："州多险滩，本忠之祖死于是，父亦尝濒于死，心窃痛之，愿出赀募能伐石者。"州牧可其请，州滩以平。又走蜀之夔州，一如请于归州者，皆得请。既去诸滩石，又以楚舟溯江而上，必用挽夫数十人，负絚走巇岊间，恒失足颠坠死，乃凿崖通道，以利其行。始嘉庆乙丑，讫道光庚子，凡平险四十有八，所费金二十万，盖旷世义举也。楚蜀有司闻于大吏，以上于朝，本忠及其子孙并膺四品章服之赐。或撰其事颠末，曰《平滩纪略》。至今往还楚蜀者，峨舸大艑中，犹时闻长年老辈啧啧道李凌汉也。贸迁小夫，负夸娥愚公之志，卒溃于成，久官斯土者，咸自愧心力之弗逮焉，亦奇人奇事已。

（四）《清稗类钞·义侠二》

徐珂编撰　商务印书馆　民国六年版

李凌汉平楚蜀险滩

李本忠，字凌汉，汉阳大商也。一日赴归州，请于州牧曰："州多险滩，本忠之祖死于是，父亦尝濒于死，心窃痛之。愿出赀募能伐石者。"州牧可其请，州滩以平。又走蜀之夔州，一如请于归州者，皆得请。既去诸滩石，又以楚舟泝江而上，必用挽夫数十人，负絚走巇岊间，恒失足颠坠死，乃凿崖通道，以利其行。始嘉庆乙丑，讫道光庚子，凡平险四十有八，所费金二十万，盖旷世义举也。楚蜀有司闻于大吏，以上于朝，本忠及其子孙并膺四品章服之赐，或纪其事颠末，曰《平滩纪略》。

（五）《清朝野史大观·卷七》

小横香室主人　1915 年初版

李凌汉捐赀平楚蜀险滩

李本忠，字凌汉，汉阳大商也。一日赴归州，请于州牧曰："州多险滩，本忠之祖死于是，父亦尝濒于死，心窃痛之，愿出赀募能伐石者。"州牧可其请，州滩以平。又走蜀之夔州，一如请于归州者，皆得请。既去诸滩石，又以楚舟溯江而上，必用挽夫数十人，负縆走峛屿间，恒失足颠坠死，乃凿崖通道，以利其行。始嘉庆乙丑，讫道光庚子，凡平险四十有八，所费金二十万，盖旷世义举也。楚蜀有司闻于大吏，以上于朝，本忠及其子孙并膺四品章服之赐。或撰其事颠末，曰《平滩纪略》。至今往还楚蜀者，峨舸大舮中，犹时闻长年老辈，啧啧道李凌汉也。贸迁小夫，负夸娥愚公之志，卒底于成。久官斯土者，咸自愧心力之弗逮焉，亦奇人奇事已。

（六）《太平天国文献史料集》

中科院近代史研究所编　1980 年

太平军攻克武昌探报

军务不靖，羽书沓来。容蒙腊将军吩示，各坐省不许抄送，缘因奸细混迹入川，恐有泄漏之虞。兹将历次情形，胪列于后：

一、粤匪攻陷汉口、汉阳之后，连日攻打武昌不下，该匪等突退无踪。越日，又有难民船支千余号，奔靠武昌城外，互相号泣，遂有船夫一、二百人上岸。因事口角，互相斗殴，各有头破血流。城上文武员弁瞥见，呼禁不应，因恐船夫人等再滋事端，严行禁止。各船遂尔近城喊冤，门军放入，禀知抚台，发交首府勘问。维时他贼又由文昌门地道挖入，药发，乃该船夫等竟由首府衙门，突齐动手，内外夹攻，省城即陷。

一、粤匪攻陷武昌之后，抚台常大淳急入藩司衙门，不意藩司先被捉拿，是以奔入库内，用带自缢间，即被匪首追入库中，用箭攒而殉节矣。

一、湖北藩司梁星源、臬司瑞元，城陷被贼匪抢获，用竹篓将两人装抬游街，打骂凌辱毕，先将臬司废命。甫行告知藩司，以伊在广东陈臬时，著有循声，颇称名臣，令其自裁，是以殉节。

一、两道以下，正署各官一百余员，一员无存。

一、武昌府明善，该匪用油锅盛油，烧炸毙命。

一、汉阳府某，自缢三堂，适伪某翼王入署，门上率同眷于暖阁后，跪求饶恕，贼匪因见官已殉节，称为好官，遂将全署人等性命恕却，派妥匪出境回籍。

一、武昌城内富户李祥兴，该匪直入伊家，率将所藏银一百二十万抄去，给予借票，功成即还。念伊久作善事，曾在川江打滩，有功百姓，遣将到坟奠祭。其建昌道刘公馆业已毁坏，鱼池下银库贮银十万，均系一色夔关锭子，全数抄去。

一、武昌城内，尸骨遍野，血流沟渠，房舍荡然无存。衙署印信、文卷、仓谷、钱粮，一无所有。最厉害者，存城军装、火药、炮台，均为贼有。

一、贼匪于祭灶时，大宴十日，作乐演剧论功行赏，差等井井有条。

一、贼匪除夕，遣人于二十里外四处放火，虽有远望扎住官兵，均即救火。该匪遂徐徐退出武昌，乘船二千余号，下令剿取四川，舟行三十里，忽又传令将船头掉转，顺流九江去讫。

一、探闻琦中堂，一接河南抚印，即委宣大老爷维祁署信阳州，甫经接印，越日信阳城陷。

一、琦带领索伦北五省精兵，因过于锐进，与贼逼近，远道跋涉，刚欲驻扎，即被贼兵冲来，无从备御，闻风大败，锐气先挫矣。

一、武昌、汉阳、汉口各地，贼等以为非可守之地，大众分为三股：一下九江取安徽，一下江西，一犯河南去讫。

一、江西九江关被在籍尚书陈孚恩同抚台张芾以木牌三道扎断江腰，下用铁链横拦水面。其木牌上修置炮台卡房，十里三关，虽寸木不能过，坚固已极。不料贼匪详细稔知，用木筏数百架，上列大铁锅数十口，内盛装松香、桐油、朝月留，以棉花作捻，用火点燃，而筏头扎立草人，腹内盛装皂角、海椒、火药。草人外穿号衣褂，手执旌旗刀矛，乘盛风挂满棚，直冲木牌关。牌上兵丁，黑夜望见火光，误认贼至，枪炮齐施，铅弹将锅打坏，油溢而筏燃，筏近而木牌着火，兼之草人亦燃，皂角、海椒烟出，而人不能抵御。三道木牌关既化为灰烬。殊不知黎明时，贼之真兵来矣，而贼之陆路兵丁又由关后抄来，九江城陷，全军覆没。此正月初八日事也。

一、武昌、汉阳退出，向提督带兵取回，奉旨加封果勇候。

（七）《湖北通志志余》

（清）洪良品（1827—1897）　光绪年间撰

汉阳李祥兴，齻商也，嘉庆中叶富甲两湖。其祖父渡子出身，因过客遗一包裹重资，拾还之。酬以金，谢曰：余不贪多而取少耶？悉却之。赠以豚肩，乃受。至月朔，以之供神，设船头行礼。忽为鹰掠，盘旋江干，欲下不下。李逐之，率舟以从。至荒洲无人处，豚肩坠下，鹰忽不见。甫近岸，岸已崩塌，半露败舟形状，谛视良久，中藏白锸满仓。舟木触之成泥，则古所沙淤沉舟也。李载白锸归家，而前遗资者适至，重李为人，邀其同贩川米，复贷以重金。李亦出所拾金以副之，自川至吴越，舳舻五千里，往来如织者，多李家船也。由是创诸善举，若救生局、崇善堂，每岁费以数万计。先是蜀江上下，素有险滩乱石林立，潜伏波中，行舟触之立覆。李捐资设法，悉平其险。

（八）《巴船纪程》

（清）洪良品（1827—1897）　同治九年

过黄泥三滚、铁心肝石石矶荡，有莲花三漩，水最险。闻道光年间汉阳大贾李祥兴，募人凿去石矶四分之一，于山岩间开置纤道，然行舟过此，仍鸣钲击鼓，变色噤声，如临大敌。故吾乡曹玉生诗云：黄泥三滚石矶荡，新旧归州两相望。又云：此地当年水更狂，九龙石亘河中央。我闻李叟曾凿险，千槌万杵石骨坚。火燔油注应手碎，坐地日费数万钱。至今石立沿尔尔，怖杀当年来去船。州前九龙滩怪石错出，形状狰狞，如龙蜿蜒出没。春夏江涨，则水沸如雷。

（巫峡）两岸铁壁夹立，犹若斧劈。岩际多作洞穴形，其上羊肠萦绕，铁锁横空。纤夫背负百丈，手缘索链，鱼贯而升，冉冉入云际。舟人为言，石向无路，汉阳大贾李某募人，凿石为窦，穿贯铁索，以资纤夫攀陟。又以各处滩石碍舟，乃以水涸石出时，烧以烈火，淬以油醋，举锥碎之，石皆应手碎落。著有《平滩纪略》一书，殆亦如明符锡之开峡山栈道、治钓鱼台也。

（九）《峡江图考》

（清）国璋　光绪二十年

瞿塘峡险滩不止一处，黑石、石板峡、扇子石、燕须漕、台子角、白果背等皆大石，缘岸耸立，犬牙相错，水不能直流，舟如蛇行。水大湍急，不触东便触西，是以难行。道光三年湖北职员李本忠，捐资万余两，将黑石滩内燕须漕、石板峡一一凿去，并将白果背纤道一一划平。现在水势较平，挽纤得力，商民赖之。

（十）《蜀游日记》

（清）黄勤业

有巨石曰龟石，舟行纤曲，失势堪虞，涉川者苦之。汉阳李姓者，衮金雇石工百余人，欲举触舟之石尽去之，有愚公移山之意。善士也。

（十一）《国朝耆献类征·卓异十七·李本忠传》

（清）刘湘煃

李本忠，汉阳县汉镇人，好义乐施，以豪侠自命。少游巫峡，见牛口以东八斗、莲花诸滩，怪石嶙峋，错列江心，石梁数道横亘水底。夏时水涨，流飞似箭，漩掣如风，高浪大涡，挟盛怒以与石斗；东下巨艑掀舞，不当一槁叶。长年三老挽招竿，呼叫力争，稍一不慎，人船并裂。冬日水浅，悬崖千仞，纤道峻极，十里百折。背百丈者猱攀蚁附，高者凌云霄，俯者濡体足，牵绳一断，舵折樯倾，虽万牛不能挽回，而电逝飚飞，虽-父子亦无从相顾也。本忠目击而心伤之，乃捐数万金，备器具，转巨石，铲颓岸。石之横据江流者，焚以炎火，沃食醯，摧其刚坚，化为劫烬，然后连樯东下，百里一瞬。复刊木开路，以备纤道：曲者直之，狭者广之。于是曲沱左右来往者，櫂歌竞发，津鼓不停。有司褒奖，行路者皆拜德焉。居平赈贫乏，恤孤寡，施棺木，掩暴露，善行不一端，然皆故常之举，不更表之，独表其巨者。

右传刘相奎撰

附:《湖北文征》李本忠传（略）;《平滩纪略后叙》《蜀江指掌》（略）

（十二）《中国水利要籍丛编》

沈云龙主编　台北出版社　1969 年

《平滩纪略》，清李本忠辑。本书计六卷，附《蜀江指掌》一卷。自嘉庆十年至道光十八年，李氏独力捐资二十余万两，兴工开凿川楚间长江险滩，起湖北东湖县界至归州，迄四川夔府属，凡四十余处，又复整修纤路数十里，先后历三十余载而工竣，航行无不称便。本书系汇辑屡年官府往来公牍而成，藉资后来者之考镜。今依道光二十年青莲堂刊本影印。

（十三）《长江水利史略》

长办《长江水利史略》编写组　1979 年

航道的整治、设施和港口

清代在四川还没有轮船运输之前，为了木船运输的便利和安全，曾经整治三峡航道和纤道。道光年间（公元一八二一年至一八五〇年），一个世代经营川鄂运输的商人，因货船多次在三峡覆没，损失很大，便投资除滩，这次工程时间很长，前后三十六年，用银十六万七千余两，清除险滩四十八处，开纤道数十里。

四、碑文、请示勒碑稿等

（一）汉阳李祥兴开凿屈沱石险颂《左盦文内篇》之一

刘师培（民国）

江入归峡，东径屈沱，襟凭莲滩，连山蔽亏，山宣其和，川承其施。沃泉悬出，激水推移。吐疾溜远，转而下迤。仲秋收潦，行不盈科。水石相距，洄洑扬波。束蒲之所不流，鱼鳖之所不驰。吕梁无以逾，孟门莫之加。粤若稽古，梁槎除涂，圮废失修，川壅迁渝。舟楫致远，颠沛相于。往者曩疑，行者契需。若涉春冰，甄心动惧。有清中叶，道光之初，汉阳李君祥兴，茂迁货居，闵斯熏铺，永终寔图，躬损万缗，量庸庀徒。孟冬水涸，火烈具举，石颣其高，土揣其疏，水土通演，百川噞喁。上辟步道，西达于巫；纤夫舆譬，方舟并趋，四海会同，百物阜安。舫人宴娭，舟牧醳艰，黎民于蕃，永保其年。奕世赖福，不陨令问。

民国二年仲夏元旬，楚蜀民仪，推绎本原，缅君惠勤，泐石铭勋。

颂曰：

天不可升，地险丘陵，上下无恒，弇侈緜兴。惟平斯陂，惟险斯夷。阴翕阳开，安危所归。沔彼江水，南国是纪。其平如砥，其直如矢。归峡之南，背阳即阴。惴惴临深，坎窞检沈。于穆李君，随山浚川，卑高以陈。平沈以均。禹抑下鸿，君弘其功。李冰导江，君缵其隆。惟坎有盈，祇用既平。君子攸行，动队亨贞。楚山翼翼，奕世载德，永膺多福，长乐无极。

（二）李公凿滩纪功碑记·并序

（卷六、三十）

道光十八年四月初一日呈稿

楚蜀之间多险滩，其怪石峥嵘，怒涛砰湃，见者靡不惊心动魄。而舸舰舳舻，汩没於洪波巨浪中者，殆非屈指所能计，此诚不知其所始，而为患固已久也。

胡今之往来川湖间者，咸欣欣然，有利济之乐乎？溯厥从来，实自祥兴李君历年修凿所由，致夔关为商贾辐辏之地。邂逅於斯者，恒啧啧称李君功不衰，且相与谋曰：李君之造福于我客子者至矣，顾何以报之？意惟考其颠末，寿诸贞珉，俾后世之履险如夷者咸知。微李君之功不及此，庶足以报公千古乎？余虽不敏，承诸君嘱，谨援笔而为之记。

公名本忠，字凌汉，湖北汉阳人也。祖若父皆业商，贩贸川楚间。祖以覆舟溺毙后，其父亦遭溺舟，虽以救免，而其母已尽节死矣。公抱先人之隐痛，而悲行旅之罹其害也。常矢愿曰：他日苟有力，必凿尽诸滩乃已。於虚此可以见公之孝思，且其志为不凡也。自是出披星、入带月，不数年而坐拥厚赀。爰於嘉庆十年禀请各大宪，题奏兴工开凿。自湖北东湖县界至归州，迄四川夔府属险滩四十余处，皆以次修除，或剪其积石，或杀其水势，务使上下行舟安然无恙而后已。又念巫峡中壁立千仞，纤路极危险，不可着足，乃复斸石披荆开道数十里，凡向所谓猿猱愁度之境，至是若履康庄焉。盖自经始以来，阅三十余载寒暑而大功始成，综计费银壹拾陆万柒千捌百有奇。此诚近今鲜有之善举哉。以故前四川制军戴、两湖制军嵩，交章请题议叙，以嘉其行。虽陈情邀免，卒不获允。旋奉上谕给予道员职衔，其次子、长孙，亦各予盐运司运同职衔。人遂以此为公荣，而不知公之志初不在是也。窃常论之方其困厄时谋升斗，犹以为难，而顾思与河伯为仇，此其愿非不甚奢，乃造物者若独悯其孝、矜其诚，默相而潜助之。俾得以偿其愿，可不谓有志者事竟成欤。及遭诸大府详请旌典，又复恬退自安，极力辞让，此其器识为何如而？岂世之以急公为向义、为钓誉沽名计者，所可同日语哉。故吾谓是役也，也不难于捐数十万之赀，而难其处心积虑，惨淡经营，历数十年之久而不辞其瘁。夫乃叹仁人孝子之用心为甚苦也，表而彰之，其亦足为天下后世之好善乐施者风与。至其修凿诸滩确有成效者，则有《蜀江指掌》一书足资览焉，兹不復赘云。

廪　生：熊登瀛 撰

六　吉：卜长庆 书

钦赐蓝翎署四川夔州协标左营奉节汛中部厅军功加三级记录五次：张文科

丁酉科举人：樊啟善

候补分县：荣　庆

候补府经政厅：鲁学源

直隶忠州敦里八甲分司：马方镛

候补分司：鲁　椿

廪　生：杨鸣枝、张　椝

候补分司：秦亨豫

赐进士出身现任吏部考功司主事、兼署稽勳司：林映堂

分发江西即补县丞：黎长春

候补训导：王同声

宜宝县训导：常　棨

壬辰科举人：张宗栻

甲午科举人：王朝珍

庠　生：胡友鹤

监　生：张啟智、罗任贤、罗定山、范祯祥

银　号：万恒盛、大隆号、同太号、信诚号、豫兴号、裕隆号、正升号、胡同兴、吉大号、月恒号、恒兴号、胡大有、王义盛、大亨号、川义号、临江吕

船　帮：陈金恒、邹文昭、赵洪顺、赵鸣山、陈开祥、闫习炘、蔡金顺、陈起柱

阖省值年：熊怡太、陈广茂、王天泰、方驭岐、欧其祥、汪啟贵、周其

隆、黄啟秀、洪　贵、吴光才、刘大刚、邓福泉、冯啟元、谭永福、刘祖诰、王道全、钟胜先、全嘉谟、王德慰、张成德、熊明荣、夏天俊、刘德裕、李维斗、况正学。

主持僧：悟　道

石　匠：冀佳文

大清道光十八年岁次戊戌仲夏月上浣　旦

（三）李公凿滩纪功碑记

（卷六、五十）

从来大事之难成，匪惜费之多，即畏事之难；不畏事之难，更难持诸久。且任非其人，功多不就，往往然也。

惟汉阳李公凌汉，捐资二十余万，凿险数千里，历年三十载，开凿川湖滩险，劈修巉岩纤路，舟船占利涉泽，国庆安澜。川楚大宪交章题旌，大邑通都，碑石林立，其功懋矣、其名彰矣。

揆厥初心要，非为此竞功而好名也，公实有隐憾焉。公起家贸贩，其祖毙于水，其父溺于水而获救，母乍闻而尽节。公于河伯不共戴天矣，誓不凿尽险滩不已。

孝心既挚者，天亦若为默。相之阘千仞之鳞石，山真可移；平万顷之洪涛，水亦能玩。故费之多弗惜也，年之久弗懈也。嗟乎！非公之孝能继志，义在济人，诚可格天，安能化险为夷，平波息浪，建不世之功，成鲜有之绩。

于今则复凿巫之大磨险滩矣，阅三载而功始竣。董其事者有朱公、郄林诸君子，其人类皆慷慨尚义，克副重任，筹画得宜，董率有方。然后知公不独孝义诚之足尚，而其知人善任之慧心，更不可及。宜乎懋乃绩而付诸不朽，俾天下后世，知商贾中有伟人与河山而并寿。以此风世，讵不伟与。

是为序。

董　率：国　学　朱应桂　苏广元　戚孔三

　　　　滩　工　易学惠　龙光晖　郭明遇　戚熙文

候选训导乡愚弟：王盖臣 拜撰

邑增生：李枝郁 书 丹

道光二十年岁次庚子仲春月二十二日　　　榖旦立

（四）四川重庆府巴县禹王宫碑记

（卷六、五十七）

祥兴号李公，名本忠字凌汉者，吾楚特达士也。溯其家，累业书香；迨祖与父以懋迁为业，往来川楚间。其江怪石丛错、横亘屹立，触激怒涛、砯湃奔腾，无论舴艋艨艟，生死之关判在俄顷，洵险滩也。公祖曾遭溺毙，其父虽亦覆溺，以救得免，而其母风闻尽节矣。乡党周知，因於嘉庆年间，阖邑绅耆公，同举其节，已邀旌表。

忆公贸川，常抱先人之隐痛，悲行旅之为害，呼天矢志，愿他日苟有力，必凿尽诸滩乃已。听斯语者，无不以公言大而夸。一介人耳，思与河伯为仇固难；险滩垒垒，欲行凿尽尤难！公贫士也，顾安所得数万金工资，则难之更难者也！

孰知公发奋自雄，罔辞劳瘁，不数年囊积厚资。填还父债，即将余资自嘉庆十年至道光十六七年，禀请各宪，独立修凿蜀省下游各险滩，并培修各处纤道，俱有案据，滩名另泐。工竣，后奉川楚两省上宪札饬文移，取公履历三代名氏存殁，妥册公比，据实陈情，不敢邀功图荣。由县府司覆院，不准辞让。是以次子与诸孙俱议叙盐运司运同职衔。公又将川楚前凿未竣之牛口等滩一律凿平，并十一年本县水灾，曾经捐钱叁仟串文，题奉部议已请五品封典，李凌汉给予加三级职衔。由是观之，尊则尊而，荣则荣矣，可不谓有志者事竟成哉。虽天之报施善人日新富有，总共凿滩若干处，捐资若干万，要皆公纯孝格天，私心报国，轻财好义，搏节操持，有可握券而得者也。今而后，凡官于川、贸于川者，莫不佩公之惠、感公之德、乐道公之特达，吾侪楚人亦與有荣施焉。佥谋叙其颠末，泐之贞珉，永垂不朽，且以励将来之乐善获福者。於是乎书。

阖省十府

常德 黄瑞堂；永州 王松圃；荆州 程受天；武昌 廖汝南；潭州 周向荣

汉阳 童本益；黄州 肖登瀛；衡州 陆智惠；宝庆 杨松亭；宜昌 黎茂源

仝立

　　　　　　　大清道光拾捌年仲秋月　　　　吉立

（五）大溪口纤道晓谕碑碑文

　　……监督夔渝两关税务加二级记录十二次玉　为……商农事，照得湖北汉阳县职员李本忠，……自白果背至风厢峡等处，无有路径，船难……修理纤道，请示在案。前经修造纤路，因匡定……字，匠工人等，将路上石板撬去。经众处罚，所……之路，并颓塌各处，仍雇工匠，复兴修補齐整，诚……之徒，复兴毁坏。合行出示晓谕，为此示。仰该处……等知悉，自示知后，倘敢仍蹈前辙，将纤路石板……该船户水手及地方约保，立即扭禀，以凭尽法。……不姑宽。各宜凛遵毋违。特示。

　　右谕通知。告示。

　　……一日　实贴白果背晓谕。勿损。

（六）大溪镇竣工纪念碑碑文

　　……（湖）北汉阳县职员李本忠捐修

　　……兴工　乙酉年告竣

（七）汉阳县四川会馆会首请示勒碑稿、汉阳郭令给示

（卷六、五十五）

　　为公叩鸿恩，赏示勒石，以彰善行事。

　　情。缘治属候补道员李本忠，于嘉庆年间至道光十六七年禀请各宪独立捐资修凿蜀省下游险滩，自湖北东湖县属渣波滩、火炮珠至青鱼背纤路等处，

共十一处；又归州属乌石、八斗滩至碎石滩等处，共十八处；蜀省夔府属石板峡、台子角至风厢峡等处，共十四处，均有案据。滩名抄电。各滩工竣，蒙川楚各大宪鸿恩，奏请奖励，邀恩三次，议叙在案。蚁等籍隶西蜀，在治贸易。因思道员李本忠，修凿险滩，培修纤道，蚁等川船上下，俱大有裨益。目今现在补修未竣之处，洵属鲜有之善举。

查道员李本忠，矢志凿险，因伊祖、父贩贾蜀省，祖溺毙而尸未获。父覆舟而遇救，母乍闻而尽节。其母已邀旌表。推其乐善之心，实本克孝之念。但蜀省绅士并东湖绅士，及各船贸易人等，俱在各县请示勒石。蚁等在治立有四川公所，岂无善与人同之意？若不恳恩赏示勒石，其善不彰、其孝不传。为此公叩 大老爷台前，伏乞赏示勒石，以彰善行，朱紫万代。

上禀。

计抄粘各处滩名一纸呈电。

具禀：四川会馆首士 陶太和、朱文秀、许宏春、张天明

汉阳县县令郭批准给示

湖北省汉阳府汉阳县正堂加十级纪录十次郭

为公叩给示，以彰善行事。据四川省民人陶太和、朱文秀、许宏春、张天明等呈称：缘治属候补道员李本忠，于嘉庆年间至道光十六七年禀请各宪，独立捐资修凿蜀省下游险滩，自湖北东湖县属渣波滩、火炮珠至青鱼背纤路等处，共十一处；又归州属乌石、八斗滩至碎石滩等处，共十八处；蜀省夔府属石板峡、台子角至风厢峡等处，共十四处，均有案据。滩名抄电。各滩工竣，蒙川楚各大宪，鸿恩奏请奖励，邀恩三次，议叙在案。蚁等籍隶西蜀，在治贸易。因思道员李本忠，修凿险滩，培修纤道，蚁等川船上下，俱大有裨益。目今现在补修未竣之处，洵属鲜有之善举。查道员李本忠，矢志凿险，因伊祖父服贾蜀省，祖溺毙而尸未获。父覆舟而遇救，母乍闻而尽节。其母已邀旌表。推其乐善之心，实本克孝之念。但蜀省绅士并东湖绅士，及各船贸易人等，俱在各县请示勒石。蚁等在治立有四川公所，岂无善与人同之意？若不邀恩赏示勒石，其善不彰、其孝不传。为此公叩，伏乞赏准勒石，以彰

善行。等情。据此。除批示外，合行出示晓谕。为此示，仰该绅士民人等知悉。

查该道员李本忠，独立捐资修凿险滩，并培修纤道，以利行舟。洵属乐善好施，殊堪嘉尚。尔等如能见义勇为，共襄善举，实所厚望焉。特示。

（八）道光十八年三月十二日五省客民请示勒碑稿、批准给示
（卷六、二十七）

为公叩 鸿恩，赏示勒石，以彰善行事。

情缘湖北汉阳县候补道员李本忠，于嘉庆年间至道光十六、七年，禀请各宪独立捐资，修凿蜀省下游险滩，自湖北东湖县属渣波滩、火炮珠至青鱼背纤路等处，共十一处；又归州属乌石、八斗滩至碎石滩等处，共十八处；蜀省夔府属石板峡、台子角至风厢峡等处，共十四处，均有案据。滩名抄电。各滩工竣，蒙川楚各大宪鸿恩，奏请奖励，邀恩三次，议叙在案。客民等见此善举，不忍舍置。因思道员李本忠，修凿险滩，并培纤道，客民等川船上下，俱大有裨益，目今尚在补修未竣之处，洵属鲜有之善。且查道员李本忠，矢志凿险，因伊祖、父贩贾蜀省，祖溺毙而未获尸身。父覆舟而遇救，母乍闻而尽节。其母已邀旌表。推其乐善之心，实本克孝之念。重庆暨湖广省各绅士，及各船贸易人等，俱在各县请示勒石。客民等在治贸易，岂无善与人同之意？若不恳恩赏示勒石，其名不彰、其孝不传。为此公叩大老爷台前，伏乞赏示勒石，以彰善行，朱紫万代。上禀。

具禀 阖省首士：

孙鄰炳、李文焕、万海源、李金和、彭勋堂、朱兴泰、王崇煦、颜先贵、邢先齐

同具

计粘单：

打凿四川夔州黑石峡内：石板峡、台子角、鸡心石、窄小子、三角桩、艇须漕、羊圈石、困牛石、男女孔、乾沟子、白果背、扇子石、风箱峡，培

修纤路，共计十四处。共用过银数壹万贰仟陆佰壹拾壹两壹钱。

又打凿湖北归州两次

乌石、八斗滩、牛口、泄滩、斗篷子、鹦鹉大嘴、杨家戏、台盘子、莲花滩、老虎石、救命石、和尚石、洪平梁、叱子角、山羊角、磜子角、石门，共打凿十七处。共二次用过银伍万零叁百壹拾捌两伍钱壹分。

又打凿湖北东湖县

渣波滩、火炮珠、大浪洪、黛石滩、大峰珠、南虎漕、鹿角滩、使劲滩、锅笼子、沾山珠、青鱼背纤路，共计十一处。共用过银肆万壹仟捌百陆拾陆两肆钱。

统计奏明，总共用过银壹拾肆万玖千叁百柒拾伍两贰钱叁分。

批：如禀。给示勒石。粘字存。

道光十八年三月十二日

署正堂高 为公叩给示，勒石以彰善行事。案据五省客民万海源、朱兴泰、彭勋堂等禀称：湖北省汉阳县，云云。伏乞等情。据此，除禀批示外，查得该职员李本忠乐善不倦，孝义可风。痛祖父之沉流，尸身漂失；念长江之险阻，行旅维艰。是以不惜重资，期于人定胜天，化险为夷之效。凿鳞石为平坦，布广惠于夔门。从此行旅皆安，艨艟易泛。波清浪静，静锁巫山十二之峰；风息水平，平治蜀楚三千之路。川湖黎庶，共庆安澜；各省商民，咸沾利涉。瞿塘峡口，挥万斧而劈丹崖；滟滪堆头，开坦道而通猓境。恩隆三赐，既蒙奖励于朝廷；义炳千秋，宜许铭勒于道路。用彰善行，以垂后世。须至碑记者。

（九）归州牛口滩勒石晓谕及力资定规碑

（卷一、九）

正堂甘为勒石晓谕，永远遵行事。照得州属牛口、泄滩以及莲花各滩，水急浪涌，两岸又乱石峙立，纤路陡险，客船难以遄行。嘉庆十年九月内，有汉阳县客民周步洲、李凌汉，往来川江，目击情形，故不惜厚资，期于改逆为顺，凿险为平。禀蒙府宪给牌兴修，随将各滩乱石捡凿净尽。于两岸培筑纤路，工竣请示勒石，已有成效。迨至十一年夏间，山水冲激，石落江中，滩水复洶，纤路亦多崩塌。该客民等又即捐资培修，并将八斗官漕及白洞子滩，均已修理平坦。所有牛口嘴石，仍俟水涸退出，再行兴工。计修泄滩纤路长八十余丈，高二丈余，宽五七丈不等。牛口纤路约长二里。统计共用过银壹万余两，俱系该客民自行捐出，并未派敛分毫，洵属好善乐施，为众人之所不能为，本州实深嘉尚第。恐无知之辈在于纤路搭盖窝棚，取鱼之人在于滩次堆砌渔坊，以至有碍舟行。又恐地痞把持滩口，包揽纤夫，勒索重价，仍復为害商旅，致湮捐修善举。除酌立定规，申详各宪外，合行给示，勒石晓谕。为此示。仰各滩诸色人等知悉，尔等嗣后搭盖窝棚、堆砌渔坊，必须在于无碍舟行。如有不遵，许商民船户自行拆毁，倘敢阻扰，立即禀明究惩。

至牛口滩需用纤夫每名准给钱捌文，背夫每百斤之外，准给钱拾陆文。若不足百斤，或给钱拾贰文，或捌文，听客商船户酌量雇给，不得额外勒索。倘有流痞串通地主，指修纤路为名，任意把勒，一经告发，或被访闻，定即严拿究治不贷。各宜永远凛遵毋违。特示。

嘉庆十二年三月初一日发。

计开：

一、船只抵滩，纤夫任客雇请，每名给钱捌文。

一、本船换宗扯滩，听船户自便，毋许勒令雇请纤夫。

一、货物起岸盘滩，每货百斤外，给钱拾陆文。如有不及百斤，或给钱拾贰文，或捌文，听客商船户酌量雇给，不得额外强索。

一、纤夫、背夫不自小心，失足损伤，不与客人相干。如有无耻棍徒，籍端图赖，许该处巡江据实禀究，毋得掯留客船。

右仰。知悉牛口、泄滩南北两岸。

嘉庆十三年三月　立碑

（十）道光十九年巫山县正堂碑记（节录）

（卷六、五十三）

署巫山县事江油县正堂加五级、纪录十次张。

尝思乐善不倦古之人，所以修天爵也，夫好善之心，谁不如我？成善行举而广善行，是在存诚者之力为也。余于戊戌秋，捧檄来摄斯土，每见沿江一带往往有浮毙漂泊，心甚戚焉。抵任后即饬示捞捞，并捐资集匠置造棺木，以为收葬浮毙之举，俾残胔遗骼永免土侵虫蚀之虞。正在筹思久行之策，旋有具领掩埋浮尸之费者，始知前任鲁署县业经创有规模，倡首捐资。随查原卷内鼎太药记及王永玺弟兄，并楚商议叙道衔李名本忠者，兼前署巫山营都阃府杨所捐各项，业已置田一分，立卷刊碑，款列章程，历经施行在案，深堪钦佩。伏查前任之举，仅足捞毙掩埋之费，并无棺木装殓之具。盖非不欲广其惠，而积资实有所不敷。予欲因之以成其志，而扩其事，无如势难持久。诚恐有始无终，致负前任之期望后任也。于是，每当接见士民之际，常以此为劝。即有自楚来巫禀修大磨险滩之富商、议叙道职李君名本忠者，闻而大勤厥事，首先慨捐银三百两，市价合钱四百三十二千六百五十一文。

……

兹因诸君慷慨乐输，以成善举而广善行，深堪嘉尚。因特书此，刻碑以誌不朽云耳！

道光乙亥十九年季夏月中浣立

（十一）墓志铭青花板

兆发佳城

易子澄心，予同年友也。乾隆甲午科试，同受知于曹夫子。嗣是肝胆相照，毋当成□□。比见，辄道其所生，曰：予先君子子，既简闻之矣。而吾母氏严，请为吾子道为生，甫七月，外母见背，得老外婆养育以至成人。年及笄，相我先严，必敬必戒。体怀多疾病，又艰于子嗣，常执财宽养子，阴阳延寿之言，奉而行之，今乃得愚兄弟两人而历年，亦遂逾古稀也。岁戊申，予公谒儒学老师，闻年伯母孺人仙逝。越癸丑八月，吾友□□□□，□□戚戚，予见而异之曰：子丁母艰，服阕已六年矣，子犹有忧色何？友乃一一具言其故。予闻而慰之曰：亲死不葬非孝也，兹即卜云其吉，终为不允□乎？即谓：年侄媳郭氏，勤俭孝顺，操持历练，未得天年而终，且併缺于子嗣，亦其敝之所居也。予为卜塟於吉地，与年伯母同穴，千秋万岁共享祭扫地，亦安於泉下也，夫何忧之有？予即慰心，且执笔而。

故妣易母 严、郭 氏 生名 月英、顺 秀 贯一、途五 老孺人之墓

为之证：

年伯母於清康熙癸巳十月二十七卯生，于乾隆戊申十二月十七卯内卒，享年七十有六。子二、媳二、女三、孙六、女孙三、曾女孙一。

卜塟本地港腾上新阡

黄龙浪浪，形乾巽向

年侄媳郭氏于乾隆巳丑三月十六辰生，于乾隆癸丑七月二十四酉卒，得年二十有五，塟与侍婆同穴，女二次夭卒，塟毛背坑，永为吉兆。

铭曰：山环水绕 气象万千

肇此佳城 飨祀永年

孝男 澄

    心 怀

媳 余 氏 胡 氏

孙 宗

    象、仪、太、文、周、洛；

曾女孙 大 奴

         谨泐

乾隆五十九年甲寅岁 月吉日 年家眷侄李本忠

李本忠印 恕先（印） 顿首 撰

五、诗词、唱词（五则）

（一）《归 州》

曹玉生（清）

黄泥三滚石矶荡，新旧归州两相望。

此地当年水更狂，九龙石亘河中央。

我闻李叟曾凿险，千槌万杵石骨坚。

火燔油注应手碎，坐地日费数万钱。

至今石立沿尔尔，怖杀当年来去船。

录自洪良品《巴船纪程》

（二）《平滩行并序》

李 旐（清）

汉阳大商李本忠赴归州，请于州牧曰："州多险滩，本忠之祖死于是，父亦尝濒于死，心窃痛之。愿出赀募能伐石者。"州牧可其请，州滩以平。又走蜀之夔州，一如请于归州者，皆得请。既去诸滩石，又以楚舟朔江而上，必用挽夫数十人负絙。走巉岏间，恒失足颠坠死。乃凿崖通道，以利其行。始嘉庆乙丑，讫道光庚子，凡平险四十有八，费金二十万，盖旷世义举也。楚、蜀有司闻于大吏，以上于朝。本忠及其子孙并膺四品章服之赐，或撰其事颠末，曰《平滩纪略》。余更以是诗发端。

五丁力大穿秦道，余力不肯平巴东。

蜀滩之害亘千载，今日乃生李本忠。

本忠世世为蜀贾，心痛祖父婴其凶。

仰天泣血发私誓，波神退立滩神从。

夸娥负山寓言耳，谁知世有真愚公。

瞿塘滟滪伏马象，忽惊一旦苍棱空。

当其炽炭顽石裂，火光下彻冯夷宫。

椎声丁丁遍崖谷，夫役扰扰团沙虫。

夔归诸险次第尽，人志一定天无功。

古来贤达入蜀出蜀岂云少，顾此无策但觉心忡忡。

丈夫行事辟万古，如君此举谁能同。

蜀江覆舟昔无算，夜来鬼哭摇江枫。

似悲生世不在李君后，乃使白骨黑石相磨砻。

君不见今日夷陵连峡岸，峨舸大舸行不断。

长年高歌贾客眠，逢人都颂李凌汉。

录自《三峡诗词选》　余学新　注评　武汉出版社

（三）《江汉图》

唱词　郑东华（清）

正月叹到梅花地，武汉三镇赛云梯。

黄鹤楼，成古迹，江汉书院御笔题。

晴川阁高凌云际，行宫内面供虞姬。

蛇山断腰半空里，凤凰山自有凤凰栖。

佳人才子寒温叙，"得意春风快马蹄"。

二月春风百花茂，祢衡坟葬鹦鹉洲。

崇福寺桃花开洞口，红粉佳人龟山游

月湖堤，垂杨柳，三太馆开怀饮酒瓯

游女归去黄昏后，"悔教夫婿觅封侯"。

三月清明桃李盛，轰轰烈烈汉阳门。

黄会馆，听瑶琴，来往踏青女佳人。

过长街就把古楼问，草湖门在面前存。
何方歌舞闹盈盈？"牧童遥指杏花村"。

四月清和景自幽，热闹还算大码头。
米厂河，卖风流，会馆对面造洋楼，
接驾嘴针对洗马口，转弯抹角后湖里游。
得意相逢沽美酒，"与尔同销万古愁"。

五月龙舟闹长江，有名花园刘景棠。
洪山宝塔高数丈，盐船尽湾塘角上。
卓刀泉，关圣像，关圣帝君把名扬。
楼中玉笛风飘荡，"众仙童儿咏霓裳"。

六月荷花采莲船，乘凉要到梅子山。
杨叶湖，立旗杆，望江失火东门湾。
两岸野花无心看，"月移花影上栏杆"。

七月到了银河岸，玩耍要到铁门关。
李祥兴重修玄妙观，西门桥上玉石拦杆。
行走铁铺四下看，挽手又到朝阳庵。
晚上登楼同乞巧，"月移花影上栏杆"。

八月桂花忙举子，粉墙鹅字王羲之。
贡院门主考何房师？考选湖北奇才子。
阅马场排的弓箭与刀石，不用文章李杜诗。
摘下丹桂第一枝，"十年身到凤凰池"。

九月登高珠玉带，幽雅还上伯牙台，
钟子期知音人不在，伯牙碎琴泪满腮。

八仙藏躲西门外，如来阁下菊花开。
饮酒赏花君当醉，"隔篱呼取尽馀杯"。

十月梅花满山村，诸葛亮造起万年灯。
鲇鱼套许败不许兴，江汉书院武昌城。
四大衙门威风凛，禁止喧哗锁拿闲人。
三声炮响天地震，"路上行人欲断魂"。

冬月朔风寒冷天，大王庙修花楼前。
永宁巷，四官殿，青春女子美少年。
王孙公子去游院，唱的马蹄调，外耍落金钱。
扭开菱花照脸面，"将谓偷闲学少年"。

腊月雪花飘江口，救生船湾龟山头。
魁星阁文光照牛斗，朝中门对御矶头。
归元寺五百罗汉修，大王庙修在府街后。
花台十里成古丘。一年四季表完后，
六十花甲转轮流，"物换星移几度秋"。

附：由湖北戏剧工作室据原作改编的楚戏《江汉图》唱词（喻洪斌校订）
剧情：采花女，用十二月腔调唱出武汉三镇古迹风光。
人物：采花女（花旦）。
采花女（唱十枝梅调）：

正月采到梅花地，武汉三镇赛云梯。
黄鹤楼，称古迹，江汉朝宗玉碑题。
晴川阁，高矗立，凤凰山自有凤凰依。
才子佳人寒温叙，得意春风快马蹄。
二月春分百花茂，祢衡坟埋在鹦鹉洲。
永福寺的桃花开洞口，红粉佳人龟山游。

月湖堤，栽杨柳，三圣馆宽怀饮酒瓯。
游女归去黄昏后，悔教夫婿觅封侯。

三月清明桃李盛，热热哄哄汉阳门。
黄华馆，听瑶琴，来往踏青许多人。
过长街就把鼓楼街问，草湖门不远面前存。
何方的歌舞闹沉沉，牧童遥指杏花村。

四月立夏永无忧，热闹要数大码头。
米厂河的女子卖风流．会馆对面朝阳楼。
集稼咀对着洗马口，转弯磨角后湖游。
得意春风沽美酒，与尔同消万古愁。

五月龙船划长江，名花园要数刘锦堂。
洪山的古塔高数丈，盐船弯在塘角上。
卓刀泉，关二王，关圣帝君把名扬。
楼中玉笛风飘荡，众仙童女诛霓裳。

六月荷花采莲船，纳凉要到梅子山。
李祥兴重修改换玄妙观，红船聚在东门湾。
娘娘湖，立旗杆，南门河下弯官船。
行到铁佛寺内看，挽手走过朝阳巷。
野草闲花无心看，傍花随柳过前川。

七月好比银河岸，玩耍要到铁门关。
娘娘庙，去观看，莲花湖内有官船。
行到西门桥上看，西门桥上玉石栏杆。
挽手登氙七巧看，月移花影上栏杆。

八月桂花忙举子，粉墙鹅字王羲之。
阅马厂摆的弓箭和刀石，不要文卷考武事。
贡院门坐的主考何方师？考取湖北奇才子。
丹桂挑选第一枝，十年身入凤凰池。

九月登高紧玉带，幽雅要数伯牙台。
钟子期知音人不在，伯牙抚琴泪满腮。
八仙长在西门外，如来佛下菊花开。
酒饮黄昏君当醉，隔帘拿出金玉杯。

十月芙蓉往上升，孔明留下万年灯。
鲇鱼套准败不准兴，江汉三镇武昌城。
四大衙门威风凛，禁止喧哗拿闲人。
炮响三声鬼神惊，路上行人欲断魂。

冬月朔风吹满面，东岳庙修在大街前.
永宁巷有个四官殿，红粉佳人美少年。
王孙公子去嫖院，唱的是马蹄调外带落青钱。
扭开红灯照脸面，将谓偷闲学少年。

腊月大雪飘江口，救生船弯在龟山头。
魁星阁文奎射牛斗，归元寺内有五百罗汉修。
登本堂善书药材般般有，善本堂千年万载美名留。
花开十里成古旧，六十年的花甲子转轮流。
一年四季表完后，物换星移几度秋。（下）

注：录自符号"《江汉图》初记"；村学究"展示武汉旧时风情的《江汉图》"

（四）《重修罗汉堂落成志庆》（节选）

曹生谦（清）　光绪二十六年（1900）

江汉灵秀郁苍苍，氤氲磅礴钟沌阳。

顺治时有僧白光，归元禅寺开芜荒。

道光之季骏炽昌，李氏捐修罗汉堂。

自从兵燹经天殃，楼台化为麋鹿场。

四十余年野草芳，晨钟暮鼓余凄凉。

……

录自《新辑汉阳识略》

（五）《汉口竹枝词》

叶调元（清）　道光三十年（1850）

龙王庙口汉江连，激浪惊泷似箭穿。

水果行开飞阁上，渡江船檥木簰前。

注："庙在江汉应交之处，陡岸飞流，不能停泊。有木簰长数丈，广半之，用大杙、铁索系于江岸，外以泊船，内以长舫接岸，李祥兴力也。……"

六、四川省档案馆馆藏巴县档案史料选编

提示：本选编除注明选自《清代乾嘉道巴县档案选编》一书外，均选自四川省档案馆馆藏"巴县档案"。标注的全宗号、目录号、案卷号，均系该馆档案编号。文中符号："□"残缺字或模糊不清、难以确认的字。"（A）"补正字。"〔A〕"更正字。

（一）嘉庆十四年张志德顶补王协和牙帖具领状

（全宗—清6、目录—03、案卷号—00320）

具领状。牙户张志德今于大老爷台前與状事。实领得牙户承顶磁器牙帖一张，蒙恩详请更，藩宪更换牙帖札发恩辕，将帖给发牙户承领开设，自嘉庆十四年为始，每年纳课银一两五钱，不得违误。中间不虚，领状是实。

批：准领

嘉庆十四年二月十五日

（二）嘉庆十六年徐广泰、李本忠互控案

1. 徐广泰控李本忠禀状（全宗—清6、目录—04、案卷号—02622 ）

被禀：李本忠

具禀状。民徐广泰，系湖广人。住本城白象街里。年三十五岁。抱呈。

为昧骗情实，赏吊剖追事。情。李本忠倡举，张国梅劝民号借银交伊，帮开志德瓷器行，扣佣除还。本忠回籍，去冬始来，屡催算账。今正二十二日，本忠邀伊腹友陈洪照等，算明收民等银两多寡，注载伊簿。民等索还银两，本忠复立品单，坚劝民等存银，仍帮张志德开行分用，品单存据。民等

知本忠设套骗银，理论两次不还。因以匿据昧骗具控宪辕。伊诉称，民号邓天贵，诱伊号伙王必泰凑银办帖，协同经手作事等谎。不思天贵果诱必泰协同办帖，各号早年应与必泰、天贵算账，何延缓数年，必候本忠来渝始行算账。本忠收银事已确实，何必支必泰出名拉人抵赖，难逃证据。且天贵帮满三年，在渝养病。今正广泰号事，交代与民，前算账及公所理论，均民赴场，天贵未到，（客）长可证。伊今反以恃棍包揽诬控添唤，词注邓天贵即邓广泰，徐姓即徐广泰，即共广泰公名，何谓包揽？本忠株累无辜，自相矛盾。今天贵扶病候讯，恳吊本忠账薄，跟究立剖，治骗追银。伏乞。（大老爷台前赏准施行）

嘉庆□□六年四月十八日

特授重庆府巴县候补州正堂加五级、随带军功加二级、纪录八次 叶

批：庭讯自明，毋庸多渎。

2. 楚帮高万盛、匡寅初等禀状（全宗—清6、目录—06、案卷—08807）

□□□□□□□□（湖）广人，住本城 里甲 城坊，□年六十六岁、六十一岁。抱呈。

为恳□委□、以免讼累事。情。有刘新盛、徐广太，以匿据昧骗事，具控李本忠即李祥兴在案。行户张志德，以蜜套反害事，亦控本忠在辕。本忠随以恃棍包揽事，互控邓天贵、徐广太于恩案，均□差唤，集案候讯。蚁等关系同帮，伊等词列为证，得见伊等账务（不）清，搆讼参商，情难坐邀集理剖。因伊等账务繁杂，各执□□□，碍难□息。只得禀恳仁天赏□委□，委令八省（客长），□□□算。俾伊等账务得晰，以免讼累均沾。伏乞。

具状人：高万盛、匡寅初、崔□□、文□□

（嘉庆）□□（六）年四月卅日

特授重庆府巴县候补州正堂加五级、随带军功加二级、纪录八次叶

批：仰八省客长查理复夺 钤巴县正堂印

（三）嘉庆十八年张志德斥革追帖案

（全宗—清6、目录—03、案卷号—00325 ）

1.嘉庆十八年八月十一日巴县详文

四川重庆府巴县为遵批札饬事。

嘉庆十八年七月十八日奉宪台札开：嘉庆十八年七月十二日奉布政使司方批：本府详复该县民妇张任氏上控李本忠等一案。缘张志德本名张国梅，籍隶湖广，来渝小贸营生，与吴［李］祥兴等均属同乡。嘉庆十四年三月间，有楚民李本忠、吕嘉会、邓天贵、刘新盛等，亦均在渝开店贸易。因见张志德缺乏资本，遂共凑银四千一百两给张志德顶充磁器行，禀经巴县，详请领帖开张，议明所帮银两陆续在行用扣还。讵张志德自开行以后，并不善为经理，将银两任意花销，以致开行两载，磁器到行甚稀。至十六年四月间，刘新盛控经前巴县叶令，批饬八省客长算清，张志德仅扣还李本忠、吕嘉会、邓天贵三号银两，而刘新盛名下尚欠银八百五十两，无力扣还。李本忠等恐将来受累，愿将刘新盛应扣银八百五十两，代为认还，以后磁器到渝，任客投行，张志德不得把持并勒派行用，具结请息在案。

本府讯悉前情，查张志德开行资本系李本忠等帮凑，因其任意花销，以致生意淡薄。李本忠又代为认还刘新盛扣项，已属情□□密。乃张志德竟敢捏以套笼欺骗等情，妄控反噬，实属逞刁负义，不安本分之徒。且查渝城磁器店本属无多，而磁器行现有浙帮领帖二张，无须楚帮再行添设，以致争收行用，籍帖滋事。是以将张志德斥革，押发巴县追帖缴销，以息讼端。讵张志德纵令伊妻张任氏，奔赴藩宪具控，奉批录报。理合将讯明原由详复，等情。奉批：据详已悉。查张志德如果种种把持并勒派行用，自应追帖详革。仰即转饬巴县确切查明，照例具详，此缴。等因。奉此，合就札行。为此，仰县官吏查照来札奉批事理，即便遵照，确切查明，照例详办，毋违此札。等因。奉此，遵查此案前经卑职讯明，详奉宪台复讯转详在案。

兹奉前因，卑职查张志德开行资本，系李本忠等帮凑，因其任意花销，以致生意淡薄。李本忠又代为认还刘新盛扣项，乃张志德复敢捏情妄控，实属不安本分，应照不应重律，杖八十，折责三十板。伏查领帖开行，例应身家殷实，乃张志德既乏资本，复敢把持勒派行用，未便复令开设，至有拖欠客帐，并滋扰累，应请斥革。除将原领牙帖追缴贮库，另文缴销，俟另募殷实之人顶补承充，并径详藩宪外，所有议拟斥革缘由，理合具文，详请宪台俯赐察核示遵。为此备由，另文申乞照详施行。须至册者。

右　册

嘉庆十八年八月十一日巴县知县董淳　钤巴县官印

2.嘉庆十八年八月十一日重庆府巴县详文

八月十七

巴县审详张志德无力开设磁器牙行，把持滋事，追帖斥革一案由。

（四川重）庆府巴县为遵批札饬事。

嘉庆十八年七月十八日，奉本府信札：嘉庆十八年七月十二日（奉布政使司）方批：本府详覆，该县民妇张任氏上控李本忠等一案，除原札并看词备载书册，□□□□，（所有）斥革缘由，理合具文，详请宪台俯赐察核示遵。为此，备由另册申乞，照详施行。须至申者。

右　申

钦命四川等处承宣布政使司布政使、总理铜政钱法、加五级随带军功加六级记录十二次方

嘉庆十八年八月十一日巴县知县董淳　钤巴县官印

3.嘉庆十八年八月十四日川东兵备道札文

（官衔印模模糊）

（为据）情移知事。案准布政使司咨。据巴县民妇张任氏呈称：缘氏三月二十八日以笼络贻害事，具控李本忠等，套氏夫张志德充当磁器牙行。伊等估骗垫项，害氏夫张志德连年赔垫差费银二千四百余两，各情在辕。蒙批：张志德承充磁器牙行，是否系李本忠等套令充当，其借垫银二千四百两究应做何归结？即经该府提讯有案，仰重庆府录案详夺，合批甚明。氏在省守候数月，被李本忠等串贿府书，舞弊改供，捏详抵搪。且李本忠、吕嘉会、邓天贵等，去六月，氏夫控县，伊等躲匿，并未赴案，质审从何有供？伊等买

出讼棍吴元茂、徐文郎、彭必发冒顶伊等之名蒙混。今详捏氏夫前充当磁器牙行，代凑借办行帖谎情，蒙哄欺貌已极。切李本忠等窃氏夫名色，另改张志德之名领帖，承充磁行，丧良早存。况伊等先办行帖，原有刘兴盛在伙，出本银一千一百两，其余至办牙帖，系李本忠等自派凑银办就行帖，专人到楚，套哄氏夫回渝相商要事。氏夫随即来渝，始知李本忠等已将氏夫之名伙办领帖。氏夫当辞不允领帖，恐后贻累。伊等蜜语有伊等扶顾，称各磁器到渝，归各号刊议，自愿入行。单目减半收用，填还办帖银四千一百两外，下余之项支应差用以及杂项。殊伊等套充当行之后，均起不良，除还四千余两之外，积有行息数千余金。伊等尽行吞肥，不帮氏夫行差，害氏夫连年赔累，借垫差用，共去银二千四百余两。夫心不甘，控经巴县，复控府宪提追。孰知府提不追氏夫垫项，反将氏夫押责追帖，氏控未提批详。今遭捏详，概非真情。第详内称，还刘兴盛银八百五十两皆伊等先办，行帖实花耗银二千九百两，虚报银四千一百两，其中籍事吞肥。则刘兴盛查□□□，控经巴县前任叶主。李本忠等自知情亏，央请文永顺等，请委说明内□，盛见伊等奸耗吞肥，情愿出伙。伊等扣兴盛十四年春季磁货行用银二百五十两，退还刘兴盛银八百五十两，有案可提查究，并非代氏夫还项，何以捏详抵塞。即氏夫充行，既令花耗，李本忠等岂容不禀巴县焉？等氏夫控县控府，种种弊窦，天理何容？惨遭贿弊，比责追帖缴府，不追氏夫垫项，仍将氏夫禁圈不释。又详捏氏夫籍帖滋事，把持勒派。李本忠等丧尽天良，不思氏夫自领帖后，伊等各号每做十万余金，生息至今五载，行差分厘不给，从何勒派？既追氏夫缴帖，应追氏夫垫项。帖已追缴，不追垫项，银、帖两空，冤沉海底。无非亲提法究，冤终难伸。泣叩赏准提究，追给氏夫垫项，追还氏夫行帖，全家得以资生，以便有资偿还外债。俾氏夫得释禁圈，沾祝不朽。沾单原供呈鉴，虚坐上叩。

计开：被告李本忠即李祥兴、吕嘉会、邓天贵、刘兴盛、吴元茂、徐文郎、彭必发、秦俸、田恒、万金声。干证文允顺、高万盛。等情到司。据此，除呈批示外，拟合就移等由。准此。合行札提。为此仰县官吏，查照来札准咨事理，即将后开有名人证，按名唤齐。捡齐原案卷宗，具文拨差解辕，以凭讯明移覆。毋违。此札。

计开

被告：李本忠即李祥兴、吕嘉会、邓天贵、刘兴盛、吴元茂、徐文郎、彭必发、秦俸、田恒、万金声。干证：文允顺、高万盛。词内：张志德。原告：张任氏。并原案卷宗。

右札　巴县准此

批：唤解

嘉庆十八年八月十四日　　钤重庆府官印　旁注：重庆府代印

4. 嘉庆十八年八月十六日巴县差票稿

特调四川重庆府巴县正堂加五级、纪录十二次董

为据情移知事。案奉巡宪范札开，转奉布政使司方咨：据该县民妇张任氏具控李本忠等估骗垫项一案。等因。奉此。合行差唤，为此票差该役前去，即将后开有名人等，限　日内，逐一唤齐，随票赴县，以凭申解。去役毋得籍票需索滋事迟延。如违重究，慎速须牌。

计开

被告：李本忠即李祥兴、吕嘉会、邓天贵、刘兴盛、吴元茂、徐文郎、彭必发、秦俸、田恒、万金声

干证：文允顺、高万盛

词内：张志德

原告：张任氏

嘉庆十八年八月十六日　工房呈稿

二门差：王忠、谢升、李荣、吴彪

拨头：陈俸、郭荣

巴县正堂批：行　　钤巴县官印

5. 嘉庆十八年九月初八日巴县差役禀帖

具禀二门役王忠、吴彪

大老爷台前。为禀明事。情因案奉巡宪札提张任氏上控李本忠即李祥兴等一案。役等奉票查得李本忠、吕嘉会二人，早已回楚。至邓天贵久已出号

远贸。仅将刘兴盛、吴元茂、徐文郎、彭必发、秦俸等唤案。其万金声出外收账；田恒现在染病。干证高万盛、文允顺并不赴案，役等未便强唤。原告张任氏在省未归，伊夫张志德现押在班。役等有奉差之责，理合禀明。

计粘票一张。

嘉庆十八年九月初八日具

巴县正堂批：着即赶紧将干证高万盛、文允顺唤到，以凭提问。张志德申解备质。毋再刻延干比。票仍发。

钤巴县正堂 私印

6. 嘉庆十八年九月初七日成都府成都县移文

特授成都府成都县候补州正堂加三级随带军功加五级纪录十二次王

为移解事。案准贵县移关上控人证张任氏、任顺回县归案审办一案等由。准此。随即添差柯桐协同来役往唤去后。兹据该役等禀称：役等奉票查得张任氏已经华差唤案押侯，其任顺一名，役协同来役唤获到案。理合禀明。等情。据此，拟合备文递解。为此合移贵县，请烦查照来移事理，希将解到任顺查收，赐覆备查。须至移者。

计移解任顺。锁项。

右 移

特调四川重庆府巴县正堂加五级纪录十二次董

嘉庆十八年九月初七日　钤成都县官印

十九日到

7. 嘉庆十八年九月初八日成都府华阳县移文

特调成都府华阳县正堂卓异加一级随带军功加二级纪录十四次吴

为移解事。案准贵县移称：除来文有案不录外，后开：希即添差，密拿任顺等到案，赐文移□□，以凭申解归案审办等由。准此。随即添差查唤去后。兹据该役徐彪禀称：役奉票已将张任氏唤获。理合禀明。等情。据此，兹准成都县将任顺移解前来，拟合备文一并移解。为此合移贵县。请烦查照，希将解到之张任氏、任顺查收。仍将收明缘由赐覆备查。须至移者。

（计移解张任氏）、任顺。锁项换回。公文一角。

右 移

重庆府巴县正堂加五级纪录十次董

嘉庆十八年九月初八　钤华阳县官印

十九日到

8. 嘉庆十八年九月初十日川东兵备道札文

钦命四川分巡川东兵备道 范

为札催事。案查前准布政司咨据：该县民妇张任氏上控李本忠等，移道提讯断结一案，当经本道装录原文，札提在案，迄今日久，未据申解。合亟札催。为此札。仰该县官吏查照前檄并今札催事理，即将张任氏呈控案内前提有名人证，饬差按名唤齐，并捡齐原案卷宗，刻日具文，专差申解来辕，以凭讯明移覆。毋再迟延。速切。特札。

右札 巴县准此

嘉庆十八年九月初十日　钤四川分巡川东兵备道官印

9. 嘉庆十八年九月十一日巴县差役禀帖

具禀二门役王忠、吴彪

大老爷台前。为禀明事。情。因案奉巡宪札提张任氏上控李本忠即李祥兴等一案。役等前已将被告吴元茂等五人唤案。前已禀明。因干证高万盛等并不赴案，恩批着即将干证高万盛、文允顺唤到，以凭申解等因。役等奉批将高万盛、文允顺唤案。役等有奉批之责，理合禀明。

嘉庆十八年九月十一日具

巴县正堂批：候备文申解　钤巴县正堂私印

10. 嘉庆十八年九月十九日璧山县押送差役照票

解犯差役姓名照票

璧山县正堂丁

仰该役等移永川县递到犯人张任氏、任顺，护解前赴巴县正堂衙门交收，即将此票呈请董太老爷，按名查点，过硃掣回销差。如姓名无硃点者，即系未去；臂膊无图记者，即属雇替。定即究处不贷。此照。

计开护解差役姓名：曹贵、胡俸　长解：李盛、杨太

嘉庆十八年九月十九日　钤璧山县官印（模糊）

11. 嘉庆十八年九月廿日巴县申稿

四川重庆府巴县。

为据情移知事。本年八月十四日奉宪台札开，转奉布政司咨据巴县民妇张任氏呈称：缘氏三月二十八日，以笼络贻害事，具控李本忠等套氏夫张志德云云，毋违此札。计开被告李本忠即李祥兴、吕嘉会、邓天贵、刘兴盛、吴元茂、徐文郎、彭必发、秦俸、田恒、万金声。干证：文允顺、高万盛。词照：张志德。原告：张任氏。并原案卷宗。等因奉此。卑职遵即饬差传□□后，兹据差役王忠、吴彪禀称：（此间模糊、残缺约十四字）等一案，现将被告刘兴盛、吴元茂、徐文郎、彭必发、秦俸，及张志德并干证文允顺、高万盛等唤案。至万金声早经出外贸易未回；田恒现在患病沉重；李本忠、吕嘉会现已回楚；邓天贵远贸去讫。其原告张任氏、任顺等，盘踞在省城关，并未回县。等情。复经卑职专差赴省移关去后，兹准成、华两县，将张任氏、任顺□□，理合禀明前本到县。理合（将）现到人证，捡齐卷宗，具文申解。□□台俯赐察核收审。为此备由，申乞照验施行。须至申者。

计申解：

原告：张任氏、任顺

词内：张志德

被告：刘兴盛、吴元茂、徐文郎、彭必发、秦俸

干证：高万盛、文允顺。并原卷一宗、批一张。

右　申　巡宪范

嘉庆十八年九月廿日　工房呈稿

巴县正堂批：行　钤巴县官印

12. 嘉庆十八年九月二十二日重庆府巴县移文

特调四川重庆府巴县正堂加五级纪录十二次董

为移解事。本年九月十九日，准贵县移开：除来文有案不录外，后开请烦查照，希将解到之张任氏、任顺查收，仍将收明缘由赐覆备查。计移解张任氏、任顺等由准此。微县随将解到张任氏、任顺收明申解外，所有收明缘由，拟合备文移覆。为此合移贵县，请烦查照施行。须至移者。

右　　移

华阳县吴

成都县王

嘉庆十八年九月二十二日　工房呈稿

巴县正堂批：行　　　钤巴县官印　　　后注：二十三日移

13. 嘉庆十八年九月卅日任顺保结状

保结状。杨柳坊坊长杨登贵、民许延谟，今于（大老爷台前）与保结事。实保得张任氏赴藩宪上控李本忠等一案，批移道宪提讯，已蒙讯明，内有任顺并无唆使上控情弊。谕令取邻佑保结，赴案承保。蚁情愿保得任顺出外，各安生业，不得妄为滋事。倘有妄为，惟蚁等是问。中间不虚，保结状是实。

具保结人：杨登贵、许延谟（画押）

嘉庆十八年九月卅日

（批示蚀缺）

14. 嘉庆十八年十月初六日川东兵备道札文

钦命四川分巡川东兵备道　范

为札饬事。案据该县民妇张任氏以笼络贻害事，赴藩司具控李本忠等一案，移咨本道提审。当经札人卷到道。经本道讯明，将被告人证刘兴盛等释宁。查讯任顺据供，并非张任氏抱告，因系任姓，省城误唤移等供，所有张国梅即张志德、张任氏、任顺，当经饬差押发该县在案。合行札饬，为此仰县官吏查照来札事理，即将张国梅即张志德饬差管押，听候移咨藩司核覆至日饬遵。任顺、张任氏即予保释，仍收明缘由报查。毋违此札。

右札　巴县准此

嘉庆十八年十月初六日　钤四川分巡川东兵备道官印

15. 嘉庆十八年十月初七日川东兵备道札文

钦命四川分巡川东兵备道 范

为札发事。案据该县民妇张任氏，赴藩司上控李本忠等一案移道提审，经本道札提人证讯明移覆，并饬该县将张志德等□□保，押□释□□□□□□□□□□卷宗，合行札发。为此仰县官吏查照来札事理，即将发来卷宗查收，仍将收明缘由报查。毋违此札。

计发原卷一宗

右札　巴县准此

嘉庆十八年十月初七日　钤四川分巡川东兵备道官印

16. 嘉庆十八年十一月初九日张任氏保结状

保状。本城民周三义、王合兴，今于（大老爷台前）与保结状事。实保得张任氏赴藩宪上控李本忠等估骗□项一案，批移巡宪提讯，已沐讯明。将任氏押发案下，取保□□。今等情愿赴案保得张任氏归家，不得滋非。中间不虚，保（状是实）。

具保状人：周三义、王合兴（画押）

认保：差李盛

嘉庆十八年十一月初九日

巴县正堂批：准保

17. 嘉庆十八年十一月十四日巴县差役禀帖

具禀二门看役王林、肖顺

大老爷台前。为禀明事。情。因张志德上控李本忠等一案，道宪讯明押发案下管押。今张志德在班染患寒病，饮食难进，役等有看守之责，不敢隐匿。理合禀乞。

嘉庆十八年十一月十四日具

268

巴县正堂批：候提验　钤巴县正堂私印

18. 嘉庆十八年十一月十五日重庆府巴县详稿

四川重庆府巴县为遵批札饬事。嘉庆十八年十一月初六日，奉宪台札开：
本年十一月初二日，奉布政使司方　批：据该县审详张志德无力开设磁器牙行，
把持滋事，追帖斥革一案。云云。此札。等因奉此。卑职遵即查明：已革牙
户张志德，每年应纳课银一两五钱。自嘉庆十八年份滋讼停贸，详请追帖斥
革。应请自嘉庆十九年份开除额课，俟另募殷实顶补。仍照开除之年，原额
补解归款外，所有奉批开除额课年份，理合具文，申请宪台俯赐核转。为此
备由，另文、册申乞照详施行。须至申、册者。

申　本府 李

嘉庆十八年十一月十五日

工房呈稿

巴县正堂批：行　钤巴县官印

19. 嘉庆十八年十一月十七日巴县差役禀帖

具禀二门看役王林

大老爷台前。禀明事。情因奉府发恩辕张志德押班，不料志德在班得染
寒疾，吐泻不止，茶水少进。役有看守之责，理合禀乞。

嘉庆十八年十一月十七日具

巴县正堂批：带侯查验　钤巴县正堂私印

20. 嘉庆十八年十一月十九日张志德保结状

保状人谢太和。今于（大老爷台前）与保结状事。实保得张志德上控李
本忠等在案。道宪讯明押发恩案管押。今志德在班染患寒症，蚁赴案保得张
志德出外调治，病愈不得远离。中间不虚，保状是实。

具保状人：谢太和（画押）

嘉庆十八年十一月十九日

巴县正堂批：谢太和是否妥实，候即随查讯明。（准）保。

21. 嘉庆十八年十一月廿一日川东兵备道札文

钦命四川分巡川东兵备道 范

为移覆事。案准布政使司咨称：案准本道移称：审看得巴县民妇张任氏上控李本忠、吕嘉会、邓天贵、刘新盛、徐广太，均籍隶湖广汉阳县，向在渝城卖磁器生理。与张志德即张国梅系属同乡交好。嘉庆十三年十一月间，张志德领帖在渝开设磁器牙行，□□□本银，李本忠、吕嘉会、刘新盛、徐广太四号，共（此间约缺十七字）。各号运上磁器货均投该行发卖，所借银两即于应取行用内陆续扣还。自十四年春起至十六年春止，张志德借欠李本忠、吕嘉会、徐广太三号本银已抵扣清楚。刘新盛一号因早经停贸，尚该本银八百五十两，并李本忠等利银未偿。于十五年十二月间，李本忠等控经前任巴县叶令，批委八省客长查算。旋据该客长孙鲁堂等覆称，张志德所该刘新盛本银八百五十两，实系无力偿还。处令李本忠等四号摊派归款，所有利银一并情让。借约烧毁，嗣后各号磁器任客投行。张志德因见李本忠客货不投伊行发卖，心怀气忿，即以李本忠等套笼欺骗等情，赴府具控。提讯将张志德押发巴县，饬令追缴牙帖详革。前署巴县吴令交卸，未及讯追。董令到任，借准移交，传齐人证讯明详府，并追缴张志德押帖详销。张志德押候在县，尚未发落，即支妻张任氏赴司上控。批：仰重庆府录报。经该府录案具详。张任氏又赴司上控。移咨本道提集人证，讯明张志德并无赔垫银两，众供如一。张志德亦供称，伊垫赔银二千四百两，原无凭据。查张国梅即张志德所借李本忠等银两，尚欠刘新盛并李本忠等本利银两未偿，控县经孙鲁堂等，处令李本忠等摊还让利。乃张志德经县府讯明详结，复支妻张任氏捏词翻控，实属昧良刁健。张国梅即张志德合依不应重律，杖八十，加枷号一个月，满日折责发落。张志德所领牙帖已由县追缴详销。李本忠等讯无吞骗银两情事，应毋庸议。张任氏系属妇女，未经到案，既已罪坐其夫，应予免议。所有审讯缘由，是否允协，拟合备文移咨。为此合咨请烦核覆等由过司。准此。查此案既经贵道讯明委因，张志德该欠李本忠等银两无偿，支妻张任氏捏情上控，李本忠等并无吞骗银两情事。应如所拟，将张志德照不应律，杖八十，加枷号一个月，满日折责发落。余均如所议完结。拟合移覆等由。准此。合就札行，为此札。仰该县官吏查照来札（此间缺约十二字）押之，张志德枷号一个月，满日折责发落。毋违。此札。

右 札 巴县准此。

嘉庆十八年十一月廿一日　钤四川分巡川东兵备道官印

22. 嘉庆十九年二月十一日重庆府札文 （《清代乾嘉道巴县档案选编》）

为详情缴销事。

嘉庆十九年二月初七日奉布政使司方宪札，嘉庆十九年正月十三日奉总督部堂常批：查得巴县瓷器行张志德原领牙帖一张，每年认课银一两五钱，于嘉庆十七年咨部册内，仍系原行原名造报在案。此处该县府查明，张志德把持滋事，追帖斥革，一时募补无人，请以嘉庆十九年为始，开除额课等情前来。本司查与开除之例相符，除饬招募殷实粮民另详顶补，并将缴到牙帖涂销外，理合遵填预印空白，具文详请俯赐察核，咨明户部。等因。奉批：仰候咨明户部。缴。册存送。［准］此。合填预印白札行。为此，仰府官吏即便转饬该县，将该牙应纳嘉庆十八年课银一两五钱，速行征收汇解，以凭造入地丁奏销册内，报部查核，并饬即行招募顶补，毋违。此札。

23. 嘉庆十九年五月二十七日巴县示稿

特调四川重庆府巴县正堂加五级纪录十二次董

为招募承充事。案奉各大宪札开：转准户部咨：据巴县磁器行张志德原领牙帖一张，承领开设。因把持滋事，追帖斥革。札饬另募殷实粮民顶补等因奉此。合行出示招募，为此示仰县属粮民人等知悉，如有愿承顶充者，速即具呈本县，以凭详报给帖承充。毋得观望不前。特示。

嘉庆十九年五月廿七日　工房承稿

巴县正堂批：行　钤巴县官印

24. 道光二年二月二十三日巴县晓谕稿

正堂李

为招募顶补事。案查牙户张志德因无力开设，将原领各磁器本行牙帖缴案。当经详奉各宪批准另行募顶补，以符额课。等因在案。合行悬牌晓谕。

为此示谕县属殷实粮民人等知悉，如有自愿承充顶补者，速即赴县呈明，以凭详请给帖，开设纳课，毋得观望不前。须至牌者。

牌悬头门晓谕

道光二年二月廿三日　工房呈稿

巴县正堂批：行　　钤巴县官印

（四）嘉庆十九年李祥兴东水坊住宅被窃案

（全宗—清6、目录—06、案卷—06469）

1. 原案卷封面

嘉庆十九年二月立

（残缺字数不详）据东水坊民李祥兴具禀被窃一案（卷宗）

捕差：高洪、朱贵、莫荣

2. 嘉庆十九年二月初十日李本忠禀状

□□□□□□□祥兴，今于□□□□□□□□□在陕西街正昌住贸，宅后有门三道。□□□□□□□□三道，撬门入室，窃去衣物共计十三件。□□□□□□□粘呈。次早知觉，彼即投明坊差范姓等。□□□□□□□住家人户，禁城之下，设有坊捕，亦且有更夫，□□□□□容偷窃，情实难容。为此报恳仁天，赏准饬捕，验□□□□□，缉获正贼真赃到案，严讯究追。沾感伏乞。

计粘失单一纸

（嘉庆十）九年二月初十日具

巴县正堂批：准差缉　单附

3. 失窃清单

计开被窃衣物单：

蓝䌷湖锦大襖一件，青䌷湖锦领褂一件，灰色布皮袍二件，蓝布单袍一件，蓝布长衫一件，蚕䌷灰色棉裤一条，哔嘰风帽一顶，白布汗褂一件，白布套裤一双，蓝布包袱一件，蓝布围腰一条 。

共计十三件。

4. 嘉庆十九年二月十三日巴县正堂票签稿

（四川）重庆府巴县正堂加五级、记录十二次 董

为报明被窃等事。案据东水坊民李祥兴具报被贼窃去衣物等项一案，等情据此，合行差缉。为此票差该役前去，在于渝城内外坊厢，严密查拿此案正贼真赃，限 日内务获，押解赴县，以凭讯追。去役毋得籍票需索滋事迟延，如违重究。速速须票。

计粘失单一纸

捕差：高洪、朱贵、莫荣。拨。

嘉庆十九年二月十三日　刑　承稿

巴县正堂批：行　钤巴县官印

5. 嘉庆十九年闰二月十一日巴县差役禀帖

东水坊坊捕 高洪、朱贵

（大太爷）台前。为禀明恩电事。情。因东水坊民李祥兴具报被贼窃去衣物等项一案，沐恩票差役等，查缉无踪。役等复查事主李祥兴住居，宅后小门一道，出通后院。查院内住居十户，多系小贸，惟涂三第一户，于李祥兴被窃后，私行搬往泸州去讫。并据李祥兴吐称，贼从宅后小门入室行窃，仍由原路出逸等语。役等不敢隐讳，理合据实禀明宪电核示遵行。为此禀乞。

嘉庆十九年闰二月十一日具

巴县正堂批：据禀已悉。仰再确查并严缉赃贼，务获带究，如延责比。

钤巴县正堂私印

6. 嘉庆十九年闰二月廿日李祥兴禀状

□□□□□□□□住陕西街。于前二月初七夜，被贼撬开□□□□□□衣物等件，约值银八十余两。次日投坊捕□□□□□，（禀）明在案，蒙准差缉。签差莫荣、朱贵、高洪行缉。□□□□□□怀宪

之德，胆敢卧签不缉，藐视王章，隐贼不□□□□□□经案悬两月，民以理向说，反触伊怒喝。令百禀何□□□□城之内，蒙设栅栏，坊捕更夫，罗织巡查，然头层总门□□□□□余户，该门并无刀撬痕迹，况人家后又是深巷，离民二□□□□步许，非郊外旷野可比，何难获案？明系捕贼交通串□□□□实难甘。只得再恳仁天作主，提究法比玩捕，严限□□□□（正贼）真赃，呈缴给领。除盗安良，贸民安堵。沾感伏乞。

　　具状人

　　被禀差：莫荣、朱贵、高洪

　　（嘉庆十九年闰）二月廿日具

　　巴县正堂　批：侯饬差勤缉

（五）嘉庆二十一年李本忠具控宋祖熹套拿水脚案（一）

（全宗—清 6、目录—04、案卷号—03852）

李本忠具控宋祖熹套拿水脚案禀状

　　被禀：船户：宋祖熹、宋仕才；痞棍：杜大毛、（胡姓）；词□：单永祥

具禀状。客民李祥兴，系本城人，住东水坊。年五十岁。抱呈。

为奸恶套拿，恳赏封究事。情。遭船户宋祖熹、宋仕才屡来号□□□□次，再三未允。伊等复串出已装就民米粮之船户单（永祥），□□出具觔保字据，临审呈电。揽□民等□□□二百三十□（石）□（斗）七升五合，又桐油六支。套民将水脚银二百二十二（两）□□□□□□□，祖熹、仕才亲收领讫，并无下欠。殊□□□□□□□□□不面，船泊河干。民防水泛涨，民等□□□□□□□□□□碓□□，被祖熹暗串痞棍水摸头杜（大毛）□□□□□□□□拦隔，不许开行。民迫无奈，□以还叩仁恩作主，□□□□□□船只封固，并恳签拘宋祖熹、宋仕才到（案），□□□□□□□□□□□，将民原载米粮、桐油原数交还。□□□□□盗卖。□恳严追，除害安良，以儆刁风。沾恩伏乞。

　　大老爷台前赏准施行。

　　内具副词。

特调四川重庆府巴县正堂加三级、卓异加一级、纪录五次刘

批：准唤讯

（六）嘉庆二十一年李本忠具控宋祖熹套拿水脚案（二）

（全宗—清6、目录—06、案卷号—08640）

1. 嘉庆二十一年六月二十五日巴县申稿

四川重庆府巴县为专差申关事。

案据客民李祥兴具控船户宋祖熹、宋仕才，装伊米石，套拿水脚，暗串水摸头杜大毛、胡姓上船阻拦，不容许开行等情。当经饬差传唤到案。据差役王忠等禀称：役等奉票往唤，已将船户宋祖熹、宋仕才唤案。其杜大毛、胡姓系属江北水摸头，不敢越唤。为此禀明。等情据此，除将现获宋祖熹、宋仕才押候究追外，理候具差具文申请宪台，俯赐添差协唤杜大毛、胡荣到案。赐文点交来役，押□□县，以凭质讯究结，实为公便。为此备由，申乞照验施行。须至申者。

计：申关杜大毛、胡姓。

申理民府鲁

嘉庆二十一年六月二十五日　工房呈稿

巴县正堂批：行　钤巴县官印

2. 嘉庆二十一年六月廿六日千厮门甲长张洪礼、刘兴发认领状

具认领状。千厮门小甲张洪礼、刘兴发。今于大老爷台前與认领事。情因船户宋祖熹，揽装客（商）李祥兴米石，套拿水脚，禀明案下。沐讯饬令将货提起，船亦封固，拉往蚁等码头停靠。谕令船帮会首，将祖熹螳螂船一只并家具，照单一并出卖，缴还李祥兴水脚银两。蚁等赴案出具认领，看守祖熹船只家具等项。恁凭会首觅主（发）卖，不得私行透漏等弊。倘有疏忽，蚁等自坐罪。中间不虚，认领是实。

具认领状人：张洪礼、刘兴发（画押）

嘉庆二十一年六月廿六日

巴县正堂批：准认领

3. 嘉庆二十一年闰六月十五日罗富顺缴状

具缴状人：罗富顺。今于大老爷台前與缴状事。缘李祥兴具控宋祖熹盗卖客货，该欠水脚银两在案。蚁因出票交祖熹，殊伊转给祥兴。沐讯传蚁，将钱伍十千文缴案。蚁遵如数呈缴。恳恩将蚁兑□□。蚁缴状是实。

具缴状人：罗富顺

嘉庆二十一年又六月十五日

巴县正堂批：准缴

4. 嘉庆二十一年闰六月十五日李祥兴领状

具领状。客民李祥兴，今于大老爷台前與领状事。实领得船户宋祖熹装民货物套拿水脚，禀明案下审讯，将祖熹押令卖船，缴还民水脚银二百二十余两。其祖熹预兑民水脚钱五十千文，至罗富顺店内，沐将富顺唤押追缴。今伊将钱五十千按票如数呈缴，民赴案呈领。其余银两，恳恩将祖熹押追。中间不虚，领状是实。

具领状人：李祥兴

嘉庆二十一年闰六月十五日

巴县正堂批：准领

（七）道光十一年范开科揽载放炮案

1. 道光十一年九月十三日李本忠禀状

（全宗—清 6、目录—15、案卷—17015）

具禀状。

客民李祥兴，系居义里本城人。年五十四岁，东水坊本店。抱。

为假手盗吞，扭叩讯究事。情。余汝恭担保，归帮船户范开科，揽民葫豆集货四百余石载汉交卸。水脚钱四百四十余串领清，外交行江钱五串。伊令胞弟范二押载。前月初四与民另船三只，自渝同开讫。开科复办船一只，仍载民货三百八十余石，水脚钱四百（二十）余串，伊已领用民钱四百零九串，尚未开船。本月初十日，民接□□□□月十七，东湖县属南湖涧水平滩，有船一只至彼，□□□□□□□□□无几。据水手称，系范开（泰）□□□□□□□□□□。范开科揽载，货不能□□□□□□□□□□□，故意放炮，覆舟掩咎，害民二千余金血本全弃情实。□□□□□毒吞，幸未开船。是以迫将范开科扭送案下，叩宪作主，□□□将民现载伊船货物提载另装。勒限卖船缴还领用钱四百余串。乞大老爷台前赏准施行。

道光十一年九月十三日具

被禀：扭送范开科、范二即范开泰。

特调重庆府巴县正堂加三级、纪录十四次、记功一次高

批：即莩讯

一、代书不查问实情，据口直书而任意增减情节者，枷杖革役

一、不将作状人姓名、住处填注，词内混书自来稿者，重处代书

一、状已批准者，必须审断，如准后告息，不准

一、一切案件，审系捏情枉控，希图讹诈拖累者，坐诬治罪

一、案非人命及命案非械匪、非共殴者，被告不得过三名，干证不得过二名。如牵列多人，除不准外，代书责革

一、斗殴不开明伤痕，赃疑无过付见证字据，婚姻无媒妁日期者不准

一、告奸非奸所现获，首赌非当场获有赌具及确有证据，人所共知者不准

一、告强盗、抢夺、窃盗，浮开赃物者，照律例科罪

一、田土债负，无地邻中保及不粘贴契券者不准

一、绅衿、妇女、老幼、废疾无抱告，及虽有抱告，而年未成丁，或年已老惫者不准

一、纰事牵连妇女及现有夫男，混将妇女装头者不准

一、前期不准，后期复告，必将前批填载词面。如隐匿情节，希图蒙混

一、本案曾在某衙门告过，应详细声明。若含混不叙，审出重责，将案注销，仍处代书

一、遵用正副状式，无代书戳记及逾格双行密写，并式内应填字样不逐细填明者不准

一、案经前县审断及曾在前县控告未准，不将断案批示抄粘不准

一、生员作证并牵幼女稚童者不准

一、生监职员告状务填真名，其混写表字别号者不准

一、事在赦前及远年已结之案，翻告者不准

一、无论告、诉、禀，各词概用此式，只于词内分别填明。如用白禀混投者不准

违状式条例者不准

2. 道光十一年十月初八范登科禀状

（选自《清代乾嘉道巴县档案选编》）

情。蚁同弟开太架船活生。蚁装渝号李祥兴胡豆四百余石，载汉交卸，水脚钱四百四十千。蚁令开太照运开行。蚁复领祥兴银一百八十九两，买船一只，随领钱一百串作费，添补打油，用去二十余千。伊号着陈掌柜雇来水手十余人，照料上载，支去钱十余千；蚁买蓬动用，去钱五十余千。开单现存。共载三百八十余石，议水脚钱四百二十串。即雇苦民水手，支钱置衣，共约二十余串，雇齐坐食，只候开行。前月初十号内得信，云开太之船在东湖县大滩覆舟，淹毙七人，蚁叔在内。祥兴十三日以假手盗吞，扭蚁赴案，荷讯押班。沐谕提载卖船，缴还祥兴。二十八日祥兴以坐地盗卖，禀称过载折米五石一斗等情在卷，批：候提讯究追。恩伊号倩来太公，照料日久，食米二石余；提载每斗高量一合，约三石余，何有盗卖别情。蚁领之钱，费用开销注有单据，丝毫无利。泣禀做主，愿将船只交缴伊号。

3. 道光十一年十一月初三日李本忠禀状

（全宗—清 6、目录—12、案卷号—10144 ）

具禀状。

客民李祥兴，系居义里本城人。年五十四岁，东水坊本店抱。

为录恳提追事。情。归州船户范开科揽民集粮四百余石，运汉水脚钱全领讫。伊着弟开太押船前往。开科在渝买船，另装民米三百八十余石，领用民钱四百零九串，尚未开船。殊开太将民货运至伊门首河岸，停泊数日始开，至南湖平滩，无故覆舟。民折货本二千余两。民闻情骇，民思范开太必盗卖客货，将船放炮掩咎。恐开科载米，与效其弟。九月十三，民以假手盗吞事，控开科于前高主，讯饬提载另装，押开科卖船缴还钱文。民遵提载。伊又盗卖米五石一斗，值银二十（两）零。民据情禀讯，断押开科卖船，先缴领用钱四百余串，朱判在卷□仁恩。为此录恳宪天，赏提严追，勒限呈缴；以儆后效。商民深沾顶祝。伏乞大老爷台前赏准施行。

被禀范开科现押

道光十一年十一月初三日具

调署四川重庆府巴县事梁山县正堂加六级、纪录五十二次区

批：候提案讯追

七、《再续行水金鉴》 长江卷一

民国 武同举等编辑 2004 年整理版

道光三年（1823 年）

是年，奉节县知县万承荫凿治黑石滩。滩在滟滪堆下、瞿塘峡内。滩不止一处。小黑石、石板峡、扇子石、鱼毵须漕、台子角、白果背，皆大石缘岸矗立，犬牙交错。水不能直流，舟如蛇行。水大湍激，不触东就触西，一触则舟碎矣。道光三年，邑令万承荫招募湖北职员李本忠，捐资将黑石滩内石板峡、扇子石、鱼毵须漕、台子角等石，一一凿去。并将白果背数十里纤道一一铲平，用资一万三千余两。现在水势较平，挽纤得力，商民赖之。

——节自《奉节县志》

道光四年（1824 年）

是月，四川夔州府奉节县详川督戴称：道光三年十月二十日，据湖北汉阳县职员李本忠禀称：职籍隶汉镇，贸易川省。见川省大宪，示谕周详，所以嘉惠客商者，无微不至。奉节地界，更百废俱兴。如添设救生船、巡江船等事，赏罚严明，行旅戴德。职虽愚昧，窃生慕效之心。因往来川江，屡经险阻。奉节之黑石滩石板峡，为著名极险之滩。追溯其原，盖因中有扇子石、鱼毵须漕、羊圈石、乾沟子等处，层峦遮隔，奇石嶙峋。每当夏水泛涨，水势大而江面狭，冲激愈多，溃漩愈险。各处乱石纵横，往往碰伤船底，以致人力难施。职身经此地，几回遇险，幸获安全。而目击他舟沉溺，心实惨伤。窃意地虽天险，而尽人事以求补救，或能化险为夷。谨愿自备资本，广募人工，在于黑石滩石板碛等处，将重重石壁，次第开凿。俾江面宽阔，水势渐平，庶几舟楫可施其力，救援亦易为功。再将各处乱石，捡运深潭，则船底可无碰伤之患。又上水船全赖纤夫着力。查白果背、鱼毵须漕、乾沟子等处，约长十四五里，纤道坍废。职拟募工匠，一律修整。现请戚友闵文哲、张履泰前来，督工铲凿，定于十一月初十日开工。除禀报府宪外，理合禀明等情，据此。卑职随同本府前诣该处，勘得石板峡滩距城二十里，两岸俱系悬岩峭壁。岩下生有石板，如鳞甲。上连台子角，下接倒吊和尚，俱系地名。每年自四月起至十月底止，江水泛涨，淹至半岩。中有五处石嘴，水势直冲石板峡，滚起溃漩，势甚汹涌。滩深无底，稍不经意，船落溃漩，艄舵不灵，即有覆溺之患。复诣小黑石滩，距城二十五里，两岸上下，各有石梁一道，约长里许。每年自四月起至下月底止，江水泛涨，淹至石梁上流扇子石，急水直冲黑石滩，连发喷漩。滩深无底，船至溃漩，艄舵不应，亦易覆溺。俱经奏部，列为第一等大水极险之滩。又诣白果背、鲢须漕、乾沟子等处，纤道共计约长十四五里。因多年失修，道路坍废，不堪行走。勘毕，随传该职员面加咨询。据称伊贸易半生，川江经过多次，平素留心讲求，已知各滩险阻之大概。前有湖北东湖、归州、巴东等州县所属之泄滩、牛口、白洞子、滚子角、乌石等滩，俱经捐资雇匠，一律铲修，水势平坦。现议修凿石板峡、小黑石等滩，亦必就水势而利导之，事或有济。今复访雇熟悉该滩水性之舟师舵工杨士荣、邢安道等，相度机宜，帮同设法开凿。务期事归妥善，有始有终等语。卑职复查本府正议禀修云阳县属庙矶滩，以资利济。今该职员事同一律，轻资乐善，深堪嘉奖。曾同本府面议，准于兴修，谕令妥为经理。复恐刁徒籍端滋扰，及工匠人等争工滋事，曾委卑县典史李玉清不时前往弹压，卑职复与本府不时诣勘。见人夫百余，终日踊跃出力，当犒赏酒食银牌，以示鼓励。兹于道光四年八月初一日，复据该员禀称：窃查黑石滩之险，其为害在于扇子石，计高十丈，宽八丈，长九丈余。陡立嶙峋，周遭盘旋。夏秋水涨，骇浪百出。舟行至此，人力难施。其石性坚硬如铁，职每日督率工匠百余人，先用煤炭逐层煅损，后将铁凿鎚碎。打下之石，悉运深潭。目下三股已去其一，水势稍平。石板峡之害，则因五处石嘴，每处约宽长三四丈，高五六丈不等。石壁陡立，大水之际，冲激奔腾。行舟经过，稍不留心，即行损坏。职现已开凿二嘴，尚未完竣。至鸡心石、鲢须漕、羊圈石等处，俱能为患。悉经铲修，工尚未竣。检运各处乱石，亦尚未能净尽。而上下船只，较上年平稳。前因夏水泛涨，石在水内，不能铲修。于六月十五日曾停工作，即督令工匠人等前赴白果背、乾沟子等处，修理纤道，计已修整过半。兹值大水将消之候，现在鸠工重复赶修黑石滩、石板峡等处。约计完竣之期，总在明年。今将修凿情形禀明等情，据此。

卑职查该职员不惜重资，修理险滩。现将黑石滩之扇子石、石板峡之石嘴，次第铲凿，工已及半。来往船只，较为安稳。行旅称诵，已收修滩之效。至白果背、乾沟子等处纤道，为上水船必需之路。若将倾敧险阻处一律修凿平坦，俾纤夫等脚踏宽地，行舟更资稳固。除再饬令上紧修理，卑职仍不时前诣查勘奖赏。俟工竣日另文详报外，所有该职员捐资修滩及修白果背等处纤路缘由，理合具文详请宪台俯赐查核，批示饬遵。

批：据详已悉。查该职员李本忠捐资修滩，并修白果背等处纤道，洵属义举，殊堪嘉尚。仰布政司查明，饬令该县妥为经理。俟工竣之后，查明该职员究费工资若干，应如何奖劝之处，另行具详核办。

道光五年（1825年）

五月，打凿东湖县红石子氽角滩一案。具禀职员李本忠系汉阳县人，为呈赐通详出示凿除事。窃江湖之险风暴、川河之险石滩。而蜀道之滩，水涨水退，皆有碍于行舟。惟春初冬末之滩在于水内，人力难治。即如归州之退水新滩，乃运铜之要区。每年届期盘滩，需用帑项数千两。而夏初水涨之滩更多，惟夔关下三十里，名黑石峡，并台子角、石板峡、扇子石等处。水泛之时，上下客船，均不能行。每在夔关停泊，日集日多。待水消平，至月余不等。间或船户因挠夫人多，盘费缺少，不能久停者，冒险开行，客货民命，十无一救。又有客船泊待水消平静，而大帮同行。至巫山大峡，峡路计程百里之遥。河窄水汹，前船横注，后船冲击，名曰打降。两船俱伤，舵手人等无逃生之路，苦惨万状，难以尽述。若再出大峡，行至归州氽角子乌石，水涨之时，不啻黑石峡之险。客船又不能行，停泊泄滩，避水待守，日期靡定。遇水稍平，开行至宪属上九十里，有南岸一滩，又名氽角子。下首对岸一滩，名曰红石子。夏季水冲氽角及红石，为害非轻，又不啻黑石乌石之险。客船至此，更不能行，仍然泊待。职查宪治氽角子，高十三丈余，宽三十六丈，长五十八丈。乾隆二十二年，经前道宪来大人委员打凿。自二十二年起，至二十四年止，已凿各滩，有案可查。尖角石身较大，仅蒙凿去石尖。靠彼山脚，凿一石巢，名为官巢。每夏秋水涨，上下只可行走小船或空载，其装货大船难以过巢。职自幼随父贸易川省，每年往返不计其次。迄今数载，川江沿途各泑滩情形水性，均皆熟悉。嘉庆十年，职禀经前府宪详请出示。承凿归州牛口之泄滩、四季挡、白洞子、宪属之黛石等处。工竣详覆，勒碑立案。前凿之滩，俱是与上下行舟有碍之处。又赴四川夔府请示，承凿黑石峡各滩，系于上下船只有益之处。道光三年，奉督宪札送府宪出示，募打乌石滩。职亦遵募，禀明兴工。承开凿州属之乌石及南岸黄鹦、三背台、盘子、尖角子，共大小石梁七条。至本年三月内，巨石已除大半。因水泛淹没，余石暂停工匠。现在下水船行不得，停泊札水。自夔至宜，水涨汹险，巨滩有三。一黑石，二乌石，三尖角子与红石。而黑石峡职已承凿告竣，蒙夔府恩太尊通详在案。其乌石凿出大半，仅为害更甚之宪属尖角子未凿。行舟至此，水泛之时，亦停札不能长行。查红石滩其害在于上首尖角子，凿去尖角巨石，使水不致冲击翻流，则行舟无札水久待之忧。此角凿除，则红石不足为患矣。职亦愿捐资，承凿尖角巨石。除禀明府宪外，为此缕禀，仰恳赏赐通详，出示晓谕，倩工开凿。

是月，四川夔州府为详请事：案据奉节县知县万承荫详称：案查道光三年十月二十日，据湖北汉阳县职员李本忠禀，请捐资修凿卑县所属小黑石、石板碛等处险滩。并修窄小子、白果背、艇须漕、乾沟子等处纤道一案，当将勘询准修缘由，详奉批奖。当经卑职传谕，该职员倍加踊跃，督率工匠，认真相机修凿。卑职复于护送铜铅船只、查勘地方之便，不时携带酒肉银牌，前往监工犒赏。每见人夫百余，终日勤动。该职员亲自督同司事闵文哲、张履泰，在滩脚踏手指，教令开凿。坡上煤炭，堆积如山，以备煅炼之用。卑职又将银牌酒肉分给，传谕各工匠人等认真工作。伏思宪台亦因修凿云阳县属庙矶滩，著有成效。今该职员竟能隔省行此善举，所在地方有司，自应随时前往慰劳。故每月亲诣滩所，周遭勘验，加倍犒赏酒肉银牌。卑职因不能常在滩所经理，诚恐刁徒藉端滋扰，及工匠人等争工滋事。当委典史李玉清自备资斧，不时前往清查弹压。迄今年余之久，百余匠人，绝无雀角斗争及匪人偷窃物料之事。兹于道光五年二月初八日，据该职员禀称：职来往川河，深悉黑石峡内，窄小子以上，白果背、三角桩、鸡心石、艇须漕、扇子石、石板碛等处，俱因巨石横江，江面愈狭，水势愈急。舟行猝遇溃漩，人力难施，动遭覆溺。职因前在湖北东湖、归州、巴东等州县打凿泄滩、白洞子、黛石滩、四季滩等处，并修整各处纤道，微小成效。察看小黑石、石板碛等处，形势相同。自愿捐资，鸠工修凿。并将各处乱石捡运深潭，庶水涨时，船底可无碰伤之患。又思上水船只，全凭纤力。查白果背、乾沟子等处，约长十四五里，纤道坍废，亦愿募工一律修整。当于道光三年十一月，邀同戚友闵文哲、张履泰，前来督率经理。因石性坚硬，先用炭火逐层煅损，再用铁槌打碎，运诸深潭。各险要处，次第举行，幸多有效。上年六月，工方逾半，大水泛涨，暂行停止，禀明在案。职即于是月，督令夫匠将白果背、艇须漕、乾沟子等处纤道，一律修理平整。查得窄小子、三角桩等处，皆巨石嶙峋，矗立要路，有碍纤挽，纤夫往往跌毙。因亦尽行凿去，计长八九里。迨至九月水退，又督率夫匠，开凿各滩。恐有尚未周到，上下巡视，询访舟师。又悉石板碛上对岸台子角，巨石横堵，直冲江面。又视滟滪堆南岸有羊圈石、困牛石，夏秋水泛，奇险莫测。数处亦为大害，是以不避严寒，督工铲凿。复乘冬令水涸，次第运去乱石，以防大水时触伤船底。叠荷府县二主，临勘犒赏，工匠无不并日兼工。复承示谕谆谆，委员弹压，年来毫无滋扰。现于道光五年二月初六日，修凿完竣，只须搬运碎石而已。察看情形，水势较前纾缓，纤路亦较往时平稳。前蒙详明大宪，批俟工竣之日，查明具详。今职核计，自道光三年十一月初十日兴工起，至五年二月初六日完工止，除雇备船只、搭盖棚场、置办器具、犒赏工匠等项费用，概不开列外，共用过工资炭价银一万二千六百十一两一钱。理合开造细数清折禀明，等情具此。当经卑职随同宪台，亲诣各滩逐加细勘。查得石板碛、黑石碛，俱经咨部列为第一等大小水极险之滩。其石板碛未凿之先，该处岩上生有五处石嘴，形如鳞甲。因对河台子角地方，石角甚多。大水时，上流石角中急水直冲石板碛五处石嘴，势甚涌激，舟行易遭覆溺。今将台子角石角尽行凿去，仅存大石一座，则水势宽缓。下游石板碛五嘴，全行除去，大水淹没其上，可无曲折溃漩之水。舟行艄舵，大省气力。惟石板碛五嘴虽去，而碛石如山，非工可以铲凿。峡下滩水，高下悬殊，水不平坦，故其滩尚存。又查得滟滪石南岸，有困牛石、羊圈石二处，横堵江面，与滟滪堆对峙。水涨时三处溃漩，相助为虐。今将羊圈、困牛二石一律打去，则水性较顺。下游台子角之水，亦渐舒徐，行船即有把握。至小黑石滩之险，不在两岸石梁，而在扇子石。大水时石梁淹没，其险尚次，惟扇子石为最。其石计高十丈余，宽八丈，长九丈余，陡立江心，其形如扇。舟行至此，四面连发溃漩，直冲黑石，人力难挽。今扇子石虽不能连根铲去，而蠢出者皆凿平之，水涨时可以顺流而下。但小黑石本处之溃漩，亦复不少，故滩亦尚存。复将扇子石下游鲹须漕、鸡心石、三角桩三处江心巨石，概行凿去。既可疏散滚漩，又不妨碍坡上纤缆，大有益于上水之舟。再自三角桩以下，又有窄小子巨石一处，有妨进峡行舟，今一律铲去。其修整纤道，即自窄小子而上，中历白果背、三角桩、鲹须漕、乾沟子，至风箱峡止。未修之先，石棱如笋，土洼成坑。填其一面，紧靠石壁，路窄难行。今该职员随其高下，顺其纡曲，尽将石棱凿去，土坑填平。其狭窄处石壁，用炭火煅损，凿宽尺余，一律修治平坦。计开凿大小滩石共九处，修理纤道二十余里。询据该职员称：川江险滩鳞列，阅历半生，深知难易。自发心愿，捐助多金，不肯作无益之事。凡滩之不可修者，不敢轻易承修。今石板硖等处，先事相度形势，熟视水性，踌躇再四，如何开凿有益无损，始敢禀明。至白果背等处纤道，逼仄残缺，纤夫屡屡跌毙，故一并请修等语。卑职即以见诸实事证之，上年叠次铜铅船只过境，及来往民船经过各该处，并无失事。复因卑县设有税关，为商舟辐辏之所，平素留心询访各商贾船户舟师，均称新凿各滩，削除无数碍舟之石，水势亦大较往年平顺。其挠夫纤夫人等，亦称新修纤道，可行二十余里平稳之路，免致跌毙之惨，商民受赐无穷。此又得之舆论，与现在勘验情形相符。至该职员禀报，用过工资银一万二千六百一十一两一钱。虽系自行捐办，但万金巨工，不可不逐细确查。查阅该职员所呈细数清折内，将起工停工日期，一一开列如绘，核算数目吻合。复传匠头邹三级、熊有恒等到案查讯。金称给发每日工资数目不虚，并无短少。吊查司事历年出入支销账簿，及运炭船票张数无讹。又赴高万顺等炭行吊取历年售炭底簿，细核载数银数，亦无舛错。查该职员仅开炭价工资两项，其一切杂用，全不开列。今经卑职细查，实无浮开，具见真心乐善，务实而不务名，深堪嘉尚。蒙督宪批饬，查明该职员究费工资若干，应行如何奖劝。卑职伏查捐资修滩，例无奖劝明文。且滩势变迁无定，虽自该职员修凿以来，峡内并无失事，尚难骤去险滩名目。故事属可嘉，功尚难定。查士民捐修公所桥梁道路等事，银数至千两以上者，例得请旨建坊旌表。如有情愿议叙者，由吏部议给顶带等语。今该职员李本忠修凿险滩，捐用银九千一百七十五两五钱；修理纤道，捐用银三千四百三十五两六钱。即就修路一项而论，已与题达之例相符。查该职员系属监生，因伊子捐纳职衔，请有五品封典，先邀章服之荣。此次捐修大工，劳费较多，可否仰恳宪台转请援例题请议叙之处，出自宪恩。至卑县典史李玉清白备资斧，在滩经理弹压，诸臻妥善，实属勤奋出力。惟系地方官应办之事，未敢请邀议叙。其司事之从九职员闵文哲、民人张履泰，不辞劳瘁，经理得宜，亦属可嘉，应恩一并奖赏。是否有当，理合绘图贴说，造具清册，详请核转等情到府，据此。卑府覆查湖北职员李本忠，不惜重资铲凿险滩，修平纤道。滩之变迁难定，原未便以现在并未失事，遽请咨部议叙。但即据修整纤道一事，已用银三千四百三十余两之数，功归实在，明效已收，自应援例请叙。理合将赍到清册图说，具文详请宪台，俯赐核办。

道光六年（1826年）

三月，汉阳县职员李凌汉，为打凿归州险滩工程告竣禀称：职于道光四年二月，奉督宪部堂李招募，复蒙示谕州治所属江面，俱系著名险滩。如职往来川河，贸易多载。深知乌石滩以及叱角子、台盘子、杨家戏、碎石滩、鹦鹉大嘴、三嘴、斗篷子，北岸紫金沱等处，俱因巨石横江，江面愈狭，水势愈急。舟行猝遇溃漩浪涌，人力难施，动遭覆溺。兼之职数年来打凿泄滩、牛口、四季垱、莲花滩、八斗官漕、雷鸣洞、白洞子诸滩，以及修理泄滩、牛口纤路，并东湖之黛石、四川夔州府之黑石峡。内自窄小子以上，白果背、三角桩、鸡心石、鮏须漕、扇子石、石板峡等处，并修理各处纤道，微有成效。承命招募，打凿乌石等滩。职自愿备资，鸠工打凿。即于是年二月内禀明，三月二十二日开工起，其间水涨停工、水退兴工，于道光六年三月十九日工竣。将乌石、紫金沱、叱角子、台盘子、杨家戏、碎石滩，以及作坊沟口下首石梁、鹞鹦大嘴、三嘴、斗篷子等滩，一律打凿。并修培斗篷子、吒角子纤路。统计共用银二万三千一百余两。所有各滩凿去高宽长丈尺，另抄呈电。叠荷临勘奖谕，工匠无不并日兼工。俾职仰体有成，不虚繁费。察其形势，江面纤路较比往时平稳。伏乞赏准通详。计粘单：

一、斗篷子，夏秋之水泛涨，其嘴堵水，横冲北岸老虎石，船行每每失事。今将此嘴打去长二十丈、宽八丈五尺、高二丈八尺。其水畅直，舟行谅无碍矣。又上水此滩嘴高，纤路陡险，纤夫每致跌毙。今将纤路修理平坦，石嘴打去。船行此滩，必须纤夫扯上，毋致跌毙之患。

一、鹞鹦大嘴，陡险之至，形如鳞甲，直冲江心。夏秋之水泛涨，其嘴堵水，横冲北岸老虎石。舟行至此，因水急浪涌，人力难施，每每坏船损命，实切惨伤。今将此嘴打去长十二丈三尺、宽八丈三尺、高六丈五尺。水势宽缓，舟可顺流南下。

一、鹞鹦三嘴，亦是夏秋水发堵水，横冲北岸老虎石。以致有碍，舟行损坏。今将此嘴打去长五丈、宽二丈四尺、高二丈三尺，其水顺而船好行矣。

一、碎石滩，夏秋水涨发，其江面窄狭，水急浪涌，泡漩溃激。舟行至此，易遭覆溺。今将此滩石打去长三十丈、宽十八丈、高四丈六七尺。打下之石，运诸深潭。则江面宽而水性直，船可行矣。追思此滩原由作坊沟内乱石冲出，堆积成滩。兹又将沟下首石梁打去长十二丈余、宽二丈六七尺、高二丈。沟内乱石冲出，必往下首深沟滚至沱内深处。嗣后不得往上冲积，此处谅不能成滩。又上水船因此滩打去，水势宽缓，而纤夫易于为力，上行亦可舒畅矣。

一、杨家戏，夏秋水泛涨，此滩嘴泡漩汹涌，船过动遭覆溺。今将此嘴打去长十一丈八尺、宽五丈八尺、高三丈八尺。其水疏散，泡漩平善。

一、台盘子，其滩陡险，石嘴横冲江心。夏秋水涨发，其嘴堵水横冲北岸紫金沱。水急浪涌，泡漩溃激，舟行至此，常遭覆溺。货沉命毙，惨莫可言。今将此嘴打去高三丈五尺、长十三丈五尺、宽五丈九尺。其水顺流而下，则船无冲北岸之患。且枯水时，上水船亦易于出纤坦行。

一、吒角子，夏秋水泛涨，因上首台盘子水扫紫金沱，而紫金沱之水，又转扫吒角子。船遇此水，碰石而沉，名曰打降。今将此石嘴打去长九丈七

第二编　李本忠部分史料汇编

尺、宽七丈一尺、高三丈一尺。下水船来，可由南岸而行。又此处上水纤路培修平坦，好行。

一、乌石，在归州城外，横堵江心。高六丈七尺、宽七丈三尺、长二十三丈。夏秋水泛涨，两边水势，急浪汹涌，其险莫测。下水船只，每每失事。舟沉人溺，惨伤难言。今将此石打去高五丈一尺、长二十三丈、宽七丈三尺，外又打短六七丈。夏秋水涨时，船可由石上行。再此石下首江心有一碛坝，长百余丈。此乌石打去，比碛坝低二尺有余。

一、北岸紫金沱，此处老虎石尾江边有一大石，上水行舟，每至碰伤。今将此石打去，上水船只，可行无碍。

以上各滩，均系南岸由上开下，至乌石，共九处。

又为归州险滩凿除工竣禀称：职前奉恩宪批饬示募，承凿归州之江面著名乌石险滩，职遵即禀明州主，于道光四年二月二十二日开工，通详在案。职查乌石附近之紫金沱、叱角子、台盘子、杨家戏、碎石滩、鹞鹦大嘴、三嘴、斗篷子等处，俱系巨石横江。致江面愈窄、水势愈急。船行猝遇溃漩浪涌，人力难施，俱属行舟巨害之处。职一律打凿净尽，并培修斗篷子、叱角子纤路平坦。至本年三月十九日工程完竣，共用银二万三千一百一十六两八钱六分。所凿各滩石高宽丈尺及工费银两，逐一造册，禀荷州批，州属江面汹滩甚多，该职员不惜工费，打凿完竣。于往来船只，大有裨益，殊堪嘉尚。候即据情转详，粘单附。今凿除工竣，当此水泛之时，上下客船安稳，已无危险之忧。职情因祖溺于滩，其尸未获。父溺援救，生母乍闻自尽。追思痛惨，矢志凿滩。是以于嘉庆十年间，具禀归州，请示凿除牛口泄滩、四季垱、莲花滩、八斗官漕、雷鸣洞，及东湖所属之黛石各险滩，并培修纤路告竣。用银二万一千四百六十二两四钱，通详有案，前宪汪批录。又于道光三年十月，职赴四川奉节县，请示开凿黑石滩、石板峡、台子角、鸡心石、窄小子、三角桩、扇子石、鳅须漕、羊圈石、困牛石、乾沟子、白果背等滩，并修纤路四十五里，共用银一万二千六百一十一两一钱。现奉藩宪以川属各滩完竣事由，详请制宪咨明湖北巡抚在案。但职所凿川楚各险滩并修纤路，总共用银五万七千一百九十两零三钱六分。至楚省各滩与纤路，现已大功告葳。自上游至下游，水性安流而下。无论水泛水涸，俾行舟无碍，已有实效，何其幸也。

又为归州对岸垦山遗患，吁请示禁。禀称：缘职祖、父贩贸川省，祖溺川江，其尸未获。父覆舟未死，职母尽节，已荷建坊。幼年尚负父债数千，室如悬磬。追思祖父生母之惨，矢志稍有衣食，许愿力凿险滩，永杜后患。迨后贸顺，负债已楚。职自嘉庆十年赴归州请示，承凿牛口等滩，告竣通详。于道光三年，赴四川夔州府奉节县，请示开凿黑石等滩，并修纤路完竣，已蒙四川制宪咨辕在案。又于道光三年，奉督宪李札饬宜昌府招募，承凿归州乌石滩，告竣详覆。职禀谢批录，均有实效，不致再行为害。但归州对江南岸，有一滩名曰碎石滩。向无此滩，乃深水之处，因岸上巨石崇山，江边上至峰尖二十里之遥，中有一陡溪，约十余里。左名阳山，右名阴山。自本朝以来，并未开垦，此山乃蔡、马、王、刘、姜、谭六姓之业。嘉庆十年以后，陆续开垦。以致山上掘挖，土被雨淋，石不能栖。每逢夏秋大雨，山上巨石，轮滚陡溪冲出。不但将江水塞平，尚且出水横江二十余丈宽，水面高有十一丈余，堆砌以成汹滩。每年水泛，上下客船损坏毙命者，不可胜计。即如去年六月，此滩损坏国家铜船，皆由伊等开辟，冲出巨石之患。今职将在水面滩石虽已打凿净尽，然此山不禁开垦，无草护土，水冲石滚下河，将来此滩仍然堆砌，后患难除。职着伙上山看明情形，面禀归州谢主，差传蔡等六姓山主，职愿照约给价，承买全山封蓄。俟数年之后，溪石冲尽，职再复凿，则永无碎石汹滩。迨至山上草生护土，其石自稳。奈蔡等六人内仅四姓允卖，尚有两姓刁难不卖，以为奇货可居。职目击心伤，因蔡等只图开山小利，不顾各省客民性命资本，更关国家运铜船只，为害匪轻。职乃贸民，川楚各处险滩，均以捐资凿尽。而此山若不承买封禁，碎石难杜。为此匍叩大人恩鉴，赏准出示晓谕，札饬宜昌府州，委吊蔡等六姓山契，照价给银，将各约详送藩宪，入官勒碑，永禁开垦。如遇民未经报税者，亦照真契为凭，免治隐税之咎。倘假约增价蒙混，加倍治罪，则伊等不致妄思弊改。至该山应完钱粮二两零，俟承买后，职再在彼置田交学，取租完纳。应否如斯，俯候示遵。

抚部院杨批：仰布政司即饬宜昌府，督同归州，迅速委吊蔡姓等山契，核明真假给银。仍将各约详送该司入官，勒碑永禁，勿任抗延。一面出示晓谕。至该山历年应完钱粮若干，该职官既称在彼置田交学，取租完纳，仍饬该府详查，妥议覆夺。

督部堂嵩批：仰布政司即饬宜昌府，督同归州，迅速吊齐蔡姓等管业印契，验明照价给领，出示入官，永禁开垦。将该山应完钱粮如何完纳，一并妥议，具详核办。

道光八年（1828年）

是年，湖北汉阳县职员李本忠，赴四川奉节县，请示复凿。禀称：窃职于道光三年，因治地与巫山毗连之黑石峡内石板峡、台子角、扇子石、鯅须漕等处之滩，及窄小子等纤道，巨石嶙峋，横江阻路，有碍行舟。禀明开凿修治，于五年二月完工，蒙恩勘明具详在案。职事毕，回楚之后，每于往来商旅，询其前修工程，均属完好，深如心愿。至七年冬间，即闻职所修纤道，间有坍塌，亦未能知其详细。兹历有熟识舟师，自川来汉，职确加访查，众口如一。始知去冬水势消落之甚，为多年所未有。以致原修之台子角、扇子石、鯅须漕三处江底，尚有零星石笋露出，微碍行舟。及白果背，乾沟子二纤道，亦有坍塌。纤夫行走，不能迅速。职思事已有效，理无中止。现在复倩原修匠人，因系熟手，令其兼程赴治。乘冬令水涸滩现之际，鸠集夫工，将台子角等三处江底未净石笋，一律凿平。并将应修纤道，分别补筑，以蒇前事。诚恐无知棍徒，阻挠滋事，谨先禀明，俯赐批准。仍恳出示，严禁施行。

道光九年（1829年）

是年，汉阳县职员李本忠，为凿打锅笼子一案，呈请赏示晓谕凿除事。窃称江湖之险风暴，川河之险石滩。而蜀道之滩，水涨水退，皆有碍于行舟。惟春初冬末之滩石在水内，人力难治。即如归州之退水新滩，乃运铜铅之要区。每年届期盘滩，需用帑项数千两。而夏秋水涨之滩更多。经职前以奓角石身较大，凿去奓角之石，使水不能冲激翻流，行舟无覆溺之患各缘由。业经禀蒙各大宪暨前宪，赏示晓谕在案。嗣于道光六年内，独捐打凿奓角滩，并火炮珠、鹿角滩、大峰珠，现在督工打凿。惟查锅笼子滩，系宪治境内，大水最险之滩。两面石堆森立，中有沾山珠，矗立江心。河窄水汹，上下船支，一遇泡漩水发，坏舟淹毙者不少。下有南虎滩石，横通江心，实系上水最险，此系凶滩恶水之情形也。职现在打凿夅角石滩，惟思锅笼子滩、沾山珠、南虎、使劲等滩，必须设法开凿，以利行舟。情愿独力捐凿巨石，行舟往来不足为患矣。为此仰恳赏赐出示晓谕，俾职倩工开凿，世世商民，戴德不朽。

道光十年（1830 年）

是年，汉阳县职员李本忠，禀报修凿工竣称：奉巫交界黑石峡，为大水极险之滩，往来船支，时遭覆溺。职于道光三年，自愿捐资，呈请雇匠修凿。是年冬月兴工起，至道光五年二月，工竣在案。嗣因台子角、扇子石、艇须漕三处江底，尚有零星石笋露出，有碍行舟。及白果背，乾沟子两处纤道，亦有塌坍，纤夫行走，殊多艰难。职于道光八年，复禀请于是年冬兴工修凿，至本年三月底完工。所有露出石笋，一并凿去，纤路亦皆平坦。合将工竣缘由，赴案禀明。

道光十一年（1831 年）

是年，汉阳县职员李本忠，赴奉节县具禀。为恳示晓谕，以便兴工事。窃职于道光三年，自愿捐费凿修川江河道各处险滩，并修白果背等处纤道。蒙两省督宪题奏在案。迄今八载，别处俱已完竣，惟治属台子角、倒吊和尚两处，尚未修完。诚恐上下船只，仍有妨碍。职欲全始全终，未便惜费停止。值此江水消退，职催就石匠，预备凿修。未经禀明，不能擅举。恳吊阅前卷，赏示晓谕，以便兴工。

是年，归州知州李炘呈督抚禀。

卷查本年四月内，奉前藩宪札饬。查归州东湖巴东一带，险滩甚多。前经汉阳县职员李本忠捐资，打凿乌石等滩。客商船只，藉以安全。尚有未经打凿各滩，亦应一律打凿。合出示晓谕居民商贾人等，如有情愿打凿险滩者，准其捐资打凿净尽，以安商旅，等因。当经卑前州遵批示谕，未据商民赴州承凿。兹卑州奉委署理篆务，于到任后，因查卑州地方，滨临川江，上通西蜀，下达荆宜等处，所管江面内，著名汹滩，层见叠出。凡川楚商船，以及解运铜、铅船支，到此无不视为畏途。目击遭风碰石沉溺之苦，情堪可悯。前经职员李本忠打凿乌石等滩，颇觉著有成效。惟其间所平险滩固多，而未经除去者，尚复不少。卑职切思为民除害，系地方官专责，自应再行极力招募，将所属汹滩，一律打尽，期于永除厥患，而成康衢。随后剀切出示，遍贴晓谕，并善为劝谕招募在案。兹据职员李本忠禀称，职在治属打凿各处险滩，已历有年。今春因前州主，于禀复咨访河道条内，将乌牛石，误禀为黑牛石。又称所凿之石，堆成碛坝，与行船有碍。职是以停工。今复蒙示募，愿将先打未尽各滩，一律凿净。并开具清单前来。卑州当亲诣各该滩，逐加复勘。有从前已凿之牛口、八斗、泄滩、斗篷子、鹦鹉三嘴、杨家戏、吒角子、抬盘子、磋子角、老虎石、莲花各滩，均有未尽之处，必须再为攻打完竣，方资利涉。并查州城外江心一石，名曰乌牛石，载在志乘，实无黑牛石名目。此石久经该职员打凿平坦，又下首有一碛坝，长百余丈，自成已久，并非所凿乌牛石之石，堆积而成。询之土著耆民，佥称无异。复查该职员，前在楚蜀一带，捐银五万余两之多，打凿乌牛石等最要险滩，并培修纤道，已属化险为夷，保全甚重。今复欣然应募，不惜重资，愿将所打未尽各滩，一律扫除净尽，更见其始终乐善不倦。自应俯如所请，准其重复施工，成此善举。

督部堂卢批：据禀已悉，仰湖北布政司，即饬该署州，督令赶紧兴工。务期化险为夷，实心筹办，以安商旅。不得抑勒滋扰，仍严禁书差需索阻挠为要。仍候抚部院批示。

抚部院杨批：据禀，汉阳县职员李本忠，愿将打凿未尽各滩，一律扫除净尽，实属好善不倦，洵堪嘉尚。仰布政司饬速赶紧兴工，俟事竣另行详办。仍候督部堂批示。

道光十三年（1833 年）

是年，湖北汉阳县职员李本忠禀：为工竣恳详立案事。缘职自道光八年八月二十四日，赴辕请示，以前凿治属与巫山毗连之黑石峡内，石板峡、台子角、扇子石、艇须漕等处。冬间水势消涸之甚，为多年所未有。以致江底尚有零星石笋露出，微碍行舟。及白果背纤道，亦有坍塌，复行补凿。

于九年四月十二日，水起停工。复于是年九月十五日，请示兴工，至十年三月底止完工。又因治属台子角、倒吊和尚两处，尚未修完。诚恐上下船支，仍有妨碍。职欲全终始，未便惜费停止。于十一年九月二十日，赴案请示兴工，补修净尽，至十二年四月二十日停工。三次总共用过工费银一万二千四百六十二两六钱三分。斯时未经禀明告竣，犹恐水性未定，稍有违碍。须俟下年夏秋，水涨之时，职著熟习水性之伙，住守各滩，查看试探。今已三载，夏秋水泛，上下船支，平稳顺行，毫无违碍。询及各船舵工，均称滩根已绝，水性顺流，永无后患，职方如愿。仰蒙鸿恩，所有补凿用过工费银两，邀免造册。且职子良宪、孙贤俊，已荷前督宪咨明湖北抚宪，并案题请议叙在案。职合家感戴，难报万一。兹已补凿工竣，合将察试原委禀明，恳恩赐详立案。

道光十四年（1834年）

四月，兼办湖北宜昌府归州，为工竣禀明等事。本年三月初六日，据汉阳县职员李本忠禀称：职于十年九月十五日，赴辕请示。以前凿治属八斗滩、斗篷子、鹩鹦大嘴、小吒角子、磙子角等滩，尚有未尽之处，复行鸠工打凿。于十一年四月十五日，水起停工。共用过烧炭工价，计银一万一千八百零九两零四分。又于十二年正月初四日，请示打凿杨家戏、抬盘子、老虎石等滩。至四月二十日停工，共计用过烧炭工价银三千五百三十八两五钱。随于是年闰九月初六日，请示打凿八斗滩，斗篷子、鹩鹦大嘴、小磙角子、吒子角、和尚岩、救命石、老虎石、洪平梁、人鲊瓮等滩。至十三年四月初十日止。共计用过烧炭工价银一万九千八百零六两四钱八分。

又于是年十月初三日，请示打凿和尚岩、救命石，南岸山羊角、莲花滩、堆石门、内外漕滩嘴，洪平梁，人鲊瓮等滩。至本年三月初五日停工。共计用过烧炭工价银一万五千一百六十四两四钱九分。连前总共用过烧炭工价银五万零三百一十八两五钱一分。所凿各梁各嘴，均已打凿平坦。上、下船支，平稳无碍。询之各船舵工，咸称滩根已绝，水性顺流，永无后患，职方如愿。仰蒙鸿恩，所有打凿用过工费银两，邀免造册。且职子良宪、孙贤俊，已蒙川督宪咨明湖北抚宪，并案题请议叙运同在案。职合家感戴，难报万一。

　　兹以打凿工竣，合将各滩平稳情形，禀请通详立案，实为德便等情前来。据此。卑职随卷查该职员李本忠，因祖父贩贸川省，祖遭溺毙，父又覆舟。不惜多金，将川、楚两省险滩纤道，修凿开平，以利行舟而安商旅。统计捐资五万七千一百余两。业经前督抚宪合疏具题，奉旨议叙。将李贤俊、李良宪等，各给予盐运司运同职衔，等因。钦奉在案。

　　查该职员节次不惜重金，将各处险滩，一律凿平。洵属乐善不倦，于地方大有裨益。自应详请立案，以彰善行。理合具文通详宪台，俯赐查核立案。再该职员独立捐资，并无丝毫敛费情事。所有用过工费银两，邀免造册，合并声明。

　　督部堂讷批：仰湖北布政司核饬立案，仍候抚部院批示。

　　抚部院尹批：查该职员李本忠，前于川、楚两省，凿滩修路，捐资银五万余两。兹复捐银五万两有奇。将未修各滩，一律凿平，询属乐善不倦。应否奏请，从优议叙示奖，仰布政司核议详夺。仍候督部堂批示。

道光十五年（1835 年）

　　是年，湖北巡抚尹济源题：为呈明乐善好施，照例请题议叙事。

　　据湖北布政使张岳崧详称。案据前署东湖县事长乐县知事袁潄详称。据汉阳县童生李贤佐禀称。缘童祖李本忠，于道光五年四月内，赴县府请示承凿县属渣波滩，即爹钵滩、火炮珠、大浪洪、黛石滩、大峰珠、南虎漕、鹿角滩、使劲滩、锅笼子、沾山珠各险滩，并修开青鱼背纤路。当蒙出示晓谕，通详在案。童祖因年迈衰老，命童督率工匠，自道光六年九月十六日兴工起，至道光十三年四月二十四日停工止，共用过工费炭价银四万一千八百六十六两四钱。斯时犹恐水性未定，致未禀报工竣。迨至去夏水泛之时，逐加察看试探，实系水性平稳。询之过往各船舵水手等，均称水性顺流，已属化险为夷，永无倾覆之患。其凿滩所用工费银两，均系童分内独力捐资，并无丝毫敛收。为此开造工程银数清册，绘具图说，禀恳核勘转详等情。据此。

　　随卷查道光五年内，据汉阳县职员李本忠，赴案具禀请示，打凿县属各处险滩，久经卑前县先后将兴工缘由，分别具文申报在案。兹据前情，卑职当即亲诣各该滩，逐细查勘，均皆一律凿平，开除尽净。其所修纤路，亦甚宽坦。询据绅耆，佥称所凿各滩，甚为有益。现在水性通流，上下行舟，可保安全等语。卑职伏查该童生李贤佐，恪遵祖命，不惜多金，节次独力捐资，将各滩一律打尽，共费工价银四万一千八百六十余两之多，实属乐善不倦，化险为夷，于地方大有裨益。自应转详，以彰善举。理合照造工程银数清册，绘图贴说，详赍查核。再查该童生李贤佐，修凿各滩，系独力捐办，并无丝毫敛派情事等情。详奉批司核议通详等因。奉此。当经分饬汉阳、宜昌二府，查明用过经费若干，取造履历事实，及工程银数册结，照例议详去后。兹据汉阳府知府杨炳堃、宜昌府知府程家颐会详称：卑府等遵查该童生李贤佐，恪遵祖命，不惜多金，节次独力捐资，将各滩一律打尽，共费银四万一千八百六十余两之多。实属乐善不倦，化险为夷，于地方大有裨益，殊甚嘉尚。自应详请从优议叙。理合取造履历事实册图，并印甘各结，加结详赍核转等情到司。该湖北布政使张岳崧，查得汉阳县童生李贤佐，恪遵祖命，不惜多金，独力捐资，将东湖县属渣波滩，即夋钵滩、火炮珠、大浪洪、黛石滩、使劲滩、锅笼子、沾山珠等滩，一律凿平。并修开青鱼背纤路，共用过工料银四万一千八百六十六两四钱。现已全工告竣，化险为夷，行舟无覆溺之虞，于地方大有裨益。洵属乐善好施。既据该府县查勘确实，取具该童生年岁履历事实，并工程银数册结，递加印结，详赍核转前来。应请将该童生李贤佐，照例从优议叙，以彰善举。理合据情详候会核，题请敕部议复饬遵等情，呈详到臣。臣看得例载，凡士民捐修桥梁道路，实与地方有裨益者，由该督抚具题，造具事实清册送部。其捐银至千两以上者，请旨建坊。遵照钦定乐善好施字样，由地方官给银三十两，听本家自行建坊。如有应行旌表，而情愿议叙者，由吏部定议，给予顶戴。礼部毋庸题请。

又各省地方士民，捐资修城银三四百两，具实奏请，给与八品顶戴。如本有顶戴人员，于奏请时声明听部另行议叙。捐至一二千两及三四千两者，题请从优议叙等语。

兹据湖北布政司张岳崧详称，查汉阳童生李贤佐，恪遵祖命，不惜多金，独力捐资，将东湖县属渣波滩，即夋钵滩、火炮珠、大浪洪、黛石滩、大峰珠、南虎漕、鹿角滩、使劲滩、锅笼子、沾山珠等滩，一律凿平。并修开青鱼背纤路，共用过工料银四万一千八百六十六两四钱。现已全工告竣，化险为夷，于地方大有裨益。泊属乐善好施，既据该府县查勘确实。取具该童生年岁履历事实，并工程银数册结，递加印结详赍核转前来。应请将该童生李贤佐，照例从优议叙，以彰善举。理合据情详候会核，题请勅部议复饬遵等情前来。臣复核无异。除册结并图送部外，理合会同湖广总督臣讷尔经额，合词恭疏具题。伏乞勅部议复施行。

道光十五年四月初五日，署东湖县详文。（见前奏）又附陈今将汉阳县童生李贤佐，开凿东湖县属渣波滩、火炮珠、大浪洪、黛石滩、大峰珠、鹿角滩、南虎漕、使劲滩、锅笼子、沾山珠各险滩，并开修青鱼背纤路，用过工费炭银四万一千八百六十余两，及各滩丈尺数目开呈。

计开：

一、夸钵滩乱石横江，夏秋之时，泡漩汹涌，险异非常。其水斜冲北岸红石子堆，损船毙命，惨莫尽述。计滩高十三丈二尺，宽三十六丈，长五十八丈。童生于道光六年九月十六日，请示兴工打凿。每日雇用石匠五十名，每名工银一钱二分。每日雇小工八十五名，每工给银一钱。每日用煅石煤炭银七两二钱。每日共用工价煤炭银二十一两七钱。自道光六年九月十六日兴工起，至七年四月二十八日停工止，内除小建岁暮停工七日外，共计二百一十六日。共用工费炭价银四千六百八十七两二钱。

又自道光七年九月十五日兴工打凿，每日雇用石匠六十名，每名给工价一钱二分，每日雇用小工九十名，每名给工食银一钱，每日共用煅石煤炭银九两，每日共用工费炭价银二十五两二钱。计自道光七年九月十五日兴工起，八年四月二十一日停工止，内除小建岁暮停工六日外，共计二百一十日。共用工费银五千二百九十二两。

又自道光八年九月十六日兴工打凿，每日雇用石匠四十名，每名工银一钱二分，每日雇小工七十名，每名工银一钱。每日用煤炭银六两三钱。每日共用工费炭价银十八两一钱。自道光八年九月十六日兴工起，至九年四月二十四日停工止。内除小建岁暮停工九日外，共计二百另八日。共用工费炭价银三千七百六十四两八钱。

又自道光九年九月十三日兴工打凿。每日共用石匠三十名，每名工费银一钱二分。每日用小工六十名，每名工食银一钱。每日炭价银五两四钱。每日工费炭价银共用十五两正。自道光九年九月十三日兴工起，至十年闰四月初六日停工止，内除小建岁暮停工十日外，共计二百二十五日，共用银三千三百七十五两。

又自道光十年九月初十日兴工打凿。每日雇用石匠三十名，每名给工银一钱二分。每日用小工五十名，每名给工价银一钱。每日煅煤炭银六两三钱。每日共用工费炭价银十四两九钱。自道光十年九月初十日兴工起，至十一年四月二十八日停工止，内除小建岁暮停工七日，共计二百二十二日。共用银三千二百六十三两八钱。

又自道光十二年十一月十一日兴工起，每日雇用石匠三十名，每名工食银一钱二分。每日用小工四十五名，每名工食银一钱。每日共用工费炭价银十三两五钱。自十二年十月十一日兴工起，至十三年四月初十日工竣止，内除小建岁暮停工八日外，共计一百七十四日。共用工费炭价二千三百四十九两正。

以上六载，共用过银二万二千七百三十一两八钱，已将滩根凿平。嗣后泡漩纾缓，从此上下行舟，平稳顺利无碍。

一、火炮珠巨石截立，堵住江心。夏季水泛之时，水长石冲。船行至此，每多损坏。滩势计高三丈五尺，宽八丈五尺，长二十四丈三尺。童生于道光六年十月初八日兴工打凿。每日雇用石匠十三名，每名给工银一钱二分。每日用小工三十三名，每名给工银一钱。每日炭价银四两六钱。每日共用工费炭价银九两四钱。计自道光六年十月初八日兴工起，至七年四月二十八日停工止，内除小建岁暮停工七日外，共计一百九十四日。共用银一千八百二十三两六钱。已将滩根凿平。夏秋之时，其水顺流，舟行至此，毫无相碍。

一、黛石滩滩嘴横江，夏秋水泛之时，向嘴直冲，急流泡漩，汹涌非常。上水船只，实难上行，每多损坏。滩嘴计高二丈九尺，宽二十二丈，长三十八丈。童生于道光六年十月二十日兴工打凿，每日雇用石匠三十名，每名给工银一钱二分。每日雇用小工六十名，每名给工银一钱。每日用炭银六两三钱。每日共用工费炭价银十五两九钱。计自道光六年十月二十日兴工起，至七年四月二十八日停工止，内除小建岁暮停工七日外，共计一百八十二日，共用工费炭价银二千八百九十三两八钱。

又自道光八年九月十八日兴工打凿，每日雇用石匠二十名，每名给工银一钱二分。每日雇用小工五十名，每名给工银一钱。每日共用煅石煤炭银五两四钱。每日共用工费炭价银十二两八钱。计自道光八年九月十八日兴工起，至九年四月十六日工竣止，内除小建岁暮停工九日外，共计二百日。共用工费炭价银二千五百六十两。以上二共用过工费炭价银五千四百五十三两八钱。

一、使劲滩乱石横江，夏秋水泛之时，浪急汹涌。上水行舟，每多损坏。计滩高一丈三尺，宽六丈二尺，长十二丈。童生于道光八年九月十八日兴工打凿。每日雇用石匠十六名，每名给工银一钱二分。每日雇小工三十五名，每名给工银一钱。每日用煅石煤炭价银四两六钱。每日共用工费炭价银十两零二分。计道光八年九月十八日兴工起，至九年三月二十四日工竣止，内除小建岁暮停工七日外，共计一百八十日。共用工费炭价银一千八百零三两六钱。童生已将滩石打凿净尽，从此上水行舟，毫无相碍。

一、南虎漕石梁横江。夏秋之时，水急汹涌，上水行舟，若行梁外，每每误事。童生将石内开凿一漕，大水之时，船行漕内，方保平顺。计打凿深一丈三尺，宽三丈二尺，长十六丈，于道光九年九月十三日请示兴工。每日雇用石匠三十名，每名给工银一钱二分。每日用小工四十名，每名给银一钱。每日用煅石煤炭银七两二钱。每日共用工费炭价银十四两八钱。计自道光九年九月十三日兴工起，至十年四月十五日停工止，内除小建岁暮停工八日外，共计二百零五日。共用工费炭价银三千零三十四两正。童生已将滩石开凿宽阔，从此上下行船，顺利平稳，均无相碍。

一、鹿角滩巨石横江，夏秋水涨之时，汹涌非常。上下行舟，每遭损坏，惨难尽述。计滩石高一丈八尺，宽二丈六尺，长十二丈。童生于道光十年十一月初八日请示兴工打凿。每日雇石匠二十名，每名给工银一钱二分。每日雇小工四十名，每名给工银一钱。每日煅石煤炭银六两三钱。每日共用工费炭价银十二两七钱。自道光十年十月初八日兴工起，至十一年三月二十八日工竣止，内除小建岁暮停工七日外，共计一百八十四日。共用工费炭价银二千零八十二两八钱。童生已将滩石凿平。嗣后上下行舟，并无相碍。

一、大峰珠巨石横滩，堵住江心。夏秋水泛之时，水向珠冲，下水行舟为害匪轻。计滩高一丈二尺，宽一丈三尺，长一丈五尺。童生于道光十年十一月初八日兴工打凿。雇用石匠十名，每日每名给工银一钱二分。每日雇用小工五十名，每名各给工银一钱。每日用煅石煤炭银三两六钱。每日共用工费炭价银六两三钱。计自道光十年十一月初八日兴工起，至十一年二月十六日工竣止，内除小建岁暮停工五日外，共计九十四日。共用工费炭价银五百九十二两二钱。已将滩朱打平。嗣后下水行舟无碍。

一、锅笼子滩乱石巉岩江心。夏秋之水，泡漩汹涌，险异非常。上下船只，均受其害，伤惨难堪。计滩高二丈四尺，宽六尺，长十一丈八尺。童生于道光九年九月十三日请示兴工打凿。每日雇石匠十八名，每名给工银一钱二分。又每日雇用小工三十名，每名各给工银一钱。每日用煅石炭银四两五钱。每日共用工费炭价银九两六钱六分。计自道光九年九月十三日兴工起，至十年三月二十日工竣止，内除小建岁暮停工七日外，共计一百八十五日，共用银一千七百八十七两一钱。童生已将此滩凿平。嗣后上下行船，平稳无碍。

一、沾山珠巨石截立，堵住中流，泡漩汹涌下流。下水船只，每多误事。计高丈余，宽八尺，长一丈二尺。童生于道光十年十一月二十日兴工打凿。每日雇用石匠十名，每名给工银一钱二分。每日雇小工十五名，每名给工银一钱。每日用煅石煤炭银三两六钱。每日共用工费炭价银六两三钱。计自道光十年十一月二十日兴工起，至十一年二月初八日工竣止，内除小建岁暮停工七日外，共计七十三日。共用过工费炭价银四百五十九两九钱。已将此珠滩凿平。嗣后上下行船，顺流无碍。

一、大浪洪石嘴横江，夏秋之时，水急浪涌。上水船只，每多损坏。计滩高一丈八尺，宽三丈五尺，长十丈。童生于道光十二年十月十一日请示兴工打凿。每日雇用石匠二十名，每名给工银一钱二分。每日雇小工五十名，每名各给工银一钱。每日用煅石煤炭钱七两二钱。每日共用工费炭价银十四两六钱。计自道光十二年十月十一日兴工起，至十三年二月十五日工竣止，内除小建岁暮停工七日外，共计一百二十。用过工费炭价银一千七百五十二两正。童生已将此滩打平滩根。嗣后上下行船，毫无相碍。

一、南沱对面南岸青鱼背纤路。其路陡峻虚险，上水纤夫，往往滚崖跌毙，惨莫尽述。计修纤路四十八丈。童生于道光十三年二月二十日兴工。每日雇用石匠二十名，每名各给工银一钱二分。每日雇用小工三十名，每名给工银一钱。每日共用工费银五两四钱。自道光十三年二月二十日兴工起，至是年四月二十四日工竣止，内除小建一日外，共计六十四日。共用过工费银三百六十五两六钱。已将此纤路修理宽坦平稳。从此大水行船，纤夫永无滚崖跌毙之患。

以上总共用过工费炭价银四万一千八百六十六两四钱。俱系童生自行独力捐办，并无丝毫帮凑派累。

道光十八年（1838 年）

是月二十一日，署四川夔州府巫山县鲁口禀称：湖北汉阳县职员李本忠禀称，职缘于道光三年间，承凿巫山、奉节两处所属黑石等处各险滩，又于白果背开成纤道工程告竣。当经奉节县通详川楚各大宪，奏请议叙在案。惟查巫山大峡之内，尚有极险之大磨滩，接连鸡心石梁、磨盘数嘴，抖水斜冲对岸屋梁子石，以致水漩如磨。上下行舟，每遇大水，致有失事。职情愿独力捐资，请人带同熟习工匠承凿。如蒙邀准，一俟秋后大江水涸，即可择日兴工。理合禀明等情。据此。

卑职查卑县下游大磨等处，原系极险之滩。随即带同书役前往该处，勘得大磨滩离城五十里。南岸石梁、磨盘均长八十余丈不等，高厚十丈余及八九丈不等。每遇江水稍长，其磨盘石梁抖水成漩，波浪汹涌。以致上下行舟，屡有损船失事。如能凿除，以免抖水，其滩必平，则上下行舟，可无患矣。

督部堂鄂批：查该县大磨滩，每遇江水稍涨，其磨盘石梁抖水成漩，以致波浪汹涌，行舟每有失事。今该职员李本忠情愿独力捐资，修凿此滩。其乐善好义，殊堪嘉尚。自应准其鸠工动凿，俾成善举，而利行舟。仰布政司核明转饬该署县，即令该职员，俟秋后水涸，择期修凿。仍饬俟工竣之日，由县勘明，照例造册详办。（注：鄂山为四川总督。）

道光二十年（1840 年）

三月，署四川夔州府巫山县，为工竣禀明，恳赏察勘，通详立案事。案据湖北汉阳县职员李本忠禀称：缘职于道光十八年三月内，以治属下游大峡内大磨险滩，并磨盘、鸡心石嘴，计三处滩石，横立堵水，成漩如磨。每遇夏秋水泛时，损船毙命，不可胜计。目睹此情，实深惨怛。职是以赴辕请示，欲将此滩凿除。蒙前县宪批准通详。随于是年九月二十八日，催倩大小夫匠，开工承凿。于十九年三月内，水起停工。复于是年十月初二日，请示兴工。至本年三月初八日止，业将三处滩石凿平，全工告竣。并将鸡心石上首，新开纤路一条，以利上水舟行。计工三载，计用过工费炭价银二万六千六百七十四两三钱三分三厘。

从此上下舟船，可称顺适。惟职仰荷鸿恩，得遂利济之愿。并蒙饬委捕主，不时在滩鼓励夫匠，俾易于成功，实深感荷。所有此次用过工费银两，邀免造册。且职次子、长孙，叠荷川楚大宪，题请议叙。职合家感戴，难报万一。即于道光九年，补凿奉节县与治属毗连之黑石峡、石板峡、台子角等处，计至道光十二年止，共用过工费炭价银两一万二千四百六十二两六钱三分。曾蒙奉节县主勘明，通详在案。兹将工竣，并用过银数原由，理合恳恩赏勘通详立案，实为德便等情。据此。卑职查该职员李本忠，因卑县大磨险滩等处，每遇江水稍长，其磨盘石梁抖水成漩，波浪汹涌，上下行舟，屡致坏船失事，淹毙人夫。该职员好善可嘉，不惜多金，独立捐资修凿。并新开纤路，于道光十八年九月二十八日，开工修凿起，工程浩大，人夫众多。卑职到任后，饬委卑县署典史试用未入流张兆棠，常川赴滩弹压，颇能认真督率，人夫安静。

兹据该职员具禀，至二十年三月初八日，工程完竣，计用工费炭价银数二万六千六百七十四两三钱三分三厘前来。卑职亲诣该滩，逐细复勘，均皆修凿平坦。询之该处绅耆，佥称修凿得宜。现在滩根已平，从此可无覆溺之虞等语。洵属乐善不倦，于地方大有裨益。自应详请立案。批示饬遵。再该职员独立捐资，并无丝毫敛费情事。所有用过工费银两，邀免造报。合并声明。

——以上均节录自《平滩纪略》

附录　李本忠资料

附录一

李本忠：自费治理三峡航道的"愚公"

作者： 肖波

开发治理长江三峡，是中华民族一个悠远的梦。

200 年以前，有一个人把他的几乎毕生献给了这个梦：

首创民间治理三峡航道，36 年辛劳不辍，直至 81 岁高龄；

独立出资白银 18 万余两，打凿险滩 48 处，开纤道山路无数；

标本兼治，买山林入官封禁，开三峡环保移民之先声；

撰写《平滩纪略》《蜀江指掌》，成为峡江船户驾长必读；

道光皇帝钦赐"乐善好施"金匾，夔州府为其树立功德牌坊；

这个以巨资自费治理三峡的"愚公"李本忠，是长江边上的武汉人。

全面开发、彻底治理三峡，在今天已不再是梦。一个星期后，长江三峡工程就要实现大江截流，"高峡出平湖"的伟大构想又向现实跨进一大步。在这个时候，我们向读者介绍李本忠，既是为了纪念这个了不起的人，也是为了发扬光大"谋天下利，计万世功"的中华民族传统精神。

一、浩浩长江 大哉精神

三峡地区是中华文明的发祥地之一。

峡江的山水，孕育出灿烂的巴楚文化，伟大的爱国诗人屈原就诞生在这块土地上；

《楚辞》《竹枝词》等源出于峡江地区，在中国文学史上占有重要一席；

许多名人文人留下大量的文章、遗迹、传说，为三峡文化增添了绚丽色彩。

然而，对人类的生产活动来讲，三峡地区固有的自然环境是极其不利的。三峡航道暗礁密布，巨石横亘，激流跌宕，漩涡汹涌，凶险万状，历来被视为畏途。古人曾有"蜀道青天不可上，横飞白练三千丈"等咏叹。船工纤夫中流传着"船拉上滩，脑壳碰穿；船放下水，是人是鬼？"等悲凄的歌谣。历代在峡江险滩覆舟丧命者，不计其数。

"白狗次黄牛，滩如竹节稠"是古人形容峡江的险滩众多，其有名可数的就有百余处。

有民谣："青滩泄滩不算滩，空舲才是鬼门关。"空舲滩为峡江险滩之冠，因货船必须卸空才能过滩而得名。

归州城下，有另一著各险滩黄魔滩，又名"九龙奔江"。因其滩有老虎石、人鲊瓮等九道石梁而得名。人鲊瓮的意思是腌人的坛子！听到这个名字就让人胆寒。

历代三峡治滩的官方活动屡见于史料。仅见于《秭归县志》等资料中，较大规模的治理就有：

北宋皇佑三年（公元 1051 年），归州知州赵诚疏凿新滩，历时 80 天；

明万历十八年（公元 1590 年），归州知州吴守忠雇请石工 260 人，用 45 天时间，花费 1500 余两白银，开凿 360 多丈，对空舲峡进行了一次较大的疏浚；

清光绪十四年（公元 1888 年），夔州知府汪鉴筹银 6 万两，历时两年，完成了自白帝城通夔、巫二峡到大溪口状元堆的纤道，宽两三米，长约 15 公里……

这些整治活动，虽然对峡江的航行条件有所改善，但并没有根除滩害。直到 20 世纪 80 年代葛州坝工程建成，回水升高，才基本消除险滩对航行的危害。

今天正在进行的三峡工程，将彻底地让峡江变成通途；同时，当年治理航道的许多痕迹也将永沉水底。但是，李本忠这样一位"愚公"所体现的我们民族的精神，将与浩浩江水并存于世，永远流传。

二、少年立志 誓除滩害

李本忠，字凌汉，号尽已。湖北汉阳人。生于乾隆二十四年（公元 1759 年），卒于道光二十一年（公元 1841 年），终年 82 岁。李家世代在川江到长江中游之间经商，商号"祥兴"。李本忠一生经历乾、嘉、道三朝，正值清王朝由鼎盛走向衰败的转折时期，也就是中国近代史的前夜。

李本忠祖父李武，经商过归州（今秭归）时覆舟溺水，人货两亡，尸首打捞无着。几年后，父亲李之义又在秭归江面遇险落水。消息传回家中，李本忠的母亲乍闻噩耗，悲痛万分，悬梁自尽。而李之义顺江漂流百余里竟然获救，幸免一死。李之义生还之日，一家人悲喜交加，惨痛难以形容。

行船走马三分险，何况在凶险的峡江上讨生活！在又一次的峡江货船翻沉事故中，李之义终没逃出峡江死神之手。

峡江险滩接连夺去了两代长辈的生命，这给未成年的李本忠以极大地震动。他"因先人之惨，立志除害"，在那时就立下了"凿川江险滩，永杜后患"的宏愿。

李本忠接过父亲留下的商号，走上了经商的道路。经过数十年苦心经营，"家事渐顺"，"稍有衣食"。有了积蓄后，他治滩的愿望也就更加强烈。

嘉庆元年（公元 1796 年），爆发了川、陕、楚白莲教大起义。沿江府、州、县，战事频繁，李本忠的愿望不可能实现。

嘉庆九年（公元 1804 年）九月，白莲教起义基本被镇压下去。十月十四日，李本忠赶到归州，呈文给归州知州甘立朝，请求倾"所有独立乐输之财"弃商治滩，足见李本忠治滩心切。但这次的呈文没被批准。

嘉庆十年（公元 1805 年）九月十六月，李本忠再赴峡江，又呈文给归州的上级衙门宜昌府。宜昌府于当月二十四日批复，准其所请，并颁发告示四道。归州收到宜昌府的文书后（陆路铺司或水驿水路传递，均需三到四天到达），才于当月三十日颁布了两道告示，晓谕州民协同开凿。

清政府当时经济政策保守，加之为了防范人民起义，对较大规模的工商活动都加以限制，政府还多次颁令禁民间结社，定聚众结社罪。白莲教事初定，清政府惧心尚存，李本忠的治理活动不能不受到限制：不得因治滩结社，不得接受他人钱财资助，每项工程必须事先报批，限制用工人数等。

李本忠拿出几代人经商的积蓄，偕好友周步州到归州，开始为之准备了前半生，又打算贡献后半生的峡江航道治理事业。此时，他 45 岁。

三、弃商治滩 亲劳胼胝

李本忠选择归州境内的泄滩等做为第一批整治目标，与祖父、父亲在归州江段遇难有关。

他利用冬季枯水季节实施整治。嘉庆十年（公元1805年）十月二十日开工，到第二年三月十二日止，122天里，在泄滩北岸修筑了一条长83丈，宽5～7丈的纤路，极大地改善了此段行船拉纤条件。原先，"此滩当季之水要扯三四根纤绳，当扯断一根，其船必退。纤夫若将纤绳丢迟，拖带滚岩身死，拖带落水身死者常常有之"。纤路修好后，他又在路旁多栽石桩，好让纤夫作挂缆休息和紧急避险之用，"从此纤夫就无滚岩落水之害"。李本忠还疏浚泄滩的漕道，将滩中"大小高低之石尽行检平"，此滩治理工程于嘉庆十三年（公元1808年）才全部完工。

由于当时清政府严厉禁止民间熬硝制火药和使用火药，用炸药碎石是根本不可能的。李本忠带着他的施工队伍，只能用锤敲钎凿等简单方法施工，运输也只能是肩挑背扛。

李本忠在治滩过程中，善于借鉴前人经验。例如，将薪柴堆在礁石上燃烧，将其表皮烧酥，然后层层剥离。不能用炸药，他充分利用当地丰富地煤炭资源。在要除掉的巨石中心凿洞，堆以煤炭燃烧，然后浇上水，淬裂巨石，再处理碎石。所以李本忠所支出的治滩费用中，炭价银占了相当大的一部分。

东湖县（现宜昌县）上90里，黄陵庙下数里，南北两岸分别有险滩名渣波滩、红石子。此乃由楚入川峡江航道第一凶滩。"此滩打过六载，将渣波打平。"随后，李本忠连续三年在夏秋涨水的时候，亲自或派人守滩查看，检验渣波滩工程效果，也指导上下船只安全行船。

粗略估计，治理此滩的工程量有三四十万立方米，6年间平均每天要打凿一百几十立方米礁石。这就是在现今亦是一项大型工程。以《长江水利史略》资料做对比：从1897年到解放前夕，先有英国人为了让英轮入川，用向清政府勒索来的款项开始炸礁，后有清政府浚浦局、民国海关打滩委员会等机构对重庆到宜昌150余处险滩用工，几十年中所炸礁石方量不过四万立方米。

李本忠善于运筹。他将渣波滩打下地数十万立方米礁石，全部填入滩下一个30余丈长的深坑，既减少了泡漩，又减少了搬运石头的工作量。

整治泄滩时，李本忠认真探究其淤滩原因，发现每年夏秋暴雨时，溪水挟带大量山石入江。当年将石检尽，来年复至到，"随打随冲，再打无益"。因此他根据地势水势"轻凿滩，重修路"，避免了无效劳动。又将打下滩石，移于山脚修路，一举两得。

李本忠以坚定的信念和毅力，几十年治滩不止，共用去白银18万两。他也逐渐成为知晓峡江水文地理，熟悉峡江航道，能管理数百人常年治滩队伍的峡江航道整治专家。

"于嘉庆十年起打凿，至道光二十年止，将夔府巫山属，暨归州属，东湖属一切险要之险，概行凿尽……至于沿山纤路，均系危险如壁，其陡窄者，余复錾而宽之；其无路者，余新劈而成之。计险滩四十八处。计年三十六载，竟不觉年已八十有一矣。"（李本忠《平滩纪略》）他全身心地投入治滩，竟不知老之悄然已至！

四、乐善输财 玉壶冰心

《中国俸禄制度史》：清朝正六品知州，每年正俸银128两，加养廉银共计千余两；一名绿营正兵，每年口粮银十数两。

《秭归县志》：清末归州一年田赋正税银，户部额定为858.44两。

《清代经济史简编》：嘉、道年间，田地按生熟肥瘦折每亩白银数两到十数两；长工工价每年4000到8000文铜钱不等（一两白银折铜钱1100文左右）。

18万多两白银，相当归州200多年的税赋；相当知州180年的俸禄；能供一支千余人的军队十年，能购置田地两万余亩！

清朝自乾隆起捐例常开，钱能买官买封典买花翎顶戴。官府捐格高挂，几千两银子能换个知县，花几万能捐个道台。稍加点"指省费"，想到某省就可以到某省。李本忠如想做官，只需动用治滩费用的很小部分就够了。而他把18万多万两白银，无偿地投入到峡江两岸一州三县（归州、东湖县、巫山县、奉节县）的治滩工程，极大地改善了峡江艚道条件，对沿江数州县的经济发展起到重要的推动作用，也使许多生命免难于峡江。

据历史资料可知：峡江一州三县每年应收税赋银约 5000 两（奉节县 2200 两，巫山县 900 余两，归州 820 余两，东湖县 1000 余两），36 年合计为 18 万两！李本忠 36 年投入治滩的银钱也为 18 万两，也就是说等于同时期一州三县应收税赋总额！他对当地经济发展所起到巨大推动作用是很明显的。

李本忠与一般慈善家不同，他不仅捐款，而且将治滩当做自己毕生的事业，全身心地投入。他独立出资、全面谋划、实地勘测、督工修治，甚至亲自驻守滩头观察记录治滩效果和水文变化。他还要往来于官府，请示禀告，与官吏周旋……真是难为了这位可敬的老人。历史上的治水，包括传说中的大禹治水，都是受委派的职务行为，相比之下，李本忠就更显得难能可贵。

李本忠在治滩活动中，较早地认识到了水土保持与滩害的关系，力求标本兼治。

归州城对岸的碎石滩，依傍阴阳二山。李本忠考察发现：崇山之上有陡溪，"嘉庆年间陆续开垦，以至山上掘挖，土被雨淋，石不能栖。每逢夏秋大雨，巨石轮滚陡溪冲出。不但江水塞平，尚碎石出水……堆成凶滩……因思目下虽将水面滩石业已打尽，此山不禁开垦，无草护土，水冲石滚，将来此滩仍然堆砌。"因此，他于道光六年（公元 1826 年），作价迁出阴阳山蔡、马、王、刘、姜、谭 6 户山民，开三峡环保移民之先声。他将山林买下，交给归州"入官封禁"；并出资雇请桓大成等二人住守此山，严防垦荒、砍树，从源头堵住了乱石入江，"从此溪中永无滚石成滩之患。以后无此滩名"。阴阳山山林约有 600 余亩，封禁后一直保持原有植被，新中国成立后成为秭归县国营林场的家底。

嘉庆二十二年（公元 1817 年），归州知州李炘创立了归州官学——丹阳书院。道光八年（公元 1828 年），李本忠捐阴阳山、茅坪学田两份，年收租稞 180 串文以助学（《秭归县志》）。这两份学田便是归州学田的全部。

清中叶后官吏的腐败是臭名远播的，比明朝更甚。36 年治滩中，李本忠与官府打交道时，各种杂项支出无具体数字，但肯定不在少数。《中国长江三峡大辞典》载其治滩用银 20 余万两，并不为过。

五、桃李无言 下自成蹊

四川奉节县下峡口的南岸大溪口，是夔关通往施南的咽喉通道，交通繁忙，来往行人络绎不绝。原来没有通夔关的山路，来往行人靠渡船在此转乘，如果赶不上渡船，就会延误一日。这本不在治滩范围，为给行人提供方便，李本忠出资在峡中开出一条山路。行人过河走白果背、乾沟子，经白帝城到夔关，从此"行人不得羁延"，旅人称便。

36年间，川楚两省受惠州府曾多次将他的事迹上报督抚，转奏朝庭，请予旌表。道光皇帝钦赐"乐善好施"四字匾额，清政府为他"丈尺清册"，拨库银命夔州府为李本忠建树牌坊，以流芳后世。

道光二十年（公元1840年），李本忠"自顾精力衰朽，疾病频加"，不得不停下治理峡江航道的事业返回家乡。此时他已是81岁的老人了，仍念念不忘峡江航行的安危。"恐桑榆暮景，未能久留于世"，他将历年打凿原案始末抄录，并总结几十年上川下楚，整治峡江航道的经验，以自己掌握的峡江地理、水文变化第一手资料，整理撰写了《平滩纪略》和《蜀江指掌》二书。

《平滩纪略》一书由豫南李正心作序，是李本忠36年治滩活动的详细记录。书中对每项治理工程始末、进度，所用人工、材料花费银两等，均有具体而准确的记载。其间发生的与治滩有关的社会活动、官府往来文字资料等，也被收集在册。这本书既反映了治滩工程的浩繁，艰辛曲折，也从某一个侧面反映了当时政治、经济、社会等多方面的情况。

《蜀江指掌》由"无算老人"作序。李本忠从宜昌府东湖属的渣波滩记起，到巫山县大磨滩以及夔州府奉节县黑峡口诸滩嘴，对峡江航道中20几处险滩的地理特点、水文变化以及整治后安全行船要点详加记述，书中随处可见对船户驾长的殷切嘱告。此书犹如保证峡江安全行船的一盏航标灯。

二书于道光庚子年（公元1840年）刊行，共六册，为后人留下峡江水文、航道等宝贵资料。

李本忠的治滩义举，在当时就被人传颂，也有人怀疑是否真有其事。"豫南李正心先生宦游来楚，造庐相访。询及平滩一事，据云终系耳闻，究未目睹。因出抄录之书呈渠一览。先生阅毕，即拍案称奇。曰：此稿乌可不刊刻成函，以传后世耶？余曰：我因先人之惨，立志除害。今幸天假成功，以偿前愿。然尚有归州泄滩南岸之嘴未除，纤路未开；又有归州下首钉盘碛、攒肚子滩未凿，奈年老多病，不能打除，终是耿耿于怀，曷敢刊刻？（《平滩纪略》）。老人在病中尚为未完成的两项工程深感遗憾，抄录二书也不愿刊刻！只是在其孙李贤俊和李正心的一再劝导下，才同意"付诸枣梨"，并将两处未除之滩等资料附录其后。他还希望"倘蒙天假以岁，明年将此二处之滩开工凿除，不过道光二十三四年既可告成。则余之愿庶可以稍慰矣！"不幸，就在次年，为治理峡江操劳一生的李本忠即溘然长逝，读《平滩纪略》一书至此，崇敬之情能不油然而生！

李本忠是我国历史上第一位自费治理峡江航道的人。其耗费之巨，时间之长，治理之系统，以个人论，前不见古人，后未有来者。36年间打凿之石，沿193公里的三峡江岸，垒成1米见方的石墙，能摆好多个来回。他是一位民间治滩专家。更是让峡江儿女、中华子孙牢记的治滩英雄。

但是，不仅仅如此，李本忠身上表现出来的，是中华民族的崇高精神——

计万世功，谋天下利；

脚踏实地，死而后已！

发表于《长江日报》1997年10月31日第7版

附录二

传奇汉商李本忠

作者： 肖 波

清嘉道以降，数种汉阳旧志、新编《武汉市志·人物志》《湖北省志·人物志稿》等，均有李本忠小传；由李本忠收集、编撰的珍贵史料《平滩纪略》，被涉及长江航运及航道整治的多种专业志书及著述大量引用。

通过研读《平滩纪略》，以及近年来发现的李本忠相关史料，让我们看到了传奇汉商李本忠平滩治险外的另一面。

一、传奇家世 蓝顶汉商

李本忠（公元1759—公元1842年），字凌汉，号尽已，因商号名"祥兴"，又称其为李祥兴；湖北汉阳府汉阳县汉口大智坊人，其家族"累业书香"。曾祖父李昌明，祖父李武，父亲李之义。李本忠原配季氏，续弦季氏。长子李良政（公元1785—公元1829年），出自原配季氏；次子李良宪（公元1810年—？），出自续弦季氏。长孙李贤俊，次孙（佚名），三孙李贤佐（公元1815—公元1836年）均出自长子。

李家自李武一代开始经商。《湖北通志志余》述其经商肇始，和"黄鹤楼飞金叶"故事中的沈元喜收荒得金砖发家史类似，颇具传奇色彩。

李武原本是在武汉三镇之间划船摆渡为生的船夫，每次每位乘客收取五文铜钱。一日，一位过渡的江浙客商在船上遗落一大包白银，李武拾得后，便停下生意在原处等候。江浙客商返回寻找，李武原封不动地将包裹交还。客商非常感动，随手拿出一锭银子酬谢。李武婉拒说，大包的银子我都不贪，我更不会收这一锭银子。再三推辞，坚持不收客商的酬金。江浙客商转而将随身携带的一只金华火腿送给诚实可亲的李武，推辞不过，李武收下了。

不日后到了月初一，李武将这只火腿和其他供品摆放在船头供桌上祭神，正在弯腰行礼之时，忽然一只老鹰俯冲下来，将火腿叼走。老鹰沿着江岸盘旋，要下不下，又不远离。李武划船跟着老鹰追，一路来到一处荒芜的江洲，火腿从老鹰口中落了下来，老鹰一下子飞不见了。李武将船靠上荒洲，岸边有一处崩塌处，露出了一条木船的轮廓，上前用手一摸，朽木纷纷散落，仔细查看，船里竟装着满舱白银！原来这是一艘古代沉舟，被沙洲所掩埋，因水流变化、冲刷显露了出来。李武将这些白银装载回家。这时，先前那位江浙客商专程邀李武一同到四川贩运大米，客商拿出巨资做本钱。李武心想贩米确是一个赚钱的生意，自己又有行船经验，于是欣然将这些银子拿出，添在客商巨资中，从四川购大米，运到江浙一带销售。

生意逐渐走上正轨，商铺林立的汉正街多了一家"李祥兴"商号。自四川至江浙，长江水路五千里，"祥兴"号商船来往不断，经销川米和淮盐。至李本忠一代，"祥兴号"已在川楚等地开有多家分号，李家已成为富甲一方的汉皋巨商。

李家数代在楚蜀之间经商，唯一的运输方式是船运，每次必经"滩如竹节稠"、每年覆舟亡人无数的长江三峡险段。乾隆三十年（公元1765年）前后，祖父李武一次经商下峡江时，在归州境内险滩覆舟溺水，人货两亡，尸首打捞无着。仅数年，父亲李之义入川经商，他委托其娘家舅舅石英在汉关照李本忠母子。归途中李之义又在归州江面遇险，覆舟落水。从四川返汉口的人，带回李之义溺死讯息。母亲朱氏乍闻噩耗，悲痛万分。恰此时10岁左右的李本忠突发水痘，高烧昏迷，几天不醒，寻遍医药，仍无起色，眼看不治。六神无主、绝望至极的朱氏服砒霜而死。哪知李之义落水后，顺江漂流百余里至三斗铺一带获救，大难不死。不久李本忠水痘亦痊愈。

三峡航道险滩致使两位至亲惨痛离别，李本忠"因先人之惨，立志除害"，在幼年时就立下了"凿川江险滩，永杜后患"的宏愿。接手"祥兴"号后，他披星戴月，数十年苦心经营，"家事渐顺、稍有衣食"，生意重新走上正轨，积攒下一笔不菲的资财。

嘉庆九年（公元1804年），李本忠让有从九职衔的好友周步洲领衔具禀，先后呈文归州和宜昌府，请求自费治理长江航道。嘉庆十年（公元1805年）

获得宜昌府批准后，46岁的李本忠亲自组织施工队伍，精心挑选管理人员，当年就开始实施大规模的治理工程。凿险滩、辟纤路、修水道，至《平滩纪略》成书的道光二十年，36年间仅支出的人工费用和购买煤炭费用，就高达18万余两白银。加上此后的两年，李本忠治滩时间长达38年。

三峡航道是接连川楚的主要水道，不仅是商船、民船，也是官船上川下楚和云贵输京铜铅船的必经之道。因为滩害，每年在此覆舟丧命者无数，涨水期尤甚，"冒险开行，客货民命十无一救"。每年仅铜铅船在峡江新滩一处的盘滩费用，就要耗费库币数千两白银。如果铜铅船在境内失事，地方官还要负责督促打捞，受拖累不小，地方政府对峡江航道也进行过有限治理。因此李本忠投巨资大规模、系统地治理长江三峡滩害的举动，得到沿岸县、州、府官方的支持。

首期归州境内的整治工程，共计用过工价银21462.4两。嘉庆十二年（公元1807年）四月起，归州县、宜昌府官员将李本忠治滩事迹逐级上报督抚、部堂，题请议叙，予以表彰和奖励。

道光三年（公元1823年）十一月至道光五年（公元1825年）二月，李本忠又完成了四川夔州府奉节县境内黑石滩、石板峡等险滩及白果背等纤路的开修整治，共用过工资、炭价银12610两。夔州府奉节县为给李本忠题请议叙，移文汉阳县，请求协助提供李本忠三代名氏妥册。李本忠知道后，于八月具禀上书汉阳县，称自愿捐资承办治滩，只为完成心愿，以尽孝思，"不敢邀功，以违心愿，所有履历，未便开呈"。

此后治滩工程又转回宜昌府归州、东湖县等地，投入费用随之增加。四川、湖北府县官府屡次为其题请议叙，合并金额，并案鼓励。李本忠再三力辞，官府公文称"更足见其括淡居心、洵堪嘉尚"，但未便准其辞让，不许请辞。

道光六年（公元1826年）十月，李本忠具禀上书称"职因年迈，邀免议叙"，请求能否邀恩援例议叙长子李良政和正在攻书应考的次子李良宪中的一人，并上报了父子三人名氏履历、三代存殁。清代官府办理公案，以成案为例，因为没有将议叙转给后人的先例，官府文书往来又是数年。

道光九年（公元1829年）二月，李本忠44岁的长子李良政病故。李良政名下的捐款数又转到其长子李贤俊的名下。是年十一月，李贤俊、李良宪均被授予盐运司运同职衔（从四品）。

至道光五年（公元1825年），66岁的李本忠已在三峡治滩一线奋战了整整20年，患上严重的耳聋等疾病。因长子李良政主持"祥兴"号，次子李良宪、长孙李贤俊正在攻书、应试，他选择了三孙李贤佐，带他熟悉治滩事务，准备让他接替自己，继续治滩事业。

道光五年四月，年仅10岁的李贤佐受祖父之命赴东湖县（现宜昌市夷陵区）呈禀，承凿境内渣波滩、黛石滩、使劲滩、锅笼子等处及开修青鱼背纤路。这几处工程于次年动工，用时长达8年，共用去工费、炭价银41860.4两。因李本忠老迈，此项工程基本上由长孙李贤佐协同相关管理人员督率完成。工程完工后，李本忠又指示安排相关人员连续两年于夏水泛涨之时，在各滩驻守查看整治后的水流，向上下船驾长、水手询问行船情况，确认水流顺畅、化险为夷、永无覆舟之患，确属功效显著，这才命李贤佐于道光十五年（公元1835年）四月呈文，报告工程完工。东湖县、宜昌府将工程用银、工期明细造册，连同李贤佐三代履历，上报湖北督抚，再转呈吏部、礼部，题请依例从优议叙，以彰善举。道光十六年（公元1836年）七月，21岁的李贤佐不幸病故。道光皇帝于这年十月批准了朝廷礼部关于题请李贤佐"乐善好施"的旌表，并由地方官府给银30两建立牌坊。

旧时读书人的出路是应试、出仕，千军万马过独木桥。为应对浩繁的军事等项开支，清政府在一定时期实行了捐纳制度。久考未果者，或为求得一个功名、出身，有经济能力的，往往走这条捷径。嘉庆七年（公元1802年）八月，17岁的李良政"在部捐监"，获得监生身份。为了在处理治滩事务时与官府打交道的便利，李本忠于嘉庆十三年（公元1808年）十一月，遵例捐纳监生。道光三年（公元1823年）九月，38岁的李良政再次赴部捐银300两，由监生加捐布正司理问职衔（从六品）；又加捐440两，加二级。同时，李良政依例恭请貤封（将封爵名号移授给亲族尊长）父亲李本忠五品职衔。道光十一年（公元1831年）夏，汉阳、汉口大水，李本忠助赈义捐铜钱3000串文，清政府对已有五品职衔的李本忠给予加三级褒奖。

李本忠在川楚两省的整治险滩、纤道的工程连续不断，经检验实有成效；

出资购买阴阳山入官封禁，避免因开垦滚石危害航道。这些举措极大改善了峡江航道的航行条件，陆续投入了 10 余万两白银的巨资。两省商民感戴李本忠恩德，纷纷请求为李本忠树碑以彰显善举。两省官府在后续工程完工后，再次为李本忠题请议叙。道光十六年（公元 1836 年）六月，经道光皇帝恩准，给予已有五品封典的李本忠道员职衔（正四品）。

清朝官员四品、从四品红缨顶戴的顶珠均为青金石，俗称暗蓝顶。李本忠自称"恩隆三赐"（长孙、次子授盐运司运同衔；赐李贤佐"乐善好施"牌坊，授候补道），李家三代三蓝顶，是汉商的传奇，也是汉商的殊荣。虽然不是实授，但候补道和盐运司运同的职衔，对"李祥兴"商号的盐业等生意无疑带来极大的利益，李家能成为汉商首富，借力不少。

当道光十八年（公元 1838 年）三月渣波滩等整治工程完工，宜昌府再次为李本忠题请议叙时，李本忠具禀谢恩，再次免请议叙道："三请议叙，已属望外。若再蒙叙典，是职邀功图荣之行竟无已时。"此时李本忠已自称"道职"。

二、乐善好施　造福桑梓

李本忠一生尊崇儒释道三教，接手商号后，辛劳经营多年，家事渐顺、父债已偿，致富后不但乐善好施，而且"乐善不倦"。同治《汉阳县志》细数其治滩平险善举："居平赈贫乏，恤孤寡，施棺木，掩暴露，善行不一端，然皆故常之举，不更表之，独表其巨者。"

李本忠近 40 年间连续大规模治理峡江航道，沿三峡一路施惠。"将夔府、巫山属，暨归州、东湖属一切险要之滩，概行凿尽"，"至于沿山纤路，均系危险如壁，其陡窄者，余复凿而宽之；其无路者，余新劈而成之"，极大地改善了峡江通航条件，活人无数。"于是曲沱左右来往者棹歌竞发，津鼓不停；有司褒奖，行路者皆拜德焉"。铜铅畅通输京，纤夫再无滚岩丧命之虑，来往官商民等、船家、驾长，莫不交相赞誉。尤其是"恩隆三赐"，其善举得到道光皇帝和清政府的褒奖，授衔、树坊、立碑，无疑影响深远。

治滩期间，李本忠还环保移民、捐学田、扶危济贫，善行累累。道光八年（公元 1828 年），李本忠购买归州阴阳山入官封禁，开环保移民先声。既保护植被、根治了滩害，又改善了 6 户山民的生存条件。同年，李本忠在归州建东茅坪乡置水田一份，用钱 920 串文，年收租谷折价 80 串文；又在东湖县三溪铺购水田一份，用钱 350 串文，年收租谷折价 41 串文。李本忠捐出这两处年收租谷折价共 121 串文水田做归州县学学田，连同阴阳山果木出息，每年除完纳国课及支付阴阳山看山人费用外，全部用作归州县学丹阳书院贫穷学子的学费及大比之年归州士绅宾兴之资，并与归州儒学及士绅妥议分配章程。道光十八年（公元 1838 年），在巫山境内治理大魔滩期间，巫山鲁县令倡议并带头捐资，拟购买田地山场，收租用于打捞、掩埋浮殍。李本忠积极响应，捐银 200 两（折钱约 250 串文），共收捐款合计 590 串文，购买的田地年收租 48 串文。越年，在继任张县令任内，李本忠再捐银 300 两（折钱 432 串文零 651 文），此次众人共捐 845 串零 251 文，李本忠一人捐资超半。捐款购田地年收租 92 串文零 800 文，与鲁县令任内购买的义田合计，每年收租 140 串零 600 文，足够添置棺木。李本忠与张县令等商议、制定了章程，并刻碑公示。

经商致富的李本忠，没有忘记家乡的父老乡亲。乾隆五十八年（公元 1793 年），34 岁的李本忠已从商多年，在汉口遇见儿时的同学易澄心，此时的易澄心穷困潦倒，因经济拮据，病逝 6 年的母亲和刚刚病逝的儿媳因无钱无法下葬。李本忠二话没说，亲自为易母及儿媳选定墓地，卜定吉期安葬，并撰写了墓志铭。

始建于康熙四十四年（公元 1705 年）的汉阳书院，因毗邻晴川阁，乾隆初年更名"晴川"。嘉庆十三年（公元 1808 年），知府刘斌倡议改建，购得试院西张氏故宅一座，着人修葺；十四年（公元 1809 年），时任汉阳知县的裘行恕，动员民间出资重建，已届天命之年的李本忠捐资整修了学宫。嘉庆年间，汉阳学风日盛，学子越来越多，但清廷所定汉阳府进学名额太少，每科仅 15 名。嘉庆二十年（公元 1815 年），汉阳士绅徐镐倡议，李本忠等 20 位士绅、儒士联名，通过汉阳知县裘行恕上书清廷，请求增加汉阳学额。后获准增加学额 3 名。

道光十一年（公元 1831 年）夏，汉口、汉阳大水，商民受灾严重，周边灾民也蜂拥进城。官府号召众商伸援手，汉口绅商纷纷解囊救济。李本忠不仅助赈义捐钱 3000 串文（后清政府对已有五品封典职衔的李本忠给与加三级褒奖），而且让自己的商号加紧从四川购买粮食运汉救急。重庆的分店"渝号李祥兴"，在巴县（重庆）紧急采购粮食，接连发运汉口，接济灾民。九月初，雇用范姓船家，发出一只装载 400 余石胡豆的粮船到汉口，支付运费 440 串铜钱。因为船不敷使用，又预支 189 两白银和 100 串铜钱，让船家紧急购买一条新船，发运大米 380 余石至汉口，支付运费 420 串铜钱。

是年大水过后，汉口玉带河及袁公堤全面进行维修，共用银 37 万两，全部来自当地商人的捐助，其中就有李本忠捐出的善款。清人叶调元《汉口竹枝词》中有一首："龙王庙口汉江连，激浪惊泷似箭穿。水果行开飞阁上，渡江船艤木簰前。"他专门做了注解："庙在江汉应交之处，陡岸飞流，不能停泊。有木簰长数丈，广半之，用大杙、铁索系于江岸，外以泊船，内以长艒接岸，李祥兴力也。"得益于常年跑码头见多识广，李本忠别出心裁，将坚实、粗大的木桩打入汉江底，札一木簰，伸出江岸，用粗大的铁链捆系，可拦搁自上游急流中快速下行的船只，并可以随汉水涨跌上下调整，登岸者如履平地，彻底改变了龙王庙码头窄隘，登岸之人每每失足落水的危险境况。

在外经商时，李本忠同样关照同乡。嘉庆十四年（公元 1809 年）三月，在重庆的李本忠与吕嘉会、邓天贵等人，共凑银 4100 两，借给同乡张志德，让他用做开设瓷器店的本钱。其中李本忠出资占了大头。

李本忠在家乡广施善行，造福桑梓，屡屡给寺庙、道观捐善款。他出资整修汉阳玄妙观，被后人写入唱本四处传唱；他为汉口、汉阳多个善堂捐资；在铁门关等处设立救生红船，救人无数；他参与多种慈善活动，却又不愿出头，不愿沽名钓誉；他为重庆湖广会馆捐款，为在渝的湖北老乡提供便利。史载：（李本忠）"由是创诸善举，若救生局、崇善堂，每岁费以数万计。"

汉阳名刹归元寺的罗汉堂，每到开放日，信众、游人如织。但没有多少人知道，最初的罗汉堂和其中的五百罗汉，都是由汉商李本忠捐建的。道光二十年（公元 1840 年），李正心在为《平滩纪略》写的序言里写道：（李本忠）"建立罗汉堂甲子殿阔大坚牢"。光绪二十六年（公元 1900 年）曹生谦诗文《重修罗汉堂落成志庆》也中写道："道光之季骎炽昌，李氏捐修罗汉堂。"

据《武汉市志·文物志》载，道光十四年（公元 1834 年），由李本忠捐资助修的归元寺 24 间甲字型罗汉堂告成，占地 3500 平方米。罗汉堂建设兼顾了归元寺的整体布局，考虑到了以后的发展，即可与归元寺整体建筑浑然一体，又可独立成为一院落。是年李本忠 75 岁。

李本忠不仅全资资助兴建了罗汉堂及五百罗汉法相，还出资敬修了佛、菩萨、天王等法相。据《归元禅寺志》记载，当时寺院的主持聘请塑师，应聘者百人，最后唯有黄陂王氏父子入选。归元寺早年藏有嘉庆三年（公元 1798 年）常州天宁寺石刻五百罗汉相拓本，王氏父子以拓为本，再行创作。工艺上采用"脱胎漆塑"，又称"金身托沙塑像"，历时 9 年方告成功。可惜道光罗汉堂毁于咸丰年间（公元 1852 年）太平天国兵燹，归元寺现有五百罗汉，是重建后以南岳衡山祝圣寺五百罗汉石刻拓本为依据，提炼加工，于光绪二十八年（公元 1902 年）大功告成。

道光二十二年（公元 1842 年），83 岁高龄的李本忠知道留给他的时间已经不多了，为做长久安排，他又出资 1000 两白银，购买了水田 15 石（约合 95 亩）及 7 座房舍等，无偿捐给归元寺，以该水田年租额 198 石米及附加收入，用作罗汉堂香灯及拾扫之资。该笔买卖契约名曰《大卖水田庄屋基地约》，现由归元寺保存。《归元禅寺志》在历代檀越表及其他章节有多处李祥兴的记载。

三、感动中国 诗文传唱

李本忠的事迹在清末民初就已"感动中国"。有多种志书、诗文、碑文将其事迹传世。

清道光以降，三峡沿线四川奉节、巫山，湖北秭归、宜昌以及汉阳等地府县志，如《湖北通志志余》《汉阳县识》等，均记有李本忠治滩及乐善好施等事迹。

清光绪陈康祺笔记《郎潜纪闻三笔·李凌汉捐赀平楚蜀险滩》中赞到："至今往还楚蜀者，峨舸大舸中，犹时闻长年老辈啧啧道李凌汉也。贸迁小夫，负夸娥愚公之志，卒溃于成，久官斯土者，咸自愧心力之弗逮焉，亦奇人奇事已。"清李岳瑞笔记《悔逸斋笔乘》"纪李本忠事"简述了李本忠治滩义举后写道："呜呼！使此事在欧美，则铜像之铸，传记之纪载，馨香百祀，宁有已时？而吾国则湮没无传，能言其事者，殆于万不得一。此吾国群治之所以日退也。噫！"李岳瑞为李本忠没有获得应有地位，其事迹没有得到彰显而鸣不平。

同治七年《汉阳县志》收录有李本忠小传："李本忠，汉镇人，好义乐施，以豪侠自命。"述其治滩："捐数万金，备器具，转巨石，铲颓岸；石之横据江流者，焚以炎火，沃以食醯，摧其刚坚，化为劫烬，然后连樯东下，百里一瞬；复刊木开路，以备牵道，曲者直之，狭者广之；于是曲沱左右来往者棹歌竞发，津鼓不停，有司褒奖，行路者皆拜德焉。"民国九年（1920年）编纂的《夏口县志》引用了这则小传，仅三五字不同。其《徐镐传》中有李本忠事迹。民国王葆心在《续汉口丛谈》中，引用了光绪十年张行简编纂的《汉阳县识》：（李本忠）"捐数十万金，劂巨石之横梗江心者，刊木表道，以通纤夫。舟行上下者，群占利涉，详具《平滩纪略》，功何伟欤！其他义举，皆百桧以下矣。"

初版于1915年的《清朝野史大观》录入《郎潜纪闻三笔》之《李凌汉捐赀平楚蜀险滩》。1917年出版的《清稗类钞》，赞李本忠事迹曰："始嘉庆乙丑，讫道光庚子，凡平险四十有八，所费金二十万，盖旷世义举也。"

不仅史志类书籍对李本忠的事迹有所记载，而且四川、湖北等地的民众自发申请为他刻写碑文，赞颂其善行。自道光十四年（公元1834年）起，重庆暨川楚两省各绅士及各船贸易人士等，俱在各县请示勒石，以彰李本忠的善行，流芳后世。除刘师培的一篇碑文，其他碑文均因《平滩纪略》得以保存。

道光十八年（公元1838年）三月十二日，四川阖省首士在《请示勒碑稿》中，称颂李本忠"念长江之险阻，行旅惟艰，是以不惜重资期于人定胜天、化险为夷之效，凿鳞石为平坦，布广惠于夔门，从此行旅皆安，艨艟易泛。波清浪静，静锁巫山十二之峰；风息水平，平治蜀楚三千之路。川湖黎庶共庆安澜，各省商民咸占利涉"。其德行"义秉千秋，宜许铭勒于道路，用彰善行，以垂彼世"。同年四月，四川夔州士绅领衔，三峡沿江部分官员、候补官员、乡绅、16家银号、川楚八大船帮共70余人，在请求勒石《李公凿滩记功碑》呈稿上签名。文中谓其治滩"得以偿其愿，可不谓有志者事竟成欤？"；"故吾谓是役也，也不难于捐数十万之赀，而难其处心积虑，惨淡经营，历数十年之久而不辞。其瘁夫乃叹仁人孝子之用心为甚苦也，表而彰之，其亦足为天下后世之好善乐施者风与。"这年仲秋，湖广阖省十府呈报《四川重庆府巴县禹王宫碑记》稿，请求在禹王宫内为李本忠立碑记功。赞其："公纯孝格天，私心报国，轻财好义，撙节操持"；"今而后，凡官于川、贸于川者，莫不佩公之惠、感公之德、乐道公之特达，吾侪楚人亦與有荣施焉。金谋叙其颠末，泐之贞珉，永垂不朽，且以励将来之乐善获福者。"

道光二十年（公元 1840 年）仲春，由向其初等 13 人在四川巫山县请示勒石：其中有"宜乎懋乃绩而付诸不朽，俾天下后世，知商贾中有伟人与河山而并寿，以此风世讵不伟与"之语。在汉阳县的四川会馆会首陶太和、朱文秀等，也向汉阳府县请示为李本忠勒石。

国学大师刘师培于在 1913 年仲夏，以"汉阳李祥兴开凿屈沱石险颂"为题，用骈体为李本忠撰写的一篇 380 字的碑文：称"楚蜀民仪，推绎本原，缅君惠勤，泐石铭勋"；"禹抑下鸿，君弘其功。李冰导江，君缵其隆"。把李本忠与治水的大禹和主持都江堰工程的李冰相提并论。这是已发现的唯一一篇民国时期颂扬李本忠事迹的碑文。

清道光后期开始，一些文人骚客把李本忠事迹写入诗文、唱本四处传唱。其中清叶调元的《汉口竹枝词》关于龙王庙码头的一首被后人引用得最多。

时人曹玉生写的《归州》诗："黄泥三滚石矶荡，新旧归州两相望。此地当年水更狂，九龙石亘河中央。我闻李叟曾凿险，千槌万杵石骨坚。火燔油注应手碎，坐地日费数万钱。至今石立沿尔尔，怖杀当年来去船。"展示了李本忠以火攻石的治滩手段和三峡航道的险峻。

江西金溪的李旃，不仅写有《平滩行》诗，还附有介绍李本忠义行的序。其中有"长年高歌贾客眠，逢人都颂李凌汉"的诗句。长诗通过平滩前后三峡行船条件的强烈对比，以及船家的称颂，让上下川楚的旅人记住了李凌汉的名字和他的平滩事迹。

清末民初，武汉三镇及周边地区流行一篇反映清末武汉景观、风情的曲词唱本《江汉图》（作者郑东华）。《江汉图》按 12 个月顺序，叙述描写武汉三镇四季风光和可供游览的景点景色，同时也描绘了当时社会风貌和风俗情趣。唱本三处提到了李本忠事迹：整修玄妙观、救生局红船以及归元寺五百罗汉。后湖北地方戏剧工作者将其改编成楚戏《江汉图》，不仅保留了这三处，还增加了有关善堂的句子。多项善举被编进戏剧在三镇广泛流传，唱词中直呼其名，除了李本忠，武汉地区绝无二人！

四、汉商首富 扑朔迷离

咸丰三年（公元1853年）1月12日，太平军攻破武昌城，占领武汉三镇后，太平天国实行圣库制度。不仅搜缴官府库银，还派出人员，"三五成群，见高门大户，闯然而入，衣物银钱，器具粮食，席卷一空"。当时太平军搜到湖北布政司广储道库银70余万两、粮储道库银10余万两，还有道、府、县库银若干，总计约100万两。当搜到武昌城内富户李祥兴家时，太平军破门直入，直接将所藏白银120万两抄去，太平军某头目得悉李本忠平滩事迹后，不仅没有杀戮李家人，竟"念伊久作善事，曾在川江打滩，有功百姓"，派太平军将领到李本忠坟墓前拜祭。对所抄走的银两还给予"借票"，许偌太平天国成功后归还。李家在武昌购置的另一处房产，原系四川建昌道刘姓官员公馆，在战火中遭毁坏，藏在刘公馆鱼池下秘密银库里的10万两夔关银锭，全数被太平军抄走。

当时合武昌城官府全部库银只有百万两，李家两处竟抄走130万两现银！未算分号存银、货物占用资金和钱庄票据，仅从这130万两现银看，当时的汉商首富非李家莫属。其经营规模和财富数量，与同时期的叶开泰、汪玉霞等商铺，不可同日而语。

徐明庭先生在《武汉竹枝词》校注中为罗汉《盐商》一词注解时写道："著名盐商有清代中叶的李祥兴与包云舫叔侄。"包家是江浙籍，而李祥兴是地道的汉口人。

李家原住汉口大智坊，为何在武昌有多处房产？道光二十九年（公元1849年）汉口大水，叶调元《汉口竹枝词》中有22首记此次水灾。其注解中记："闰四月末至五月末，大雨如注，止晴三日"；"雨久水深，倒墙无算"；"富户多迁江夏，贫户始则无财，继则无路，待毙而已"。为李家移居武昌做了最好的注解。另一个原因可能是李家数人有功名在身，武昌是一座"官城"，做官毕竟要和官府靠拢。再一个原因是武昌有城防，太平天国兴起后，李家自然需要一个安全的环境，不像汉口几乎不设防。存放这么一大批现银，无疑是李家的失策。当然，这时的"李祥兴"当家人，已是李本忠的儿孙。

令人不解的是，赫赫有名的汉商巨富，咸丰后竟一夜之间销声匿迹，至今尚未发现其在清末民初的经商活动史料。躲过了道光二十八年（公元1848年）、二十九年（公元1849年）汉口大水、武昌新河大火，按说李本忠子嗣数支，应该可以躲过太平天国、辛亥革命等战祸。时值近现代，尚未听说"李祥兴"复出。或是咸丰三年（公元1853年）李家伤了根本，一蹶不振？或是太平军撤退时全家被裹挟离汉？或是清廷秋后算账，追究"助逆"重罪？或是此后因故离开家乡武汉？这有待其后人显身，或能找到其家谱，或有新的史料发现，方能解惑。

李本忠一生经历乾嘉道三朝，正值清王朝由鼎盛走向衰败的转折时期，在鸦片战争结束之年去世。他"由困而亨，乐善不倦"；他善于谋划，经商有道，知人善任；一生尊崇儒释道三教，造福桑梓，善举无数；他坚守信念，坚韧不拔，长期奋战在治滩第一线，是一位150多年前就被人传唱的感动中国的"愚公"。

发表于《武汉春秋》2013年第二期

附录三

李本忠简表

李本忠：乾隆二十四年（公元 1759 年）——道光二十二年（公元 1842 年）

乾隆年间

乾隆二十四年（乙卯 1759 年；出生）

是年，李本忠出生。

其幼年时，祖父李武于川、楚间经商，一次途径三峡归州（今秭归）段险滩，覆舟溺亡。后数年，父李之义又在归州境内险滩覆舟，漂流百余里至三斗坪始获救。李本忠母亲朱氏在汉口乍闻噩耗，仰药殉节。

乾隆三十九年（甲午 1774 年；15 岁）

少年李本忠与易澄心等同在私塾攻书，受教于曹夫子。是年参加科试。

乾隆五十年（乙已 1785 年，26 岁）

长子李良政出生。

乾隆五十三年（戊申 1788 年，29 岁）

是年，与同窗等在汉阳县学公谒儒学老师。

乾隆五十九年（甲寅 1794 年，35 岁）

是年，出资义葬同窗易澄心的母亲严氏及儿媳郭氏，并亲撰墓志铭。

嘉庆年间

嘉庆七年（壬戌 1802 年，43 岁）

是年八月三十日，长子李良政"在部捐监"。

嘉庆九年（甲子 1804 年，45 岁）

是年由重庆巴县载货返汉口途中，船至峡江归州境内牛口滩段遇险。

十月十四日，由好友周步洲（汉阳县人，从九），代呈禀帖归州州牧甘立朝，申请独资整治归州治内牛口滩、泄滩等滩险。未获批准。

嘉庆十年（乙丑 1805 年，46 岁）

九月十六日，周步洲代李本忠呈禀宜昌府王知府，请示平险治滩。

宜昌府于九月二十四日批复，并颁发告示四道。归州州牧收到宜昌府札文后，于同月三十日颁布告示两道，张贴牛口滩、泄滩两处，晓谕州民协同李本忠等开凿滩石。

十月二十日，第一期捡凿牛口滩漕道，培修牛口滩南岸纤道，整修泄滩北岸纤道，整治莲花滩漕道等 4 处整治工程同时开工。

嘉庆十一年（丙寅 1806 年，47 岁）

三月十二日，第一期 4 处整治工程告竣，计 122 天。

三月十六日，具禀归州，请示勒石晓谕，禁止在纤路上搭盖茅棚、修建渔坊等，禁止滋事、勒索，保护已修纤道和水漕，以免有碍纤路。

十月具禀归州，请示修复被夏水冲毁的牛口滩、泄滩纤道、漕道等，及检凿八斗官漕、白洞子等滩险。于十月二十五日兴工，至十二年三月初十日工竣，计 135 天。共用银 21462.4 两。

嘉庆十二年（丁卯 1807 年，48 岁）

二月二十七日呈禀归州，请求制定上行货船卸货、装货力资标准，并刻石立碑，避免地痞把持勒索。归州知州甘立朝三月一日批复，三月立碑。

四月二十二日，归州州牧、宜昌府知府将周步州、李本忠治滩事迹逐级上报省督、抚部堂，为李本忠、周步洲报请议叙。

嘉庆十三年（戊辰 1808 年，49 岁）

三月十八日具禀归州，恳请出示谕禁："严禁地棍业户，不许妄指修筑滩次为名，籍勒客商。并搭盖窝棚，砌垒渔坊，损坏纤路，碍舟遄行"。

十一月，李本忠"遵例捐纳监生"。

嘉庆十四年（己巳 1809 年，50 岁）

三月，李本忠在重庆巴县以"渝号李祥兴"名义，与吕嘉会、邓天贵、刘新盛等，共凑银四千一百两，垫借给汉阳同乡张志德，让其用做顶补王协和磁器行牙帖及在渝开设磁器牙行的本钱。

嘉庆十五年（庚午 1810 年，51 岁）

次子李良宪出生。

嘉庆十六年（辛未 1811 年；52 岁）

四月，张志德瓷器店因经营不善，亏折本钱，仅抵还李、吕、邓三家垫借款，尚欠刘新盛银 850 两，刘新盛起诉至巴县。李本忠主动代张志德认还银 850 两。

四月十八日，徐广泰（湖广人）"为昧骗情实、赏吊剖追事"，在巴县起诉李本忠。禀状称："本忠回籍，去冬始来，屡催算账。今正二十二日，本忠邀伊腹友陈洪照等，算明收民等银两多寡，注载伊簿。"

四月三十日，楚帮会首高万盛等为免讼累，请求巴县委令八省客长理算争议各方相关账务。

嘉庆十八年（癸酉 1813 年，54 岁）

三月二十八日，张志德之妻张任氏，以"笼络贻害事"，起诉李本忠至巴县。禀状指李本忠等经营瓷器，"伊等各号，每做十万余金，生息至今五载，行差分厘不给"。

八月十六日，巴县发出传票，传唤原、被告及证人等一干人。九月初八日，巴县差役回禀：李本忠、吕嘉会早已回楚。

十一月二十一日，川东兵备道驳回张任氏对李本忠的妄控，批："李本忠等讯无吞骗银两情事，应毋庸议"，"张志德照不应律，杖八十、加枷号一个月"。

嘉庆十九年（甲戌 1814 年，55 岁）

正月十三日四川督部堂常批、二月初七日布政使司方札：注销张志德瓷器店牙帖。

二月初十，李祥兴具禀状，报告其东水坊陕西街正昌住宅失窃，丢失衣物等 13 件，值银 80 余两。二月十三日，巴县董令发出差票，差县役缉拿贼赃。当月设立卷宗。

二月二十日李祥兴再具禀状，投诉办差衙役高洪、朱贵、莫荣等徇私枉法。

嘉庆二十年（乙亥 1815 年，56 岁）

三孙李贤佐出生。

因"邑中文风日盛、学额过狭",是年由汉阳绅士徐镐领衔,呈请汉阳知县裘行恕上书清廷,恳请增加汉阳学额,李本忠等共 19 人附议。后"荷两院奏准,广额三名,士风丕振"。汉阳学额原 15 名,至此增加至 18 名。

嘉庆二十一年（丙子 1816 年,57 岁）

巴县档案载,是年客民李祥兴至巴县具控（抱告）船户宋祖熹、宋仕才,痞棍杜大毛等"奸恶套拿",恳赏封究。宋等套拿水脚银 222 两,并将祥兴号装米粮船泊河干,不许开行。粮船装米粮 230 余石、桐油 6 支。

六月二十六日,船帮会首在巴县具认领状,将宋祖熹的螳螂船一只及家具认领、发卖,缴还李祥兴水脚银两。

闰六月十五日,李祥兴在巴县具认领状,认领被骗取的铜钱 50 串文。

道光年间

道光三年（癸未 1823 年,64 岁）

是年,西陵峡治滩工程告竣。

十月二十日,赴四川省夔州府奉节县,具禀请示开凿黑石滩、石板峡诸险滩,请示整修白果背纤道（约 20 余里）。获准后,相关工程于当年冬月初十兴工。为除黑石滩的扇子石等坚硬顽石,李本忠采取煅毁之法,先用炭火逐层煅损顽石,再凿碎运到深潭倾倒。"自开工起每日运炭七载,堆在滩所应用,每载装炭二千肆佰斤,计价银二两壹钱,水脚在内。"

十一月初十日,李本忠邀汉口戚友闵文哲（从九）、张履泰二人赴川督工。

十一月十二日、十二月初六日,宜昌府、归州分别张贴告示,募征商民打凿归州城外江心乌石滩。

是年,夔州知府恩成倡导成立拯溺会,"设立拯溺船,溺民赖以存活者众"。李本忠为奉节县拯溺会捐银 200 两。

九月二十日,长子李良政（38 岁）到部捐银 300 两,由监生加捐布正司理问职衔（从六品）;再加捐 440 两,加二级。同年九月二十六日户部发给执照,奉文知会原籍。李良政依驰封制度（将封爵名号移授给亲族尊长）,为其父李本忠恭请了五品封典。

道光四年（甲申 1824 年，65 岁）

正月二十三日，李本忠具禀归州，揭榜承揽乌石滩等打凿工程。三月初一禀明开工时间。整治工程于三月十二日兴工，至道光六年三月二十九日，九处整治工程均告竣，共用银 23116.86 两。

十一月二十八日，至夔州府奉节县具禀，请求刊碑禁损纤路，以垂久远。

道光五年（乙酉 1825 年，66 岁）

二月初八日，赴奉节县具禀，报告黑石峡、石板峡、鸡心石、艇须漕、白果背等工程告竣。自道光三年兴工，至五年二月初七日完工，共用过工资、炭价银 12611.1 两。

四月，受李本忠之命，其三孙李贤佐（童生，年 10 岁）赴东湖县请示，承凿渣波滩、黛石滩、使劲滩、锅笼子等处，及开修青鱼背纤路。

五月初七日，李本忠具禀东湖县，申请打凿境内红石子、多角滩等。

时，川、楚两省奉节、归州、东湖等州县，各自呈文本省大宪，为李本忠题请议叙。

八月十五日，呈禀汉阳县正堂耿，自请"邀免议叙"。称："职祖父向在川省贩贸，遭川江凶滩，迭迭坏舟倾本，祖溺毙而尸未获"；"职幼年尚负父债数千，室如悬磬"。"愿许力凿险滩，永杜后患，不图一己之富"；"迨贸顺，父债已偿、母节已建坊"。"不敢邀功求荣，有负心愿。所有履历，未便开呈"。

巫山大溪镇，保存两件李本忠修建纤道石碑。其中一为竣工碑，现存"……（湖）北汉阳县职员李本忠捐修……兴工。乙酉年告竣" 18 字。道光五年（公元 1815 年）立。其二为晓谕碑，由夔州府颁布、刻立，现存 183 字。推算制作时间应在道光十年（公元 1830 年），李本忠重修白果背纤道工竣之后。

道光六年（丙戌 1826 年，67 岁）

是年李本忠重回归州。呈禀申请整治归州对河吒滩、碎石滩等滩。因李本忠老迈，工程由其三孙李贤佐（年 11 岁）"倩伙督率"。

是年始，运作购买阴阳山事宜。价贾归州对面阴阳二山，移蔡、马、王、刘、姜、谭六姓山民。地契交归州，入官封禁，严禁开垦。后民间称阴阳山溪涧为"祥兴壕"。

因打凿乌石滩等，六月，归州向上宪为李本忠提请议叙，李本忠再三婉拒后，申请将议叙加诸长子李良政、次子李良宪。时，李良宪尚在攻书应试。

七月十三、二十三日，李本忠两次亲赴武昌城，至湖广省督、抚衙门具禀，请示买山封蓄事宜。

七月二十一日，藩宪奉到抚部院杨批示；八月初六日藩宪札到宜昌府；八月二十六日宜昌府札到归州。

八月初二日藩宪徐奉到督部堂嵩孚批示；八月十七日宜昌府奉到藩宪徐札；九月初六日归州奉到宜昌府札。

九月十六日，渣波滩、火炮珠、大浪洪、黛石滩、大峰珠等滩及青鱼背纤路整治工程开工，由李贤佐请伙督率。该工程至道光十三年四月二十四日停工止，共用过工费、炭价银41866.4两。犹恐整治后的滩险水性未定，李本忠、李贤佐连续两年夏季派员到滩头驻扎，查看、探明水性平稳，始于道光十五年（公元1835年）禀明工程告竣。

十月十六日，东湖县爹角子滩等工程兴工。雇募四川石匠头邹三级等带领施工队伍。

十一月十六日具禀："职因年迈，邀免议叙。应请将长子李良政，前由监生加捐布理问职衔；次子良宪，现在攻书应试。可否邀恩援例，议叙一子之出自上裁。为此粘呈履历册结。"

道光七年（丁亥1827年，68岁）

是年李本忠捐买阴阳山入官封禁呈禀获准。至十二年（公元1827年—公元1832年），因迁阴阳山六姓山民，引诉讼不断。其过程历经反复，一波三折。

五月十七日，"李祥兴"贸伙刘金山抱禀归州，言明价买阴阳山正价钱1075串文，外加搬家费钱435千文，合共1510串文，遵藩宪钧批，已交一半贮库。其余半价待山民搬迁后即行呈缴。

七月初十禀帖中，言明周步洲于东湖县黛石滩工程将告竣时，患病沉重，回汉物故。故原黛石滩工程未造册详覆。

道光八年（戊子1828年，69岁）

三月十二日具禀：为置田入公、呈恩备案，转详上宪颁示勒石。是年，捐买阴阳二山、茅坪及三溪铺学田两份，年收课除完纳国课及支付看山人等费用开支外，以作秭归丹阳书院学钱及大比之年归州士绅宾兴之资。其中，建东茅坪乡置水田一份，价920串文，年额折谷价80串文；东湖县三溪铺购水田一份，价350串文，年额折谷价41串文。两处共去价1270串文，年额折谷价共121串文。并制定分配章程。

八月二十四日，赴四川奉节县，请示复凿境内各滩及纤道。水泛停工。至十二年四月，共用过银12462.63两。斯时未报竣工，犹恐水性未稳。秋水涨时，派员驻滩观察三年。上下水船只平稳顺行，毫无违碍。

道光九年（己丑1829年，70岁）

二月，长子李良政病故，终年44岁。

九月初十日，东湖县锅笼子滩等整治工程兴工。

数年来，川楚大宪及部堂题奏议叙。奉旨：该部议奏。议得应将"李贤俊、李良宪各给予盐运司运同职衔"。道光九年十一月十二日奉旨：依议。钦此。

道光十年（庚寅1830年，71岁）

三月十五日，李本忠赴归州禀请复凿牛口、八斗、泄滩等处险滩。"年来江水冲坍，间有未尽，必须再为检修凿尽。"至十四年三月初五停工，以上工程共用过工价银、炭价50318.51两。由"李祥兴"号伙监生周兆麟、朱应桂经理银钱、督率工匠。

三月二十四日，遵奉省督、抚、藩各大宪批示，所议捐买阴阳山入官封禁及捐买2处水田分配章程由宜昌府、归州出示勒碑。

九月，李本忠请示归州立碑，禁损坏石桩、侵占纤道。十月初三日，归州正堂郑批：准如禀给示，勒石永禁。

十月初三日，受李本忠感召，宜昌府书办蒋楹等禀请，将每年笔资3千文拨充丹阳书院膏火。

道光十一年（辛卯1831年，72岁）

是年夏，汉阳、汉口大水。李本忠助赈义捐钱3000串文。时已有五品封典职衔，获加三级褒奖。同时，重庆渝号李祥兴接连发运粮船，回家乡救急，一时活人无算。

九月十三日，李本忠至巴县呈禀状（抱告），状告范开科、范开太兄弟揽载放炮，至损失银2000余两。要求将另一已装380余石大米的船只扣押、提载，缴还已支付水脚钱。

十一月初三，李本忠至巴县呈禀状（抱告），自述住居义里、东水坊。告范开科在提载期间盗米5石1斗，值银20余两。

道光十二年（壬辰1832年，73岁）

六月十八日，赴司禀称，前州牧受丁役弊蒙，由丁役移走归州衙前阴阳山封禁石碑（移至城隍庙），图谋贪占阴阳山山产。七月二十日，院宪批示宜昌府，转饬归州速将原碑仍立州署头门，不许再移他处。

道光十四年（甲午1834年，75岁）

是年，由李本忠撰写的《蜀江指掌》首刊，刻印数千册赠送上下川江的船户、驾长。

是年，归元寺24间甲字型罗汉堂告成。罗汉堂占地3500平方米，聘请黄陂泡桐王氏父子，历时九年塑罗汉500尊及各法相（从《武汉市志》说）。

是年起，"重庆暨湖广省各绅士及各船贸易人等，俱在各县请示勒石"，以彰李本忠善行，流芳后世。

道光十五年（己未1835年，76岁）

三月十九日，其三孙李贤佐至东湖县禀报治理渣波等滩工竣。此工程前后达8年之久，又经两年驻滩观察水流，询问过往客船及舵师，已属化险为夷。

道光十六年（丙申1836年，77岁）

六月十七日部议："已请五品封典李凌汉应给予道员职衔"（正四品）。八月初七日奉旨：依议。钦此。

七月十九日，其三孙李贤佐病故，时年21岁（公元1815—公元1836年）。

同年，礼部将已故童生李贤佐"乐善好施"题请旌表，由地方官给银30两自行建坊。十月二十六日奉旨：依议，钦此。

道光十七年（丁酉1837年，78岁）

七月二十日，李本忠因病由家丁熊福抱禀东湖县：申请打凿渣波滩石根。获准后，工程于该年十月初二日兴工，于十八年三月二十五日告竣。

道光十八年（戊戌 1838 年，79 岁）

三月十二日，四川阖省首士在《请示勒碑稿》中，称颂李本忠"念长江之险阻，行旅惟艰，是以不惜重资期于人定胜天、化险为夷之效，凿鳞石为平坦，布广惠于夔门，从此行旅皆安，艨艟易泛。波清浪静，静锁巫山十二之峰；风息水平，平治蜀楚三千之路。川湖黎庶共庆安澜，各省商民咸占利涉"。其德行"义秉千秋，宜许铭勒于道路，用彰善行，以垂彼世。"

三月二十一日，李本忠赴四川省巫山县具禀，请示整治县城下五十里大峡内大磨滩。当年九月二十八日开工，至二十年三月初八日告竣。在巫山治滩期间，响应巫山县鲁令设立打捞、掩埋浮殍公益基金倡议，捐银 200 两。

四月，川楚沿江众官绅、16 家银号、8 大船帮等 70 余人署名，请示勒石《李公凿滩记功碑记》。

四月十八日，李本忠具禀谢恩，再次免请议叙，自称"道职"。"三请议叙，已属望外。若再蒙叙典，是职邀功图荣之行竟无已时。"

是年仲秋，湖广阖省十府呈报《四川重庆府巴县禹王宫碑记》稿，请求在巴县禹王宫内为李本忠立碑记功："公纯孝格天，私心报国，轻财好义，撙节操持"；"今而后，凡官于川、贸于川者，莫不佩公之惠、感公之德、乐道公之特达，吾侪楚人亦与有荣施焉。佥谋叙其颠末，泐之贞珉，永垂不朽，且以励将来之乐善获福者。"

道光十九年（己亥 1839 年，80 岁）

是年，在继任巫山县张县令任内，李本忠再为公益捐银 300 两（折合铜钱 432 串 651 文），并制定章程，勒碑永志。

道光二十年（庚子 1840 年，81 岁）

正月二十二日，四川巫山县斋长向其初、魏昌明等 13 人具禀县令毓，请求为李本忠勒石。贡生、乡候选训导王盖臣撰《李公凿滩纪功碑记》："宜乎懋乃绩而付诸不朽，俾天下后世，知商贾中有伟人与河山而并寿，以此风世，讵不伟与。"

三月初八日，巫山县境内整治工程完工。巫山县派员复检，并上报工程清册。

是年秋，《平滩纪略》刊印，豫南李正心作序。《蜀江指掌》附印其后。

李本忠在《平滩纪略》后记中云："余迩来精力稍好，疾病渐瘳，倘蒙天假以岁，明年将此二处之滩开工凿除，不过道光二十三四年间即可告成，则余之愿，庶可以稍慰矣。"

道光二十二年（壬寅 1842 年，83 岁）

《归元禅寺志》载：归元寺旧藏道光二十二年四月初一立"大卖水田庄屋基地约"记："当日言定实价纹银一千两整。其银系善士李祥兴付归元寺方丈手转交卖主亲手收讫。"购水田 15 石余（约 95 亩）及附属房屋、水塘等。该项田地每年可收租 198 石米及附加收入，"作为罗汉堂香灯、菜圃、拾扫之资"。

据此土地买卖契约推测，李本忠至少寿至 83 岁。

道光三十年（庚戌 1850 年，逝 8 年）

正月，叶调元《汉口竹枝词》刊印。

其中"龙王庙"一首诗后有注，记李本忠捐修龙王庙码头事迹："庙在江汉应交之处，陡岸飞流，不能停泊。有木簰长数丈，广半之，用大杙、铁索系于江岸，外以泊船，内以长舨接岸，李祥兴力也。"

咸丰年间

咸丰三年（癸丑 1853 年，逝 11 年）

一月十二日，太平军第一次攻占武昌城，派出人员四处搜掠。"三五成群，见高门大户，阒然而入，衣物银钱，器具粮食，席卷一空。""将富户李祥兴家所藏银一百二十万抄去，给予借票，功成即还。念伊久作善事，曾在川江打滩，有功百姓，遣将到坟奠祭。其建昌道刘公馆业已毁坏，鱼池下银库贮银十万，均系一色夔关锭子，全数抄去。"

同治七年（戊辰 1866 年，逝 24 年）

增修《汉阳县志》（《续辑汉阳县志》）是年刊刻。黄氏度、王庭帧主修。卷二十载李本忠小传；卷二十四载烈妇李朱氏。

光绪年间

清人洪良品撰《湖北通志志余》。其中卷六载李本忠及其祖父李武事迹。

其所撰《巴船纪程》多处记载李本忠峡江平滩治险事迹。

光绪九年（癸未 1883 年，逝 41 年）

清人陈康祺所撰《郎潜纪闻三笔》刊印。卷五录"李凌汉捐赀平楚蜀险滩"。

光绪十年（甲申 1884 年，逝 42 年）

张行简主编《汉阳县识》刊印。其中记李本忠事迹，计 152 字。

光绪二十年（乙酉 1894 年，逝 52 年）

国璋汇编《峡江图考》刊印。其中记李本忠在四川夔州平滩治险事迹。

光绪二十六年（庚子 1900 年，逝 58 年）

《归元禅寺志》载：清曹生谦诗文选"重修罗汉堂落成志庆"中，有"道光之季骏炽昌，李氏捐修罗汉堂"诗句。

宣统三年（1911 年，逝世 69 年）

1930 年 10 月第 21 期《星槎》周刊记："宣统三年有巨商祥兴号因其货船于此滩（指泄滩）多次失事，损失甚巨，遂出资将碎石拣去，并利用碎石在溪口近处筑一拦水坝，以堵溪中冲击石块，使滩险状态得以缓和。惟该坝乃以土法建筑，工程质量甚差，一二年后即被洪水冲毁，滩险依然如故。"

清末民初

清人李岳瑞辑《悔逸斋笔乘》刊印。其中第十三篇"纪李本忠事"末尾记："呜呼！使此事在欧美，则铜像之铸，传记之纪载，馨香百祀，宁有已时？而吾国则湮没无传，能言其事者，殆于万不得一。此吾国群治之所以日退也。噫！"

民国二年（癸丑 1913 年，逝 71 年）

国学大师刘师培在其《左盦内文篇》（序号 26）"汉阳李祥兴开凿屈沱石险颂"篇中记："民国二年仲夏元旬，楚蜀民仪，泐石铭勋。"

颂曰："禹抑下鸿，君弘其功。李冰导江，君缵其隆"；"楚山翼翼，奕世载德"。

民国四年（乙卯 1915 年，逝 73 年）

小横香室主人编撰的《清朝野史大观》出版。卷七第一篇录李本忠小传。

民国五年（丙辰 1916 年，逝 74 年）

是年，由王葆心编撰的《续汉口丛谈·再续汉口丛谈》出版。其中引用光绪《汉阳县识》中的李本忠小传，仅有数个字不同。

民国六年（丁巳 1917 年，逝 75 年）

是年，由徐珂编撰、商务印书馆印制的《清稗类钞》出版，其中义侠二录李本忠小传。

民国九年（庚申 1920 年，逝 78 年）

是年，侯祖畲修、吕寅东纂《夏口县志》刊印。其中卷十五录李本忠小传。

该志徐镐传中，记载李本忠等 19 人联名附议，上书朝廷，为汉阳学子请求"广学额"。

民国十一年（壬戌 1922 年，逝 80 年）

是年，史锡永等编撰《峡江滩险志》刊印，其中多处记录李本忠平滩治险遗迹。

附录四

李本忠整治滩险情况表

李本忠整治滩险情况表

序号	滩 名		距宜昌里程（公里）	整治时间
	原 名	现 名		
1	牛口滩漕道	牛口滩	105.8	嘉庆十年十月二十日至十一年三月十二日 嘉庆十二年十月十五日至十三年二月底
	牛口纤道			
2	泄滩	泄滩	93.5	嘉庆十年十月二十一日至十一年三月十二日 嘉庆十一年十月二十五日至十二年三月初十日
	泄滩纤道			
3	四季档	四季档	84.0	嘉庆十年～十三年
4	白洞子	白洞子	49.8	嘉庆十二年十月十五日～十三年二月
5	雷鸣洞			（同上）
6	紫金沱	紫金沱		道光四年十月初十日至十二月十九日
7	黑石滩		199.2	道光三年冬月至五年二月
8	窄小子		197.0~198.3	（同上）
9	白梁背	今峡下口	197.8~200.8	道光三年冬月至五年三月
10	三角椿		197.0~198.3	道光三年冬月至五年二月
11	石板滩	石板滩	201.8	道光三年冬月至道光五年二月
12	羊圈石		203.0~205.0	（同上）
13	困牛石		203.0~205.0	（同上）
14	男女孔		203.0~205.0	（同上）
15	碎石滩	碎石滩	86.4	道光五年九月二十二日至六年二月二十七日
16	作坊沟下首石梁			道光五年十一月二十二日至六年三月十九日

序号	滩 名		距宜昌里程（公里）	整治时间
	原 名	现 名		
17	鹦鹉大嘴		85.3~87.4	道光六年二月初二日至三月十九日
	三嘴			
18	乌石滩	今方滩河段	85.0	道光四年三月二十二日至四月初五日 道光四年十月十六日至五年二月 道光五年十月十一日至六年三月初二日
19	干沟子		197.8~200.8	道光八年九月初六日至九年四月十五日
20	扇子石	扇子石	199.7	道光三年冬月至五年二月 道光八年九月初六日至九年四月十五日 道光九年九月十五日至十年三月底
21	鲢须漕	燕须漕	199.1	道光三年冬月至五年二月 道光八年九月初六日至九年四月十五日 道光九年九月十五日至十三年三月底
22	倒吊和尚	倒吊和尚	201.7	道光十一年九月二十日至十二年四月二十日
23	台子角	台子角	202.5	道光三年冬月至道光五年二月 道光八年九月初六日至九年四月十五日 道光九年九月十五日至十年二月底 道光十一年九月二十日至十二年四月二十日
24	台盘子	台盘子	87.3	道光四年十一月十二日至五年三月十二日 道光六年二月初七日至三月十七日 道光十二年正月初四日至四月二十日
25	扬家戏			道光五年九月二十二日至十二月二十七日 道光十二年正月初四日至四月二十日
26	渣波滩	渣 包	37.4	道光五年四月至道光十三年
27	火炮珠	火毛珠	37.6	（同上）
28	黛石滩	黛石滩	40.3	道光五年四月至道光十三年
29	大峰珠		40.4	道光五年四月至道光十三年
30	南虎漕		45.6	道光五年四月至道光十三年
31	鹿角滩		43.3	道光五年四月至道光十三年
32	使劲滩	史经滩	46.4	道光五年四月至道光十三年
33	大浪洪		38.1	道光五年四月至道光十三年
34	锅笼子	鸽笼子	47.0	道光五年四月至道光十三年
35	沾三珠		46.7	道光五年四月至道光十三年

序号	滩名		距宜昌里程（公里）	整治时间
	原名	现名		
36	青鱼背（纤道）	青鱼背	35.2	道光五年四月至道光十三年
37	叱角子		95.3~87.4	道光四年十一月初二日至五年三月十二日 道光五年十二月十六日至六年二月二十八日 道光十年九月二十日至十一年四月初十日 道光十二年闰九月初六日至十三年初八日
38	斗篷子及纤道	今滚子角上首	87.3	道光五年十二月十六日至六年二月初六日 道光十年九月二十至十一年四月初十日 道光十二年闰九月初六日至十三年二月初八日
39	八斗官漕	八斗滩	103.7	嘉庆十年十月十五日至十三年二月 道光十年九月十五日至十年四月十五日 道光十二年闰九月十五日至十一年四月十五日
40	滚子角	滚子角	85.3	道光十年九月二十日至十一年四月初十日 道光十二年闰九月初六日至十三年二月初八日
41	和尚石		85.0~86.5	道光十三年二月初十日至四月初十日 道光十三年十月初三日至十二月初八日
42	救命石		85.0~86.5	道光十三年二月初九日至四月初十日 道光十三年十月初三日至十二月初八日
43	山羊角		85.4~87.3	道光十三年十一月初二日至十二月二十八日
44	莲花滩	莲花碛	84.6	嘉庆十年十月二十日至十一年三月十二日 道光十三年十一月初六日至十四年二月初六日
45	洪坪梁		85.0~86.5 86.5	道光十二年闰九月初六日至十三年四月初十日 道光十三年十月初三日至十四年初五日
46	石门滩	今冰盘碛上首	82.0	道光十四年二月初七日至十四年三月初五
47	鸡心石		155.5	道光十八年九月二十八日至十九年三月二十九日 道光十九年十月初二日至二十年三月初八日
48	大磨滩	大磨	154.1	道光十八年九月二十八日至十九年三月二十九日 道光十九年十月初二日至二十年三月初八日

资料来源：根据《平滩纪略》和《蜀江指掌》整理而成。道光二十年（公元 1840 年）版。

参考文献

[1] 李本忠（清）.《平滩纪略》、《蜀江指掌》.道光二十年（1840）

[2] 恩成修，刘德铨（清）.《夔州府志》.道光七年（1827）

[3] 叶调元（清）.《汉口竹枝词》.道光三十年（1850）

[4] 陈康祺（清）.《郎潜纪闻三笔》

[5] 洪良品（清）.《湖北通志志余·第六卷》

[6] 李岳瑞（清）.《悔逸斋笔乘》

[7]《续辑汉阳县志》.同治七年（1886）

[8] 张行简（清）.《汉阳县识》.光绪十年（1884）

[9] 徐珂.《清稗类钞》.商务印书馆.民国六年（1917）

[10]《东湖县志》.同治三年（1864）

[11]《归州志》.同治五年（1866）

[12]《归州志》.光绪八年（1882）

[13]《奉节县志》.光绪十九年（1893）

[14]《宜昌府志》.同治三年（1864）

[15] 吕调元等.《湖北通志》.民国十年（1921）

[16] 余家旘著.《新辑汉阳识略》.2013

[17]《清朝野史大观》.河北人民出版社.1997

[18] 史锡永等.《峡江滩险志》.民国十一年（1922）

[19] 洪良品（清）.《巴船纪程》.同治九年（1871）

[20] 国璋（清）.《峡江图考》.光绪二十年（1894）

[21] 黄勤业（清）.《蜀游日记》

[22] 刘师培.《刘师培文集·左盦文内篇》

[23]《国朝耆献类征》附:《湖北文征》.同治六年（1867）

[24]《长江航道史》.人民交通出版社.1993

[25] 皮明庥、李怀军主编.《武汉通史·宋元明清卷》.武汉出版社.2006

[26] 王葆心.《续汉口丛谈·再续汉口丛谈》.湖北教育出版社.2002

[27]《太平天国文献史料集》.中国社会科学出版社.1982

[28] 沈云龙.《中国水利要籍丛编》.台北出版社.1969

[29]《再续行水金鉴·长江卷》.湖北人民出版社.2004

[30]《清代乾嘉道巴县档案选编》（上册）.四川大学出版社.1989

[31]《清代乾嘉道巴县档案选编》（下册）.四川大学出版社.1996

[32]《清代巴县档案汇编·乾隆卷》.档案出版社.1991

[33] 武汉市地方志办公室编.《民国夏口县志校注》.武汉出版社.2010

[34] 范锴（清）著，江浦等校注.《汉口丛谈校注》.湖北人民出版社.1999

[35] 王健强.《屈原故里秭归》.中国旅游出版社.1982

[36] 长江流域规划办公室编.《长江水利史略》.水利电力出版社.1985

[37]《秭归县志》.中国大百科全书出版社.1991

[38]《长江航道史》.人民交通出版社.1993

[39] 长江航运史编写委员会编.《长江上游航道史》.武汉出版社.1991

[40] 长江航运史编写委员会编.《川江航道整治史》.中国文史出版社.1993

[41] 陈元生.《长江航道文献》.天马出版公司.2007

[42]《长江志·大事记》.中国大百科全书出版社.2006

[43]《中华传统故事类编》.上海辞书出版社.1995

[44] 昌学汤等.《归元禅寺志》.湖北人民出版社.2003

[45] 武汉市地方志编委会编.《武汉市志》.武汉大学出版社.1998

[46] 湖北省地方志编委会编.《湖北省志》.2000

[47] 武汉市地方志编委会编.《春兰秋菊集》.武汉出版社.2003

[48] 刘富道.《天下第一街——武汉汉正街》.2001

[49] 罗威廉（美国）.《汉口：一个中国城市的商业和社会（1796—1889）》.中国人民大学出版社.2005

[50] 罗威廉（美国）.《汉口：一个中国城市的冲突和社区（1796—1895）》.中国人民大学出版社.2008

参考文献

[51]《海外中国水利史研究：日本学者论集》. 人民出版社 .2014

[52]《宜昌水利史》. 长江出版社 .2007

[53] 徐明庭等辑校 .《湖北竹枝词》. 湖北人民出版社 .2008

[54]《中华长江文化大系》之《西陵峡山水天下佳》.2008

[55] 何智亚 .《重庆湖广会馆历史与修复研究》. 重庆出版社 .2006

[56] 沙月 .《清叶氏汉口竹枝词解读》. 长江出版传媒 .2012

[57]《长江三峡大辞典》. 湖北省少儿出版社 .1995

[58] 郑敬东 .《长江三峡交通文化》. 中国文史出版社 .2005

[59] 蓝勇、黄权生 .《湖广填四川与清代四川社会》. 西南师范大学出版社 .2009

[60] 陈世松 .《大迁徙：湖广填四川历史解读》. 四川人民出版社 .2010

[61] 张正明 .《楚文化史》. 上海人民出版社 .1987

[62] 张正明 .《楚文化志》. 湖北人民出版社 .1988

[63] 周询 .《蜀海丛谈》. 巴蜀书社 .1986

[64] 秭归县地名领导小组编 .《湖北省秭归县地名志》.1982

[65] 郭蕴静 .《清代经济史简编》. 河南人民出版社 .1984

[66]《人物》.1986 年第 1 期

[67]《生态经济》.1991 年第 1 期

[68]《中国水运》.1994 年第 8 期

[69]《武汉春秋》.1997 年第 6 期

[70]《武汉文史资料》.2008 年第 7 期

[71]《长江航运》.2009 年第 6 期

[72]《长江师范学院学报》.2011 年第 4 期

后 记

1983 年，农历癸亥，本命年。流年中注定的一次邂逅。

年初，轰动全国的东北"二王"流窜江城。第一次经历了夜不解衣、枕枪待旦临战的紧张。江西传捷，为放松心情一个人去看三峡。返程坐在东方红客轮甲板上，细读一本由王健强编写的《屈原故里秭归》小册子，我有幸知道了清朝还有这样一位汉阳商人、一位年长我整两百岁的愚公式的平滩治险英雄——李本忠。对李本忠的壮举，充满无限钦佩和赞叹！

知道秭归县档案馆保存有李本忠撰写的《平滩纪略》后，心里就惦记上了。第二年，趁带薪上学的第一个暑假，专程又去了秭归。在县档案馆借出《平滩纪略》（全六册，缺一册），一目十行翻看。没有标点，反复装叙，不少的繁体字不认识。囫囵吞枣，头绪都没有理清，只能看个大意。当时没有复印机，只能用潦草的字迹，匆忙地将《平滩纪略》的序、后记，以及《蜀江指掌》全文和有限的几段文字抄录下来。

毕业回工厂，当时厂里有几个"文学青年"，业余写点诗歌、散文、小小说。终于，三车间的邓一光崭露头角。羡慕之余，马上想到李本忠平滩治险是个不错的题材，仅粗略了解"蒙太奇""闪回""典型""冲突"等，就开始着手撰写一个以李本忠平滩治险为主要内容的十集电视剧脚本。每集大纲仅数百字，甚至开始试写分镜头。因功力不足，最后无疾而终是可以预料的结果。

虽然电视剧脚本计划就此搁下，但心有不甘，之后继续留心收集李本忠及相关背景资料。1992 年，利用赴宜昌参加会议的机会，抽空三赴秭归，第二次去县档案馆抄写《平滩纪略》，还将上次抄写不清楚的地方进行核对、修改，为此还支付了 5 元钱的查档费。在秭归县新华书店，看到有新出版的《秭归县志》，其中有李本忠的有关记述，立即买到手，如获至宝。

1997年三峡大江截流在即，李本忠平滩治险、整修纤道的遗迹即将永沉水底。心想，这个时候李本忠的事迹应该算是应景，于是将相关资料整理成"李本忠——自费治理长江三峡的愚公"一稿，投给《长江日报》。我记得，为了证明李本忠事迹的真实性，去见编辑王志远老师时，拎了一帆布旅行包的书籍资料，相关处都折了页，并全部留在了编辑部，以备核验。王老师不辞辛苦修改拙作，又是修改小标题，又是配图，不惜给了一个整版的版面，在三峡大江截流前一周，刊登在1997年10月31日的《长江日报》"文萃·专稿"栏。

缘起李本忠史料收集，有幸在武汉市地方志《武汉春秋》编辑部担任过时间不长的文字编辑，也因此有幸聆听期刊特邀顾问徐明庭老先生的指教。多年后，一次去武汉市图书馆徐明庭工作室求教时，又谈到李本忠，徐老指点我去查阅《湖北通志志余》，查找李本忠为武昌宝通寺捐资的史料。徐老当时鼓励说："李本忠的选题很好，在武汉市，以至在全国，现在还没有人专门研究李本忠。"徐老的这番话，激励我更加积极地去搜集李本忠的相关史料。

得益于互联网技术的发展，信息渠道得以扩展，资料收集更加便捷，也得益于各地档案馆、图书馆、方志馆越来越开放、便民，查找资料更加方便，根据新收集的李本忠资料，整理出"传奇汉商李本忠"一稿，2013年投稿《武汉春秋》。感谢《武汉春秋》副主编邓先海老师，对拙作给予了热心的指导和修改，提供了宝贵的版面，将其发表于当年该刊第二期上。

近些年，曾三上四川成都、重庆，主要到四川省档案馆查阅巴县档案，查找、复印了近百页珍贵的一手史料。在成都，还去了四川省方志馆、四川省图书馆、四川大学图书馆查阅资料。在重庆，去了重庆档案馆、重庆城市档案馆、重庆湖广会馆、三峡博物馆等处查阅资料、寻访旧迹。2014年夏，专程从重庆朝天门码头乘船，沿当年李本忠家族经商路线，顺江而下，实地考察，寻找史料。先后去了奉节县方志馆、巫山县方志馆、秭归档案馆等处。在巫山县大溪镇，在当地地方史研究者的热心帮助下，幸运地寻找到了与李本忠有直接关系的两件清代石碑。在武汉，多次去武汉方志馆、武汉图书馆、湖北图书馆、湖北方志馆、长航档案中心、汉阳禹王宫、归元寺等处，查阅古籍、资料，寻找相关史迹。2015年还专程赴江西抚州，考证青花瓷墓志铭。

这些新发现的史料和实物，弥补了此前李本忠史料的不足：李本忠的去世年限得以修正；证实其当年在重庆设有分号和购有住宅；确认了"李祥兴"系大粮商商号，以及其部分商务活动；佐证了道咸年间李家"富甲两湖"的经济地位；李本忠乐善不倦、造福桑梓的种种善举有了一系列实证。因李本忠相关史料太少，且本书并非完全意义上的传记、信史，不但缺少传记的要素，资料严重不足，也不符合传记体例，实质类似李本忠故事、史料汇编集。只能将收集到的史料、资料罗列，还做不到"孤证不立""存疑从无"，敬请各位方家见谅。第一编主要讲述李本忠故事，大部分内容系依据《平滩纪略》及巴县档案资料整理、复述，其中有不少直接引用，希冀将这两种珍贵史料，尽可能多地利用起来。故事虽然零碎，但拒绝戏说，都有史料为依据。其主要参考价值在第二编史料汇编部分。

下决心编写这本汇编集还是近几年的事，主要是感慨李本忠几近被历史埋没，想让更多人，特别是让更多武汉人知道清代汉口汉正街上，曾有李本忠这样一位商人，有"李祥兴"这个老字号；知道李本忠一生行善，为家乡、为峡江沿线人民做出的种种无私奉献；知道李本忠祖孙一干人平滩治险的壮举。随相关资料收集得越来越多，发现自己此前对李本忠的认识不够全面，此前发表的两篇文字，均有数处的谬误，因此也有心找个机会更正。

前两年从广东回汉，幸遇郭迅先生提携，在"收藏大武汉十人谈"一次活动中，给了我一个简述"李本忠其人其事"的发言机会，并将相关视频放上"汉网·人文武汉"进行宣传。但发言时间有限，对李本忠的介绍还不够

全面。

2014年年初，曾专程拜会时任湖北省楚商协会陈会长、程秘书长，交流、探讨如何宣传李本忠这位楚商的杰出代表。陈会长提出了一个"李本忠立不立得住"的问题。曾考虑通过武汉主流纸媒，连载李本忠故事进行宣传，因报社不连载没经过正规出版社出版的原创而作罢。

再有一个重要原因，李本忠相关史料非常分散，零零星星，来源不一，形式多样，此前没有专门史料集或研究专辑。《平滩纪略》原著又深藏数地图书馆、档案馆，能够直接接触、阅读的人员非常有限，未能引起武汉本地史学家和学者的关注，以致乐善不倦的李本忠，至今在自己的家乡武汉还基本处于默默无闻的状态。这也导致部分介绍李本忠事迹的文章、著述，出现多处错误。时至资讯发达的现代，武汉历史名人的史料基本上已发掘得差不多了。像李本忠这样值得挖掘、研究的武汉历史人物，实为罕见。遇到这样的题材，应该属于"捡漏"。实在不甘心让这位在清末民初就已"感动中国"的武汉好人、城市英雄、楚商代表，在我们这个时代继续被埋没。几个原因促使下，决定放下电视剧脚本的尝试，先汇编这一册史料、故事集，以期对推动李本忠的研究和宣传稍有裨益。

这是一个地方史业余爱好者的一次尝试，结构松散，没有文采，也不合体例。特别是古代汉语、清代文书知识的匮乏，对部分史料的理解、断句、标点等，错误不在少数。只是简单地把这些年来收集到的李本忠相关史料罗列在一起，加上个人的浅显认识和解读，力求依据现有资料，将李本忠从图书馆、档案馆中请出来，尽量地原汁原味地展示，让更多人认识这位被遗忘了近两百年的武汉城市英雄。即使已经收集到了部分史料，李本忠身上的一些谜团仍未解开。汇编、出版本书，期望引起武汉市专业史家、学者及有关方面的重视，投入对李本忠史料的挖掘和研究，并加以宣传。也希望能起到抛砖引玉之作用，引来方家考证、纠错，甚至希望能够引起争论。

我想，无论李家后来发生了什么变故，现今李氏后人居住何方，希望通过本书的出版和对李本忠事迹的大力宣传，能够有助于找到李氏后人，让我们对李氏家族有更多的认识。也让我们有机会，对其先人惠及峡江沿线及家乡武汉的种种善举，以及平滩治险伟业，表达敬意。

在此，谨向徐明庭、郭迅老先生，邓先海、王志远先生，以及武汉地方志黄红萍老师、武汉图书馆杜宏英老师、巫山大溪镇冉启春老师、长航姚育胜老师、四川省档案馆工作人员等，致以诚挚谢意。文中参考了王健强等先生的部分著述，在此一并致谢。

长江出版社编辑、设计、校对人员，对出版本书付出了辛勤劳动，一并致谢。

同时，感谢所有支持、关注本书编撰及出版的老师和朋友。

附录早年发表的两篇文稿，错误之处原样照录，以观全貌。最终内容以本书为准。

肖 波

2017 年 6 月于武昌

后记

图书在版编目(CIP)数据

传奇楚商李本忠 / 肖波编著. —武汉：长江出版社，
2017.11

ISBN 978-7-5492-5426-2

Ⅰ.①传… Ⅱ.①肖… Ⅲ.①李本忠(1759—1842)—传记
Ⅳ.①K825.3

中国版本图书馆 CIP 数据核字(2017)第 260468 号

传奇楚商李本忠   肖波 编著

责任编辑：胡紫妍
装设设计：刘斯佳
出版发行：长江出版社
地　　址：武汉市解放大道 1863 号　　　　　　　邮　　编：430010
网　　址：http://www.cjpress.com.cn
电　　话：(027)82926557(总编室)
　　　　　(027)82926806(市场营销部)
经　　销：各地新华书店
印　　刷：武汉市首壹印务有限公司
规　　格：787mm×1092mm　　　1/16　　22.5 印张 8 页彩页　　340 千字
版　　次：2017 年 11 月第 1 版　　　　　　2017 年 11 月第 1 次印刷
ISBN　978-7-5492-5426-2
定　　价：58.00 元